趙甲濟의 광주사태

40년 동안 다섯 가지 루머와
싸워 이긴 이야기

조갑제닷컴

『반박되지 않는 거짓말은 진실로 통한다』

믿고 싶은 것만 믿는 사람들

2013년 봄, 광주에 북한군 특수부대 1개 대대가 침투하였다는 탈북자의 증언이 화제가 되었을 무렵 서울 근교 대학교에 강연하러 갔더니 문교부 高官(고관) 출신 총장이 물었다.

『광주에 북한군이 들어온 것 맞죠?』

『아닙니다. 거짓말입니다. 믿지 마세요.』

이분은 실망한 표정을 지었다. 믿고 싶었던 것이다.

그날 밤 나는 TV조선 인터뷰에 나가서 북한군 개입설의 황당함을 설명한 뒤 영화 「화려한 휴가」의 조작을 지적하였다.

『북한군 개입설보다 더한 왜곡입니다. 전남도청 앞에서 공수부대가 무릎쏴 자세로 애국가를 부르는 시민들을 향하여 집중사격 하는 장면은 완전한 조작입니다.』

인터뷰를 끝내고 나오는데 20代 여성 직원이 나에게 말하였다.

『저도 그 영화를 보고 울었는데, 정말 사실이 아닙니까?』

나는「아, 광주는 아직 계속되고 있구나. 아직도 믿고 싶은 것만 믿는 사람들이 많고, 보여주고 싶은 것만 보여주는 이들이 많구나」라는 實感(실감)을 했다. 1980년 5월 이후 내가 기자로서 한 일 중 하나가 광주사태와 관련된 루머와 싸우는 것이었다. 이 책은 다섯 가지 루머와 싸워 이긴 기록이다. 그해 5월25일 부산에서 열린 월례「趙甲濟의 현대사 강좌」에는 약 400명이 모였다. 내가『광주에 북한군 수백 명이 들어왔다고 믿는 이들은 손을 들어 보세요』라고 했더니 약 70명이 손을 들었다. 한 시간 정도「내가 취재한 광주사태」이야기를 들려주었다. 이런 말도 했다.

『광주사태를 현장에서 취재하고 시민들의 증언을 들었을 때는 나도 광주사람이었다면 총을 들었을 것이란 생각이 들었습니다. 그 뒤 광주사태를 진압하였던 공수부대원들을 만나서 취재하니「그 상황에서 내가 공수부대 장교였다면 과연 총을 쏘지 않을 수 있었을까」자신이 없어졌습니다. 광주사태의 진실은 이 두 視覺(시각) 사이에 있습니다. 여섯 번의 국가적 조사에 의하여 사실관계는 다 밝혀졌습니다만 5·16처럼 5·18에 대한 역사적 논쟁은 계속될 것이고 계속되어야 합니다.』

설명이 끝난 후『아직도 광주에 북한군이 들어왔다고 믿는 사람들이 있어요?』라고 했더니 두 사람이 손을 들었다.

『반박되지 않는 거짓말은 진실로 통한다』

2013년에 내가 글과 말로 정리한 것도 효과가 있어「북한군 600명 광주 침투설」은 정상적인 언론에선 사라졌지만 광주에 불만이 많은 사람들의 상상 속에서는 더 널리 퍼져갔다. 『반박되지 않는 거짓말은 진실로 통한다』고 한다. 「반박이 부족하였구나」하는 후회를 담아 이 책을 다시

낸다. 2019년 초 자유한국당의 한 국회의원이 국회에서 북한군 개입 관련 토론회를 한다면서 나의 참여를 타진해 왔다. 이런 답장을 보냈다.

〈1. 여러 차례의 국가적 조사(1980년, 1985년, 1988년, 1995년, 1996년)에 의하여 광주사태에 관한 사실 관계는 명확히 밝혀졌습니다. 사망자수 조작도 없었고, 발포 명령자도, 헬기 사격도, 북한군 특수부대 개입도 없었습니다.

2. 역대 정부의 모든 국방부가 북한군 개입을 인정한 적이 없습니다. 북한군 특수부대 600명의 광주 침투說(설)은 광주사태 당시 철통같은 한미동맹으로 북한정권의 개입을 차단, 광주사태의 확산을 막았던 1980년의 국군에 대한 모독이며 무엇보다 사실이 아닙니다. 더구나 북한군 특수부대 600명 침투설 주장자들이 황장엽 선생 등 탈북자들을 특수부대원으로 몰고 있는 사태는 그 부작용이 너무나 큽니다. 자칫 잘못하면 북한군을 神出鬼沒(신출귀몰)한 군대로 추어올리고 국군을 바보로 만드는 自害(자해)행위가 될 수 있습니다.

3. 확신보다 진실을 더 소중하게 여겨야 할 자유진영이 「태양은 동쪽에서 뜬다」는 것처럼 이미 확정된 사안을 두고 토론회를 개최하는 것은 「천안함 폭침이 북한 소행이냐, 아니냐」를 놓고 토론회를 개최하는 것과 같은 실수입니다.

4. 자유한국당이 북한군 600명의 광주 침투를 주장한다면 이 루머를 부정했던 박근혜 정부(김관진 국방장관)를 공격하는 것이 되고 자유진영 전체를 조롱거리로 만들 것이며 분열의 씨앗을 키우는 과오가 될 것이라고 판단됩니다.

5. 당시 한국 방어 책임자였던 합참의장 柳炳賢 장군이 생존해 계시니 그분의 高見(고견)을 참고하시기를 바랍니다.〉

주로 보수층에서 퍼진 「북한군 침투설」은 이 광주사태를 너무나 정치적으로 악용하는 데 대한 반발심이 동력이 되었다. 보상자 명단을 공개하지 않고, 「임을 위한 행진곡」을 모든 참석자들이 다 부르도록 강제한 것이라든지, 문재인 정부 등장 이후 국방부가 그동안 부정되었던 「헬기사격」을 『있었다』고 조작한 일들이 「이건 너무하는 것 아닌가」 하는 「감정」을 만들고 이것이 사물을 맑게 보지 못하게 한 측면이 강하다. 사망자 2000명설, 전두환 발포 명령설, 애국가를 부르는 시민들에 대한 일제 사격(영화 「화려한 휴가」) 장면, 헬기 사격설, 북한군 침투설은 다 사실이 아니다. 이 루머 중 가장 악질적인 것은 2018년 국방부에 의한 『헬기사격 있었다』는 조작일 것이다. 국가가, 그것도 국방부가 대통령의 희망에 맞추어 사실을 만들어낸 것이다. 『진실의 반대말은 거짓이 아니라 확신』이란 말이 있는데, 그런 확신은 감정에 기초한다.

광주에서 만난 경상도 戰警

나는 1980년 5월23일부터 27일까지 광주시에서 그 流血(유혈)사태를 취재했고, 그 뒤에도 계속 관심을 가져왔다. 경상도 출신인 기자는 광주에서 취재를 하는 데 큰 위협을 느끼지 않았다. 지역감정이 광주사태의 중요한 원인은 아니란 느낌이 왔다. 계엄당국이 당초 광주사태의 본질을 지역감정 쪽으로 돌린 것은 사실의 왜곡이다. 광주시민 전체가 들고 일어난 것은 공수부대원들의 과격한 진압에 대한 거의 동물적인 분노 때문이었다. 신군부에 의한 金大中(김대중)씨의 연행도 한 촉발요인이었지만 결정적인 것은 아니었다. 『金大中 석방』을 요구하는 구호는 다른 구호들에 비해서 상대적으로 소리가 낮았다(그 뒤 검찰조사에서도 金大中씨가 광주사태를 조종했다는 說은 부정되었다).

『全斗煥(전두환) 타도!』란 구호 뒤에는 『金日成(김일성)은 오판 말라!』는 구호가 따랐다. 시민들이 간첩으로 의심 가는 시위자를 붙들어 계엄당

9

국에 넘겨주기도 했다. 무장 시위대의 교도소 습격사건, 무기고 탈취, 기관총 사격, 장갑차와 차량 돌진 등으로 계엄군을 몰아낸 뒤 광주를 장악한 이른바 「시민군」 지휘부는 軍紀(군기)를 비교적 엄정히 잡아 약탈 등의 피해는 최소화되었다. 20사단의 광주 탈환 작전은 희생자를 최소화한, 효율적인 것이었다.

기자는 5월27일 전남도청이 계엄군에 의해 탈환된 직후, 구경나온 시민들 중에서 경상도 말을 하는 청년을 한 사람 알게 되었다. 그는 전남도청 2기동대 소속 전투경찰관(상경)인 南모씨였다. 경북대학교 정외과 2학년에 다니다가 입대했다고 했다. 그는 5월21일 전남도청을 지키다가 시위대가 몰려오자 私服(사복)으로 갈아입고 달아났다. 다행히 고마운 아저씨 집에 숨어들어 7일간 지냈다는 것이었다. 南상경을 따라 그 집을 찾아갔다. 부동산 사업을 한다는 50代 초반의 광주 아저씨는 부인과 함께 기자 일행을 맞아들이더니 점심대접을 해주면서 『제발 지역감정 치원에서 이 사태를 보지 말라』고 부탁했다.

南상경도 『공수부대원들이 몽땅 경상도 군인들이란 얘기는 틀렸고, 광주시민이 경상도가 밉다고 일어났다는 얘기도 사실이 아니다』고 역설하면서 과잉진압의 목격담을 들려주었다. 기자는 광주사태를 취재하고 부산에 돌아와 광주시민들을 옹호하는 발언들을 하고 돌아다녔다. 그때 부산에선 경상도 사람들이 광주에서 당했다고 전라도 사람이 갖고 있는 상점에 대한 불매운동을 벌이는 일도 있었다. 나는 휴가원을 내고 광주 취재를 했다고 회사에서 잘렸다. 그 몇 달 뒤 全斗煥 정권은 퇴직한 것도 모르고 나를 反정부 기자로 분류, 언론계 추방 기자 명단에 넣었다. 3년 동안 다른 일을 하다가 언론계(조선일보 월간조선부)로 복직한 것은 1983년 10월이었다.

戰警의 手記

1985년 7월호 月刊朝鮮(월간조선)은 광주사태를 다뤘는데 나는 경상도 전경 南씨(당시 대기업에서 근무 중)를 찾아내 체험담을 듣고 아래와 같은 글로 정리하였다.

〈최루탄 떨어져 돌을 던지는 경찰

나는 경북 대구의 경북대학교 정외과 2년을 마치고 전투경찰관으로 입대, 전남 도경 2기동대 소속으로 광주에서 근무하다가 광주사태를 맞게 됐다. 광주사태가 클라이맥스로 치닫고 있던 5월20일 밤, 나는 전남도청 앞에서 데모대를 막고 있었다. 광주의 밤하늘은 여기저기서 타오르는 불길로 환했다. 「타닥타닥」 불타는 소리와 가끔 「펑!」 하면서 치솟는 화염이 戰場(전장)을 방불케 했다. 우리 전경부대는 도청 앞의 네거리 중 노동청 광주지방 사무소 쪽의 길목을 지키고 있었다. 네 줄로 늘어서 저쪽의 군중들과 대치하고 있었다. 노동청 사무소 쪽으로 약 100m 떨어진 곳에 주유소가 하나 있었는데, 그곳이 군중들의 수중에 들어갔다. 데모대는 이 주유소에서 기름을 퍼내 차에 불을 질러, 불타는 차들을 우리 쪽으로 계속 밀어붙였다. 트럭, 버스, 승용차, 지프 등 갖가지 차들이 슬금슬금 밀려오다가 중간 지대에서 멈췄다. 불타거나 불탄 차들이 서로 뒤엉켜 절로 바리케이드가 쳐진 형세였다.

밤 9시쯤 됐을까, 군중 쪽에서 버스 한 대가 이쪽으로 달려오고 있었다. 이 버스는 부서지고 불탄 차들 사이를 요리조리 빠져나와 우리 戰警(전경)부대를 향해 달려오는 게 아닌가. 나는 『피해라!』하고 소리쳤다. 그러면서 그 버스를 향해 돌을 집어 던졌다. 그때 우리는 최루탄이 거의 떨어져 데모대가 몰려오면 投石(투석)으로 대항하고 있었다. 戰警들은 양쪽으로 쫙 흩어졌다. 버스는 속도를 늦추며 오른쪽에 있는 담벼락을 긁으면서 스르르 멈추었다.

버스 쪽으로 달려가 보니 어둠 속에서 비명이 새나오고 있었다. 버스와 담벼락 사이에 경찰관들이 여러 명 끼거나 깔려 뒤엉켜 있는 게 아닌가. 『어머니! 어머니!』하는 신음이 들렸다. 우리는 끌어내려고 팔, 다리를 잡아당겼다. 벌써 축 늘어진 팔, 다리였다.

경찰관 네 명의 죽음

거의 같은 순간 운전석에서 두 사람이 튀어나오더니 담벼락을 넘어 달아나는 게 보였다. 한 사람은 이미 달아났고 다른 한 사람이 담벼락에 다리를 걸친 순간, 두 명의 경찰관들이 달려들어 이 뚱뚱한 사람의 다리를 붙들고 늘어졌다. 이 사람은 뒷발길질을 하여 뿌리치고는 달아났다.

우리는 플래시로 버스 바퀴를 밝히면서 사상자들을 끌어내 병원으로 옮겼다. 이 경찰관들은 사고 당시 담벼락 밑에 앉아서 잠시 쉬고 있었다. 前列(전열)에 있던 젊은 전경대원들은 달려오는 버스를 보고 피해 달아날 수가 있었으나 이 경찰관들은 앉아 있다가 일어나 버스를 피하기 위해 담벼락에 붙어서 있다가 버스와 담 사이에 끼이거나 깔린 것이었다.

(편집자注: 이 사고로 함평경찰서 소속 정춘길 경장, 강정웅 순경, 이세홍 순경, 박기웅 순경 등 네 명이 숨졌고 김대민 순경 등 네 명이 중상을 입었다. 이 버스를 몬 운전사 김갑진, 배용주씨 등 2명은 그 뒤 경찰에 구속, 복역하다 석방됐다. 이들은 군중이 버스를 탈취, 밀지 않으면 죽인다고 위협하여 몰고 가다가 연기 등으로 앞이 보이지 않게 되자 차를 세웠는데 그런 사고가 났다고 진술했다.)

20일 자정인지, 21일 새벽인지 정확한 기억은 없는데, 이런 일이 있었다. 그날 밤에는 데모대가 밤을 새워 시위를 했다. 중학생에서 노인까지, 여대생에서 할머니까지 남녀노소 구별이 없었다. 골목골목에서 사람들이 쏟아져 나왔고,

그들의 손에는 몽둥이, 쇠파이프 등이 들려져 있었다. 모두가 악에 받쳐 있는 사람들이었다. 여자가 마이크로 군중들을 격려하는 소리가 들려오기도 했다.

『광주시민 여러분, 경찰이 던지는 것은 수류탄이 아니고 최루탄입니다. 맞아도 죽지 않으니 전진합시다!』

도청에서 가까운 충장로로 우리 부대가 진압차 출동했다가 돌아오는 도중, 데모군중의 습격을 받고 우리 몇 명은 고립됐다. 군중들이 돌을 던지고 몽둥이를 휘두르며 다가왔다. 곁에 있던 동기생 한 놈이 『우린 여기서 죽는다』고 공포에 질려 소리를 질렀다. 나는 달아나다가 쓰러졌다. 『여기서 맞아 죽는구나』하고 생각하는데 저쪽에서 장갑차를 앞세운 공수부대 1개 소대 병력이 횡대로 우리를 구원하려 달려오고 있었다. 그들은 군중 속으로 돌입했고, 군중은 흩어져 달아났다.

죽어가는 소년

갑자기 주위가 깨끗이 청소된 듯 비워졌다. 공수부대원들이 휩쓸고 지나간 저쪽 길바닥에 중학생 교복을 입은 두 명이 쓰러져 있는 게 보였다. 나는 달려갔다. 한 중학생은 가슴이 밟혔는지 푹 꺼져 있었다. 이미 숨은 끊어져 있었다. 다른 중학생은 『엄마! 엄마!』라고 신음하고 있었다. 곧 신음도 끊어졌다.

나는 이 소년도 가망이 없다고 보았다. 그런데 뒤에서 나를 부르는 소리가 들렸다. 나는 두 소년을 길에서 들어내 가게 옆에 붙여놓고는 부대로 돌아왔다. 돌아오는 길에 도청 옆 주유소 근방에서 공수부대원에게 끌려가는 중학생 한 명을 목격했다. 나는 저놈이 군부대로 넘겨지면 혼이 날 것 같아 공수부대 사병에게 『이놈은 나에게 넘겨주십시오. 혼을 내서 돌려보내겠습니다』라고 했다.

나는 인수받은 소년을 도청 근방의 民家(민가)로 데리고 가 넘겨주면서 잘 보호했다가 부모를 찾아주도록 부탁했다. 그리고 나서 도청 쪽으로 돌아와 보니 데모군중과 진압부대가 충돌, 군중들이 노동청 사무소 쪽으로 달아난 뒤였다. 주유소 앞에 두 20대 청년이 피투성이가 된 채 쓰러져 있었다. 한 청년은 이미 죽어 있었다. 치명상이 어딘지는 알아볼 겨를도 없었다. 다른 청년은 숨이 끊어져 가고 있는 중이었다. 나는 방독면을 벗고 5분쯤 인공호흡을 시켰다.

나는 엉엉 울었다. 나는 기독교 신자인데『하느님! 왜 이 사람을 죽였습니까』하고 속으로 부르짖었다. 누구에 대한 분노라기보다는 허망함이 그때의 내 심경이었다.

공수부대의 과잉진압에 대해 내가 본 사례로는 18일인가 19일쯤의 일로서 금남로 부근에서 대낮에 구타당하는 대학생을 할머니가 감싸고 말리는데 공수부대원이 진압봉으로 할머니를 때렸다. 할머니는 그 자리에서 퍽 쓰러졌다. 공수부대의 진압봉은 약 70cm. 야구방망이처럼 앞이 굵다. 단단한 나무를 깎아 만든 것이다. 휘두르면 앞이 무거워 가속도가 붙는다.

군인들을 향해 돌진한 버스에 집중사격

21일 낮 1시쯤이라고 기억한다. 우리는 도청 정문 앞에 포진하고 있었다. 금남로의 전일빌딩 부근에서 공수부대와 군중이 대치중이어서 그 DMZ(?)와 도청 사이는 텅 비어 있었다. 데모 진압은 전방을 공수부대가 맡고 후방을 전경 및 일반 경찰이 맡는 형식이었다.

이때였다. 저 아래 금남로의 군중 쪽에서 버스가 한 대 공수부대원들이 서 있는 쪽으로 질주해 오는 게 보였다. 유리창은 박살나 있었고, 그 안에는 수십 명의 시위자들이 타고 있었다. 몽둥이로 車體(차체) 외벽을 두드리며 구호를 외치고 있었다. 차체에는 구호를 쓴 천이 붙어 있었다. 이 버스는 공수부대원 쪽으로 돌진했다. 두 명의 군인들이 차에 들이받혀 나뒹구는 것이 보였다. 이때 한 장교가 권총을 빼들더니 운전사를 향해 사격을 했다.

운전사가 맞았는지 버스는 분수대 근방에서 두 바퀴쯤 돌더니 멈추었다. 공수부대원들은 이 버스를 향해 10m쯤의 지근거리에서 집중사격을 했다. 차 안은 아수라장으로 변했다. 나의 기억으로는 도청 앞에서 조준 사격이 시작된 것은 이때가 처음이 아니었나 생각한다. 그 전에는 주로 空砲(공포)였다. 공수부대원들이 돌진한 버스에 치인 것이 동료들을 크게 자극했기 때문인 듯했다.

얼마 뒤 군중들이 무장을 하고 장갑차 등을 몰고 도청 앞으로 진격해 오자 전경들은 일단 도청 안으로 피해 들어갔다. 도청 안에는 전경, 사복경찰, 공수부대원 등 수백 명이 뒤섞여 있었다. 공수부대의 지휘관은 중령인 듯했다. 도청 안의 세면대에서 나는 공수부대 통신병을 만났다. 병장인 그는 얌전한 인상이었다. 내가『경상도 군인만 왔다는 게 사실입니까?』하고 물으니 그는 싱긋 웃으면서『당신 군대 생활 한두 번 했소?』라고 반문했다. 그는 충청도 사투리를 썼다.

나는 도청 어느 모퉁이에 쓰러져 잠이 들고 말았다. 몇 시쯤 됐을까. 누가 깨웠다. 우리 기동대장 許모 경정이 전경들을 집합시키더니 말했다.『사태가 이 지경에 이르렀으니 우리는 일단 해산한다. 각자 집으로 가거나 적당히 피신하라. 사태가 수습되면 방송으로 연락할 테니 라디오를 잘 듣고 있으라』고 했다.

『숨겨주십시오. 살려주십시오』

나는 광주에 사는 동료 전경에게『날 좀 숨겨 달라』고 했다. 그는『南상경님은 사투리가 거세어서…』하면서 곤란하다고 거절했다. 우리는 도청 담을 넘었다. 도청 앞은 광장처럼 사람 그림자도 보이지 않았다. 멀리서 총성과 함성이 뒤섞여 들려 왔다. 나는 비로소 죽음의 공포를 느꼈다. 다리가 후들후들 떨리기 시작했다. 여러 전경들과 함께 나도 어느 가정집에 들어갔다. 주인은 달아난 듯 텅 빈 집이었다. 20~30명의 전경대원들이 이 집의 옷장을 뒤져 서로 사복으로 갈아입었다. 여자 털외투만 입고 그대로 뛰어나가는 사람, 바지만 갈아입고 나가는 이도 있었다. 아무 사복이라도 걸쳐야 마음이 놓이는 모양이었다. 나는 아무나 붙들고『돈 좀 빌려 달라』고 했다.『이 사람아, 이 판국에 돈이 어디 있어…』하면서 거절만 당했다. 집 바깥으로 나와 우리는 기었다. 머리 위로는 총탄이 스쳐가고 있었다. 어느 가정 집 앞을 기어가는데 대문의 틈 사이로 바깥을 내다보는 여자의 눈과 딱 마주쳤다.

나는 무조건 그 집으로 뛰어들었다. 그 아주머니는 처음엔 거절하다가 내가『숨겨주십시오! 살려주십시오!』라고 애원하자 아이들이 쓰는 방으로 들어가 숨으라고 했다. 나는 이불을 뒤집어썼다. 그 아주머니는 대구에서 오랫동안 산 적이 있다면서『데모대가 오면 내 동생이라고 이야기할 테니 말을 미리 맞춰놓자』고 했다. 그 집에 네 남매가 있었는데 이불 밑에서 이름들을 외어두었다. 집 주인은 부동산업을 하는 분인데 생활은 넉넉한 것 같았다. 고마운 이분들의 보호를 받아 나는 5월27일까지 1주일 동안을 무사히 숨어 있을 수 있었다.

이 집 주위는 주택가였는데 시민들이 도청을 점거한 뒤, 도청 지하실에 다이너마이트가 있다는 소문이 나돌면서 거의가 집을 비우고 피난을 가버렸다. 내가 피신한 집에서도 아주머니가 아이들을 다 데리고 친척 집으로 가버리고 나와 주인아저씨만 집을 지켰다.

광주 아버님

5월27일 새벽이었다. 젊은 여인의 마이크 목소리가 들려왔다. 애원조였다.
『광주 민주시민 여러분! 지금 계엄군들이 쳐들어오고 있습니다. 총 가진 사람이나, 총을 쏠 줄 아는 사람은 나와서 같이 싸웁시다.』

차를 타고 돌아다니면서 이야기하는 듯, 그 여자 목소리는 멀어져 갔다. 광주사태 뒤에도 몇 달 동안 악몽을 꾸었는데 그 목소리는 몇 번 꿈에 나왔다.

가슴을 저미는 것 같은 아픔을 준 목소리였다.

그 얼마 뒤 콩 볶는 듯한 총소리가 바로 옆 도청 쪽에서 났다. 본격적인 총격전이 붙은 것 같았다. 30분쯤 뒤 총성이 좀 가라앉자 바깥이 소란해졌다. 계엄군이 『빨리 나와!』라고 소리치는가 하면, 후다닥 달아나는 소리도 들렸다.

내가 누워 자던 방은 옆 담 바로 밑이었다. 창 쪽으로 담이 보였다. 그 담 위로 이른바 「시민군」 2명이 달아나는 것이 보였다. 둘 다 운동화를 신고 있었다.

『야! 시민은 다치지 않게 해야 돼.』

『알았어.』

이런 대화가 들렸고, 그들이 옆집으로 숨었는지 총성이 가깝게 났다. 날이 밝자 나는 도청으로 나가 歸隊(귀대) 신고를 했다.

광주사태와 지역감정을 연결시키는 사람도 있는 모양이지만, 경상도 사람인 나는 광주시민의 도움으로 목숨을 건질 수 있었고, 지금도 그 집의 주인을 「광주 아버님」이라고 부르면서 찾아뵙고 있다.〉

「2000명 사망설」을 부정하였다가 불매운동 당하다

1985년, 광주에 취재차 다시 내려가 보니 광주사태 사망자 유족들과 부상자들에 대한 정보당국의 감시와 탄압이 응어리를 더욱 키우고 있다는 사실을 확인할 수 있었다. 月刊朝鮮(월간조선)은 7월호 특집에서 취재기자 좌담회 기사를 실었다. 그때 월간조선부에서는 나 이외에도 吳劾鎭(오효진), 趙南俊(조남준) 기자가 광주사태 취재경험자였다. 당시는 안기부의 언론규제가 기승을 부릴 때였다. 기사에선 「공수부대」라는 말 대신에 「계엄군」이란 표현을 써야 했다.

나는 이 좌담회 기사에서 과잉진압을 설명하기 위해서 정부 측 통계를 나열했다.

『계엄사가 발표한 통계를 보면 144명의 시민 측 사망자 가운데 18%인 26명이 타박상 두부손상 刺傷(자상)으로 숨진 것으로 돼 있고, 23.6%인 34명이 19세 이하라는 겁니다. 14세 이하 사망자도 5명이고, 65세 노인도 있습니다.』

이 좌담회에서 월간조선 기자들은 그때 쟁점이 돼 있던 사망자수에 대해서 광주發 2000명說을 배척하고 정부의 191명說이 더 정확하다는 입장을 취했다. 이 대목으로 해서 월간조선은 광주에서 불매운동을 당하였지만 결국은 정확했음이 밝혀졌다.

서울지검의 1995년 7월 발표문에 따르면 광주사태 사망자는 193명이다(사태 직후의 계엄사 발표 때보다 두 명이 늘었다). 민간인은 166명, 군인 23명, 경찰관 4명이다. 이 통계에서 언론이나 정치인들이 별로 관심을 두고 있지 않았던 부분은 軍警(군경) 사망자 27명이다. 軍警 사망자가 27명이나 된다는 사실은 「학살」이란 단어에 의문을 던지게 만든다.

기자가 시민 측 입장에서 바라보던 광주사태를 공수부대 입장에서 취재하기로 한 것은 1988년에 접어들어 민주화의 물결에 따라 언론자유가 滿開(만개)하기 시작할 때였다. 광주사태 8년째가 되던 그해 5월29일 오전 눈부시게 화창한 봄날 국립묘지 29묘역 앞에는 30代 청년 다섯 명이 모여 있었다. 모두 광주사태 부상자들이었다.

20사단 출신 李明珪(이명규)씨는 5월27일 새벽 광주로 진입하다가 「시민군」과의 교전에서 피격돼 팔에 부상을 입었다. 공수 11여단 출신인 金東哲(김동철)·慶箕萬(경기만)씨는 5월24일에 보병학교 교도대의 오인사격으로, 金殷鐵(김은철)·裵東煥(배동환)씨는 5월21일에 광주시내에서 철수할 때 시민군의 총격을 받고 가슴과 팔에 중상을 입었던 이들이었다. 이들은 동료들의 무덤을 둘러보면서 『올해는 더욱 쓸쓸한 것 같다』고 했다. 정오까지 기다려도 더 나타나는 사람이 없어 추모회는 다섯 명의 참석자로 그야말로 조촐하게 끝났다. 1980년대 중반까지는 특전사와 육본에서 신경을 써주고 花環(화환)도 보내주곤 했는데 그 뒤로는 참배객도 수백 명에서 수십 명으로, 다시 수 명으로 줄어들었다. 그 열흘 전 광주 망월동 묘역에 모여들었던 수만 인파에 비해서 이곳은 더욱 쓸쓸해 보였다. 국가와 軍이 먼저 그들을 버리고 있다는 느낌을 받았다.

공수부대의 광주사태

기자는 광주사태 현장에선 저승사자같이 보였던 공수부대원들을 그 뒤 수십 명 만났다. 악귀 같은 사람은 한 명도 없었다. 모두가 그렇고 그런 한국인이었다. 평균적 한국인보다도 오히려 더 순진하고 우직한 사람들이란 느낌이었다. 『무엇이 이들을 그토록 잔혹하게 만들었는가』라는 의문을 갖고서 취재한 결과는 1988년 7월호 月刊朝鮮에 「공수부대의 광주사태」란 제목의 기사로 실렸다. 공수부대의 시각으로 본 광주사태는 기자가 시민 측 입장에서 경험했던 사태와는 크게 달랐다. 광주사태의 출발점이 된 것은, 공수 7여단의 광주투입인데, 申佑植(신우식) 당시 여단장은 전화인터뷰에서 이렇게 말했다.

『나는 2개 대대를 31사단에 배속시키고는 지휘계통선상에서 빠지게 되었다. 31사단장이 직접 우리 여단의 대대장을 지휘하게 되었다. 과잉진압 운운하는데 군인은 명령대로 하는 존재이고, 그때의 시위가 불법 행동이었음을 모르고 하는 이야기다.』

敵의 후방에 잠입, 사령부 습격이나 요인 암살과 납치 같은 특수 작전을 펴도록 훈련된 공수부대를 시위 진압에 투입한 것이 비극의 출발점이었다는 점은 새삼 확인되었다.

서울올림픽이 성공적으로 끝난 직후 與小野大(여소야대)의 국회는 5共 청문회를 시작, 全斗煥 정권을 심판대에 올렸다. 이희성, 주영복, 장세동, 허화평, 허삼수 등 5共의 실세 인물들이 불려나와 추궁을 당하였다. 노무현, 이인제, 김광일 같은 청문회 스타가 탄생하고, 청문회의 여파로 전두환 前 대통령은 백담사로 자진귀양을 떠났다. 청문회의 2大 쟁점은 12·12 사건과 광주사태였다. 두 사건에 대한 나의 기사와 책이 국회의원들의 질문 때 자주 인용되었다. 청문회장에 나온 광주사태 진압군의 지휘관들 가운데는 공수부대 여단장, 대대장들도 있었다. 이들은 나의 취재에 응하여 증언한 것이 꼬투리가 되어 발포과정 등에 대하여 추궁을 당하였다. 증인들은『사격명령은 없었다. 시민들의 차량 돌진에 직면, 자위적 차원에서 쏘았다』고 맞섰다.

김영삼 식 역사바로세우기

1989년 12월31일 백담사에서 칩거 중이던 全斗煥 전 대통령은 국회 청문회에 출석, 증언을 하려 했지만 회의 절차에 대한 與野(여야)합의가 이뤄지지 않고, 노무현 의원이 명패를 던지는 소동이 벌어졌다. 4黨 지도자인 노태우, 김대중, 김영삼, 김종필은 그 2주 전에 회담을 갖고 5공 청문회를 마감하고, 광주사태 등 과거사 문제를 역사 속으로 흘려보내기로 합의하였다.

金大中 총재는 회담 직후『이번 회담결과로 광주시민들을 설득할 수 있다고 보는가』란 기자 질문에『우리로서는 최선을 다했다. 더 이상 할

말이 없다』고 대답했다.

金泳三 총재는『내년부터 5共청산 회의를 안 할 것인가』라는 질문에
『정치권이 그 넉 자를 쓰지 않는 게 좋다』고 말했다.

1995년 여름 검찰은 12·12 사건과 광주사태에 대한 고발사건 수사 결
과를 발표,「기소권이 없다」고 결론 내렸다. 이 합의를 깬 이는 金泳三
대통령이었다. 1995년 가을 노태우 前 대통령의 비자금 사건이 터지면
서 金 대통령도 비자금을 받아 大選(대선)에 썼을 것이란 의혹이 제기되
었다. 나중에 드러났지만 1992년 大選 때 그는 3000억 원 이상의 비자
금을 노태우 대통령 측으로부터 받아썼다. 코너에 몰린 김영삼은 5·18
특별법을 제정, 역사에 묻기로 한 12·12 사건과 5·18 사건을 재수사하
도록 지시했다. 이른바 역사바로세우기 재판이 시작되고 전두환 前 대
통령까지 구속되어 수감 중 단식을 하고 재판을 받았다. 재판에서 신군
부 그룹이 일으킨 12·12 사건은 군사반란으로, 광주사태 진압행위는 광
주시민의 국민저항권을 탄압한 內亂(내란)으로 斷罪(단죄)되었다. 김영삼
이 연출한 역사바로세우기 재판은 한국의 보수층을 약화, 분열시킴으로
써 1997년 大選에서 김대중이 이길 수 있는 길을 열었다.

월간조선 편집장이던 나는 이 역사재판의 정당성에 의문을 던지는 입
장을 취하였다. 1996년 1월호에 쓴「全斗煥 구속은 정의를 구현하였나」
라는 기사의 서두는 이렇게 시작되었다.

〈현존 권력에는 맞서고 前 권력에 대해서는 따뜻한 시선을 견지해 온 月刊
朝鮮은 당대의 권력에 굴종한 과오를 그 권력이 시체가 되었을 때 난도질로
써 씻으려 하는 작금의 언론 풍토를 목도하면서 正義(정의)구현의 원칙과 저널
리즘의 原点(원점)을 생각해 보았다. 침묵하는 다수의 온건한 생각이 봉쇄되고

과격한 일부세력의 거친 숨소리가 텔레비전 화면과 신문 지면을 거의 독점하는 가운데서 벌어지는 이른바 「역사청산」은 또다시 「恨(한) 많은 세력」을 남기고 말 것이다. 공평한 진실규명과 상식적인 法집행을 외면하면 당대의 敗者(패자)는 후대에 가서 늘 勝者(승자)로 되살아난다.〉

공수부대 대대장과 함께 본 「화려한 휴가」

광주를 한동안 잊고 지내던 나를 다시 불러낸 것은 2007년 여름에 개봉된 영화 「화려한 휴가」였다. 현직 대통령과 한 대통령 후보 경선자도 영화를 보고 감명을 받았다는 기사가 나왔다. 관객 동원 1000만 명 기록을 향해 가고 있다는 보도를 보고는 가만있을 수가 없었다. 나는 광주사태의 핵심인물인 공수부대 대대장 安富雄씨(안부웅·당시 11여단)를 찾아나섰다. 그를 19년 만에 다시 만난 곳은 경기도 성남시 분당구의 한 교회 입구에서였다. 그가 먼저 이야기를 꺼냈다.

『제가 다니는 교회 목사님이 말씀하시더라고요. 제가 공수대대장이었다는 것을 모르고 말입니다. 「영화 화려한 휴가를 보았는데, 군인들이 너무했더군」 하셔요. 제가 말했지요. 「아니 목사님, 그런 영화를 믿으십니까?」 그런데 저도 한번 영화를 보기는 해야겠는데 내키지 않아요.』

남편이 국회로, 검찰로 여러 번 불려 다니는 데 신경을 쓰던 부인은 심장병을 얻었다고 한다.

『저는 지난 3년간 호스피스 일을 했습니다. 末期(말기) 암 환자들이 수용된 시설에 매일 나가서 죽어 가는 이들의 말동무를 했습니다. 저의 인생관도 많이 바뀌었습니다. 요사이는 교회 일을 돕습니다. 친구들과 함께 교회에서 색소폰 연습도 자주 합니다.』

安씨는 검찰이 결론 내린 것을 되풀이해서 강조했다.

『趙선생도 잘 아시겠지만 광주에서는 발포명령이 없었습니다. 군인들이 죽지 않고 살기 위해서 돌진하는 시위대 트럭과 장갑차를 향해서 쏜 것이 발포의 시작입니다. 검찰이 그렇게 캐보았지만 발포 명령자는 찾아내지 못했지 않습니까.』

기자와 安 前 대령은 「화려한 휴가」를 보았다. 공수부대를 「惡의 化身(화신)」 정도가 아니라 「살인기계」로 그린 영화였다. 반면 궐기한 광주시민 측의 인물들은 至高至善(지고지선)의 영웅이요, 천사들이었다. 너무 도식적 설정이어서 감동은 없었다.

이 영화에선 시민을 추격하여 골목으로 들어온 공수부대원을 시민이 쏴 죽이고 때려눕히는 장면이 나온다. 공수부대 장교 출신 시민이 빌딩 옥상에서 공수부대를 향해서 기관총 亂射(난사)를 하는 장면도 있다. 그가 시민들에게 기관총 쏘는 교육을 한다. 트럭으로 무기고를 부수고 들어가 탈취하는 장면도 실감 난다. 이런 장면을 보고도 관객들은 「이렇게 해도 되나?」라는 문제의식이 별로 생기지 않을 것이다. 그만큼 공수부대는 악당으로, 시민은 정의로운 사람들로 극적 대비를 이룬다.

애국가 부르는 시민들을 향한 일제 사격 장면

영화 「화려한 휴가」의 가장 중요한 장면은 전남도청을 지키던 공수부대가 애국가를 부르는 시민들을 향하여 집단적으로 발포하여 수십 명(또는 수백 명)이 죽거나 다치는 대목이다. 나치 군대가 유태인을 집단학살하듯 하는 장면이다. 관객들이 공수부대를 살인집단이라고 생각하지 않을 수 없도록 한 연출이다. 이 영화를 보고 나온 이들은 이 장면을 오래 기억할 것이다. 저녁식사를 하면서 安富雄 예비역 대령에게 물었다.

『줄곧 피고인석에 앉은 기분이 들지 않았습니까?』

『완전히 만화더군요. 그런 식의 발포명령을 내렸다면 감옥에 갔지 내가 무사할 수 있었겠습니까? 애국가를 부르는 시민을 향해서 발포하라고 명령했다면 부대원들이 나를 가만두었겠습니까? 부대원들 중엔 호남 출신도 많았는데…. 軍에서 장비를 지원해 준 것 같은데 왜 가만있는지 모르겠네요. 공수부대가 살인마가 되었는데.』

다음날 국방부에 알아보니 軍에서 장비를 지원해 준 사실은 없다고 했다. 영화 제작사에서 각종 장비를 모형으로 만들어 썼다는 것이다. 軍에서는 영화사 측에 사실왜곡에 대해서 항의한 적도 없다고 한다. 이 영화는 도입부에서 「사실에 근거하여 극화했다」는 자막을 내보냈다. 집단 발포 장면은 사실을 왜곡하는 정도가 아니라 터무니없이 造作(조작)한 것이다. 「사실에 근거하여 극화」한 것이 아니라 「사실에 없는 내용을 극화」한 것이다.

당시 국방부 장관은 김장수씨였다. 反軍(반군)선동 영화에 의하여 가장 많은 피해를 본 국군의 대표자가 아무런 교정조치를 취하지 않고 이를 방치한 것은 군인답지 않은 행동이었다. 국민행동본부가 중심이 되어 이 영화 제작진을 국군에 대한 명예훼손 혐의로 검찰에 고소하였으나 불기소 처분되었다. 고소장엔 이런 대목이 있었다.

〈이 영화에선 공수부대의 사격을 유발한 시위대의 장갑차, 버스돌진 등 장면이 나오지 않습니다. 이 영화의 가장 중요한 장면은 전남도청을 지키던 공수부대가 애국가를 부르는 시민들을 향하여 집단적으로 발포하여 수십 명(또는 수백 명)이 죽거나 다치는 대목입니다. 나치 군대가 유태인을 집단학살하듯

하는 장면입니다. 공수부대가 누군가로부터 사격명령을 받고 탄창을 M-16 소총에 끼운 뒤 무릎 쏴 자세를 취한 다음 애국가를 부르는 시민들을 향하여 아무런 경고 없이 일제히 사격을 합니다. 그러나 그날 전남도청 앞에서는 그런 사격도 그런 사격 명령을 내린 장교도 없었습니다. 이 사건과 관련하여 가장 정밀하게 조사했던 1995년의 서울지검과 국방부 검찰부도 「사격명령은 없었다」는 결론을 내렸습니다. 공수부대의 발포는 「시위대가 탈취한 장갑차를 몰고 군인들을 향하여 돌진해 공수부대원을 깔아 사망하게 한 사건을 계기로 자위적으로, 조건반사적으로 이루어졌다」고 검찰은 밝히고 있습니다. 이때도 공수부대 중대장들에게만 15발씩 실탄이 지급되고 일반 사병들에겐 실탄이 거의 지급되지 않은 상태였습니다. 사실이 위와 같음에도 불구하고 영화는 사실에 없는 내용을 왜곡하여 공수부대를 묘사하고 있습니다. 애국가를 부르는 평화적 시위대를 향해 공수부대가 집단 발포하는 장면은 공수부대가 대한민국에 대해서 발포하는 듯한 상징성을 풍깁니다. 이러한 부분은 관객들이 공수부대를 살인집단이라고 생각하지 않을 수 없도록 한 연출입니다. 이러한 집단 발포 장면은 사실을 왜곡하는 정도가 아니라 터무니없이 조작한 것입니다.〉

「북한군 개입설」의 확산

지금은 작고한 朴世直(박세직) 재향군인회장이 수년 전 나에게 전화를 걸어왔다. 『한 탈북자가 광주사태에 북한군이 대대 규모로 들어왔다고 하는데, 우리가 문제를 제기하려고 한다. 한번 만나 보지 않겠는가』라고 했다. 아침식사 자리에서 그 탈북자를 만났다. 이야기를 듣고 몇 가지를 물었다. 나는 그의 주장이 믿기 어렵다는 판단을 하고 朴회장에게 그렇게 전했다. 국가기관이 다섯 차례나 조사하여 확정한 사실관계를 한 탈북자의 『카더라』식 傳言(전언)으로 뒤집을 순 없다고 생각하였다.

이 傳言은 인터넷 세상에서, 그리고 우파 운동 단체를 통하여 꾸준히 확산되었다. 전두환 정권의 고관들, 특히 군 출신자들 중에서 믿고 싶어 한 이들이 더러 있었다. 나는 이렇게 말하였다.

『그런 사실이 있었다면 당신들이 정권을 잡았을 때 밝혀냈어야지 그 동안 뭘 하고 있다가 지금 와서 말도 안 되는 소문에 기대를 겁니까?』

나는 조갑제닷컴에 몇 차례 북한군 투입설의 허구성을 지적하는 글을 올렸다. 2013년 들어서 종편 텔레비전이 탈북자들의 증언을 소개하면서 「대대 규모의 북한군 투입설」은 公論化(공론화)되기 시작하였다. 비로소 광주 사람들이 조직적으로 반발하니 언론사에서도 그제야 확인취재를 했다. 기자가 나서니 북한군 투입설은 간단하게 부정되었다. 북한군 屍身(시신)이 망월동 묘지에 수십 구가 묻혀 있다는 주장이나 북한에 있는 광주 파견 戰死者(전사자) 위령탑이라는 사진도 사실이 아닌 것으로 확인되었다.

그래도 믿고 싶은 사람들

문제는 이렇게 황당한 주장에 이렇게 많은 사람들이 넘어갔다는 사실이다. 2000명 사망설이 퍼진 것이나 북한군 개입설이 퍼진 배경엔 믿고 싶어 하는 감정이 있었다. 전두환 정권을 증오하는 사람들은 2000명 사망설을, 좌파나 호남에 反感(반감)을 가진 이들은 북한군 개입설로 기울었다. 광주사태를 聖域視(성역시)하여 일체의 비판을 거부하는 데 대한 반감, 이 사건을 정치적으로 이용하는 데 대한 반발, 특히 좌파 세력이 광주사태를 악용하는 데 대한 거부감, 선거 때의 호남 몰표에 대한 경계심, 「어떻게 민간인이 총을 들고 교도소를 습격할 수 있나」라는 의문 같은 게 터무니없는 북한군 개입설의 확산을 도왔다.

내가 방송에 나가서 「광주사태」라고 표현하면 진행자가 『광주민주화운동이다』고 고치려 한다. 나는 이렇게 말한다. 『나는 「광주사태」라고 합니다. 광주항쟁, 광주민주화운동 등 다른 표현이 있지만 나는 광주사태라고 부르는 게 편하고 정확하다고 생각해요』라고 넘어간다.

노태우 정부는 광주사태를 「광주민주화운동」이라고 평가했지만 그런 평가에 동의하지 않는 사람도 많다. 그런 사람들에게까지 「광주항쟁」, 「광주민주화운동」이라고 부르도록 강요하는 것은 양심의 자유와 언론의 자유를 침해하는 反헌법적 행동이다. 광주사태나 광주사람들을 비판한다고 그런 사이트나 프로를 없애라고 강요하는 것도 마찬가지이다.

『극우의 편협함에 종북주의자들의 얼굴이 겹친다』

광주에서 교수로 일하는 한 보수주의자는 필자를 만나 이렇게 하소연하였다.

『광주에선 북한군 1개 대대가 광주사태 때 들어왔다는 이야기를 믿는 사람을 보지 못하였습니다. 이런 농담 비슷한 이야기는 합니다.

「2중, 3중으로 봉쇄된 광주로 북한군 수백 명이 들어올 수 있다면 방법은 딱 한 가지이다. 전두환 정권이 북한군을 초청하여 길을 열어주고 北으로 호송까지 해주면 가능하다. 즉, 북한군을 끌어들여 정권을 잡는데 써먹었다는 시나리오이다. 그런데 그 뒤 全斗煥 정권이 북한에 큰소리 치고 당당하게 나간 걸로 봐서는 그런 일을 하지 않았다는 이야기이다. 그러니 북한군 개입설은 거짓말이다.」

보수가 말도 안 되는 북한군 개입설을 자꾸 이야기할수록 우리 같은 사람들의 입지가 좁아집니다.』

조갑제닷컴의 회원토론방에 「광주의 보수주의자」라고 자신을 소개한 palpal이란 회원이 쓴 글의 맥락도 비슷했다.

〈나는 광주의 보수주의자다. 실제적으로도 보수당 지지자이기도 하다. 언제부터인가 광주사태에 북한군 600명이 개입되었다는 말들이 일부 종편들에서 거론될 때부터 답답하기 그지없었다. 특히 ○○○라는 분의, 『독재가 왜 나쁘냐, 나는 그때가 제일 좋았다』 라든가 『광주사태에 북한군 600명이 개입했다』라는 말과 자신의 트위터에 쓴 글을 보고 아연실색했고 그래서 조갑제님의 트위터에 조갑제님의 견해를 듣고 싶다고 쓴 적도 있다. 조갑제님의 생각은 진영주의에 얽매이지 않고 논리적 보수논객임을 그간의 활동으로 느끼고 있었기 때문이다. 그 답을 어제 TV조선에서 들었다. 나는 광주사태의 본질에 대해서 정확히 알고 있는 바, 다시 한 번 말하지만 진영주의에 얽매이지 않고 정확하고 논리적인 조갑제님의 답을 들은 것이다.

참고로 나는 광주사태 당시 28세의 나이로 광주의 대학병원에 레지던트로 근무하면서 광주사태의 실상을 또다른 각도에서 보았던 사람이다. 물론 혼란을 틈타 고정간첩 등이 얼마든지 활동할 수 있을 수 있는 상황이었다고는 할 수 있지만 북한 특수군이 600명이 들어왔다는 것은 당시 광주에 살았다면 누구나 말도 안 되는 소리라는 것을 알 수 있음에도, 보수 정권이 재집권했다고 말도 안 되는 소리들이 퍼지는 것을 보고, 극우 인사들의 편협함에 또다른 종북주의자의 얼굴들이 겹쳐짐을 느낄 수 있었다.

통진당같은 무조건적 종북주의자와 같은 사람들이, 극우 인사들 중에도 그에 못지않게 옳고 그름을 구분 못하는 극우 유명 인사들이 많다는 것을 알 수 있는 계기였다. 내가 생각하는 광주사태의 본질은 당시에 反전두환 사태였으며, 곧 민주화 운동인 것이다. 그 와중에 불순분자의 책동은 작은 돌멩이에 불과한 것이었다.

다시 한 번 조갑제님의 용기와 논리에 박수를 치고 싶다. 조갑제님의 말씀대로 광주 금남로가 얼마나 작은 도로인가. 거기에 북한 특수군 600명이 들어왔다면 광주는 지금도 북한정권의 섬이 되어 있을 거다. 광주사람들이 답답해하는 점은 극우인사들이 현 정권을 지지한다는 점이다. 광주에 보수가 적은 게 아니라 바로 이런 점 때문에 방향을 달리하는 것이다.〉

미련을 버리지 못한 이들

북한군 광주 개입설이 언론의 취재로 부정되자 미련을 버리지 못하는 이들은 주장하는 바를 바꾸기 시작하였다.

『얼마나 많은 북한군이 들어왔느냐 하는 건 중요하지 않다. 수는 적어도 간첩이나 무장공비가 들어왔을 가능성은 배제할 수 없다.』

나는 이렇게 말한다.

『탈북자는 대대 규모가 들어왔다고 주장하였고 그것이 부정되면 모든 게 끝나는 일이다. 광주사태는 몇 사람의 간첩이 끼어서 大勢(대세)를 좌우할 수 있는 사건이 아니었다. 살인사건이란 신고를 받고 출동, 조사하니 허위신고였다. 그렇다면 거기서 끝내야지 「다른 사건 없습니까」하고 묻는 꼴 아닌가.』

『저쪽에도 하도 억지를 부리니 우리도 무리가 있는 줄 알지만 억지를 써 볼 수 있지 않느냐』고 말하는 이들도 있다.

나는 이렇게 말하였다.

『이명박 정부가 밉다고 진실을 알면서도 천안함 폭침이 북한 소행이 아니라고 우기는 것과 같지 않은가. 대한민국 편에 선 사람은 어떤 경우에도 진실을 포기할 수 없다. 진실을 버리면 모든 것을 포기하는 것이다. 거짓을 거짓으로 이길 순 없다.』

狂信者들을 이기려면 狂信者가 되지 말아야

전체주의의 악마성을 不朽(불후)의 명작(「1984」「동물농장」)으로 드러낸 조지 오웰은, 親知(친지)에게 보낸 편지에서 이렇게 말하였다.

〈공산주의 및 파시즘과 싸우려면 우리도 같은 정도의 狂信(광신)을 가져야 한다는 말에는 同意(동의)할 수 없다. 狂信者(광신자)들을 이기려면 우리는 狂信者가 되지 말아야 한다. 우리는 머리를 써야 이길 수 있다.〉

「광주사태에 대대 규모의 북한군 잠입」이란 황당한 주장을 빌려 좌파를 공격하겠다는 사람들을 위한 警句(경구) 같다. 터무니없는 주장이란 사실을 알면서도 공격용으로는 괜찮지 않느냐고 생각하는 이들도 있다. 그러나 狂信을 狂信으로, 거짓을 거짓으로 이길 수는 없다. 좌익이 즐겨 쓰는 방법을 답습하지 말고 우리는 다른 방법으로 이겨야 한다. 오웰은 말한다. 『거짓이 판치는 세상에선 진실을 말하는 게 혁명이다.』

자유인들이 그런 진실의 무기를 포기하면 진다. 진실 위에 正義(정의)를 세워야지, 正義 위에 진실을 세우려 하면 자기부정으로 自滅(자멸)한다. 가장 큰 설득력은 진실과 品格(품격)이다.

「북한군 개입설」을 신봉한다는 것 자체가 「천안함 폭침 북한 소행 부정」과 같은 함정에 빠지는 일이고, 양식 있는 국민들의 신뢰를 잃게 된다. 좌익 선동세력과 같아지는 길이다. 자유진영은 아무리 어려워도 진실을 포기해선 안 된다. 「진실－正義－자유」가 보수의 신조이다. 대한민국 세력이 「북한군 개입설」에 대한 미련을 정리하지 못하면 종북좌파와 싸워서 이길 수 없다. 「북한군 개입설」은 자유투사들의 분별력과 용기를 잠재우는 수면제이다.

「대대 규모 북한군의 광주 개입설」과 같은 황당무계한 억지, 최소한의 認識(인식)능력만 있어도 허구성을 곧바로 알 수 있는 주장에 넘어가는 것은 자기폭로가 된다. 600명의 군인들이 흔적도 없이 나타나, 유혈사태를 저지른 뒤, 흔적도 없이 사라진다는 것은 투명인간이 아니면 불가능하고, SF영화로도 만들 수 없는 일 아닌가? 30여 명의 특공대가 침투한 1·21사태, 100여 명이 침투한 울진 사태를 수습하기 위하여 全軍(전군)이 출동해야 했었는데, 600명이 침투하였는데도, 보고된 충돌 한 건도, 屍身(시신) 한 구도, 그들을 본 국군 한 사람도 없다니! 「나는 왜 이런, 말도 안 되는 주장을 믿으려 할까」라고 自省(자성)해보면 많은 게 보일 것이다.

괴테는, 『행동하는 자는 항상 양심이 없다. 관찰하는 자 이외에는 누구에게도 양심이 없다』고 말하였다. 나도 양심가여서가 아니라, 정치인이나 군인 같은 행동가가 아니고 직업적 관찰자였으므로 지역과 左右를 무시하고 사실에 기초하여 이런 책을 쓸 수 있었을 것이다. 2007년에 내가 펴낸 「공수부대의 광주사태」(조갑제닷컴)를 2013년에 보완하고 제목을 「趙甲濟의 광주사태」로 바꾸었는데, 2019년에 다시 보충하여 낸다.

2019년 2월

趙甲濟

차 / 례

1

「광주 헬기 조종사들」의 증언록 입수

5·18 당시 헬기 사격은
없었다!

〈2018년 10월호 月刊朝鮮〉

趙甲濟·李知映(조갑제닷컴 기자)

1988년 국회 광주특위 때부터 제기

전두환(全斗煥) 전(前) 대통령이 알츠하이머 투병 중이란다. 이 사실은 2018년 8월 말 전두환 전 대통령 부인 이순자 여사가 전 前 대통령이 사자(死者)명예훼손 혐의로 기소된 재판 출석 불가(不可) 입장문을 발표하면서 알려졌다. 이(李) 여사는 치매치료 때문에 왕복 10시간 걸리는 광주(光州)까지 갈 수 없다고 밝혔다. 전 前 대통령 측은 전에도 서울의 법원 및 검찰로 이 재판의 관할지를 이송해 달라고 신청했지만 거부됐다.

전두환 전 대통령의 사자명예훼손 재판은 5·18기념재단과 5·18단체(유족회·부상자회·구속부상자회), 고(故) 조비오 신부 유족이 광주지방법원 민사21부에 낸 전두환 전 대통령 회고록의 판매 및 배포 금지 가처분(假處分) 신청에서 파생된 것과 다름없다. 「전두환 회고록 배포 금지 가처분」 인용 판결에 힘입어 전 전 대통령이 기소되어 사자명예훼손 재판에 넘겨졌기 때문이다. 전 전 대통령이 회고록에서, 5·18 당시 헬기 사격을 목격했다고 증언한 고(故) 조비오 신부에 대해 「성직자라는 말이 무색한 파렴치한 거짓말쟁이」라고 지칭한 것이 조 신부와 5·18희생자, 유가족의 명예를 훼손했다는 것이다. 광주지검 형사1부(부장검사 이정현)는 「명예훼손 고소 수사 과정에서 당시 군의 헬기 사격이 있었다는 객관적인 증거를 확보했다」며 전 전 대통령을 기소하기로 했다고 한다.

「5·18 당시 계엄군의 헬리콥터가 시민을 향해 사격을 했다」는 주장은 1988년 국회의 광주특위 때부터 제기되어 왔다. 이후 광주사태에 대한 국가적 조사가 여러 번 있었지만 그때마다 헬기 사격은 부정되어 왔다. 이제 와 새삼 또 논란이 된 것은 광주광역시 금남로 소재 전일빌딩 10층 전일방송 내부에서 150개 이상의 총탄 흔적이 발견됐기 때문이다. 전두

헬기사격의 목적, 헬기사격의 종류와 방법(총탄의 종류, 사격전 경고방법 등), 헬기사격의 대상, 헬기사격의 장소 등이 수록되어 있었다. 이와 같은 계엄사령부의 지시에 따라 당시 항공감 최갑석은 전교사에 헬기활용에 대한 조언문을 보냈고, 이에 따라 계엄사령부로부터 작전지침을 접수한 전교사는 작전통제 하에 있는 헬기부대에 하달하여 이를 실행에 옮겼다. 계엄군은 시위진압이 완료된 이후에도 「광주사태에 따른 사후조치사항」을 작성하여 헬기를 사용하여 잔도(殘徒)를 소탕 할 것을 지시하고 있다.

위와 같은 헬기사격 지시는 문서로 하달된 데 그치지 않았다. 위와 같이 헬기사격 지침을 만든 계엄사령부 지휘부와 이를 하달 받은 전투병과교육사령부, 실제 작전을 하는 공수부대 지휘관 등은 실제로 항공부대 지휘관과 헬기조종사에게 헬기사격을 실시할 것을 구체적으로 명령하였다.

> 이러한 명령을 받은 항공부대 지휘관과 헬기조종사들은 하나 같이 헬기사격 사실을 부인하고 있다. 그러나 당시 헬기사격 명령은 실제 작전이 이루어지고 있는 특수한 상황이었다는 점과 평상시보다 엄중한 군법이 적용되는 비상계엄 하에서 하달되었던 명령이었다는 점을 고려할 때, 헬기조종사들이 5·18민주화 운동 기간에 하달된 수많은 헬기사격 명령을 모두 무시하고 시민군에 대한 직접사격은 물론 단 한 번의 위협사격도 실시하지 않았다는 것은 믿기 어렵다. 따라서 위와 같은 구체적이고 명확한 헬기사격 명령은 헬기사격의 존재를 뚜렷하게 증명하는 증거이다.

셋째, 무장헬기가 광주에 출동하였다고 시인한 항공부대 관계자의 진술이 존재한다.

그동안 대부분의 헬기조종사들은 헬기사격은 물론 무장헬기의 출동 사실도 인정하지 않았다. 그러나 이번 특별조사위원회의 조사에서 5명의 헬기조종사가 무장헬기의 출동사실을 인정하였다. 앞으로 조사가 계속 진행되고 더 많은 헬기사격의 증거가 공개되면 항공부대 관계자들의 헬기사격 관련 증언도 이어질 것으로 판단된다.

넷째, 헬기사격 사실을 증언하는 수많은 목격자들이 존재한다. 그리고 목격

환 전 대통령의 회고록 판매 금지 처분도, 검찰의 사자명예훼손 혐의 기소도 모두 「전일빌딩 탄흔」에서 비롯됐다.

「헬기 사격으로 양민 학살」

2017년 1월, 광주광역시 의뢰로 전일빌딩을 조사·감정한 국립과학수사연구원(이하 국과수)은 이 탄흔들이 『헬기가 호버링 상태(일정한 고도를 유지하면서 움직이지 않는 상태)로 고도만 상하로 변화하면서 사격한 상황이 유리하게 추정된다』고 밝혔다. 탄흔의 밀집 정도와 직경을 근거로 당시

사용됐을 걸로 짐작되는 총기종류 감정결과도 내놓았다. 5.56mm 실탄을 사용하는 M16 소총 또는 7.62mm탄을 사용하는 M60 기관총일 가능성이 있다는 것이다.

국과수 발표 몇 달 뒤인 2017년 5월 취임한 문재인(文在寅) 대통령은 5·18 기념식에서 『새 정부는 5·18 민주화운동의 진상 규명에 노력하고, 헬기 사격까지 포함해 발포의 진상과 책임을 반드시 밝혀 내겠다』고 말했다. 곧이어 문 대통령은 「1980년 5·18 광주사태 당시 신군부가 시위대를 대량 살상하기 위한 헬기 사격을 계획했고 실제 전일빌딩 기총 사격으로 일부 실행됐다」는 주장과 관련, 이 두 가지 문제를 특별 조사하라고 송영무(宋永武) 당시 국방부 장관에게 지시했고 「5·18민주화운동 헬기 사격 및 전투기 출격대기 관련 국방부 특별조사위원회(이하 5·18특조위)」가 설립되었다.

2017년 9월 출범한 5·18특조위는 5개월의 활동기간을 거쳐 2018년 2월 「5·18 기간 동안 광주지역에서 공지(空地)협동작전의 일환으로 헬기 사격이 이루어졌음을 확인했다」고 발표했다.

〈계엄군은 5.21. 헬기를 이용하여 일반시민에게 위협사격을 하였고, 무장을 하지 아니하고 시위를 하는 시민들에 대하여 직접사격을 하기도 하였다. 이러한 5.21. 헬기 사격은 무차별적이고 비인도적인 것으로서 계엄군 진압작전의 야만성과 잔학성 그리고 범죄성을 드러내는 증거이다. 또한 시민들과 물리적 충돌을 하고 있는 과정에서 실시되었던 지상군의 사격과 달리 헬기 사격은 사전 계획적·공세적 성격을 띠고 있다. (중략) 대량살상 능력을 갖춘 무장 헬기까지 동원하여 사격을 하고 시민을 살상하는 행위는 집단살해 내지 양민학살이라는 의미를 갖는다.〉

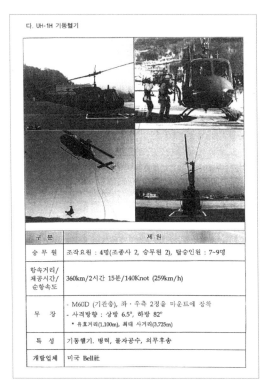

다. UH-1H 기동헬기

5·18 당시 출동했던 헬기 조종사들이 한결같이 헬기 사격이 없었다고 증언하고 있지만, 특조위는 전혀 다른 결론을 내렸다.

구 분	제 원
승 무 원	조작요원 : 4명(조종사 2, 승무원 2), 탑승인원 : 7~9명
항속거리/ 체공시간/ 순항속도	360km/2시간 15분/140Knot (259km/h)
무 장	- M60D (기관총), 좌·우측 2정을 마운트에 장착 - 사격방향 : 상방 6.5°, 하방 82° * 유효거리(1,100m), 최대 사거리(3,725m)
특 성	기동헬기. 병력, 물자공수, 의무후송
개발업체	미국 Bell社

논리의 비약

5·18특조위가 국군을 「양민학살」 집단으로 몰아가며 기존의 국가적 조사 결과를 뒤집은 논리는 이렇다.

〈계엄군 지휘부가 문서로 「헬기 사격 실시」를 지시했고 이를 하달 받은 현장 지휘관들의 헬기 조종사들에 대한 구두명령이 있었다 → 헬기가 무장한 상태로 작전활동을 했다 → 특조위 면담 조사에서 5명의 헬기 조종사들이 무장헬기의 출동사실을 시인했다 → 당시 사실상 발포를 허용하는 「진돗개 하나」

가 발령됐으며 자위권 발동명령이 하달된 상태였다 → 평시보다 엄중한 군법이 적용되는 비상계엄하에서 헬기 사격 명령을 받은 헬기 조종사들이 헬기 사격 명령을 무시했다는 사실은 믿기 어렵다 → 따라서 명령이 있었다는 사실 자체가 헬기 사격이 존재했다는 뚜렷한 증거다.〉

굉장한 논리적 비약이다. 「땅은 젖지 않았지만 날이 흐렸기 때문에」 비가 왔을 것이다」는 식이다. 이런 유의 비약은 「조사결과보고서」 곳곳에서 나타난다.

〈5.22. 103항공대장 등 조종사 4명은 AH-1J 코브라 헬기 2대에 벌컨포 500발씩을 싣고 광주에 출동했다고 진술하고 있고, 20사단 충정작전상보 첨부자료에 의하면 103항공대는 5.23. 전교사에서 벌컨포 1500발을 수령했다. 따라서 코브라 헬기에서 벌컨포를 사격했을 가능성이 매우 높다.〉

〈5.24. 11공수여단장은 103항공대장에게 무전으로 11공수여단 병력을 공격하는 시민군에게 「무차별 사격을 하라」고 명령하였다. 103항공대장이 코브라헬기로 현장에 출동해 보니 공수여단을 공격한 무리는 시민군이 아니라 보병학교 교도대로 확인됐다. 11공수여단장은 믿지 않고 재차 사격을 지시했다. 103항공대장은 사격을 실시하지 않았다. 그러나 헬기 사격 명령을 내린 사실이 있고 실제 그 목적으로 출동하였으며, 출동 당시 공격한 무리가 교도대 병력이 아니라 시민군이었다면 시민군을 향해 발포했을 것이라는 추정이 가능하다. 따라서 명령을 받은 헬기 조종사들이 실제 사격했을 가능성이 매우 높다.〉

5·18특조위의 조사 발표에 따라 국방부는 1980년 5월 계엄군의 헬기 사격을 공식 인정했고, 송영무 국방부 장관도 『우리 군이 38년 전 5·18

민주화운동 과정에서 역사에 큰 아픔을 남긴 것에 대해 국민과 광주시민들께 충심으로 위로와 사과를 드린다』고 발표했다. 언론도 5·18특조위의 발표를 비판 없이 수용해 받아썼다.『무장 상태로 비행했지만 사격은 하지 않았다』는 당시 조종사 전원의 일관된 증언은 묻혔다. 헬기 사격을 했다는 사람도, 그 사격으로 다치거나 죽은 사람도 확인하지 못했는데 비무장 시민들에 대한 헬기 사격이 국가적으로 인정됐다.

前 육군항공작전사령관의 항변

단 한 사람, 육군항공작전사령관 출신의 5·18특조위 위원인 최해필 예비역 육군소장(少將)만이『헬기 사격이 반드시 있었다고 특정할 수 없다』는 소수(少數)의견을 냈다. 최 소장은 조종사들이 한결같이「헬기 사격 명령을 받은 것은 인정하지만 시민을 향하여 직접 사격을 하지는 않았다」고 진술하고 있는 점, 헬기 사격을 목격했다는 진술자들의 증언이 불분명하고 사실과 다른 점을 짚었다.

5·18특조위 활동의 계기가 된 전일빌딩 탄흔에 대한 국과수 감정결과에 대해서도「높은 빌딩에 남아 있는 탄흔이라고 하는 이유만으로 헬기 사격에 의한 탄흔이라고 주장하기에는 그 탄흔의 밀집도가 아주 조밀하여 헬기 사격을 한 번이라도 해 본 사람이라면 헬기 공중사격 시 발생한 탄흔의 밀집도가 반경 1m가 안 되는 좁은 범위 안에서 수십 발의 탄흔이 생기도록 밀집사격을 할 수 없다」고 지적하고 있다. 당시 진압군 대대장(임○원)의 진술에 따르면, 진압군이 시민을 향한 사격을 할 때에는 45도 하방, 무릎 아래쪽으로 총구를 향하도록 지시하였는데「건물 안으로 진입하던 진압군의 M16 사격 탄흔이라면 몰라도 헬기 사격 시 발생

한 탄흔이 그렇게 밀집될 수가 없다」는 것이다.

5·18특조위는 헬기 조종사들의 『헬기 사격은 하지 않았다』는 증언은 묵살하면서도 『헬기 사격을 봤다』는 목격 증언에는 힘을 실어 주고 있다. 「조사결과보고서」는 「헬기 사격을 직접 목격했다는 목격자들의 증언은 헬기 사격 사실을 보다 뚜렷하게 증명하고 있다」면서 목격자들의 진술을 정리했다. 이들의 증언은 1995년 검찰·국방부 합동조사에서는 직접 목격한 것이 아닌 전문(傳聞)이었거나 헬기의 기체 성능이나 무장화기의 특성 등을 몰라서 한 주장으로 평가되었었다. 5·18특조위는 그 증언들을 「헬기 사격이 있었다」는 증거로 다시 끌어낸 것이다.

특히 전두환 전 대통령과 사자명예훼손으로 엮인 조비오 신부의 증언은 국회 청문회, TV 드라마 증언, 검찰·국방부 조사, 재판정에서 면밀히 검증되어 사실이 아닌 것으로 결론이 내려졌지만, 이번 5·18특조위에서 헬기 사격이 존재했다는 유력한 증거 중 하나로 채택됐다. 전두환 전 대통령 측은 조비오 신부의 주장이 『단순한 오해나 착각에 따른 것이 아니라 고의적인 허위 진술』이라고 지적하고 있다.

조비오 신부 증언의 逆轉

다음은 조비오 신부를 비롯한 헬기 사격 목격자들에 대한 1995년 검찰·국방부 합동조사 보고서.

〈광주에서 무장(武裝) 헬기의 공중 사격으로 많은 인명 피해가 야기되었다는 주장이 일부에서 제기되었고, 조비오 신부·이광영 승려·아널드 피터슨 목사 등이 헬기 기총 소사를 목격하였다고 주장했다. … 먼저 목격자들의 진술을 살펴보면, 위 이광영은 5월21일 14시경 헬기 사격으로 15~16세의 여학생이 어깨 부위를 피격당하는 것을 목격하고 그를 적십자병원으로 후송했다고 진술했다. 적십자병원의 당시 진료기록부와 응급실 관계자의 진술에 의하더라도 그 당시 헬기 사격 피해자가 내원했음을 확인할 수 없었다.〉

〈조비오 신부가 5월27일 헬기 사격의 피해자라고 지목한 홍란은 검찰조사에서 건물 옥상에 있던 계엄군의 소총 사격에 의해 다쳤다고 진술했다.〉

〈정낙평은 5월21일 14시경 광주경찰서 상공에서 기종 미상의 헬기가 기관총 사격하는 것을 목격했으며, 부근 진주다방의 종업원이 옥상에서 헬기가 쏜 기관총을 맞고 죽었다는 말을 들었다고 진술했다. 진주다방 종업원인 심동선(남·30세)에 대한 검시조서에 의하면 사인이 M16 소총에 의한 관통총상(射入口 1×1cm)이고, 당시 빌딩 옥상에 있던 공수부대원의 사격에 의한 피격이라는 취지의 증언(광주오월항쟁사료전집 714쪽)도 있다.〉

〈아널드 피터슨 목사는 헬기가 선회(旋回)하고 상공에서 총소리가 들려 헬기에서 기총 사격을 한 것으로 믿고 있으나 헬기 사격 자체를 목격하지는 않았다는 것이다. 그가 사격 장면을 촬영한 것으로 검찰에 제출한 사진상의 헬기 하단 불빛은 기관총 사격 시 발생되는 섬광이 아니라 헬기에 부착된 충돌방지등 불빛임이 확인되었다. 그 밖의 목격자들도 막연하게 헬기에서 사격하는 것을 보았다는 것일 뿐, 달리 구체적으로 피해 사실을 진술하지 못하고 있다.〉

〈광주시내 적십자병원·기독병원·전남대학병원의 각 당시 진료기록부와 응급실 관계자들의 진술을 검토해 보아도 그 당시 각 병원에서 헬기 총격에 의한 피해자가 내원했거나 입원·치료를 받은 사실을 확인할 수 없었다.〉

〈광주시위 관련 사망자 165명에 대한 광주지방검찰청 사체검시기록에서도 특별히 헬기 기총 사격에 의한 사망이라고 인정할 수 있는 근거를 발견할 수 없었다. …〉

「사격 명령 거부했다」(조종사들)

헬기 사격이 있었는지 없었는지의 쟁점에 대하여 가장 중요한 증언자는 당시 출동했던 육군 31·61항공단 소속 헬기 조종사들이다. 이들은 지난 30여 년간 일관되게 한 사람의 예외도 없이 『무장한 채 출동했지만 한 번도 쏘지 않았다』고 증언했다.

이번 국방부 5·18특조위 조사에서도 마찬가지였다. 기자는 이들의 증언 녹취록을 입수했다.

〈『(정○ 사단장이) 나한테 대뜸 「사격할 수 있느냐」 이렇게 물어봐서 「사격할 수 있는 준비가 바로 되어 있다」 이랬더니 「그러면 다리만 쏠 수 있느냐」 이렇게 얘기를 하시더라고. 나는 그게 무슨 소리인지 몰랐어요. 그래서 「그렇게는 못 쏩니다. 한 번 당기면 2000발이 나갑니다. 꽉 당기면 4000발 나갑니다. 엎드려서 쏴도 다리 못 맞히는데 비행기로 4000발씩 쏴가지고 다리 맞힌다는 건 불가능합니다. 다 죽입니다」 이렇게 얘기했어.

계획하는 사람들이 미리 (사격)지침을 내릴 수는 있지만은 비행기에서 총 쏘면 어마무시한 사람들이 죽는다는 거를 조종사면 다 알아요. 「턱도 없는 소리 하지 마라. 그건 불가능한 얘기인 거고 모르는 사람이 하는 얘기이지, 그건 안 된다」 딱 잡아뗐어. 아주 강하게 얘기하니까 당신(注: 사격 명령자)도 꼼짝 못하지.』(최○○ 2017. 12.26. 녹취, 당시 31항공단 506항공대대 작전과장)〉

〈『광주시내에 있는 천(川)에 가 무력시위를 하라 그래서 내가 「나는 못합니다. 그거 하려면 장명(注: 작명의 오기로 보임)을 달라」고 그랬어. 그러니까 그 양반이 호주머니에서 수첩을 끄집어내 착 찢어서 거기에 「즉각 출격해서 제압할 것」 하고 사인 착착착 해가지고 날 주더라고. 내가 못 받아들인다고 이야기를 했어요. 그러니까 이 양반이 흥분을 해가지고. 그 양반은 장군이에요. 나는 육군 중령입니다. 감히 그것도 작전지역에 작전 주무참모인데 지시하는 거를 내가 딱 잘라서 못한다고 얘기했거든요. 그게 화 안 나겠어요? 나라도 때려죽이고 싶지. 영창에 집어넣고 싶지만 사안이 사안이에요. 내가 「진정하시고 제 얘기를 들어보십시오」 하고 못하는 이유를 설명 드렸어요. 2.75인치 로켓을 천(川)에다가 쏘면 수심이 깊은 데는 조비탄이 세지고 얕은 데는 파편이 된다고. 튀는데 럭비공 튀듯이 방향이 없어요. 산발적으로 튀어요. 7.62mm 기관총도 마찬가지야. 기관총도 쏘면 깊은 물에는 조비가 생겨서 튄다고. 그런데 개울가에 있는 집들이 전부 다 민가야. 한두 집도 아니고 줄줄이 쭉 늘어서 있는 그 집에 파편이 튀어 들어가 사상자가 났다, 그러면 계엄군이 선량한 시민 기총사격해가지고 사살했다는 게 불 보듯이 뻔하게 보도가 된다. 그때 어떻게 책임질래? 그러니까 「이거는 고정하고 하지 맙시다」 그렇게 얘기를 하고…」(김○○ 중령 2017. 12.29. 녹취, 당시 31항공단 506항공대대장)〉

『상상을 초월하는 사람이 죽어!』

5·18특조위는 「코브라 헬기가 벌컨포를 1500발 수령했으므로 코브라 헬기에서 벌컨포를 사격했을 것」이라고 발표했지만 조종사들은 부인한다. 코브라 헬기가 사격을 했다면 「역사가 바뀌었을 것」이라고까지 말한다. 수많은 사상자가 발생했을 것이라는 이야기다. 코브라에 장착된 20mm 벌컨포는 경장갑차 등을 상대로 한 화기(火器)로 분당 약 750발 정도의 실탄이 발사된다. 위력은 장갑차의 철갑을 뚫고 사람은 한 발만 맞아도 몸이 잘리는 등 큰 부상을 입거나 생명을 잃게 되며 아스팔트에 맞으면 커다란 홈이 팰 정도다.

〈『(광주川 사격 지시에 대해) 난 전혀 몰랐어. 전혀 들은 적 없음. 서면자료 내려와도 코브라 20mm가 얼마나 무시무시한 화력인데… 나도 국민인데 거기에 대해서 사격한다? 생각도 못했지. 그 코브라가 사격했으면 역사가 바뀌었을 거야.』(차○○ 소령 2018. 1.22. 녹취, 당시 31항공단 103항공대대 조종사)〉

〈『그 사람들이 벌컨이 어떤 총인지를 모르니까 그런 소리를 하는 거지. 벌컨은 총(銃)이 아니라 포(砲)야. 포하고 총하고는 개념이 틀려. 포는 날아간 게 터져. 총은 그냥 뚫고 들어가는 게 총이야. 벌컨포가 예를 들어서 맞았다, 어디 땅에, 그거는 상상을 초월할 사람이 죽어. 그거는 있을 수가 없어.』(최○○ 2017. 12.26. 녹취, 당시 31항공단 506항공대대 작전과장)〉

〈『(코브라 사격 관련) 나는 그거 있을 수가 없는 거야. 시민을 향해 공격헬기가 그걸 당기면 피해가 보통 나는 게 아니잖아요. 그걸 볼 때 나는 안 했을 거라고 생각해. 들어보지도 못했어 사격 자체를…』(최○○ 준사관 2017. 11.1. 녹취, 당시 61항공단 203항공대대 조종사)〉

1995년 검찰·국방부 합동조사에서도 동일한 취지의 증언을 한 기록이 남아 있다. 「인명피해가 없도록 벌컨 사격하라」고 지시한 상관에게 「어떻게 그런 무식한 지시를 하느냐」고까지 말한다.

〈『첫 번째 사격 관련 요청은 5월 22일 김○○ 장군이 이○○ 대대장에게 광주천을 따라 위협사격을 하라는 것이었음. 이 대대장이 「코브라의 경우 20mm 벌컨으로 사격을 하면 그 위력이 엄청나 광주천에 사격을 해도 파편으로 수많은 인명피해가 생긴다」면서 김 장군에게 불가함을 보고하고, 다시 저와 여단장에게 전화보고를 하여 저와 여단장이 「광주가 전쟁터냐」고 하면서 사격을 하지 말라는 말을 한 사실이 있음. 그러자 김 장군이 처음에는 화를 내었지만 전교사의 방침이 바뀌었는지 결국은 사격을 하지 않았던 것으로 보고받은 기억이 있음.

그 외에도 언제인지는 기억에 없으나 전교사(戰敎司)에서 APC(장갑차)를 타고 외곽으로 빠져나가는 시위대에 대해서 벌컨으로 사격을 해 달라고 하면서 사람은 다치지 않도록 하라고 지시를 하였다고 하면서 이○○가 저에게 「어떻게 그런 무식한 지시를 하느냐」고 하며 「사격을 하지 않았다」고 보고한 기억이 있음.」(방○○ 1995. 5.17. 진술조서, 前 육군 1항공여단 31항공단장)〉

「영웅」을 「양민학살범」으로 모는 特調委

헬기 조종사들은 헬기 기총사격 시 발생할 수많은 인명피해를 정확히 인지하고 있었고, 사격 명령에 대해 부당성을 설명, 납득시켰다는 것이다. 헬기 사격을 지시하는 상관에게 「사격 못한다」고 대들고 「시키는 대로 하지 무슨 말이 많으냐」는 힐난을 들으면서도 정식 서면 명령서를 요구하며 끝내 헬기 사격을 하지 않았다. 영화에 나올 법한 영웅들인데 국방부 5·18특조위는 이들을 「양민학살범」으로 모는 발표를 한 셈이다.

〈「김○○ 장군이 저에게 코브라로 광주천을 따라 천에다가 위협사격을 하라고 지시하여 코브라의 경우 20mm 벌컨으로 사격을 하면 그 위력이 엄청나 천에다가 사격을 하여도 파편으로 수많은 인명피해가 생긴다며 불가함을 보고하였음. 이에 김 장군이 「배속이 되었으면 시키는 대로 하지 무슨 말이 많으냐」고 힐난하여 저가 「그러면 서면으로 지시를 해 달라」고 하였으나 서면지시가 없어 그날은 사격을 하지 않음.」(이○○ 1995. 5.15. 진술조서, 前 육군 1항공여

〈『김○○ 전교사 전투발전부장이 「항공대장, 도청 옥상에 있는 대공화기 진지를 제압하라」고 지시, 저희가 「도청 옥상에 있는 대공진지를 단발로 제압할 수 있는 것도 아니고 기관총 사격의 경우에는 한번 방아쇠를 당기면 아무리 적은 양이라도 수십 발이 한꺼번에 나가기 때문에 주위 민가에 피해가 야기될 수도 있으니 사격이 곤란하다」고 하면서 「정히 사격을 해야 한다면 정식 서면명령서를 달라」고 하였더니 그 장군이 흥분을 하여 무슨 말을 하고는 들어갔는데 그 후 다시 지시를 받은 일이 없음.」(김○○ 1995. 5.24. 진술조서, 前 육군 1항공여단 31항공공단 506항공대대장)〉

헬기 조종사들의 공통된 진술은 결국 어떤 기종의 헬기든—그것이 코브라든 500MD든 UH-1H든— 일단 기총사격을 하게 되면 수많은 인명 피해가 야기된다는 것이다.

여단장의 사격명령을 거부한 조종사

앞에서 설명한 보병학교 교도대의 오인 사격과 관련된 조종사의 증언은 국방부 5·18특조위 조사결과보고서에서 「사격이 있었다」는 증거로 인용되었는데, 이번에 기자가 1995년 수사자료를 얻어 읽어 보니 「사격 명령은 있었지만 사격은 없었다」는 증거로 더 적합하다는 사실을 발견하였다.

1980년 5월 24일 오후 1시55분경 공수11여단 63대대가 광주 송정리 비행장으로 이동하기 위하여 효천역 앞에 이르렀을 때, 부근에 매복하고 있던 전교사 보병학교 교도대 병력이 이들을 무장시위대로 오인, 선두 장갑차와 후속 트럭에 90mm 무반동총 4발을 명중시키는 등 집중 사격을 가하였다. 이에 63대대도 응사, 계엄군끼리 총격전이 벌어졌다. 그 와중에 63대대 병력 9명이 사망하고 63대대장 등 군인 33명과 마을 주민들이 총상을 입었다(검찰 국방부 합동 조사 보고서). 이 사건 직후 출동한 이정부 육군 1항공여단 31항공단 103항공대대장의 증언이다.

〈『5.24.(注: 자료에는 5.23.으로 되어 있음) 공수부대가 비행단으로 철수하는 것을 엄호하라고 하여 코브라 2대를 인솔하고 공수부대 이동로를 엄호하다가 2시간 정도가 지나 연료 재보급을 위해 광주비행장에서 급유를 하고 있는데 헬기의 무전으로 11여단장이 자기 병력이 이동 중 산 쪽에 있는 폭도로부터 공격을 받아 난리가 났으니 폭도들에게 무차별 제압사격을 해 달라고 요청하여 저가 즉각 출동하여 현장으로 갔는데 막상 공중에서 7.5배 망원경을 사용하여 지상에 있는 병력들을 정확히 확인하니 산 위에 있는 병력이 아군 보병학교 교도대로 확인되어 (그 망원경으로는 병력들의 상의 마크까지 확인이 가능하였음) 저가 아군이라고 보고하니 여단장이 말도 되지 않는다고 하면서 사격을 하라고 하여 저가 다시 확인 후 재차 보고를 하였으며, 저가 그 상황을 전교사에도 보고를 하니 처음에는 믿지 않다가 결국은 저의 말을 믿고 조치를 하여 그날도 결국은 사격을 한 사실이 없습니다.』〉

영화에나 나올 법한 상황이다. 여기서 이정부 대대장은 공수여단장의 사격명령을 두 번 거부한다. 아무리 사격명령이 내려가도 현장에 출동한 조종사들의 주장이 관철되었음을 보여주는 사례이다. 그런데 국방부 5·18특조위는 〈당시 교도대가 아니고 시민군이었더라면 실제 사격하였을 가능성이 높다〉면서 「사격이 있었다」는 결론의 뒷받침으로 삼는다.

가정과 추리를 결합시키면 공상(空想)이 된다. 이번에 이정부 같은 사격 명령을 거부한 조종사들을 찾아냈으니 광주시민들이 이들을 의인(義人)으로 기려야 하는 것 아닌가?

전일빌딩 탄흔의 문제

이들은 전일빌딩 10층에서 발견된 탄흔에 대해서도 의구심을 표한다. 헬기 사격을 한 번이라도 해 본 사람이라면 그런 밀집 탄흔이 나올 수 없음을 알 수 있다는 것이다.

〈『전일빌딩 10층 피탄 흔적을 보면 점표적 사격이 아니고 지역표적을 사격하는 것인데, 이런 점표적에 어떻게 사격을 해요? 따라서 여기에 이런 피탄 흔적이 나올 수 없어요. 시험을 해 보면 바로 답이 나와요. 직접 사격을 해 보고 피탄이 어떻게 흩어지는지를 보여 줘야 의문을 제기하지 않아요. 이런 기둥에 한 발이 맞을까 말까 하는 것이 정상입니다. 힘들어요. 10층 전체에 퍼지거나 7층에서 10층까지 전 지역에 피탄 흔적이 발견되어야 설명이 됩니다.』
(2017. 9.25. 녹취, 당시 31항공단 505항공대대 500MD 조종사)〉

5·18특조위는 이런 반론을 의식했는지 「조사결과보고서」에 이렇게 쓰고 있다.

〈…국립과학수사연구원은 전일빌딩 내부에 남아 있는 탄흔의 직경과 방사형으로 펼쳐진 탄착군의 모양을 기초로 총기의 종류를 판단해 볼 때 5.56mm 실탄을 사용하는 M16 소총일 가능성이 높고, 7.62mm 탄을 사용하는 M60

기관총일 가능성도 있다는 결론을 내렸다. 국립과학수사연구원은 위 총기의 종류를 기초로 헬기의 종류와 사격방법도 함께 판단하면서, 500MD에 장착된 M134 미니건에 의한 사격 가능성은 배제하고, UH-1H의 마운트에 장착된 M60에 의한 사격은 가능하다는 결론을 내렸다. 국립과학수사연구원의 감정서에서 명확히 언급되지는 않았지만, UH-1H에 탑승한 승무원 또는 공수부대원이 슬라이딩 도어를 개방하거나 창문을 개방한 상태에서 개인화기인 M16으로 사격을 하는 경우에도 전일빌딩 내부에 남아 있는 것과 같은 탄흔 발생이 가능하다. 결국 전일빌딩에 남겨진 탄흔에 대한 국립과학수사연구원의 감정결과는 UH-1H 헬기가 호버링을 하고 있는 상태에서 UH-1H에 탑승한 승무원 또는 공수부대원이 M16으로 전일빌딩에 사격한 사실을 증명하고 있다.〉

영화 시나리오를 연상시킨다. 국과수는 M16 소총이나 UH-1H의 마운트에 장착된 M60일 가능성이 있다고 결과를 내놓았을 뿐이다. M16 가능성을 더 높게 보는 뉘앙스다. 그러나 헬기 기총사격으로는 전일빌딩에 남아 있는 것 같은 탄착군이 나올 수 없다는 조종사들의 반박에 5·18특조위는 「헬기에 탑승한 승무원이나 공수부대원이 슬라이딩 도어 또는 창문을 개방하고 M16으로 전일빌딩에 사격을 했다」고 결론 내린다. M16 소총과 헬기 사격을 무리하게 연결지으려 한다.

한 조종사는 기가 찬 듯 이렇게 화를 냈다.

〈『내가 조종사인데, 내가 비행기 몰고 다니는데 내 뒤에서 앉아 있는 놈들이 내 명령 없이 총 쏘게, 당신이 조종사라면 그걸 놔두겠어? 내가 비행기 몰고 가는데 내 명령 없이 뒤에서 쫄병 새끼가 총 쏜다고? 그건 내려서 내가 쏴

버리지. 그건 누가 말을 만들어도 비슷하게 만들어야지.」(최○○ 2017. 12.26. 녹취, 당시 31항공단 506항공대대 작전과장)〉

헬기가 호버링(공중정지) 상태여도 요동이 심한 헬기에서 목표를 맞히기는 어렵다. 헬기에 기관총이 거치돼 있는데 굳이 소총을 쏜다는 것도 어색하다. 최해필 5·18특조위 위원의 소수의견, 「건물 안으로 진입하던 진압군의 M16 사격 탄흔이라면 몰라도 헬기 사격 시 발생한 탄흔이 그렇게 밀집될 수가 없다」는 게 더 설득력이 있어 보인다.

증거도 없이 국군을 학살범으로 규정

5·18특조위 활동에 대한 한 가지 의문은 5개월 동안 과거 기록 조사, 참고인 대면 조사는 그렇게 열심이었는데 정작 헬기 사격 실험은 왜 하지 않았는가이다. 그 한 번의 실험이면 모든 게 명확하게 드러났을 것이다. 실제로 5·18특조위 활동 초기인 2017년 9월 말경 군 헬기 사격장 중 한 곳을 금남로 전일빌딩과 동일한 조건으로 설정한 뒤 헬기를 띄워 사격을 재현하는 실험 가능성을 검토한다는 내용의 언론 보도가 있었다(KBC 광주뉴스, 조인스닷컴). 5·18특조위는 실험을 하지 않았고, 과거 국가조사에서 드러나지 않았던 새로운 증거를 제시하지도 못했지만 비약적인 논리 구조로 「5·18 당시 국군의 야만적 헬기 사격이 있었다」는 결론을 도출해냈다. 「헬기 사격이 있었다」는데, 여전히 헬기 사격을 했다는 사람도 총탄에 맞은 사람도 확인되지 않았다. 헬기 사격 지시는 있었을지 모르지만 실제로 사격이 있었다는 증거는 찾지 못했는데도 국군을 학살범으로, 국가를 야만적 존재로 공인하는 보고서가 나온 것이다.

5·18특조위는 『5·18민주화운동 기간 동안 40여 대 가량의 헬기가 광주에서 헬기 사격을 비롯한 병력이동, 보급품 수송 등 많은 시간을 운행했기 때문에 그 상황을 정확히 재구성하기 위해 헬기운행일지 등을 찾고자 노력했으나, 해당 부대들이 보관하고 있지 않거나 보존 기간 경과로 파기되었다고 주장해 확인하는 데 실패했다』고 밝혔는데 이는 증거를 찾지 못하였다는 고백이다. 5·18특조위의 조사결과에 근거하여 이른바 「헬기 사격」이 교과서에 기록된다면 문제 교사들은 국군을 「국민을 도륙한 집단」으로 매도, 북한군보다 더 나쁘게 가르칠 것이다.

5·18특조위 위원장에 위촉되어 활동한 후 국민권익위원회 부위원장(차관급)에 임명된 이건리 변호사는 5·18특조위 조사결과보고서 서문에 이렇게 적고 있다.

〈5·18민주화운동 헬기 사격 및 전투기 출격대기 관련 국방부 특별조사위원회는 … 「정의의 역사」, 「진실의 역사」를 새롭게 써 나가고자 지난 5개월간 정정당당하고 의연하게 조사활동을 해 왔습니다. … 보존되어 있는 군 자료 중 5·18민주화운동과 관련한 중요한 부분들이 부실하게 기재된 경우가 많았고, 보존연한의 경과 등으로 이미 폐기된 자료도 있었으며, 보존된 중요자료 가운데 일부는 왜곡되어 있었습니다. 오랜 세월 진실 앞에서 침묵해 왔던 분들의 용기 있는 증언도 기대했지만, 그들은 여전히 진실을 세상 밖으로 내놓지 않았습니다. 특별조사위원회는 실로 「가짜와의 전쟁」을 치렀습니다. … 진실은 타협의 대상이 아닙니다. 거짓은 시간이 지난다고 해서 진실로 둔갑될 수 없습니다. 불의에 침묵하는 것은 또 다른 불의입니다.〉

시간을 매개로 거짓을 진실로 둔갑시키고 있는 쪽은 누구일까.

국가에 의한 역사 조작은 전체주의

5·18특조위가 「헬기 사격이 있었다」는 결론을 내린 것을 재판에 비유하자면 살인이 있었음을 인정하고 사형을 선고한 것과 같다. 5·18특조위 발표대로 헬기 사격이 있었다면 조종사들은 「양민학살범」이 된다. 사람에게 사형선고를 내리려면 완벽한 증거가 있어야 한다. 5·18특조위 조사결과보고서에는 완벽한 증거는커녕 비약과 추리만 있다. 어떻게 이런 조사를 근거로 조종사들에게 「사형선고」를 내릴 수 있었는가? 더 섬뜩한 것은 이런 부실한 조사가 아무런 반론도 없이 국가적 사실로 인정되어 가고 있다는 사실이다. 이렇게 중대한 사안에 객관적 증거 없이 「야만적 사격」이 있었다는 발표를 하는 것을 묵인한다면 이는 국가 기관에 의한 역사 조작을 용인하는 것이 된다. 적어도 국방부 장관은 이 조사 결과를 받아들일 수 없음을 선언, 대한민국 국군의 명예를 지키고 현대사의 왜곡을 막았어야 했다.

조지 오웰은 소설 《1984》에서 『「2 더하기 2는 4」라고 말할 수 있는 사회는 걱정할 필요가 없다』고 썼다. 사실을 말할 수 있는 양심의 자유, 언론의 자유가 보장된다면 개인의 자유도 지켜낼 수 있다고 본 것이다. 국가 권력으로 사실을 억압하면 독재국가, 사실을 조작하면 전체주의 국가라고 한다. 지금 대한민국은 「2 더하기 2는 5」라고 말하는 데 국가 기관이 앞장서고 있다.

이 조사결과가 번복되지 않고 「국가가 공인한 사실」로 굳어지면 조종사들은 나치 유대인 학살범처럼 취급될 가능성이 있고, 국군과 국가도 전(全)세계 앞에서 학살집단으로 취급될 것이고, 또 한 사람의 전직 대통령이 감옥에 갈 수도 있다. 5·18특조위는 이런 끔찍한 연쇄반응을 생각하고 이런 무서운 결론을 내렸는가? 언젠가는 5·18특조위 조사위원들이 조사를 받게 될 것 같은 예감이 든다. 참고로, 조사위원들의 명단을 붙인다.

❖ 위원 편성

구 분	성 명	주 요 경 력	추천기관
위원장	이건리	○ 대검찰청 공판송무부장 ○ 대법관후보 추천 ○ 가톨릭 서울대교구 생명윤리자문단 자문위원 ○ 법무법인 '동인' 변호사(現在)	대한변협
위 원	강희간	○ 예비역 공군준장(공사 17기) ○ 공군 제8전투비행단장 ○ 한미연합사령부 계획처장 ○ 국군정보사령부 930여단장	공군협회
	김성	○ 5·18특파원 리포트 참여, 5·18관련 한국기자상 수상 ○ 한국기자협회 부회장(광주일보 차장) ○ 제19대 국회, 정의화 국회의장 비서실장 ○ 광주대학교 경찰·법·행정학부 초빙교수(現在)	광주광역시
	김칠준	○ 대한변호사협회 인권위원 ○ 인권재단 '사람' 이사장 ○ 국가인권위원회 사무총장 ○ 법무법인 '다산' 변호사(現在)	대한변협
	송병흠	○ 공군 제11전투비행단 근무 ○ 항공안전관리연구소 소장(現在) ○ 항공운항학회 회장(現在) ○ 한국항공대학교 항공운항학과 교수(現在)	항공대학
	안종철	○ 국무총리소속 민주화운동보상위원회 전문위원 ○ 5·18 기록물 유네스코세계기록물 등재 추진단장 ○ 국가인권위원회 조사국장, 기획조정관(고위공무원) ○ 광주광역시 5·18 국정과제 실행추진위원장(現在)	광주광역시
	이장수	○ 대구지방검찰청 조사부장검사 ○ 부산지방검찰청 전문부장검사 ○ 인천지방검찰청 전문부장검사 ○ 법무법인 '해승' 변호사(現在)	대한변협
	최영태	○ 민주화를 위한 전국교수협의회 공동의장 ○ 광주시민단체협의회 상임대표 ○ 전남대학교 인문대학장 ○ 전남대학교 사학과 교수(現在)	역사학회
	최해필	○ 예비역 육군소장(3사 4기) ○ 육군 항공작전사령부 참모장 ○ 육군 항공학교장 ○ 육군 항공작전사령관	국 방 부

특조위 명단: 국방부 특조위 위원들은 한 사람을 제외하고는 5·18 당시 헬기사격이 있었다는 결론을 내렸다. 위원 중 최해필 전 항공작전사령관만이 소수의견을 냈다.

2

북한군은 오지 않았다!

『「북한군 개입설」을 신봉한다는 것 자체가
「천안함 폭침 북한 소행 부정」과 같은
함정에 빠지는 일』

『국정원에서 북한군의 광주 개입설 검증, 사실이 아닌 것으로 결론』

2013년 5월 李明博(이명박) 정부의 국가정보원에서 고위직으로 근무하였던 한 인사는『북한군이 광주사태에 개입하였다는 주장을 검증한 적이 있는데, 북한군이 온 적이 없다는 결론을 내렸다』고 했다. 이 인사는『일부 인사들이 그런 주장을 하기에 院 차원에서 조사를 하였다. 북한에 세워졌다는 남파 북한군의 위령비도 광주사태와는 관계가 없는 것으로 확인되었다』고 말하였다. 수년 전부터 한 탈북자가『광주사태에 북한 특수부대가 개입했다』는 주장을 하고 일부 단체에서 이에 동조하고 있다. 이 탈북자는 이런 요지의 주장을 했다.

〈5·18사태 당시 함경남도에 위치해 있던 우리 부대는 전투동원상태에 진입하라는 참모부의 명령을 받고 완전 무장한 상태에서 신발도 벗지 못한 채 24시간 진지를 차지하고 광주사태에 대해 긴급속보로 전해 들으면서 20여일 이상 출전 명령을 기다리고 있었다. 정치부 비 편제 서기로 자주 동원됐던 나는 나중에야 당시 제10군단장이었던 여병남과 7군단 참모장이었던 김두산의 대화를 통해 특수부대 1개 대대가 광주에 침투했었고 희생도 많았지만 공로가 컸다는 말을 들을 수 있었다. 그로부터 얼마 후 북한군 특수부대 지휘관들 사이에서는 광주에 특수부대가 침투했었다는 말이 공공연한 비밀로 나돌았다. 특수부대들에서 선발한 최정예 전투원 1개 대대가 해상을 통해 남파됐으며 그중 3분의 2가 희생되고 나머지 인원이 모두 귀대했다는 것이다〉

이 주장은 개연성이나 증거가 없다. 사실이 아니라고 단정함이 타당할 것이다. 그 이유는 이렇다.

1. 광주사태는 목격자가 많은 사건이다. 광주시민 수십 만 명과 진압군이 목격자이고, 수백 명의 직업적 구경꾼들, 즉 기자들이 취재했다. 외국 기자들도 많았다. 공개리에 일어나고 공개적으로 취재된 사건이다. 비디오와 사진도 많다. 광주사태를 취재했던 나를 포함한 어느 기자도 북한군 부대가 개입했다는 생각을 하지 않았다.

2. 광주사태에 개입한 북한군이 대대규모, 즉 수백 명이라는데, 시민군의 편에 섰다는 이들을 상대로 전투를 벌였을 당시 진압군(계엄군)의 장교들 중 어느 한 사람도 북한군의 출현에 대해서 보고하거나 주장한 사람이 없다.

3. 광주사태 사망자는 1995년 서울지검-국방부 조사에 따르면 193명이다. 이들 중 군인은 23명이고 경찰관이 4명이다. 군인 사망자 23명 중 13명은 공수부대에 대한 국군 교도대의 오인 사격 등 진압군끼리의 충돌로 죽었다. 5월27일 광주 수복을 위해 계엄군이 진입할 때 국군 3명이 죽었다. 나머지 7명의 군인들이 무장시민들에 의해 죽은 셈이다. 대대 규모의 북한군, 그것도 특수부대가 개입했다면 국군 사망자가 이 정도에 그칠 리가 없다. 북한군이 소대규모로 일으킨 1·21 청와대 습격 사건, 중대 규모였던 삼척무장공비 사건을 진압하는 데 국군은 各(각) 수십 명의 戰死者(전사자)를 냈다.

4. 당시는 계엄령이 펴진 상태였다. 해안과 항만은 철저히 봉쇄되었고 공중감시도 정밀했다. 대대규모의 북한군이 어떻게 침투한단 말인가? 광주 인근에 낙하산으로 내렸단 말인가? 침투병력 중 3분의 2가 희생되었다는데 이게 사실이라면 이들을 섬멸한 국군이 있을 것 아닌가? 무장간첩 한 명만 사살해도 부대 표창을 받는데 수백 명을 사살한 국군

부대가 이 자랑스러운 사실을 숨겼단 말인가?

5. 全斗煥(전두환) 정권하에서는 광주사태에 북한군이 개입했다는 단서가 나오면 이를 반드시 확인했을 것이다. 전혀 그런 움직임이 없었다.

6. 탈북자의 증언은 傳言(전언)에 불과하다. 『내가 광주에 내려왔다』고 나서도 믿기 힘든 판에 『카더라』란 이야기를 너무 심각하게 받아들여선 곤란하다.

7. 광주사태는 1980년 5월18일부터 시작되었다. 그 직후 광주 일원은 봉쇄되었다. 5월21일 계엄군은 광주시내에서 철수, 외곽을 포위했다. 이때 市外(시외)로 빠져나가던 시민들이 매복하고 있던 계엄군의 총격을 받아 죽기도 했다. 대대 규모의 북한군이 이런 상황에서 광주로 잠입했다면 국군과 대규모 전투가 발생했을 것이다. 광주에서 정규군끼리의 충돌은 한 건도 없었다. 김일성(또는 김정일)이 5월18일 광주 상황 보고를 받고 특수부대의 출동을 명령했다고 해도 그 부대가 광주 부근에 나타나려면 빨라도 20일 이후일 것이다. 그때는 이미 광주가 철통같이 포위되어 있을 때였다. 수백 명의 북한군이 등장할 무대는 없었다.

8. 1개 대대 중 3분의 2가 희생되었다면 약 200명이 죽었다는 이야기인데, 屍身(시신)은 다 어디로 갔나? 갖고 올라 갔나? 북한군으로 의심가는 屍身은 단 하나도 발견된 게 없다. 그들은 투명인간 부대였던가? 과학적 상식으로도 성립이 불가능한 주장이다. 요약하면 광주사태를 목격하였던 시민, 시위자, 진압군인, 취재기자들 가운데 북한군 비슷한 사람을 보았다거나 북한군 개입설을 믿는 이는 全無(전무)하다. 광주사태를 보지 않고 상상에 의존하는 이들 중에서 믿는 이들이 많다.

9. 광주發(발) 과장이 두 개 있다. 하나는 사망자가 2000명이나 된다는 주장이었다. 이는 수 차례의 정부 조사로 부정되었다. 또 하나는 영

화 「화려한 휴가」에 나오는 학살장면이다. 5월21일 정오 무렵 전남도청 앞에서 애국가를 부르는 비무장 시민들을 향하여 공수부대원들이 명령 일하에 일제 사격을 하여 수백 명을 죽이고 다치게 하는 장면은 악랄한 空想(공상)이고 조작이다. 그런 학살도, 그런 사격명령도 없었다. 시민들 이 차량을 탈취하여 공수부대원들을 덮쳤고, 현장에서 군인 한 명이 깔 려 숨지자 실탄을 갖고 있던 장교들이 차량을 향하여 발포한 것이 본격 적인 총격전의 시작이었다.

10. 광주사태에 대한 국가적 조사는 1980년 사건 직후 계엄사 발표, 1985년 국방부 재조사, 1988년의 국회 청문회, 1995년의 검찰 및 국방부 조사, 1996~1997년의 5·18 재판 등 다섯 차례가 있었다. 2012년 국정원 의 비공개 조사까지 더하면 여섯 번이다. 이 여섯 번의 조사 중 북한군이 대대규모로 들어왔다는 증거나 정황은 한 번도 발견된 적이 없다.

11. 이념적 입장에서, 또는 희망적 관점에서 북한군 개입 주장에 동조 하는 것은 위험하다. 광주사태 당시 시위대는 反정부적이었지만 親北的 (친북적)이진 않았다. 시위대가 간첩 같은 사람이 끼어 있다고 軍 당국에 신고하기도 했었다. 『김일성은 오판 말라』는 구호가 늘 나왔다. 대한민 국 세력은 진실 위에 정의를 세워야지 正義 위에 진실을 세우려 해선 안 된다. 신념보다 사실이 더 중요하다.

12. 일부 방송이 광주사태 시의 북한군 개입 주장이나 서울 도심으로 장거리 땅굴이 들어왔다는 주장을 검증 없이, 소개하는 것은 위험하다.

TV조선 보도로 간단하게 부인된 「북한군 개입說」

『광주사태 때 북한군 특수부대 1개 대대가 들어왔다』는 탈북자의 주장은 2013년 5월22일 TV조선 보도국의 취재로 간단하게 부정되었다. 이렇게 황당한 주장을 믿는 사람이 이렇게 많다는 데 놀라지 말고 그 원인을 알아볼 만하다. 기자가 사명을 다하면 이렇게 신속하게 루머를 잠재울 수 있는데, 북한군 개입설이 확산되는 7년간 기자도, 정부도 손을 놓고 있었다. 반박되지 않는 거짓은 진실이 된다.

[앵커 최희준] 대한민국 현대사에서 잊어서는 안 되지만 잊고만 싶은 가슴 아픈 사건이 있습니다. 33년 전 5월 광주입니다. 5·18 광주 민주화 운동은 실체적 진실이 밝혀질 때까지 각종 루머와의 전쟁을 거쳤습니다. 사건 초기에는 광주가 봉쇄되면서 피해자 측에서 나온 확인되지 않은 사실들이 퍼졌고 최근에는 탈북자들로부터 흘러나온 주장들이 확대 재생산 되고 있습니다. 광주가 겪은 어쩌면 지금도 겪고 있는 「루머와의 전쟁」을 이재민 기자가 보도합니다.

[리포트] 1980년 광주는 5·18 광주민주화운동으로 정착되기까지 각종 루머와 치열한 전쟁을 벌였습니다. 초기에는 피해자 입장에서 나온 이야기들이 많았습니다. 대표적인 루머가 광주에서 2천 명이 사망했다는 내용입니다. 당시 현장을 취재한 기자들은 「2000명설」은 외신보도가 국내로 들어와 낭설로 떠돌았다고 증언합니다. 일부 언론도 「2000명설」을 보도했지만 1995년 김영삼 정부 때 서울지검은 사망자가 193명(조갑제닷컴注: 군인 23명, 경찰관 4명, 민간인 166명)이라고 발표했고, 5·18기념재단이 현재 보상 현황에서 밝힌 사망자는 154명(민간인)입니다. 뜬소문이 많이 나온 이유는 당시 광주가 외부와 단절돼 있었기 때문입니다. 경상도 군인이 전라도 사람을 죽이러 왔다는 루머가 있었지만, 당시 계엄군으로 투입된 7공수여단은 40%가 호남 출신이었습니다. 투입된 공수

부대원이 화염방사기로 시위대를 사살했다는 루머도 증거가 드러나지 않았습니다.

[인터뷰] 조남준 / 광주민주화운동 현장 취재기자 『이상한 소리 퍼뜨리고. 2000명이 죽었네, 3000명이 죽었네. 그 사람들이 퍼뜨렸을 가능성이 있죠. 북한 방송 보면 그렇게 돼 있어..』

[리포트] 김영삼 정부가 들어선 뒤 유가족과 시민단체를 중심으로 실체를 밝히려는 노력이 이어졌고, 계엄군부터 1995년 검찰의 조사까지 모두 다섯 차례의 조사를 통해 상당수의 루머는 사실이 아닌 것으로 결론났습니다. 하지만 최근 탈북자들이 북한과 관련한 주장을 하면서 새로운 루머가 퍼지기 시작했습니다. 북한군 대대 병력 투입설이 대표적입니다. 사건 초기에도 북한군 개입설이 신군부의 입장에서 제기되기도 했지만, 근거는 없었습니다. 지금은 탈북자 증언 형태로 개입설이 주장되지만, 이런 루머도 언론 취재와 증거확보를 통해 진실이 드러날 수밖에 없습니다. 더 큰 문제는 근거 없는 소문을 惡意的(악의적)으로 퍼뜨리고, 감정적으로 대응하면서 확대 재생산하는 부분입니다. 정확한 사실관계 확인이 우선되면 근거 없고 증거 없는 루머는 사그라질 것으로 보입니다. TV조선 이재민입니다.

[앵커] 북한 인민군이 1개 대대나 광주에 들어왔다는 또 다른 근거로 제기되고 있는 게, 신원이 확인되지 않은 屍身과 행방불명자들이 알고 보면 북한군일 것이다, 이런 주장입니다. 이것 또한 상황을 조금만 자세히 들여다보면 근거 없는 얘기라는 것을 금방 알게 됩니다. 강성명 기자입니다.

[리포트] 북한군 장교 출신 임천용씨는 5·18민주화운동 당시 수십

명의 행방불명자와 신원이 밝혀지지 않은 屍身이 북한군일 수 있다고 주장합니다.

[녹취] 임천용 / 전 북한 특수부대 장교 『망월동에 지금 있는 신원 미상자, 60~70명에 가까운 행불자! 5·18광주사건 때 70명 가까운 행불자가 어디로 날아갔어요.』

[리포트] 과연 사실일까? 5·18국립묘지에 있는 「무명열사의 묘」입니다. 신원이 확인되지 않은 시신은 5구에 불과합니다. 이마저도 당시 檢屍書(검시서)를 보면 차 위에서 시위를 하다 떨어져 숨졌거나 4살짜리 아이 그리고 40대 남성 등으로 북한군과는 거리가 멉니다.

[인터뷰] 송선태 / 5·18기념재단 상임이사 『특수군 부대라고 하면 차량에서 떨어질 만큼 어리석지 않을 것이고 4세가량의 남자아이를 특수군 부대로 파견을 하지 않을 것 같습니다.』

[리포트] 시신을 찾지 못해 행방불명자가 된 이들에 대한 주장은 더더욱 설득력이 떨어집니다.

5·18 당시 실종된 66명의 행방불명자를 추모하는 곳입니다. 비석마다 이렇게 생년월일은 물론, 가족들의 이름까지 정확히 적혀 있습니다. 모두 대한민국 국적으로 가족이 있고 신원이 분명하기 때문에 이들도 북한군과는 전혀 관련이 없습니다.

[인터뷰] 정현종 / 국립 5·18민주묘지 관리소장 『부모의, 신청인의 인적사항이 있었고, 이렇기 때문에 첫째 행방불명되신 분은 분명히 6하 원칙에 의해서 이 지역에서, 이 시위에 참여했다는 것이 호적상 증명이 되고 있어요.』

[리포트] 신원이 밝혀지지 않은 5구의 屍身 그리고 시신을 찾지 못한 행방불명자들. 그 어디에서도 북한군 개입을 뒷받침할 근거는 찾을

수 없습니다. TV조선 강성명입니다.

[앵커] 광주민주화운동에 북한군이 개입했다는 주장을 하는 쪽에서 근거로 드는 게 또 하나 있습니다. 북한에 있다는 「인민군 영웅들의 열사묘」입니다. 광주민주화운동에 투입됐다가 귀환하지 못한 북한 특수부대원들이 여기에 묻혀 있다는 건데, 이것 역시 황당한 얘기라는 게 대한민국 정보 당국이 내린 결론입니다. 정세영 기자입니다.

[리포트] 함경북도 청진시 낙양동에 있는 북한군 假墓(가묘)입니다. 가묘들 가운데 있는 비석 앞면에는 「인민군 영웅들의 렬사묘」라고 적혀 있고, 뒷면엔 「당과 인민을 위해 목숨을 바쳤다」라는 설명과 함께 이름들이 빼곡히 적혀있습니다. 「광주민주화운동 북한군 개입설」을 주장하는 측은 이 묘비를 증거로 제기합니다. 이름이 새겨진 158명이 바로 광주민주화운동에 투입됐다가 복귀하지 못한 북한군 특수부대원이라는 겁니다.

『광주민주화운동 배후조종에 성공한 공로로 북한 對南부서 소속 인원들은 훈장도 받았다』는 황장엽 전 노동당 비서나 김덕홍 전 려광무역연합총회사 사장 등 최고위급 귀순자들의 증언도 있습니다.

하지만 이는 사실과 다르다는 게 우리 정보 당국의 판단입니다. 국정원 고위 관계자는『북한 정보원을 통해 현장조사를 했지만 묘비 속 이름들과 광주민주화운동을 연결 지을 증거를 찾지 못했다』며『특수부대원의 이름을 나열하고 특수임무를 공개하는 것도 상식에 맞지 않다』고 했습니다. 한 중견 언론인도 같은 내용을 국정원 고위관계자로부터 들었다고 밝혔습니다. 북한이 광주민주화운동을 조종했다고 주장해 체제우위를 선전하고 내부결속을 다지려 했을지는 모르지만, 인민군 열사묘는 광주와 아무 관계가 없습니다. TV조선 정세영입니다.

대대규모 북한군의 광주사태 개입 주장은 이래서 말이 안 됩니다!

bulleter(조갑제닷컴 회원)

상식적인 보수 분들을 위해 몇 말씀 드리고자 합니다. 현재 휴전 이후 「對非正規戰史(대비정규전사)」에 따르면 역대 最多(최다)병력을 침투시킨 사건은 1968년 10월30일부터 11월2일에 걸친 울진-삼척 무장공비 침투사건으로 120명입니다. 북한이 세 번에 걸쳐 내려 보낸 병력이 1개 중대급인 120명이었습니다. 그것도 남한의 무력을 시험하기 위한 목적으로 작전이 구상되었고 병력 차출은 1년 전부터 시작되었습니다. 준비기간이 필요했다는 이야기입니다. 그래도 이 기간 중에 남한화 교육은 많이 부족해서 실제 침투 후에는 별무소용이었다고 합니다. 이들의 작전은 모두 궤멸된 것으로 종료되었고 민간인이 24명이나 희생된 사건이었습니다.

그런데 지금 인터넷과 종편 방송에서 달궈지는 광주사태 북한군 개입설에 따르면 1개 중대도 아니고 1개 대대라고 합니다. 그것도 신출귀몰하게 모두 북한으로 돌아갔다고 합니다. 죽은 사람도 300명이 넘는다고 하고요.

여러분이 인민군 특수8군단의 총책임자라고 칩시다. 우발적으로 터진 광주사태를 찬스라고 보고 긴급히 400여 명의 병력을 동원, 선박으로 목포 인근 해안까지 침투하는 작전을 시행할 수 있다고 보십니까? 더구나 소요사태에 개입하여 사보타주를 하고 남한의 특전사 병력과의 전투를 치른 뒤에 단 한 명의 屍身이나 흔적도 없이 북한으로 철수할 수 있다고 보십니까? 무기가 나돌아 다니고 계엄군과 시민군과의 총격전이 있었던 날짜는 5월20일, 21일, 22일, 27일입니다. 이 불특정 4일간을 위해 1개 대대가 내려와 함께 총질하다 철수했다고요? 철수 루트는 해상이나 육상일 텐데 그게 가능이나 할까요?

해상 철수라면 선박이 대기하고 있어야 합니다. 북한의 母(모)기지와 선박과 팀 간의 통신은 있었을까요? 있었다면 당시 對北 감청부대가 계속 잠만 자고 있었다는 결론입니다. 지금이라도 당시 책임자를 찾아 문책해야 마땅합니다. 주한미군의 정보부대 역시 상당한 수준의 감청능력과 장비를 가동하고 있었을 텐데 그들도 잠을 잤을까요? 통신 없이 장기 작전을 1개 대대병력이 敵地(적지)에서 한다? 現代戰(현대전)에서 前無後無(전무후무)한 일입니다. 그것도 귀신같이 사라지고 말입니다.

육상철수를 했을지 모른다고요? 그럼 全軍(전군)비상이 걸린 상태에서 휴전선에 구멍이 그것도 엄청나게 큰 구멍이 뚫렸다는 얘기밖에 안됩니다. 게다가 屍身까지 짊어지고 돌아갔다면 더더구나 말입니다. 당시 前方(전방) 사단장을 찾아내 문책해야 마땅합니다.

게다가 대규모 비정규전으로 남한 사회를 뒤흔들었다가 몇 번의 실패를 하고 후회하던 金日成이 과연 이 작전을 허락했을까요? 1·21 침투작전이 실패하자 김일성은 美해군 정보함 푸에블로호 나포 사건을 일으켜 빠져나가지만 실제로 잃은 것이 더 많았습니다. 박정희 대통령은 거의 電光石火(전광석화)같은 추진력으로 그 해 4월1일 예비군을 창설합니다. 그러자 김일성은 그해 10월 말 대규모(120명) 공비를 울진과 삼척에 투입하지요. 이들은 한 달반 만에 궤멸됩니다. 예비군의 저력을 체감한 계기가 됩니다.

이 두 번의 대규모 공격이 북한에 엄청난 손실을 가져다줍니다. 남한은 M16 개인화기를 생산하게 되었고 공군에서는 당시 아시아 최강기종인 F4-D를 수입하게 되지요. 본격적인 자주국방을 하게 되거든요. 그런 경험을 가진 김일성이 광주사태가 어떻게 진행될지도 모르는 판에 1개 대대를 해상 투입했다?

잠시 特殊戰(특수전) 이야기를 해 보지요. 특수전에서 가장 기본적인 훈련은 수색, 정찰, 침투, 매복, 습격, 도피 및 탈출 정도가 되는데, 일반 보병들의 각개전투처럼 날이면 날마다 연습에 연습을 합니다. 부대 구성은 팀(조)단위로 구성되지요. 일반 보병처럼 중대니 대대니 하는 단위는 특수전에서는 불가능합니다. 통제가 안 되니 자멸하는 셈이거든요. 전술목표도 팀별로 정해지는 겁니다. 그래서 특수전은 線(선)이 아닌 點(점)의 전술입니다. 울진-삼척 침투사건도 15명 7개조로 운영된 작전이었습니다(당시 작전은 활동반경과 작전기간 등을 고려해서 15명으로 늘렸다고 합니다). 여러 팀이 각자 활동을 하다보면 별별 우발사태가 다 생깁니다. 실제로 울진-삼척 공비들도 그랬습니다. 우발사태는 상상을 초월하므로 언제든 발생합니다. 그런데 북한이 내려 보낸 1개 대대가 그런 우발사태 하나 없이 사라졌다?!

特殊戰의 성패는 준비단계에 있습니다. 정확한 정보와 이를 토대로 사전의 예행연습이 수도 없이 반복되어야 은밀한 작전을 전개할 수 있습니다. 그만큼 준비 기간이 요구됩니다. 적어도 광주에 침투시켜 일반인들과 뒤섞여 사보타주를 하려면 현지화 교육에 시간이 엄청나게 많이 걸립니다. 더구나 이 정도의 작전을 수행하려면 아끼는 엘리트級(급) 부하들을 死地(사지)에 내몰아야 하고 예산의 뒷받침은 국가적 차원에서 이루어져야 합니다. 물론 막강한 권력이 실패의 책임을 막아 주어야 하고요. 이런 희생을 치렀을 때 구체적으로 김일성이 얻게 되는 이익은 무엇인지도 명확해야 할 겁니다. 이 설명에 대한 답안들이 현실적으로 마련되는지요?

광주사태 이후 오늘날까지 제법 많은 북한의 고위급 간부들이 우리에게 넘어와 살고 있지요. 그들 중에 과연 북한의 광주사태 개입작전과 관련한 정보에 접촉한 사람이 단 한 명도 없었을까요? 돌아가신 황장엽 선생도 광주사태에 병력을 침투시켰다는 이야기는 모르는 일이라고 했는데도 말이지요? 밑에 사람들의 이야기, 『카더라』식의 이야기는 논의에서 제외해야 한다고 봅니다.

이제 차분하게 생각해 봅시다. 인민무력부장이 실패하면 자기 목이 달아나게 되는데 이런 작전계획을 수립해서 김일성에게 보고했을까요? 아니면 김일성이 직접 지시를 했을까요? 1968년 이후 김일성의 對南무력도발은 그 전술이 바뀌어졌습니다. 더 이상 대규모 침투는 안 되겠다고 판단하지요. 이 정도는 여러분도 다 아실 겁니다.

5·18이 나던 해인 1980년 3월23일에 한강 하구에서 3인조 무장공비가 침투하다 사살된 사건이 있었습니다. 이들은 정찰임무를 띠고 수중침투를 시도하다 아군에게 발각되어 사살되었지요. 실상 이들이 최정예 요원들입니다. 1981년 6월21일에는 충남 서산에서 무장간첩선이 격침됩니다. 전과는 9명 사살에 1명 생포였지요. 물론 광주사태 당시, 북한군이 침투했다는 정보는 고사하고 카더라 식의 첩보도 없었습니다. 선박과 탑승인원을 보십시오. 많이 태울수록 배는 느려집니다. 발각될 경우 도주를 위해 특별히 강화된 엔진을 달지만 그래도 한계가 있는 법입니다. 이 무렵 제가 정보 분야에서 근무할 때라 합심조로 나가 현장조사에 참여한 적도 있었습니다. 지금도 기억나는 것은 비닐을 씌우고 노란 고무줄로 칭칭 감은 防水(방수) 처리한 랜턴이었습니다. 게다가 허벅

지를 보니 제 허리만큼 굵어서 훈련을 엄청 시킨다는 걸 알았지만… 1개 대대라.

우리가 긴가민가 확인이 안 되거나 지금처럼 주장이 난무하지만 그렇다고 북한에 들어가서 조사할 수도 없을 경우 판단하는 방법이 있습니다. 5·18을 전후한 북한의 對南공작 수준을 견주어 보는 거지요. 침투 장비나 기술, 전술적 변화 등을 모아 보는 겁니다. 갑자기 패턴이 바뀌지는 않거든요.

1980년대에 북한이 작심하고 크게 시행한 비정규전이 두 가지 정도를 꼽을 수 있습니다. 하나는 1983년 10월9일 아웅산 테러사건이고 다른 하나는 1987년 11월29일의 KAL 858기 폭파사건입니다. 작전의 성격과 규모 등이 보이지요. 최소한의 정예요원으로 최대의 타격효과를 노리는 테러전략으로 선회하는 겁니다.

그런데 광주사태 당시 1개 대대씩 투입해서 무얼 얻고자 한 것일까요? 김일성식 사회주의 국가라고 해도 정권 담당자는 항상 수지 타산을 합니다. 손해날 짓은 안하는 겁니다.

자꾸 이상한 상상력을 동원하는 분들의 공통된 의문이 있더군요.

「아무리 그래도 어떻게 민간인들이 중화기를 다루고 교도소를 습격하나? 다 뒤에 뭔가 있어서 그런 거지.」

이런 분들일수록 모범생으로 살아오신 공통점이 있습니다. 무슨 말인가 하면, 대규모 시위에 참여한 경험이 없다는 거지요. 그러니 흥분한 군중이 무슨 일을 할 수 있는지 잘 모르는 겁니다. 그저 책상에 앉아 자신의 경험 속에서 상상을 하는 거니 답이 이상하게 나올 수밖에요.

저는 군생활(수색대대, 특전사 등)의 경험과 대학생으로서 시위 주동의 경험 둘 다 있습니다. 군중을 모아놓고 보면 그 안에 별의 별 주특기를 다 갖고 있음을 알게 됩니다. 버스 운전, 중장비 운전, 106 박격포 주특기, 전기기술자, 보일러공, 폭약 전문가…. 더구나 흥분한 군중들은 자신의 군생활 경험 속에 녹아있던 무기 다루는 기술들을 충분히 발휘합니다.

요즘은 민주화, 정보화의 시대를 맞아 전직 특수전 용사들이 개인 블로그를 운영하면서 특수전과 관련한 많은 정보를 나누곤 합니다. 저도 한두 군데 드나들곤 하는데, 이 사람들이 예비역 특전용사들이지요. 이야기가 진행되면 점프했을 때의 추억부터 폭파하다 실수한 이야기 등등 많은 사건들을 회고하거나 해외 특수전 자료들을 개재해서 공유하곤 합니다. 비록 민간인 신분이기는 하지만 전투감각을 아직도 유지하려 무진 애를 쓰곤 하지요.

이들은 북한의 군사력과 군사정보에 관해서도 전문가 이상의 안목과 식견을 갖고 있습니다. 그런데 제가 이 양반들에게 참 부끄럽습니다. 이 양반들은 「광주사태에 북한군 1개 대대가…」식의 이야기는 한 토막도 내 걸지 않고 있습니다. 이 사람들끼리 만나서 이런 이야기를 꺼내면 모두가 피식 웃어버리고는 「재수 없다」는 식으로 시선을 딴 데로 돌립니다. 말로 하자니 입 아프다는 거지요. 그리고 사람대접을 안 해 줍니다. 「왕따」 그 자체가 됩니다.

그래서 은근히 부아가 치밀 때도 있습니다. 만화영화로도 앞뒤가 안 맞을, 말도 안 되는 소리를 만들어서 유포하는 바람에…. 광주사태 당시에 억울하게 희생당한 분들의 입장에서는 우리가 어떤 사람들로 비춰질지 한번쯤 생각해 보았으면 좋겠습니다.

(2013년 5월22일 TV조선 「시사토크 판」 趙甲濟 대표 출연 녹취록)

아무도 檢證하지 않은 「북한군 개입說」

문(앵커): 33년 전 광주사태 당시 부산 국제신문 사회부 기자셨죠?

답(趙甲濟): 네.

문: 사회부 기자로서 회사의 방침에 불복하고 광주에 가신 걸로 알고 있는데요?

답: 불복했다기보다는 제가 그 당시에 釜馬(부마)사태에 대한 책을 쓰고 있었어요. 그 연장선상에서 광주사태가 났기 때문에 직업적 호기심에 휴가를 내고 광주에 갔습니다.

문: 그래서 해고까지 되셨죠?

답: 그것 때문에 해고되고, 그 뒤에 新軍部(신군부)가 해고된 걸 모르고 解職者(해직자) 명단에 넣어서 확인射殺(사살) 당했습니다.

문: 「광주는 당시에 어땠다」라고 한마디로 얘기하면 어떻습니까?

답: 광주사태에 대해선 지금까지 취재하고 있습니다. 그때 현장에서 5월23일부터 27일까지 취재를 했습니다. 시민들도 만나고 진압한 공수

부대원들도 만났습니다. 정치적으로 그 상황을 관리했던 사람들도 만났습니다. 이것은 그 성격이 이미 確定(확정)된 사건입니다. 최근에 탈북자들의 증언에 의해 새로운 국면을 맞았는데, 한마디로 말하면 루머에서 시작해서 그것을 계속 바로잡는 과정을 통해 광주사태의 眞相(진상)이 확정되었다고 봅니다.

TV조선에서 보도한 것도 광주사태를 정확하게 알리는 데 매우 의미가 있었다고 생각합니다. 저는 이것을 하나의 특종이라고 생각해요. 왜냐하면 탈북자들의 주장이 나온 지 7년이 됐습니다. 7년이 되었는데 단 한 명의 기자도 그 말을 檢證(검증)해보려는 노력을 하지 않았어요. 그래서 일이 여기까지 커졌습니다.

문: 광주민주화운동에 북한군이 개입했습니까? 광주에서 북한군을 보셨습니까?

답: 광주사태가 마치 山中(산중)에서 일어난 것처럼 오해가 많아요. 이것은 수백 명의 기자들이 보는 데에서 일어난 사건이에요. 그리고 금남로라고 하는 무대가 있어요. 여긴 크지 않아요. 이런 데에서 일어난 사건이 감춰질 수가 없어요. 그동안 다섯 번의 국가적 조사가 있었습니다. 한 번도 그런 의문을 제기하는 사람이 없었어요. 정황도 증거도 없었습니다. 이 사건은 간단합니다.

제가 처음 『광주사태 북한군 개입說』 이야기를 들은 게 2008년인데, 들었을 때 첫 인상이 「황당하다」는 것이었습니다. 그랬는데 6년 동안 커졌습니다. 이런 정치적 사안이 반박되지 않으면, 거짓말은 진실이 됩니다. 반박해야 할 사람이 반박하지 않았어요. 그래서 이렇게 커졌습니다. 반박해야 할 사람이 누구냐? 첫째, 기자입니다. 기자들이 그 주장을 檢證(검증)했어야 해요. 오늘 墓域(묘역)에 가서 검증을 하니까 금방 드러났죠? 또 광주 희생자 분들도 반박하는 데 충분하지 않았다고 생각합니다.

문: 왜 희생자 유족들이나 희생자 단체에서 적극적으로 반박하지 않았나요? 너무 황당해서 그런가요?

답: 그런 것 같아요. 국가기관이 여기에 대해 반박을 했어야 합니다. 누가 했어야 했느냐? 국방부가 했어야 합니다. 생각을 해 보십시오. 600명의 특수부대가 흔적도 없이 나타나서 사건을 저지르고 나서 흔적도 없이 사라졌다? 그럼 국방부는 무엇을 한 것입니까? 그 당시 계엄령 下에서 철통같은 포위망이 있었는데 어떻게 이런 일이 가능합니까?

「600명 침투」는 「투명인간」 아니면 불가능

문: 광주 주변을 완전히 에워싸고 있는 상황에서 북한군 특수부대 500~600명이든 광주로 들어갔다면 에워싸고 있던 군인들은 완전 허수아비였다는 이야기인데요?

답: 1980년대 계엄령下입니다. 계엄령下에서는 간첩 한 사람이라도 上陸(상륙)하면 끝까지 추적해요. 그때 해안의 모래沙場(사장)을 깨끗하게 밀어서 발자국 하나만 있으면 온 부대가 動員(동원)이 됩니다. 그리고 광주는 또 다시 봉쇄가 됐죠. 二重(이중)봉쇄가 되어 있었습니다.

쉽게 말하면 1·21사태 때 김신조씨가 내려왔을 때, 총 34명이 내려왔습니다. 온 국군이 동원되어 그 사람을 잡는 과정에서 약 30명이 죽었습니다. 1968년 11월에 울진·삼척에 130명의 무장공비가 내려왔습니다. 이 사람들 잡는다고 그 숫자만큼 우리가 희생되었어요. 600명이면 그 다섯 배 아닙니까? 다섯 배 되는 사람이 내려왔는데 흔적도 없다?

이건 투명인간이 아니면 절대 불가능합니다.

　이런 황당한 이야기가 왜 이렇게 커졌느냐? 반박해야 할 사람이 반박하지 않아서입니다. 모든 루머에는 이것을 믿고 싶어하는 사람들이 있습니다. 광주에서 191명이 죽은 것이 아니고 2000명이 죽었다고 나왔을 때, 그걸 믿고 싶은 사람들이 있었어요. 여기서 우리가 좀 신중하게 생각해야 할 것이 「왜 믿고 싶어하느냐」하는 것입니다. 북한군의 개입을 왜 믿고 싶어하는지 그 심리를 이해해야 합니다. 저는 아마 여론조사를 하면, 지금도 북한군의 광주사태 개입을 사실로 믿는 사람들이 반 이상일 것 같아요. 왜 믿고 싶겠습니까?

　이렇게 생각하죠. 『어떻게 민간인이 총을 잡을 수 있겠느냐?』 『어떻게 (민간인이) 교도소를 습격할 수 있냐?』고 이야기 합니다. 광주 사람들한테 물어보면 이렇게 이야기합니다. 『어떻게 군이 민간인들을 몽둥이로 打殺(타살)할 수 있느냐?』 『때려 죽일 수 있느냐?』 『帶劍(대검)으로 찔러 죽일 수 있느냐?』 여기에 광주사태의 두 가지 큰 쟁점이 있어요. 시민이 본 광주사태, 공수부대가 본 광주사태입니다. 그래서 우리 기자들은 양쪽을 다 써주고 종합이 되는 그런 상황이 이미 다섯 번의 조사를 통해서 나왔습니다. 그런데 일반 사람들은 그걸 잘 몰라요. 어느 한 쪽만 봅니다. 저는 다행히 현장에 가서 시민들을 취재했고, 공수부대도 취재했어요. 제가 공수부대원들에게 물었습니다.

　문: (공수부대원들이) 경상도 사람이었습니까?

　답: 호남 사람들이 더 많았어요. 처음 투입된 부대가 제7공수여단인데 그게 전북에 있었어요. 자연히 호남 사람들이 많았습니다. 이게(광주사태) 지역감정적 구도를 갖고 있다가 요새는 약간 이념적 구도를 가지게 되었어요. 그래서 이 루머가 오래가는 것입니다.

왜 믿고 싶어하나?

문: 「북한군이 개입했다」고 믿고 싶어하는 근본적인 이유는 무엇입니까?

답: 지금은 과거와 완전히 반대가 되어버렸습니다. 과거에 「2000명이 죽었다」는 說이 확산될 때에는 「군인이 어떻게 이럴 수 있느냐」는 전두환 정부에 대한 反感(반감)이 있었죠. 反感이 있었기 때문에 2000명이…. 그래서 月刊朝鮮(월간조선)이 혼이 났습니다. 月刊朝鮮 1985년 7월호가 「정부에서 발표한 191명의 숫자가 맞다」고 했더니 광주에서 不買(불매)운동을 당했습니다. 결국은 월간조선의 주장이 맞았습니다. 조선일보, 월간조선, 이번에 TV조선도 그 전통을 이어가고 있다고 봅니다만, 광주사태에 관한 보도를 가장 정확하게 했습니다. 정확하게 한 전통을 이어가고 있다고 봅니다. 그럼 왜 그런 주장을 믿고 싶어하느냐? 지금 우리 국민들 사이에서 광주에 대한 어떤 불만….

문: 광주에 대한 불만이 있을 수 있을까요?

답: 있을 수 있죠. 너무 聖域(성역)시 한다든지요. 최근에 5·18기념식에서 있었던 「임을 위한 행진곡」을 둘러싼 것에 대한 불만, 또 호남 지역에 대한 불만, 이런 게 뒤섞여 있다고 저는 봅니다. 무엇보다도 「어떻게 민간인이 총을 들 수 있느냐」 하는 데 대한 불만입니다. 이런 걸 가지고 북한군과 연결시키니까 (사람들은) 「아, 그러면 그렇지. 북한군이기 때문에 교도소를 습격했을 거야」라는 식으로 주장합니다.

문: 그런데 루머가 너무 확대재생산 되어 걷잡을 수 없는 수준까지 가지 않았습니까?

답: 걷잡을 수 없는 수준은 아니고, 이게 인터넷에서 돌아다녔지 않습

니까? 인터넷에 돌아다녔는데 기자가 해야 할 역할을 하지 않았기 때문입니다. 지금 그런 사람들의 주장을 일방적으로 소개함으로써, 마치 그게 사실인 것처럼 믿고 싶어하는 사람들한테 먹혀들었죠. 그런데 TV조선 기자가 作心(작심)을 하고 취재를 하니까 하루 만에 판가름이 났습니다. 더구나 작년에 국정원이 별도로, 비공개로 조사를 했습니다.

영화「화려한 휴가」의 왜곡「북한군 개입說」보다 더 심각

문: 궁금한 게 탈북자들은 왜 자꾸「북한군 개입說」을 이야기할까요?

답: 그건 남의 일이기 때문에 추측할 뿐인데, 북한 사람들은 생활이 아주 고립되어 있기 때문에 정보가 아주 제한적이에요. 탈북해서 한국에 오는 과정에서 많은 것을 알게 됩니다. 어떤 경우에는 그것을 자기 것으로 만들어서 이야기하는 경향이 있어요. 탈북자들의 이야기를 들을 때에는 매우 조심해야 됩니다. 어떤 쟁점이 있는 사안에 대해서는 두 사람 이상의 사실관계에 대한 合意(합의)가 있어야 해요. 그래야 진실이 되는 것 아닙니까? 그게 증거능력인 거 아닙니까? 저런 이야기를 상식에 비추어보면 간단하게 사실이 아니라는 것을 알 수가 있습니다. 더구나 이것은 언론의 책임이라고 봅니다.

문: 전부 기자의 책임입니까?

답: 언론의 책임이고요. 언론이 이것을 사실과 구별했어야 합니다. 우리 국방부가 이 정도까지 오기 전에 이미 책임 있는 이야기를 했어야 합니다. 사람들이 다 피하다 보니까 강하게 이야기하는 사람들이 어필하지 않았습니까?

문: 이번 사건의 가장 큰 교훈은 무엇이라고 생각하십니까?

답: 광주사태는 지금도 살아있는 사건입니다. 이것을 어느 쪽이든 정치적으로 이용하는 사람들이 있습니다. 앞으로 광주 문제는 自重自愛(자중자애) 해야 합니다. 그리고 진실 위에 정의를 세워야 합니다. 左든 右든 누구든지 정의를 세우려고 합니다. 진실 위에 정의를 세워야지, 정의 위에 진실을 세우려고 하면 「2000명 사망說」도 거짓말로 밝혀지고 「북한군의 개입說」도 거짓말로 밝혀집니다. 그래서 신념보다는 사실이 더 중요하고요.

그 다음에 지금까지 광주가 안고 있는 이미지가 있습니다. 증오심도 있고, 분열도 있고, 민주주의를 위한 희생도 있고요. 다 종합되어 있습니다. 이제부터는 광주라는 것을 정치적으로 이용하지 말고, 분열과 증오로 이용하지 말고 서로 이해하는 관점을 가져야 합니다. 특히 가해자와 피해자, 광주사태 때 군인 23명이 죽었습니다. 경찰관 네 명이 죽었습니다.

제가 제일 분노하는 게 하나 있어요. 어떻게 보면 「북한군에 의한 광주사태說」이라는 황당한 루머보다 더 나빴던 게 2007년에 나온 「화려한 휴가」란 영화입니다. 영화 「화려한 휴가」의 造作(조작)입니다. 전남도청 앞에서 공수부대원들이 「엎드려 쏴」 자세로 누구의 명령을 받고 애국가를 부르는 시민들을 향해 무차별 사격하는 장면입니다. 꼭 나치 친위대원이 유태인 학살하듯이 하이라이트로 했어요. 그런 장면은 없었습니다. 학살 장면은 없었어요. 더구나 그 영화를 시작할 때 앞에 「이 영화는 사실에 기초하고 있다」라고 썼습니다. 그런데 어떻게 이 영화를 1000만 명이 봤느냐? 또 당시 대통령 후보로 나온 사람들도 그걸 보면서 여러 가지 동정적 이야기를 했습니다. 어떻게 보면 이번 루머가 확산된 것도 그것에 대한 반발이라고 할 수 있습니다. 진실을 가지고 화해를 해야 합니다.

〈月刊朝鮮 1985년 7월호 「광주사태 취재기자 좌담」 발췌〉

徐淸源(서청원·좌담회 당시 국회의원, 前 朝鮮日報 사회부 기자)

李榮培(이영배·朝鮮日報 사진부 차장대우)

吳効鎭(오효진·朝鮮日報 월간조선부 차장대우)

趙甲濟(조갑제·朝鮮日報 월간조선부 차장대우)

趙南俊(조남준·朝鮮日報 월간조선부 기자)

-당시 사망자는 얼마나 된다고 보십니까? 전에 취재할 때는 대체적으로 200명 선으로 봤습니다. 요즘엔 2000~3000명이란 게 유행처럼 떠돌고 있습니다. 200명 정도라고 말하면 「사꾸라」라고 비난받기 십상인 실정입니다. 막상 취재하신 분들의 견해는 어떻습니까?

-사실 제일 신경쓴 게 시체 숫자였습니다. 광주 시내 병원에 있는 시체를 샅샅이 뒤졌지만 100구 정도밖에 확인을 못했어요. 도청 앞서 분향제까지 지낸 숫자이므로 확실하다고 장담할 수 있습니다.

-5년이 지난 지금 광주시민들을 만나면 한결같이 2000~3000명 선이라고 말합니다. 그 근거를 물어보면 『50여 명이 모처에 암매장됐다』느니 『바다에 쓸어 넣었다』는 식의 얘기를 합니다. 전부 『~더라』식의 이야기입니다. 확인되지 않은 소문일 뿐입니다.

-국민이 오해할 수 있는 충분한 소지가 있습니다. 국회에서 말썽 났던 광주市 통계도 그 중 하나입니다. 年鑑(연감)의 原本(원본)을 보면 착오이거나 통계 자체가 엉터리임이 분명한데도 사람들은 當局(당국)의

해명을 믿으려 하지 않고, 오히려 그걸 유력한 증거라고 생각하고 있습니다.

ㅡ「2000명說」에 대해 과거 취재노트를 들추어봤습니다. 25일 도청 앞 궐기대회에서 한 학생이 나와『확인된 시체 69명, 파묻은 것이 100구쯤 되리라고 추정. 부대로 데려간 시체는 700구 쯤 될 것이다. 연행자 수가 1000~2000명이고 다친 사람은 중상자만 300~400명이다』라고 보고했습니다. 5월26일 마지막 궐기대회에서는『시체는 101구까지 확인했다. 변두리에서 버려진 것으로 추정되는 것이 500구다. 연행자는 2000명, 부상자 2000명』이라고 발표했습니다. 지금 「2000명說」은 당시보다 엄청나게 부풀려진 것입니다. 이번에 광주사태 부상자 모임에 가보니 부상자가 800명이라는 겁니다. 상식적으로 판단해도 사망자수가 부상자의 2배를 넘는다는 것은 논리에 맞지 않습니다.

ㅡ정부 발표 191명 외에 사망자가 다소 더 증가될 가능성은 있습니다. 광주 시내 밖에서 죽은 사람 가운데 혹 밝혀지지 않은 경우가 있을 수 있습니다. 이밖에 사망신고를 부득이 할 수 없었던 경우도 있을 수는 있겠지요. 공무원 자제들이나 큰 기업체와 관련된 遺族(유족)이 이에 해당될 것입니다. 그들은 여러 가지 형편상 신고를 기피하지 않았을까 하는 것이지요.

ㅡ이런 숫자를 합쳐도 광주사태 때의 사망자수가 200명대 이상은 안 되리라고 생각합니다.

ㅡ지금의 광주 분위기로 보아도 사망자가 더 있었다면 신고를 안 할 리가 없습니다.

ㅡ유족회 회장을 비롯 유가족 여럿을 만나『사망자가 더 있다고 보느냐』고 물었더니『지난 5년간 우리도 계속 희생자를 더 찾으려고 애썼으

나 찾지 못했다』면서『앞으로도 희생자 유가족을 찾기 위해 노력을 쏟겠다』고 밝히더군요.

－당시 외신들이「2000명 희생說」을 보도해서 그게 다시 국내로 들어와 신빙성 있게 퍼졌지요. 그러나 우리가 그때 외신 기자들과 함께 취재를 했지만 그들은 현장에 우리처럼 쉽게 접근할 수 없어서 기사 내용은 우리의 풀(pool)을 받을 정도였지요. 그러니까 이들이 그런 소문을 듣고 기사를 썼던 게 아닌가 합니다.

－이번에 당시 시민 측 수습위원이었던 분을 만났더니, 역시「2000명說」을 얘기해요. 그러면서 당시 전남대 총학생회장으로 복역 중 사망한 박관현씨가 법정에서 그렇게 얘기했다고 하더군요. 그런데 잘 알다시피 박관현씨는 광주사태 때 현장에 있었던 사람이 아니에요.

－사실 2000명이 아니라 밝혀지지 않은 사망자가 몇 백 명만 더 있다 해도 문제가 벌써 터졌을 겁니다. 광주 시내에 밝혀지지 않은 사망자가 2000여 명이나 된다면 동네마다 그런 사람이 몇 명씩 있어야 할 테니까 드러나지 않으려야 드러나지 않을 수가 없거든요. 또 당시 광주에는 100여 명의 기자들이 몰려 취재를 열심히 했는데 어느 누구도「2000명說」을 뒷받침할 만한 자료를 캐내지는 못했습니다.

－아마 이 점 때문에 정부가 제일 골치를 앓고 있을 겁니다.

－그렇지요. 아무리 말해도 믿지를 않거든요.『어디에든 신고를 하라』고 해도『신고하면 보복하니 신고를 안 할 것』이라면서 다시「2000명說」을 주장하는 사람이 적잖거든요.

－그런데 광주사태는 얼마나 죽었느냐는 문제도 큰일이지만, 어떻게 죽었느냐는 문제도 중요합니다. 계엄사가 1980년 6월에 발표한 144명의 시민 측 사망자 가운데 18%인 26명이 타박상·頭部(두부)손상·刺傷

(자상)으로 숨진 것으로 되어 있고 23.6%인 34명이 19세 이하인 겁니다. 14세 이하 사망자도 5명이 있고, 頭部손상 사망자 중엔 65세 노인도 있습니다. 광주부상회 회원 131명 중 12.2%인 16명이 구타에 의한 부상이고 약 80%가 허리 위에 총격을 받아 다친 사람입니다.

광주시민과 학생들을 격분케 한 것은 최초 진압부대의 모욕적인 진압 태도였다고 볼 수 있습니다. 우리도 그렇게 느껴지는 부분이 많습니다. 가혹행위는 앞의 광주사태 日誌(일지)나 광주시민들의 증언에서 언급됐기에 여기서는 상세히 거론치 않는다는 것을 말씀드리고 싶습니다.

—언론이 제 구실을 못해 유언비어와 과장과 왜곡이 일어났어요. 언론이 제대로 보도만 했더라면, 광주사태의 응어리는 벌써 풀렸을지 모릅니다.

—언론의 진실보도가 얼마나 중요하냐면, 글쎄 그때 광주에서 함께 취재하던 광주의 당시 언론인들도 사망자를 1000명 혹은 2000명 이상으로 보고 있었어요. 물론 단 한 건도 확실한 증거는 없었죠. 그래도 양심적으로 말하는 사람이 『아마 정부 발표의 倍(배)』는 될 거라고 했습니다.

—그런가하면 어떤 사람은, 같이 앉아서 얘기하던 사람들이 화장실에 간 사이에 귀에 대고 속삭이듯 「200명 대」일 것이라고 했습니다. 이것이 광주의 분위기였습니다.

그러니까 앞으로라도 보다 정확한 숫자와 眞相(진상)을 밝히는 언론이 제 구실을 해서 국민의 궁금증을 속 시원히 풀어주어야겠지요.

이해가 안 되시죠? 광주사람이 왜 총을 들어야 했는지

palpal(조갑제닷컴 회원)

[편집자注] 북한군 개입설이 부정된 직후 조갑제닷컴 회원토론방에 광주시민(palpal)이란 회원이 아래와 같은 글을 올렸다.

이 사이트에는 광주사람들은 거의 없는 듯합니다. 아마도 지난 김대중, 노무현 정권 당시에 조갑제라는 인물을 보수 꼴통 정도로 치부했기 때문에, 흔히 보수인사들의 광주사태를 보는 시각이 조갑제님 역시 ○○○님 같을 것이라는 선입감에서 조갑제님의 사이트에 거부감을 느꼈을 것이라고 생각합니다. 며칠 전 처음으로 회원으로 가입하고 나름 객관적 사실적으로 조갑제님의 말을 지지한다는 글을 썼음에도 사실을 확인하려는 의지보다는 무조건적 편견을 말하는 사람들이 대부분이었다고 생각합니다.

어떤 분들의 글에서 보았듯이 광주사태니 민주화 운동이니 그런 것은 중요하지 않다고 봅니다. 과거 5·18 이전에는 보수당이었고 학문적으로만 보면 독재정권이라 할 수 있는 박정희 대통령의 지지율이 전라도에서 他지역보다 보다 더 높았다고 봅니다. 그런 보수적 성향이 이처럼 좌측으로 흐르게 된 이유에는 5·18이라는 트라우마가 깊이 박혀있기 때문입니다.

다음 글들은 광주사태 당시 한 사람의 시민으로서 한 사람의 젊은 직장인으로서, 시위에 참가하지 않고 광주사람이면 누구나 느꼈던 心情(심정)으로만 글을 써 봅니다. 정확한 자료를 가지고 쓴 글이 아니라 그냥 자판을 두드리며 당시의 생각을 되새겨 쓴 글이기 때문에 날짜나 사건의 前後(전후)가 다소 다를 수 있습니다.

광주에서 5·18의 불이 붙게 된 이유

나는 당시 대학병원 레지던트로 24시간 병원에 근무했을 때인데 5·18 이전에도 대학가에서 산발적인 시위들이 많았다. 그런 시위는 광주뿐만 아니라 서울을 비롯한 전국적 상황이었는데, 그 당시의 시위 대학생들의 구호는 『전두환은 물러가라』가 主를 이루었던 것으로 생각된다. 아침에 병원 직원들끼리 모이면 『서울에서는 전두환(당시 소장)이가 前後(전후) 좌우 무장 경호원들을 거느리고 다닌다』든가, 『실제로 전두환이가 정권을 잡았다』든가 하는 말들이 많았기 때문에 학생들이 그런 문제점을 제시하고 있구나 하는 정도였던 것으로 기억하고 있다.

그런데 어느 날 비상계엄이 전국적으로 발령됨과 동시에 전남대학교에 공수부대가 배치되면서 무자비한 진압이 시작되었고 간간히 부상당한 학생들이 응급실로 오기 시작했다. 아마도 공수부대를 이용해서 광주사람들, 아니 시위 대학생들을 초전에 기를 죽여서 시위를 진압하는 것이 목적이었을 것이다.

그러나 진압은커녕 진압광경을 본 시민들 사이에 『해도 너무 한다』라는 동정론이 확산되면서 대학가를 넘어서 시민들이 합세하기 시작한 것이다. 이에 대해서 공수부대들의 특성상 물러날 수는 없고 TV에서 방영된 화면처럼 더 무자비한 구타와 폭력적인 방법으로 시민시위를 진압하기 시작하면서, 그 범위가 광주전체로 퍼지기 시작한 것이다.

나는 당시의 유언비어처럼 경상도 군인들이 왔다든가, 술에 취한 군인들이 시민들을 팬다든가 하는 말은 상식적으로 믿지 않는다. 그러나 중요한 것은 정말 그런 말이 맞지 않는가 생각할 정도의 잔혹한 시위진압을 현재 여러 텔레비전의 자료화면으로 보면 여러분들의 생각은 어떨지? 조작일까? 당시의 상황으로 보면 극히 일부분일 것이다. 나는 직업상 병원에만 있었지만 언제부터인가 곤봉에 맞은 사람들뿐 아니라 칼에 찔린 학생들이 실려 오고, 더 심한 말들이 들려오기 시작했다. 그러던 중 계엄군 측에서 시 외곽부터 가택수사를 해서 시위를 할 만한 젊은이들을 모두 색출한다는 말들이 들려오기 시작했다.

순간 집에 있는 내 동생 생각이 났다. 지금의 분위기라면 분명히 보자마자 시위 여부를 떠나서 최소한 곤봉세례를 받고 반죽음이 될 것이라는 생각이 들어 집으로 동생의 안전을 걱정하는 전화를 수십 번 한 것으로 기억한다. 그러면서 동시에 「아, 이건 뭔가 잘못 되어도 한참 잘못 되고 있구나」하는, 지금까지 군인에 대한 생각이 180도 바뀌기 시작한 것이다. 국민을 지켜야 하는 군인이 시위와 무관한 가족도 죽일 수 있겠구나 하는 생각.

그러다 보니 시위가 이성을 잃게 되었고, 병원에만 있었던 우리 같은 의사들도 이러고 가운이나 걸치고 있어야 하느냐면서 시위에 참여하고 싶다는 말들이 젊은 의사들 사이에서 나오기 시작했다. 시위가 커짐에 따라 銃傷(총상)환자들이 응급실로 오기 시작했는데, 주위의 대형종합병원과 통화하면 옆에 있으면서도 믿을 수 없는 이야기들이 전해오고 있었다. 전쟁시 야전병원의 상황.

당시 내가 근무하고 있었던 대학의 병원은 계엄군들이 진주하고 있었고 대학의 운동장에는 공수부대원들의 천막이 쳐있었고 수송기와 헬리콥터를 통해서 보급을 받고 있었기 때문에 시민들의 응급환자가 거의 들어 올 수 없었던 상황임에도 銃傷(총상)환자들이 들어오고 낮에는 헌혈을 하겠다는 사람들이 줄을 잇고 있었다(나는 얼마 전까지도 헬리콥터 소리를 들으면 그때의 아픔이 느껴지곤 했다).

완전한 전쟁 상황이었다. 가벼운 부상을 입고 응급실에 온 군인들에게 시위상황을 물어보면 어떤 이는『광주사람들 정말 지독하다』, 어떤 이는『죽여야지요』하는 답을 했다. 하다못해 동료로서 송정리(군 병원이 위치한 곳)에 근무하던 군의관도 『광주사람들이 너무 한다』라고 했다. 여론 조작이 이렇게 무서운 것인가를 알았다. 광주지역 외 사람들은 『광주시민이 너무 한다』하고 광주시민들은 『이것이 군인인가』하는, 자기가 어디에 있는가에 따른 완전한 적대감!

「이래서는 안 되겠구나. 가만히 있어서는 나도 너도 죽을 수 있겠다」라는 생각을 하게 되는 순간에 그간에 계엄사의 발표만 일방적으로 보도하던 광주 MBC가 불에 타는 모습을 병원옥상에서 볼 수 있었다. 불길을 보는 순간 광주가 떠나갈 듯한 함성이 여기저기서 울렸고 이때부터 시민들 누구 하나 없이 모두 폭도(?)로 변하게 되었다(나도 옥상에서 불길을 보면서 누구에게인지 모를 함성을 질렀다).

「가만히 있어서는 나도 죽을 수 있다」는 생각이 광주시민을 모두 하나로 만들었고 敵(적)이 공수부대와 그를 지휘하는 계엄사가 된 것입니다. 전투에서 옆의 동료가 죽으면 피가 끓어서 총탄을 무서워하지 않는다는 말을 들은 것 같은데, 나 역시 『피가 끓는다』는 게 무엇인지를 그때 정확히 체험했습니다. 아마 이때부터 시민들이 무장을 해야겠다는 생각을 하게 된 것 같습니다. 안 그러면 다 죽을 수 있는, 아니면 내 가족이 다칠 수 있는 상황이라는 생각이 들었기 때문입니다. 어떤 사람들은 『무기고를 어떻게 털 수 있느냐』라는 말들을 하지만, 당시 상대에 대해 피가 끓은 상태에서 눈에 보이는 게 없었다라고 말할 수 있습니다.

이런 것이 광주시민들만의 DNA에 문제가 있기 때문일까요? 여기에서 침을 튀기면서 광주사태를 비하하는 사람들도 당시 광주에 있었다면 아마 가장 앞장섰을 것이 분명합니다.

3

柳炳賢 당시 합참의장
인터뷰

『광주사태 때 韓美공조로 北의 개입을 원천 봉쇄했다』

李知映(조갑제닷컴 기자)

종편 채널의 「광주사태 북한군 개입설」 보도

2013년 5·18 무렵, 종편 채널에서 「광주사태 북한군 개입설」을 보도했다. 1980년 광주에 1개 대대 600명 규모의 북한군이 급파됐다는 것이다. 「직접 광주에 왔었고 국군과 교전해 3명을 射殺(사살)했다」는 자칭 북한 특수부대원 출신의 탈북자까지 등장했다. 10·26으로 박정희 대통령이 서거한 후 한반도가 가장 긴장된 시기였던 당시 안보상황을 고려하면 믿기 어려운 말들이었다. 그 뒤 국방부는 「북한군 광주 투입설」을 공식 부인했고, 종편 방송들도 탈북자들의 증언을 검증, 사실이 아니라고 밝혔으나 아직도 믿는 이들이 적지 않다.

광주사태 당시 합참의장으로서 한국 방어를 책임지고 있었던 柳炳賢(유병현) 전 駐美(주미)대사를 만나, 이런 주장들을 물어보았다. 유 대사는 5년 간 對(대)간첩대책본부장을 역임해 휴전 이후 계속된 무장공비들의 침투를 저지했고, 군사정전위원회 한국 측 수석대표로 북한을 상대해 그들의 습성을 누구보다 잘 파악하고 있다. 그는 韓美(한미)동맹의 핵심인 한미연합사 창설의 한국 측 主役(주역)이기도 하다.

「서해는 우리 해군이, 동해는 美7함대가 감시」

먼저 광주사태가 일어났을 때 합참의장으로서 어떤 조치를 취했는지를 물었다.

『우리나라는 그때 10·26 이후 최규하 대통령 체제가 계속되면서 정치적으로 몹시 취약했었다. 북한은 국내에서 소란스러운 일이 일어나기를 바랐을 것이다. 당시 계엄사령관을 육군참모총장이 맡고 있었기 때문에 현지에서 일어난 사태에 대해서 지나치게 「이래라 저래라」 하지는 못하고, 단지 국방장관실에서 각군 총장과 매일 회합을 가졌다. 계엄사령관은 광주사태를 책임지고 조치하고, 나는 광주사태가 다른 지역으로 확대되지 않도록 盡力(진력)하는 것이 책임이라고 생각했다.

북한의 무장공비들은 과거 주로 변산반도에 상륙해 광주, 지리산 지역으로 침투했다. 따라서 해군참모총장에게 각별히 부탁해 해군의 可用(가용)한 戰力(전력)을 변산반도 쪽으로 돌려 이북의 특전부대가 침투하지 못하도록 조치했다.

한국에서 (안보상) 어떤 사태가 발생하면, 한미상호방위조약에 따라 사태가 확대되지 않도록 반드시 미국과 협조해야 한다. 광주사태 초기에 위컴 한미연합사령부 사령관을 만나 일본에 있는 美7함대, 항공모함戰隊(전대)를 한국 水域(수역)에 파견하도록 조치했다. 북한에 「절대 광주사태를 악용하려 하지 마라. 그와 같은 행동을 취할 경우 韓美연합군은 철저한 대처를 하겠다」는 경고를 주려는 의미였다. 마찬가지로 일본 아사히(朝日) 신문을 이용해 매일 美7함대의 동태를 보도하도록 했다. 북한에 정보가 들어가도록 「쓰고 싶은 대로 써라」며 보도통제도 하지 않았다.

또 하나, 美국무성으로 하여금 「북한은 광주사태에 절대 편승하지 말라. 경거망동하지 말라」는 경고를 발표하도록 했다. 당시 우리 외무부는 이와 같은 사태가 일어났을 때 적절한 조치를 취하지 못했다. 거의 군사정권이었고 당시 외무부에는 안보 분야의 조직이 되어있지 않아서 어떻게 할 도리를 몰랐다. 결국 국방부에서 내가 중심이 되어 조치를 취했다. 후에 최규하 대통령이 당시 외무부 장관을 불러 「당신 봉급의 반은 유 장군한테 드리라」고 이야기할 정도였다.』

『국내외 언론 이용, 북한에 경고』

柳대사의 증언처럼 1980년 5월23일부터 6월2일까지 우리 언론에도 美항모의 동향이 지속적으로 보도됐다.

　-美조기경보기 2대 한국지역으로 급파 (1980.5.23/동아일보)

　-美E3A 2대 오키나와 도착 (1980.5.24/동아일보)

　-美국방성 관리,『美항모 미드웨이 등 필요하면 한국 급파』(1980.5.24/동아일보)

　-美항모 코럴시號 한국해역으로 내달 중순까지 주둔명령 (1980.5.26/동아일보)

　-美국방성,『美항모 코럴시號 한국해역에 도착』(1980.5.28/동아일보)

　-[사진] 한국해역을 순항하는 코럴시號 (1980.6.2/동아일보)

당시 美국무성은 광주사태가 절정이던 5월22일(현지 시각)『불안상태가 계속되어 폭력사태가 가열된다면 외부세력이 위험한 오판을 할 위험성이 있다. 미국 정부는 현재의 한국사태를 이용하려는 어떠한 외부의 기도에 대해서도 한미상호방위조약 의무에 의거, 강력히 대처할 것임을 재강조하는 바이다』는 내용의 對北(대북) 경고성 성명을 발표했다.

『북한, 1개 대대 침투시킬 수송능력 없어… 완전 거짓말』

柳대사는『한국에서 어떤 사태가 발생했을 때 중요한 것은 상대가 어떤 행동을 취할 기회를 주지 않는 것, 북한이 사태를 악화시키지 못하도록 하는 것이다. 광주사태 때는 우리와 미국이 이렇게 먼저 그들의 행동을 봉쇄해버렸기 때문에, 북한은 어떤 행동을 취할지 망설이다가 適期

(적기)를 놓쳤다』고 말했다.

그는『(광주사태 당시) 600명 규모의 북한군 1개 대대가 서해안을 통해 광주에 침투했다』는 탈북자 임천용 씨의 주장을 여러 가지 근거를 들어 반박했다.

『600명을 수송하기 위해서는 상당한 수의 선박이 필요하다. 북한은 당시 600명 정도의 병력 수송을 할 수 있는, 상비된 선박부대가 없었다. 무장공비를 침투시키기 위한 고속정들은 있었다. 70~80t 정도의 배인데, 20여 명이 정원이다. 600명을 태우려면 몇 대가 필요한가? 이북은 造船(조선) 기술 수준이 낮다. 외국의 구식 배를 헐값에 사와 사용한다. 광주사태가 발생하고 600명을 보낸다? 그럴 만한 수송능력이 없다.』

對간첩대책본부장으로서 다년간 무장공비들을 겪은 경험을 바탕으로 이런 말도 전했다.

『광주사태는 예측 가능했던 사건이 아닌 돌발사건이었다. 이런 돌발 사건에서 아무리 북한이라고 해도 600명이라는 부대를 편성하고 교육해 출동명령을 내리는 데는 시간이 걸린다. 이런 작전을 할 때는 사전에 현지에 정찰조를 미리 보내게 되어 있다. 인도하는 병력이 있어야 본대가 들어갈 수 있다. 덮어놓고 600명이「나가자!」해서 광주까지 내려갈 수는 없다. 또 북한이 특전부대를 내려 보낼 때는 우리 국군으로 위장을 시킨다. 잡혔을 때 증거를 남기지 않도록 하기 위해 M1, 칼빈 소총, 우리 군복을 마련해 입혀 내려 보낸다. 600명분을 급히 마련하기는 쉽지 않을 것이다.』

그는 1·21사태와 울진삼척사태 등 북한이 실패한 예와 비교해보기를 권했다. 북한은 1·21사태 때 31명을 보내기 위해 수개월간 준비했다. 청와대 모형을 만들어 공격예행연습까지 시켰다고 한다. 그런데 그중 김신조는 생포되고 나머지는 사살됐다. 두 명은 시체를 발견하지 못했다. 울진삼척사태 때는 120명을 보냈다. 태백산 지역에 올라가 인민해방촌을 만들겠다고 했다. 120명 대부분이 사살됐다. 시체들을 증거로 제시하면 우리 장비, 우리 피복을 갖추고 있기 때문에 북한은 「남한 내 애국 청년들이 궐기한 것」이라고 주장했다. 우리 군은 1964년부터 1976년까지 12년 사이에 약 700명의 무장간첩을 사살했거나 생포했다.

유 대사는 『모든 무장간첩들의 시도가 실패했는데, 광주만 성공했다? 뭔가 이상하다는 생각이 들지 않나?』고 되물었다. 또 600명에게 무기와 실탄을 주고 작전지역에 들어가라고 하면, 반드시 교전과 사고가 일어나 부상자가 발생하게 되어있는데, 부상자라든가 시체 등 실질적인 物證(물증)을 남긴 게 하나도 없다는 점도 생각해보아야 한다고 했다. 주장 뿐이라는 것이다.

『600명 침투시켰으면 정전협정 위반…
한미연합사, 유엔사 모두 가만 있지 않았을 것』

그는 『만약 북한이 정말 600명을 침투시켰다면 굉장한 사건이다. 停戰(정전)협정의 위반이다. 광주사태가 일어났을 때는 한미연합사가 戰·平時(전평시)를 막론하고 작전통제권을 가지고 있었다. 한미상호방위 조약에 따라 이 문제를 심각하게 다뤘어야 한다. 그러나 한미연합사나 유엔사의 어느 누구도 이를 인지하고 문제를 제기하는 사람이 없었다』고 덧붙였다.

채널A가 보도했던 북한 특수군 출신이라는 탈북자 김명국(가명) 씨의 『50명이 광주로 들어갔고 국군과 교전해 3명을 사살했다』는 주장은 『완전 거짓말』이라고 일축했다.

『그래도 내가 합참의장이라는 직책에 앉아 있었는데 그 정도의 사태에 대한 정보를 몰랐다면 그야말로 나라에 사죄해야 할 일이다. 완전 거짓말이다. 50명이 걸어서 광주까지 내려간다? 어떻게 들키지 않고 가나? 50명이 도보로 이동한다고 할 때는 50명의 보급품, 자동차 몇 대분이 필요할 것이다. 탄약, 식량 등 어떻게 수송했을까? 그런 부대이동을 어떻게 합참이 몰랐겠는가? 우리 사병을 3명이나 사살했다? 그러면 戰死(전사)보고가 올라올 것 아닌가? 국민들이 자식을 군에 보내고 있다. 자기 아들, 동생이 소식이 없어지면 국방부, 합참으로 연락이 온다. 어떻게 모를 수 있겠는가?』

인터뷰를 마치며 유병현 대사는 「북한군 개입설」을 믿는 사람들에게 『첩보(information)를 말하기는 쉽다. 그러나 첩보를 정보(intelligence)로 만들기 위해서는 상당한 노력이 필요하다. 확실한 증거가 있어야 하는 것이다. 증거 없이 말하는 것은 「浪說(낭설)」에 불과하다. 국민의 수준이 높으면 첩보와 정보를 구분할 줄 안다. 국민들이 상식적인 판단을 하기를 바란다』고 전했다.

柳대사는 육사 특7기 출신으로, 초대 한미연합사 부사령관을 지냈다. 1981년 합참의장을 마지막으로 大將(대장) 예편한 후 4년간 제11代 주미대사(1981~1985)로 활약했다.

4

황장엽 선생이 광주에 왔다고?

광주시민을 「광주침투북한특수부대원 황장엽」으로 몰았다가 패소한 지만원

金永男(조갑제닷컴 기자)

「가증스런 황장엽, 참으로 지독한 위장간첩」

북한 특수부대가 5·18 광주사태에 남파돼 이를 주도했다는 주장은 지만원씨 등을 통해 확산됐다. 그는 추정 수준에서 멈추지 않았다. 그는 자칭 사진 분석 기법을 통해 당시 시위에 참여했던 사람들이 북한 핵심 엘리트층 인사, 이른바 「광수」라고 주장하며 단정하는 단계로 나아갔다. 그는 황장엽 前 노동당 비서를 비롯해 현재 한국에 정착해 북한인권운동 활동 등을 해오고 있는 상당수 탈북자들도 「광수」로 지목했다.

이와 관련해 한국에 정착한 탈북자 15명은 2019년 1월13일 지만원씨를 명예훼손으로 고소하겠다고 밝혔다. 고소인 명단에는 강철환 북한전략센터 대표, 김성민 자유북한방송 대표, 이민복 북한동포직접돕기운동 대표, 임영선 통일방송 대표, 장진성 뉴포커스 대표, 정광일 노체인 대표 등 15명이 들어간 것으로 보도됐다. 지씨가 「탈북광수」로 지목한 황장엽 전 노동당 비서에 대한 건은 김성민씨가 위임을 받아 死者 명예훼손으로 별도 고소장을 제출할 계획인 것으로도 전해졌다.

하태경 바른미래당 의원은 탈북자들과 함께 기자회견을 열고 『광주민주화 운동을 북한 특수부대가 주도했다는 지만원씨의 주장은 우리 사회가 용인할 수 있는 범위를 벗어난 악의적인 모략』이라며 『이를 방치할 경우 심각한 사회갈등으로 이어진다는 점에서 반드시 엄정한 처벌을 받아야 한다』고 말했다. 하 의원은 『지씨가 허위사실을 유포하면서 자신의 말이 틀리면 (지목된 사람들이 자신을) 고소할 텐데 지목된 탈북민들이 아무도 고소를 안 하니까 맞다는 것 아니냐는 말을 하고 다닌다고 들었다』며 『법원까지 가서 허위사실이라는 것을 법정에서 밝히는 게 꼭 필요하겠다고 생각했다』고 했다.

지씨는 해당 기자회견 직후 본인의 홈페이지에 『장진성에 대한 얼굴 분석, 황장엽에 대한 얼굴 분석은 이미 「5·18 영상고발」에 출간돼 있다. 인터넷에도 다 떠 있다』며 『그 정밀한 분석을 부인하는 사람은 거의 없었다』고 했다. 또한 『이번 기자회견으로 하태경은 「걸레는 빨아도 걸레」라는 진리를 다시 한 번 증명해줬고 탈북 광수들 역시 트로이목마라는 그간의 짐작을 사실로 증명시켜줬다』고도 했다.

지씨는 명예훼손 혐의가 인정되려면 「허위사실인지를 알면서도 광수로 지목했다」는 것이 객관적으로 증명돼야 한다고 주장했다. 그는 『나는 내 홈페이지에 올린 50여 명의 얼굴들이 탈북자인지조차 몰랐다. 영상 전문가인 「노숙자담요」 팀이 분석해 주었고, 그 분석 내용이 너무나 경이로워 그것을 믿었기 때문에 게시한 것』이라며 『믿는 것은 평가이고 평가는 명예훼손 대상이 아니다. 탈북자들을 경계하고 의심하는 것은 국민의 도리』라고 했다.

지씨는 며칠 뒤인 1월16일에는 「3만 탈북자 여러분 제보 바랍니다」라는 글을 홈페이지에 싣고 이들이 소송에 나서는 것은 『진짜로 탈북한 대부분의 탈북자 여러분들을 국민들로부터 의심받게 하고 불신하게 만드는 배신행위이고 북한정권을 돕는 이적행위이며, 여러분 모두가 잘 알고 있는 북한정권이 저지른 5·18 게릴라군사침략과 양민학살전쟁범죄가 드러나지 않게 하려는 것으로서 여적죄에 해당된다』고 주장했다.

지만원씨는 2016년 1월10일 자신의 홈페이지에 다음과 같은 글을 쓰기도 했다.

〈가증스런 황장엽, 참으로 지독한 위장간첩인 것이다. 이 인간이 바로 서울광수 제1호였고, 50여 명 위장탈북자들을 『북한민주화총연맹(위원회)』으로 조직하여 오늘의 통일정책을 주도하게 만든 장본인이다. 이러하기에 500만 야전군이 「황장엽이 광수였다」는 사실을 폭로했을 때 입에 거품을 물고 반박에 나섰던 존재들이 이른바 50여 서울광수들이었던 것이다.

황장엽과 그의 주체사상을 서울 현충원 국립묘지에 정중하게 모신 정신나간 나라가 대한민국이고, 문재인이 이끄는 사실상의 남로당이 제1야당으로 군림하면서 국가의 이익이 되는 것이면 모두 다 시비를 걸고 발목을 잡는 반역질을 계속하도록 방치하고 있는 더러운 나라가 바로 대한민국이다. 그리고 대통령이 나서서 그리고 국정원이 나서서 위장한 탈북광수들을 통일전위대로 깍듯이 모시고 있는 정신나간 나라가 이 썩어빠진 대한민국인 것이다.〉

김성민,『무시하였더니 믿는 사람들이 많아져』

고소인 중 한 명인 김성민 자유북한방송 대표의 이야기를 들어봤다.

-고소에 나서게 된 계기가 무엇입니까?

『정신 나간 사람이 하는 것이라고 생각하고 무시했었는데 정말 놀랍게도 대한민국에 그걸 믿는 사람이 있더라고요. 한두 명도 아니고 말이죠. 아니 황장엽 선생, 그런 학자가 (광주에) 왔겠습니까? 아니 김성민이 그때 나올 수가 있느냐고 하니까 그럴 수도 있다고 하는 사람이 있어요. 우리(탈북자)가 너무 방치했구나 싶어서 지금 대책을 세우고 있는 중입니다.』

– 황장엽 선생에 대한 死者 명예훼손 소송은 어떻게 진행되고 있습니까?

『2019년 1월17일 오전에 가서 제출하고 왔습니다. 친척이 아니어서 복잡했는데 절차를 다 밟고 다 제출했습니다.』

– 지금 황장엽 선생과 김성민 대표를 비롯해 탈북 광수로 지목된 사람들은 사실 북한 정권이 가장 싫어하는 사람들 아닙니까?

『그렇죠…간첩이… 저도 생각을 해봤는데 지만원씨가 광수라고 사진 대조를 하는 사람들이 말이죠. 그것을 하는 사람이 중국에 있는 「노숙자 담요」라는 사람인데 중국 시골에 들어가서 한국 언론에 나온 것을 보고 하나하나 끼워 맞추고 있다고 생각합니다. 네 살 때 (광주에) 온 사람도 있다는 거잖아요.』

– 탈북자들의 대체적인 반응은 어떻습니까?

『안타까운 게 저는 광주에 북한군이 개입했다고 하는 게 처음부터 수상했던 사람입니다. 특별한 증거는 없었지만 말이죠. 그래서 항상 증거를 갖고 말해야지 북한에서 들었던 소문을 갖고 말했다가는 큰 일이 난다고 항상 생각해왔습니다. 그런 주장을 북한에서 들어보기는 했으니까요.』

–탈북자 출신 중에 자신이 광주에 왔었다는 주장을 하는 사람도 나온 것으로 알려졌습니다.

『신빙성이 있으면 밖으로 나와야죠. 그 사람 TV에서 등 돌리고 말하고서는 없어졌습니다. 한 번 하고 숨어버리는 사람이에요. 나도 탈북자이지만 같은 탈북자가 TV에 나와서 얼굴 돌리고 하는 것을 믿지 않아요. 왜 얼굴을 가리고 등 돌리고 하느냐 말입니다. 등을 돌리고 인터뷰를 짧게 한 다음에 나타나지 않고 있어요. 그게 어디 신빙성이 있는 겁니까?』

장진성, 『한심한 것은 지만원 추종자들』

또 다른 「광수」로 지목된 탈북 시인(詩人) 장진성씨 역시 비슷한 반응을 보였다.

─지금 진행되고 있는 광수 논란에 대해 어떤 생각을 갖고 계십니까?

『영웅주의 시대 때처럼 남자라면 기사도(騎士道) 정신을 한 번쯤 꿈꾸지 않았습니까? 옛날에 유럽에서처럼 말입니다. 그 시대에 그래서 나온 게 돈키호테입니다. (지씨를) 돈키호테 산초로 비유를 할 수 있는데요. 지만원 식대로 얘기를 하면 북한에 세 살, 네 살, 아홉 살 난 애들, 김일성 경호사령관도 내려왔다고 하는데 그렇다면 북한의 전체 주민 다 보낸 것이나 마찬가지 아닙니까? 후방은 텅텅 비워놓고 북한의 2000만이 다 왔습니까? 아이들까지요? 지만원씨는 남의 얼굴을 감정해 광수를 찾아낸다고 하는데 그 사람 정신감정부터 해야 합니다. 무엇보다 한심한 것은 지만원씨를 추종하는 사람들입니다. 아무리 5·18이 싫다고 해도 진실을 놓고 싸워야지 거짓을… 하나의 거짓도 문제인데 지만원씨는 벌써 황장엽 선생부터 해서 북한 출신들을 간첩이라고 합니다. 이때까지 탈북자들이 고소를 안 하니까, 이 사람이 본인들이 인정을 해서 고소를 안 하는 것으로 착각하는 것 같아요. 사실은 지만원을 무시하려고 했습니다. 정신 치료 대상이라는 생각이었습니다. 하지만 이제는 도(度)가 넘어 고소를 해야겠다 생각했습니다.』

─ 특히 북한이 싫어하는 탈북자들을 광수로 모는 이유는 무엇일까요?

『이 사람은 남한 출신에서 광수를 찾게 되면 고소 고발을 당하기 때문에, 저쪽(북한) 출신들을 광수로 조작하기 시작했는데요. 그것도 북한 사람들 같은 경우엔 그런 경력을 잘 알 수가 없습니다. 그렇기 때문에 여기 나와 있는 탈북자들을 무난하게 보고 건드리고 있다고 봅니다.』

─ 지만원씨 주장 중 일부는 틀렸을 수 있지만 어느 정도는 사실이라고 믿는 사람들이 많습니다.

『지만원 식대로 얘기하면 북한이 남녀노소를 다 보낸 것입니다. 광주 같은 작은 도시에 북한군이 그렇게 많이 왔다 간다는 게 논리가 틀리잖아요. 김일성이 자기 호위사령관까지 보낼 정도로 그렇게… 지금 얼굴인식 기법대로 하면 그 때 나온 사진 중 지만원도 광수가 될 겁니다. 저는 추종자들이 더 큰 문제라고 생각합니다.』

「8200만 원 지급하라」

지만원씨의 사진 분석을 통한 「탈북 광수」 조사 기법이나, 「믿는 것은 평가이고 평가는 명예훼손 대상이 아니다」는 식의 주장을 재판부는 여러 차례에 걸쳐 인정하지 않았다. 하지만 그는 이같은 주장을 계속 이어가고 있다.

지만원씨와 〈뉴스타운〉은 5·18 광주사태와 관련, 북한군 특수군이 개입했다는 등의 허위사실을 신문 호외(號外) 등을 통해 유포한 혐의로 진행된 손해배상 소송에서 최근 패소했다. 해당 판결문에는 그의 주장의 신빙성이 떨어지는 이유가 자세히 담겼다.

이 사건은 2016년 5·18 관련 단체와 북한 특수군으로 지목된 박남선씨 등 14명이 지만원씨와 뉴스타운을 상대로 손해배상 청구 소송을 제기해 시작됐다. 이에 대해 1심 재판부인 광주지방법원은 2017년 8월11일 지씨와 뉴스타운이 박씨 등 14명에게 각각 200만 원에서 1000만 원까지 총 8200만 원을 지급하라고 판결했다. 또한 허위사실을 담은 호외 등의 제작과 발행, 배포를 금지하고 제3자에게도 발행이나 제작, 배포를 못하도록 했다. 이를 어길 시 원고 측 14명에게 1회당 각 200만 원을 지급하라고 했다.

광주고등법원은 2018년 8월17일 이 사건에 대한 항소를 기각했고 대법원은 같은해 12월13일 심리불속행 기각 판단을 내렸다.

지씨가 자신의 홈페이지 〈시스템클럽〉에 공개한 1심 판결문에 따르면 피고들은 북한군이 5·18 당시 광주에 들어왔다는 주장을 여러 차례에 걸쳐 했다. 그의 홈페이지에 올라온 판결문에 소개된 「피고들의 행위」 중 일부 사례들을 소개한다.

〈(1) 피고 주식회사 뉴스타운(이하 「피고 뉴스타운」이라 한다)은 ① 2015. 7. 1. 『특종 1980년 5·18 광주에 황장엽 왔다!』라는 제목의 기사를 제1면 기사로 하여 별지 목록 제1항 기재 「뉴스타운 호외 1호」를, ② 같은 해 7. 20. 『충격 80년 「5·18」 광주-북한 손잡고 일으킨 내란폭동!』이라는 제목의 기사를 제1면 기사로 하여 별지 목록 제2항 기재 「뉴스타운 호외 2호」를, ③ 같은 해 9. 16. 『5·18광주 침투 北 군·관·민 구성 600명 「남한 접수 원정대」』라는 제목의 기사를 제1면 기사로 하여 별지 목록 제3항 기재 「뉴스타운 호외 3호」를 각 발행하였다(이하 위 각 호외를 통틀어 「이 사건 호외」라 한다).

(중략)

(3) 피고 뉴스타운은 이 사건 호외에서, 5·18민주화운동 당시 촬영된 광주 시민들의 사진 영상을 첨단 기술을 이용하여 분석하여 볼 때, 일부 시민들의 사진 영상이 현재 북한 고위 권력층의 얼굴과 일치하는데 이들은 당시 광주에 침투한 북한군 특수부대원들이라는 내용의 기사를 게재하였다. 위 기사에서 인용한 사진들 중에는 5·18민주화 운동 당시 촬영된 원고 박남선의 사진을 가리켜 북한특수군으로 침투한 황장엽이라고 기재한 것, 원고 심복례의 사진을 가리켜 북한특수군 홍일천이라고 기재한 것, 망 백용수의 사진을 가리켜 북한특수군 김진범이라고 기재한 것, 원고 곽희성의 사진을 가리켜 북한특수

군 권춘학이라고 기재한 것이 포함되어 있다.

(4) 또한 피고 뉴스타운은 이 사건 호외에서 피고 지만원의 인터뷰 내용을 게재하였는데, 그 내용은 「5·18민주화운동이 북한군과 김대중 전 대통령을 비롯한 광주 시민들이 내통하여 야합해 일으킨 여적 폭동」이고, 「민주화유공자 대우를 받고 있는 5·18 관련자들은 여적죄로 처벌되어야 하며, 5·18단체들을 비롯한 전라도 사람들이 북한특수부대원과 한편이 되어 북한을 위하여 행동하고 있다」는 것이다.

〈중략〉

(7) 피고 지만원은 자신이 운영하는 시스템클럽(www.systemclub.co.kr) 인터넷 사이트(이하 「이 사건 홈페이지」라 한다) 게시판에 위 「호외 1호」, 「호외 2호」, 「호외 3호」의 내용을 게시하여 위 사이트 회원들이 이를 열람하도록 하였고, 위 사이트 회원 중 일부는 위 「호외 1호」, 「호외 2호」 등을 피고 지만원에게서 교부 받아 광주 등에서 배포하였다.〉

법원, 『주장 뒷받침할 자료 제출하지 않았다』

이 사건의 원고측은 크게 두 부류로 나눌 수 있다. 하나는 5·18 유공자들로 구성된 단체로서 지씨의 주장이 자신들의 명예를 훼손했다는 쪽이다. 또 다른 하나는 5·18 당시 사진에 촬영된 인물들로서 지씨가 자신들을 북한특수군이라고 지칭, 명예를 훼손했다고 설명한다. 피고인들은 원고 박남선씨가 고(故) 황장엽 前 노동당 비서라는 주장도 했다. 1심 법원은 피고인들이 사진 속 얼굴의 특정부분과 북한 지도층 인물의 유사성을 토대로 이들을 북한군 특수부대원이라고 단정했다고 지적했다. 이와 관련해 재판부는 다음과 같이 판단했다.

〈피고들은 5·18민주화운동 당시 촬영된 사진에 찍힌 사람들(원고 박남선, 심 복례 등)의 얼굴 중 어느 특정 부분이 북한 지도층 인물들의 얼굴의 특정 부분 과 유사하게 보이는 점에 착안하여, 5·18민주화운동 당시 현장에서 촬영된 사람들을 북한군 특수부대원이라고 단정하였다. 그러나 원고 박남선 등이 이 법정에서의 당사자 본인신문 과정에서 5·18민주화운동에 참여하게 된 경위 및 5·18민주화운동 당시 자신(원고 백성남의 경우에는 망 백용수에 관하여)이 한 역 할, 위 각 사진이 촬영되었을 당시의 현장 상황, 당시 촬영 장소에 있게 된 사 정, 총기의 입수 경위 및 총기 사용 방법의 숙달 정도(원고 박남선, 곽희성의 경우) 에 관하여 상세하게 진술을 하고 있는 점에 비추어 보면, 위 각 사진에 촬영 된 사람들은 원고 백성남, 심복례, 곽희성 및 망 백용수라고 판단된다.

피고들은 이 사건 호외 중 「북한특수군(광수)」 사진 관련 분석 내용은 여러 분석가들로 구성된 전문 분석팀들이 15개월에 걸쳐 영상분석용 특수컴퓨터 및 기하학적 분석기법 등을 동원한 얼굴인식프로그램을 활용하여 분석한 결 과이고, 그 결과 5·18민주화 운동 당시 광주 현장에서 찍힌 인물들의 사진과 현재 북한군의 고위직에 진출한 사람들의 사진이 상당부분 일치한다는 점을 확인할 수 있었다고 주장하나, 위와 같은 작업방식, 작업 기간, 구성원 등과 관련한 주장을 뒷받침할 만한 자료를 제출하지 아니하였고, 또한 5·18민주화 운동 당시 촬영된 사진과 이 사건 호외에 수록된 북한군 소속 인물들 사진의 촬영 시점, 촬영 장소, 사진 속 인물들의 시선, 얼굴의 형상과 인물들의 자세, 착용한 의복, 두발형태 등을 종합하여 볼 때, 피고들이 제출한 자료만으로는 이 사건 호외에 수록된 5·18민주화운동 현장 사진 속 인물들과 북한군 고위 관료들이 동일인이라는 피고들의 주장은 신빙할 수 없다. 게다가 피고 지만원 이 저술한 「5·18 분석 최종보고서」의 경우 5·18민주화운동 당시의 현장 사진 속 인물들의 자세 및 활동 등에 비추어 북한군이 5·18민주화운동에 개입하였다는 내용이나, 이 사건 호외에서는 위 현장 사진 속의 인물들을 북한 고위층 인물들과 구체적으로 연결하면서 사진 속의 인물들을 「광수」(「5·18 광주 북한특수군」의 약칭)라고 지칭하고 있어, 위 단행본과 명예훼손의 정도 및 구체성에 있어 차이가 있다.〉

위 판결문의 핵심은 『5·18민주화운동 당시 촬영된 사진과 이 사건 호외에 수록된 북한군 소속 인물들 사진의 촬영 시점, 촬영 장소, 사진 속 인물들의 시선, 얼굴의 형상과 인물들의 자세, 착용한 의복, 두발형태 등을 종합하여 볼 때, 피고들이 제출한 자료만으로는 이 사건 호외에 수록된 5·18민주화운동 현장 사진 속 인물들과 북한군 고위관료들이 동일인이라는 피고들의 주장은 신빙할 수 없다』이다. 재판부는 피고측이 사진 분석과 관련한 작업 방식, 작업 기간, 구성원 등과 관련한 주장을 뒷받침하는 자료를 제출하지 않았다는 점도 강조했다.

「17년 연구로 얻어낸 열매」에서 「전문 분석은 못하는 사람」으로 후퇴

재판부는 지만원씨가 주장한 사진 분석 기법에 신빙성이 없다는 점을 거듭 지적했다. 그러나 지만원씨는 판결 이후에도 자신이 운영하는 홈페이지 시스템클럽에 게재한 글이나 연설을 통해 사진 분석 기법에 신빙성이 있다고 계속 주장했다. 그는 2019년 1월18일 서울 프레스센터에서 기자회견을 열고 「광수」를 분석한 홈페이지 회원 「노숙자담요」를 언급하며 다음과 같이 말했다.

『17년 전 학생복 입은 아이, 그 사진 광주 사진하고 97년 기자회견 사진하고 두 개를 분석해 낼 곳을 찾는데 인천에 있는 이름 날리는 사람, 연구소가 있어요. 두 개 분석을 해주는데 200만 원이래. 두 개 놓고. 그럼 해달라 (했는데). 그런데 중간에 국정원이 뭐 했는지 「아니 그것 뭐 50%밖에 못 맞춥니다」 그래서 관둔 거야. 영상 분석이라는 것이 그렇게 고가예요. 눈을 파괴해요. 그리고 얼마 동안 보면은 얼마 동안은 의무적으로 쉬어야지만 정신착란이 안 일어나고 눈이 안 망가진다는 것이야. 이런 작업을 4년 동안 해오고 있는 거야. 어저께도 세 명이 나왔는데 지금까지 발견된 광수가 588명이야. 누가 이것을 하느냐고, 간첩이 이걸 합니까?』

광주에 북한군이 침투했다고 거듭 주장한 지만원씨는 2017년 6월 24일 「5·18을 북한군이 주도했느냐 여부, 분석력의 함수였다」는 제하의 글에서는 다음과 같이 주장했다.

〈패러다임 측면에서 바라보자면, 지금의 5·18문제는 비-과학과 과학과의 전쟁이 되어 있습니다. 똑같은 사실자료들(statistics)을 나열해 놓고도 과학적 접근을 하지 않았던 1980년 및 1995년의 분석관들은 그 자료들 속에서 북한군의 존재를 전혀 눈치조차 채지 못한 반면, 과학적 접근을 분석의 무기로 삼은 저는 똑같은 자료들에서 북한군의 존재를 생생하게 찾아낸 것입니다.

『5·18은 북한군이 주도했다』는 새로운 결과는 게릴라작전 등에 대한 군사지식-통계학지식-미해군대학원에서 석박사 과정을 통해 훈련된 분석력, 국방연구원에서 증진된 분석능력을 가진 제가 2002년부터 무려 17년 동안 연구해서야 비로소 얻어낸 열매입니다. 이런 결과는 위와 같은 과학적 분석능력을 갖추지 못한 재래식 분석관들이 단기간에 얻어낼 수 있는 결과도 아니고, 좁은 법정에서 극히 제한된 시간 내에 극히 제한된 자료를 가지고 「판단」해 낼

수 있는 성격의 것이 아니었습니다.〉

이렇게 사진 분석 기법과 북한군 개입에 확신을 갖던 지만원씨는 2019년 1월21일 자신의 홈페이지에 올린 하태경 의원에 대한 고소장에서는 한 발 물러서는 모습을 보였다. 그의 홈페이지에 게재된 하태경 의원 고소장 내용의 일부다.

〈그런데 그 후 8개월 후인 2015. 5.5.부터 필명 노숙자담요와 영상 매니어들에 의해 수백 장의 광주 현장 사진들이 발굴되었고, 그 현장 얼굴의 589명이 북한사람이라는 점을 과학적 기법으로 감정해 냈습니다. 고소인은 이들 네티즌들의 제보와 노숙자담요의 분석 결과를 통해 비로소 탈북자들 중에 이런 사람들이 있다는 사실을 처음 알았습니다. 노숙자담요는 현재까지 589명의 광수를 발굴하였고, 그 중의 50여 명이 탈북자라는 것입니다. 영상분석에 관한 한, 고소인은 노숙자담요가 분석해낸 자료들을 검토하고, 그것이 남보기에 타당해 보이는가, 그것이 논리적이고 설득력이 있는가에 대해 판단을 한 후, 합당하다고 판단이 되면 게시판에 올렸습니다. 고소인은 평가만 할 줄 알았지, 얼굴을 발견해 내고 분석하는 전문적인 일을 할 수 없는 사람입니다.〉

지만원씨는 「미 해군대학원에서 석박사 과정을 통해 훈련된 분석력, 국방연구원에서 증진된 분석능력을 가진 제가 2002년부터 무려 17년 동안 연구해서야 비로소 얻어낸 열매」라고 주장하다 이제는 「평가만 할 줄 알았지 얼굴을 발견해 내고 분석하는 전문적인 일을 할 수 없는 사람」이라고 말을 바꿨다.

『의도가 악의적이다』

앞서의 재판부는 『나아가 이 사건 호외에서 5·18민주화운동이 당시 광주에 존재하던 다수의 북한특수군에 의해 조작된 사건이라는 취지의 내용으로 서술된 부분들은 주로 앞서 본 바와 같이 신빙성을 인정할 수 없는 영상분석 결과에 기초를 두고 있는데, 그 외에 피고들이 제시한 자료들 역시 피고들이 자신의 주장을 위하여 자의적으로 해석한 것에 불과하거나 당시의 상황을 객관적으로 조명하는 자료로 보이지 않으므로 이를 통하여 피고들의 주장이 뒷받침된다고 보이지도 않는다』고도 했다.

재판부는 이 판결문에서 5·18 관련 허위사실을 적시한 목적이 「5·18의 역사적 진실을 밝히고 오로지 공공의 이익을 위한 것」이라는 피고측의 주장을 타당하다고 볼 여지는 없다고 했다. 아울러 『5·18민주화운동에 관한 위와 같은 주장의 주된 근거를 5·18민주화운동 당시 촬영된 사진에 찍힌 사람들의 얼굴과 어느 특정 부분이 북한 지도층 인물들의 얼굴 사진과의 비교 분석 결과에 두고 있는데, 이러한 분석 내용에 신빙성을 인정하기 어렵다는 점은 앞서 본 바와 같으므로, 피고들이 이 사건 호외에서 적시한 5·18민주화운동에 관한 허위사실을 진실이라고 믿을 만한 상당한 이유가 있었다고 인정할 수도 없다』고 했다. 피고인들 역시 이런 허위사실을 진실이라고 믿기 어려웠을 것이기 때문에 위법성 조각 사유에 해당되지 않는다는 설명이다.

판결문에 따르면 원고 박남선씨는 5·18 당시 무장 시민軍의 지휘관 역할을 했고 이후 내란중요임무종사죄로 기소돼 1심에서 사형을 선고받았던 사람이다. 그는 복역 중 상소를 통해 징역 20년으로 감형된 후 1982년 형집행정지로 석방됐다. 재판부는 손해배상 범위를 판단하는 과정에서『박남선 등이 북한에서 파견돼 5·18 사태를 일으킨 북한특수군으로서 현재 실존하고 있는 북한 인사라고 지목함에 따라 원고 박남선 등이 정신적 고통을 받았을 것임은 경험칙상 명백하다』고 했다. 또한『이들을 북한특수군이라고 지목함에 따라 위 사람들에 대한 지인들의 인식과 평가에 혼란을 초래함으로써 원고들이 상당한 정신적 고통을 겪었을 것으로 보인다』고 했다. 아울러『피고들이 원고들을 북한특수군이라고 지목하게 된 근거는 건전한 상식과 경험칙을 갖춘 일반인이 보기에 신빙성이 상당히 부족한 것이어서 그 의도가 악의적이라고 볼 여지가 상당한 점, 반면에 피고들이 적시한 내용이 신빙성이 부족한 것에 비례해 원고들의 명예훼손 정도도 아주 중대하였을 것으로 보이지 않는 점』등을 고려해 배상 금액을 결정했다고 덧붙였다.

5

영화 「화려한 휴가」의 「화려한 造作」

〈2007년 10월호 月刊朝鮮〉

보기 싫었던 영화

「화려한 휴가」는 정말 보기 싫은 영화였다. 너무나 우호적인 언론보도를 통해서 영화의 의도와 내용이 알려져 버렸기 때문이다. 좌파-어용 언론뿐 아니라 정상적인 언론도 이 영화에 대해서는 好評(호평) 이외엔 일체의 비평을 삼가고 있다는 점이 무엇보다도 이 영화의 성격을 설명해주고 있었다. 김대중, 박근혜, 노무현 대통령이 이 영화를 보았다는 사실이 나를 냉담하게 만들었다. 大選(대선)을 앞두고 개봉되어 정치적으로 활용되는 영화이니 공수부대를 惡(악)으로, 시민들을 善(선)으로 그렸을 것이 뻔하다. 한편으로는 하나의 의무감이 생겼다. 1980년 5월, 부산의 국제신문 사회부 기자이던 필자가 광주사태(공식적으로는 광주민주화운동으로 불리나 선입감을 배제하고 객관적 기술을 하기 위해서 광주사태라고 표기한다)를 취재하러 가지 않으면 기자로서 죄를 짓는 것 같은 기분이 들었던 생각이 났다.

이 영화를 보고 나온 이들의 評을 간접적으로 전해 들었다. 20代 직장여성은 충격을 받았다고 했다. 한숨과 눈물 훔치는 소리도 관람석에서 들리더라고 했다. 그러면서도『왜 공수부대가 야수처럼 변하여 잔학한 진압을 해야 했는지 그 영화로썬 잘 알 수가 없었다』고 말했다. 그는 학생들이 이 영화를 보면 국군에 대해서 치를 떨게 될 것이라고 덧붙였다. 한 親韓派(친한파) 일본인은 두 번 보았다면서 다소 흥분해 있었다.

『저 나름대로 광주사태를 조사한 적도 있어 잘 알고 있습니다. 영화를 보고나서 화가 솟았습니다. 남의 나라 일에 간섭하는 것 같지만 사실을 왜곡한 데 대해서 화가 났습니다. 피해자의 입장에 서는 것도 이해할 수 있고 공수부대의 잔혹상을 강조한 것도 이해할 수 있습니다만, 이 영화는 대한민국을 敵(적)으로 돌리고 있습니다. 애국가를 부르는 평화적 시위대에 대해서 집단발포 하는 장면, 그건 정말 이해할 수 없어요.」

기자는 혼자서 이 영화를 볼 마음은 생기지 않았다. 「실미도」「태극기 휘날리며」「황산벌」이 사실을 왜곡하고 역사를 戲畵化(희화화)하였다고 비판하는 기사를 쓰도록 했던 나는 일부러 시간을 쪼개어 어떤 의도를 가지고 영화를 볼 마음이 내키지 않았다. 혼자서 보는 것보다는 누구 하고 같이 가서 보는 것이 마음이 좀 편할 듯했다. 동행할 사람을 생각하다가 安富雄(안부웅)이란 이름이 떠올랐다.

공수부대 대대장 출신과 영화관으로

安씨는 1988년에 月刊朝鮮(월간조선) 기자로서 「공수부대의 광주사태」 (그해 7월호 게재)를 취재할 때 만난 공수 11여단 61대대장 출신이다. 1980년 5월21일 낮 전남도청 앞에서 공수부대원들이, 장갑차와 트럭 등을 몰고 돌진해오는 시위대를 향해서 발포했을 때 그는 부대의 지휘관이었다. 「화려한 휴가」의 성격을 규정하는 가장 핵심적인 장면인 집단발포의 현장, 바로 거기에 있었던 실재 주인공이다. 고참 대령일 때 그를 만나 취재를 했던 기억이 다시 떠올랐다. 그가 격정적으로 쏟아놓았던 이야기는 月刊朝鮮 기사에선 익명의 증언으로 처리되었다.

1988년 가을, 국회의 광주사태 청문회 때 증인으로 불려나온 그는 내가 쓴 기사로 해서 곤욕을 치렀다. 月刊朝鮮의 「공수부대의 광주사태」는 청문회 국회의원들의 교재가 되어 증인신문에 자주 인용되었다. 1995년 5·18 사건이 재수사될 때도 安씨는 여러 번 검찰에 불려가 신문을 받았다. 광주에 투입된 공수부대의 지휘관들 가운데 가장 많이 조사를 받은 이다. 그는 법정에 증인으로도 나와 당당하게 자신의 역할을 설명했다. 그는 광주사태의 핵심인 발포 경위를 조사할 때 뺄 수 없는 인물이 되었다.

66세인 安富雄씨를 19년만에 다시 만난 곳은 경기도 성남시 분당구의 한 교회 입구에서였다. 그는 내가 찾아온 의도를 묻지 않았는데도 알고 있었다. 그가 먼저 이야기를 꺼냈다.

『제가 다니는 교회 목사님이 말씀하시더라고요. 제가 공수 대대장이었다는 것을 모르고 말입니다. 「화려한 휴가를 보았는데 군인들이 너무 했더군」이라고 그러셔요. 제가 말했지요. 「아니 목사님, 그런 영화를 믿으십니까?」그런데 저도 한번 영화를 보기는 해야겠는데 내키지가 않아요.』

『그, 잘 되었군요. 우리 식사하고 같이 영화 보러 갑시다.』

安富雄 예비역 대령은 서울 출생이다. 갑종 출신 장교로서 월남 전선에 두 번 파견되었다. 광주에 투입된 공수여단 대대장 가운데서 공수부대 경력이 가장 길다. 직업군인 출신답게 모양과 행동이 아직도 각이 진 느낌을 준다. 그는 『이제 잊을 만하니 그 영화 때문에 또 생각을 하게 되었다』고 말했다. 남편이 청문회, 검찰, 법정에 여러 번 불려다니는 데 신경을 쓰던 부인은 심장병을 얻었다고 한다.

『저는 지난 3년간 호스피스 일을 했습니다. 말기 암 환자들이 수용된 시설에 매일 나가서 죽어가는 이들의 말동무를 했습니다. 저의 인생관도 많이 바뀌었습니다. 요사이는 교회 일을 돕습니다. 친구들과 함께 교회서 색소폰 연습도 자주 합니다.』

安씨는 검찰이 결론 내린 것을 되풀이해서 강조했다.

『趙선생도 잘 아시겠지만 광주에서는 발포명령이 없었습니다. 군인들이 죽지 않고 살기 위해서 돌진하는 시위대 트럭과 장갑차를 향해서 쏜 것이 발포의 시작입니다. 검찰이 그렇게 캐보았지만 발포 명령자는 찾아내지 못했지 않습니까.』

우리 두 사람은 중국집에서 식사를 마치고 영화관으로 갔다. 「화려한 휴가」의 다음 상영까지는 거의 두 시간을 기다려야 한단다. 그렇게 공을 들여 영화를 본다는 건 자존심이 상할 일이다. 다시 오기로 하고 헤어졌다.

감정 없는 살인기계

그 다음 월요일 오후, 기자와 安 전 대령은 「화려한 휴가」를 보았다. 공수부대를 惡의 화신 정도가 아니라 살인기계로 그린 영화였다. 반면 궐기한 광주시민측의 인물들은 至高至善(지고지선)의 영웅이요 천사들이었다. 너무 도식적 설정에서 감동은 없었다.

공수부대가 몽둥이로 시민들을 두들기는 퍽 퍽 소리가 일종의 영화음악이었다. 왜 공수부대가 이런 진압방식을 썼는가에 대해선 설명이 부족했지만 왜곡이라고 볼 수는 없다. 광주사태 직후 계엄사가 발표한 檢屍(검시)조서상의 死因(사인)분류 통계가 있다.

165명의 사망자 중 18명이 타박상, 4명이 刺傷(자상)으로 죽은 것으로 되어 있다. 타박상은 주로 머리이다. 공수부대가 진압봉으로 시민들의 머리를 난타하고 찔러 죽게 했다는 이야기이다. 대도시의 대낮 거리에서 공수부대원이 몽둥이로 시민과 시위대를 때려죽이고 찔러 죽였다. 그 모습을 본 온건한 광주시민들까지도 화가 나서 돌과 화염병을 던지다가 나중엔 트럭, 택시, 버스, 장갑차를 몰고나와 軍警(군경)을 몰아붙였다. 시민들은, 5월21일 공수부대가 발포를 시작할 무렵엔 예비군 무기고 등을 습격하여 카빈, 기관총, 수류탄 등으로 무장하여 군인들과 총격전을 벌였다. 「화려한 휴가」는 그런 시각에서 만들어졌다.

이 영화에선 공수부대원들이 야수 같지도 않고 기계 같아 보인다. 야수는 감정이라도 있는데 이 영화에 나오는 공수부대원들에게선 인간적인 감정 반응이 별로 보이지 않는다. 공수부대가 흥분하여 몽둥이질을 하게 된 것은 공수부대의 특권의식에다가 『계엄령 하에서 민간인이 감히 군인들을 향해 돌을 던져?』라는 감정이 출발점이었다. 安富雄씨는 『釜馬 사태 식으로 공수부대가 나타나기만 하면 시위는 자동적으로 끝이라고 생각했다. 시민들이 군인들에 대항한다는 것이 상상되지 않았다. 그래서 시위 진압장비를 준비하지 못했다』고 말했다. 돌을 던지는 다수 시위대를 향하여 쏠 최루탄도 가져가지 않았고, 날아오는 돌을 막아줄 방패도 없었다. 머리를 보호하는 防石網(방석망)은 군 수송반에서 엉성하게 만든 것이었다.

이 영화에선 시민을 추격하여 골목으로 들어온 공수부대원을 시민이 쏴 죽이고 때려눕히는 장면이 나온다. 공수부대 장교 출신 시민이 빌딩 옥상에서 공수부대를 향해서 기관총 난사를 하는 장면도 있다. 그가 시민들에게 기관총 쏘는 교육을 시킨다. 트럭으로 무기고를 부수고 들어가 탈취하는 장면도 실감 난다. 이런 장면을 보고도 관객들은 『민간인이 이렇게 해도 되나?』라는 문제의식이 별로 생기지 않을 것이다. 그만큼 공수부대는 악당으로, 시민은 정의로운 사람들로 극적 대비를 이룬다.

나치 군대의 유태인 학살 같은 장면

이 영화엔 공수부대의 사격을 유발한 시위대의 장갑차, 버스 돌진이 나오지 않는다.

　영화「화려한 휴가」의 가장 중요한 장면은 전남도청을 지키던 공수부대가 애국가를 부르는 시민들을 향하여 집단적으로 발포하여 수십 명(또는 수백 명)이 죽거나 다치는 대목이다. 나치 군대가 유태인을 집단학살하듯 하는 장면이다. 관객들이 공수부대를 살인집단이라고 생각하지 않을 수 없도록 한 연출이다. 이 영화를 보고나온 이들은 이 장면을 오래 기억할 것이다. 영화를 보고 나와 저녁 식사를 하면서 安富雄 예비역 대령에게 물었다.

　『줄곧 피고인석에 앉은 기분이 들지 않았습니까?』

　『완전히 만화더군요. 그런 식의 발포명령을 내렸다면 감옥에 갔지 내가 무사할 수 있었겠습니까? 애국가를 부르는 시민을 향해서 발포하라고 명령했다면 부대원들이 나를 가만 두었겠습니까? 부대원들 중엔 호남 출신도 많았는데…. 그 영화에선 왜「김대중을 석방하라」「최 돼지는 물러나라」는 구호는 안나옵니까? 군에서 장비를 지원해준 것 같은데 왜 가만 있는지 모르겠네요. 공수부대가 살인마가 되었는데.』

　다음날 국방부에 알아보니 군에서 장비를 지원해준 사실은 없다고 했다. 영화 제작사에서 각종 장비를 모형으로 만들어 썼다는 것이다. 군에서는 영화사측에 사실왜곡에 대해서 항의한 적도 없다고 한다.

　이 영화는 도입부에서「사실에 근거하여 극화했다」는 자막을 내어보냈다. 집단발포 장면은 사실을 왜곡하는 정도가 아니라 터무니없이 造作(조작)한 것이다.「사실에 근거하여 극화」한 것이 아니라「사실에 없는 내용을 극화」한 것이다.

　첫째, 영화에서는 공수부대가 누군가로부터 사격명령을 받고 탄창을 M16 소총에 일제히 끼운 뒤 무릎 쏴 자세를 취한 다음 애국가를 부르는 시민들을 향하여 아무런 경고도 없이 일제히 사격한다. 그날 전남도청 앞에서는 그런 사격도, 그런 사격 명령을 내린 장교도 없었다. 광주사태에 대해서 가장 정밀하게 조사했던 1995년의 서울지검과 국방부 검찰부도 사격명령은 없었다는 결론을 내렸다.

둘째, 공수부대의 발포는, 시위대가 탈취한 장갑차를 몰고 군인들을 향하여 돌진, 공수부대원을 깔아 사망하게 한 사건을 계기로 자위적, 그리고 조건반사적 대응 차원에서 이뤄졌다고 검찰은 밝히고 있다. 발포 시작 전 공수부대 중대장들에게만 15발씩 지급돼 있었고, 일반 사병들에겐 실탄이 주어지지 않은 상태였다.

셋째, 애국가를 부르는 평화적 시위대를 향해 공수부대가 집단 발포하는 장면은 군대가 대한민국에 대해서 발포하는 듯한 상징성을 풍긴다. 영화 관람자는 군대가 반란군이라는 인상을 받을 것이다.

공수부대만 표적으로 삼은 저의는?

국방부는 이 장면에 대해서 영화사에 항의하고 국민들에게 『그런 일이 없었다』는 해명을 했어야 했다. 군 장병들에게도 특별한 政訓(정훈)교육을 시켜야 할 의무가 있다. 공수부대의 난폭한 몽둥이 진압이 광주사태의 한 원인이었음을 부정할 수는 없다. 그렇다고 해서 그런 사실을 확대하여 공수부대를, 「동족을 무차별 사살하는 살인집단」으로 그릴 권한은 누구에게도 없다. 이 영화는 시작되기 전 「이 영화는 史實(사실)과 다릅니다」라는 주의를 주어야 할 터인데 거꾸로 「사실에 근거하여 극화했다」고 한 것은 2중의 왜곡이다. 국방장관은 영화를 보았다는 대통령을 찾아가 이 영화의 이 장면은 사실이 아니라고 설명했어야 했다.

노무현 대통령은 9월1일 서울시내 영화관에서 김지운 감독, 기획시대 제작의 이 영화를 봤다고 한다. 극장 관계자에 따르면 대통령은 영화를 본 후 눈시울을 붉혔고 영화의 완성도를 높이 평가했다는 것이다. 김대중 전 대통령도 이 영화를 보았는데 오마이뉴스는 그가 유인택 기획시대 대표와 이런 대화를 나누었다고 전했다.

『젊은 사람들이 많이 봤으면 좋겠어요. 관객이 얼마나 들었습니까?』(DJ)

『400만 조금 넘었습니다.』(유인택)

『얼마나 더 들겠습니까?(DJ)

『700만~800만 정도 예상합니다.』(유인택)

『좀더 노력해서 1000만 명이 됐으면 좋겠습니다.』(DJ)

『어떤 장면이 기억에 남으셨습니까?』(유인택)

『마지막 결혼식은 명장면이었습니다. 아이디어가 좋았습니다.』(DJ)

朴槿惠(박근혜) 한나라당 전 대표는 경선기간에 광주의 한 영화관에서 이 영화를 본 후『마음이 아프고 무거운 심정으로 봤다』고 말했다. 그는 가라앉은 목소리로『27년 전 광주시민이 겪은 아픔이 느껴지는 것 같다』며『그 눈물과 아픔을 제 마음에 깊이 새기겠다』고 덧붙였다.

이 영화는 다큐멘터리가 아닌 극영화인데도 上記(상기) 정치인들은 사실이라고 전제하고 감정적 반응을 보인 듯하다.「이 영화는 사실을 극화했다」는 영화 제작자의 선전이 먹힌 셈이다.

이 영화는 공수부대의「蠻行(만행)」을 부각시키는 데 주력했다. 공수부대 이외의 진압부대, 즉 31사단이나 경찰은 열외시켰다. 광주사태는 특공작전을 전문으로 하는 부대를 시위 진압에, 그것도 진압장비 없이 투입한 데서 비롯되었다. 공수부대의 투입은 정치적 결정이었다. 全斗煥 (전두환) 장군 그룹, 이른바 신군부가 정권을 잡기 위하여 계엄을 전국으로 확대하고 정치인들을 연행하고 국회를 봉쇄하고 학교를 휴교시킨 이른바 5·17 조치의 일환으로 공수부대가 광주에 내려 간 것이다. 1996년 대법원은 全斗煥 그룹의 이 조치를 내란행위로 규정했다. 이에 따라 광주사태 진압도 내란행위가 되었다.

영화는 이런 배경 설명을 소홀히 하고 공수부대의 강경진압만 부각시켰다. 광주사태에 대한 모든 책임을 공수부대에만 집중시키는 영화를 만듦으로써 反국군 감정을 자극하는 영화가 되어버렸다. 5·18 재판 때도 법원은 공수부대의 지휘관들에겐 법적 책임을 묻지 않았다. 검찰은 집권과정의 주모자만 기소했고, 광주에 파견된 군인들을 기소하지는 않았다. 군인 신분으로서 상부의 명령을 수행했으므로 처벌할 수 없다는 논리였다. 이 영화는 검찰이 「처벌불가」라고 결정했던 공수부대를 처벌하고 있는 셈이다.

非체험 세대를 誤導할 영화

1985년 국회에서 광주사태가 再論(재론)되고 月刊朝鮮과 신동아가 이 사건을 집중적으로 보도했을 때 광주사태에 관한 많은 신화가 있었다. 全斗煥 정권이 이 사건에 관한 보도를 금지시켰기 때문에 과장된 소문이 기승을 부렸다. 사망자 2000명 설을 비롯하여 경상도 군인이 많았다, 여자의 유방을 도려냈다, 임산부의 배를 갈랐다, 기총소사를 했다 등등의 소문은 그 뒤의 여러 차례 조사를 통해서 사실이 아닌 것으로 확인되었다. 月刊朝鮮은 1985년 7월호 특집에서 공수부대 등의 과잉진압을 상세히 보도하면서 사망자는 정부 발표에서 크게 틀리지 않을 것이라고 보도했었다. 이 기사로 해서 광주에선 月刊朝鮮 불매운동이 일어났다.

6공화국 때의 국회 청문회, 金泳三 대통령이 지시한 5·18 사건에 대한 재수사로 해서 광주사태의 진상은 거의 완전하게 드러났다. 시민 측의 시각과 정보가 지배적이던 데서 벗어나 이제는 진압군 측의 정보도 많이 공개되었다. 진압군과 시민 양쪽에서 이 사건을 종합적으로 입체적으로 바라볼 수 있을 만큼 시간이 흘렀고, 피해보상도 이뤄졌으며, 고위 책임자들이 斷罪(단죄)도 당했고, 사람들도 성숙해졌다. 「화려한 휴가」는 이런 변화를 전혀 수용하지 못했다. 시민측의 시각에만 충실하다 보니 진실에서 멀어졌다. 이런 영화는 1980년대에 나왔어야 했다는 생각이 들었다.

광주사태는 벌써 27년 전의 사건이 되었다. 광주사태를 잔인하게 진압한 全斗煥 정권에 대한 분노가 1980년대 학생운동권, 즉 386세대의 가장 큰 동력이었다. 지금 젊은 세대는 이 사건을 日帝(일제) 시대 사건 정도로 아득하게 느낄 것이다. 그런 만큼 이 영화가 잘못된 선입감을 이들 白紙(백지) 상태의 젊은이들에게 심어줄 가능성이 있다. 非체험 세대에겐 이 영화가 광주를 이해하게 하는 교과서 역할을 할 위험이 있다.

그래서 나는 「공수대대장 安富雄의 광주사태」를 소개해야 균형이 잡힌다는 생각이 들었다. 「화려한 휴가」는 시민측의 시각을 편파적으로 대변했지만 나의 기사는 공수부대의 시각을 공정하게 소개하기 위하여 노력할 것이다.

安富雄씨가 검찰에서 진술한 내용과 최근 기자에게 증언한 내용, 그리고 검찰 수사로 확정된 사실들을 종합한다. 기사에서 나오는 질문은 검사가 한 것이다.

전국 비상계엄 확대, 공수부대 투입

11공수여단의 61대대장이었던 안부웅 당시 중령은 1980년 5월19일부터 광주에서 임무를 수행했다. 11여단은 강원도 춘천에 본부가 있었다. 전두환이 장악한 군부는 5월17일 全軍(전군)지휘관 회의를 열고 전해 10·26 사건(박정희 대통령 피살 사건) 이후 계속되어온 비상계엄령을 제주도를 포함하여 전국으로 확대시키기로 결정했다. 이렇게 되면 계엄사령관이 직접 대통령으로부터만 지휘를 받아 三權(삼권)을 통제하게 된다. 학생 시위의 확산을 막는다는 구실로 5월18일 0시를 기해서 발령된 계엄확대조치와 동시에 합동수사본부(본부장 全斗煥)는 김대중, 김종필 등 정치인들을 연행하고 국회를 봉쇄하여 최규하 대통령을 포함한 기성 정치 세력을 무력화시키고 國保委(국보위)를 통한 정권 인수에 들어갔다.

5월15일까지 전국적으로 학생 시위가 확산되어 계엄해제를 요구했으므로 군은 5월18일 부대를 출동시켜 지방의 대학교를 점령하는 조치를 취했다. 특히 대규모 시위가 예상되었던 서울, 광주엔 주로 공수여단을 중심으로 편성된 강력한 진압부대를 투입하였다. 신군부의 집권과정에서 실무 간사 역할을 했던 당시 보안사 정보처장 權正達(권정달)씨는 이렇게 진술했다(1996년 검찰).

〈釜馬사태 진압작전에 대한 평가과정에서 시위의 대규모 확산을 미연에 방지하기 위해서는 初動(초동)단계부터 공수부대 등을 투입해 강경진압을 하는 것이 효율적이라는 반성론이 제기된 바 있습니다. 이 교훈이, 5월17일 비상계엄 전국확대 이후 발생 예상되는 시위 진압작전의 기본방침을, 신군부

핵심세력이 「공수부대에 의한 초기 강경진압」으로 설정하는 데 적지 않은 영향을 끼쳤다고 생각합니다〉

1979년 10월 釜馬 사태 때 공수 부대의 강경진압이 먹혔던 것은 朴正熙(박정희) 대통령의 철권통치 체제하에서 일어난 시위였기 때문에 지속력이 약했고 시위대가 비상 계엄령 선포에 눌려 아예 저항을 포기했기 때문이었다. 이때도 공수부대가 무고한 시민들을 무차별 구타하여 민심을 흉흉하게 만들었다. 1980년 5월은 달랐다. 김영삼, 김대중, 김종필의 3金 세력이 주도한 「80년의 봄」이 민주세력을 고무했고 학생, 노동자들이 한창 욕구를 분출시키고 있을 때였다. 釜馬사태 진압이 불씨를 끈 것이라면 광주진압은 타오르기 시작하는 불길을 잡는 일이었다. 이 점을 신군부는 간과했던 것이다.

타작당하는 공수부대

安富雄씨는 검찰에서 이렇게 진술했다.

『1980년 5월17일 새벽 주둔지에서 출발, 춘천역에서 기차를 타고 김포 1공수 지역으로 이동했습니다. 5월18일 12시경 동국大에서 천막을 한참 치고 있는데 오후 3시경에 여단장으로부터 광주로 이동하라는 지시를 받았습니다. 실탄은 개인에게는 지급되지 않았고 후속 부대가 가져오도록 조치했습니다.』

　-당시 출동장비는 어떤 것이었는가요.

『개인장구로 M16, 군장, 방석모 등과 부대장비로 팀 단위 무전기, 가스 살포용 화염 방사기 등을 가져갔습니다. 당시 계엄군으로 출동하면

대학을 점령하고 운동장에 주둔하는 상황이었기 때문에 주둔 개념으로 장비를 가지고 다녔던 상태였습니다. 예를 들면 TV, 테니스 라켓 등 개인 私物(사물)도 전부 가져 갔습니다.』

　─1980년 당시 진압봉은 어떤 재질이며 어떻게 준비했는가요.

『진압봉은 사령부에서 제작하여 대대에 보급해 주어야 하는데 1980년 김포지역으로 출동하기 전에 대대에서 제작하라고 지시하여 개인별로 제작을 시켰더니 엉망이어서 오음리에 있는 제재소에서 대대 운영비로 제작했습니다. 방석망도 없었는데 제작하라고 하여 처음에는 철사를 구부려서 방석망을 만들었으나 엉망이어서 수송부에서 제작했는데 개인당 1개씩도 보급되지 않은 상태였습니다.』

광주로 공수된 11여단은 5월19일 새벽 조선대학교에 본부를 설치했다.

『1980년 5월19일 새벽이라 그런지 시위대와 충돌은 없었습니다. 배치된 병력들로부터도 「이상無」 보고를 받았기 때문에 특이 상황은 없었습니다. 그 뒤 (여단 본부인) 조선大로 복귀하여 잠시 정돈을 하면서 지내다 세면을 하려고 준비하는데 1지역대장으로부터 무전보고가 왔습니다. 「충장로 파출소에 배치되어 있던 1개 지대가 시위대에 완전 포위되어 돌과 화염병으로 얻어맞고 있는 상황이다. 지원을 해달라」는 것입니다. 그래서 제가 1지역대장에게 침착하게 다시 한번 확인해 보라고 지시했습니다.

시위대가 계엄군을 포위하여 돌과 화염병을 던졌다는 것은 상상도 못했기 때문입니다. 그래서 다시 한번 확인을 지시한 것입니다. 그랬더니 지역대장이 「지금 병사들이 엄청나게 당하고 있으니 대대장님이 빨리 나와서 확인을 해 보십시오」라고 이야기했습니다. 그래서 급히 지프에 작전장교 등을 태우고 금남로로 갔습니다.

차량 사이렌을 울리며 가보니 어느 은행 앞에 저희 1개 팀 10여 명 정도가 200여 명의 시위대에게 포위당해 그야말로 돌과 화염병으로 타작을 받는 것처럼 이리 뛰고 저리 뛰고 하며 도망 다니고 있었습니다. 제가 사이렌을 울리고 가니까 시위대들이 후속부대가 오는 줄 알고 사방으로 도망갔습니다. 시위대가 해산하고 난 뒤 보니 최상규 하사는 다리가 부러지고 김영상 중위는 얼굴을 돌로 맞아 피를 흘리고 있었으며 6~7명이 부상을 당했습니다.』

군인에 대항하는 데 흥분, 무차별 폭행

광주에 맨 먼저(5월18일) 투입됐던 공수 7여단 35대대장 김일옥 중령은 대구사람, 33대대장 권성만 중령은 전주사람이었다. 35대대 3중대장 朴炳洙(박병수) 대위는 전북 김제 사람이었다. 朴씨는『5월17일 저녁에 트럭으로 전북 금마의 여단본부를 떠났는데, 대학에 진주한다는 이야기를 듣고 바둑판과 배구공을 가지고 갔다. 놀러 가는 일 정도로 생각했다』고 말했다. 朴씨는 또『우리 부대는 주둔지가 전북이라서 그런지 전라도 출신이 가장 많았다』고 했다. 『실탄은 개인별로 가져가지 않았으며, 소나무로 만든 진압봉을 하나씩 들고 갔다』는 것이다. 방석모·방패·최루탄 발사기는 없었다.

「특전사의 작전일지」는 5월18일의 상황을 이런 요지로 기록하고 있다.

〈18일 새벽에 전남대, 조선대학에 진주한 계엄군은 학교에 남아 있던 40여 명의 학생들을 연행했다. 오전 9시쯤 전남대학교에 들어가려던 학생들이 돌을 던지기 시작했다. 학생들은 광주시 중심부 금남로로 이동, 계속 시위를 벌였다. 정오 무렵 33대대는 가톨릭센터로 출동, 시위대를 해산시키고 103명을 포고령 위반혐의로 체포했다. 33·35대대는 다시 충장로와 금남로로 진출, 시위자 283명을 체포했다. 시위대는 블록과 음료수병을 던지며 대항하였다〉

7여단의 박병수씨는 1988년에 필자를 만났을 때 『학생 편에서 돌을 던지니까 우리도 강하게 나간 것이다. 시위대가 군인이 나타났는데도 흩어지지 않으니 기분이 상하더라. 특히 동료가 돌을 맞아 다치니 부하들이 흥분했다. 최근에 광주사태 비디오를 보니까 우리가 너무 심하게 한 면도 있구나 하는 생각이 들더라』고 했었다.

시민측에서 본 7여단 진압 상황은 사뭇 달랐다. 당시 ㄷ일보의 광주 주재기자는 이렇게 증언했다.

〈18일 오후 4시쯤 나는 광남 로터리 부근에 있는 고층빌딩의 광고탑에 올라가 밑에서 벌어지는 데모 장면을 사진촬영하고 있었다. 시 외곽 방면에서 군인들이 탄 트럭 수십 대가 달려오고 있었다. 로터리 앞에서 전원 하차하더니 대오를 정비했다. 그걸 보고 시위 학생들은 벌써 달아나 버리고 길가에는 구경 나온 시민들뿐이었다. 시민들 속에서는 군인들을 환영한다는 뜻에서 멋모르고 박수치는 사람도 있었다. 공수부대 병력은 횡대로 늘어섰다. 장교가 핸드 마이크로 경고 방송인가를 하더니 그대로 시민들을 향해 돌격 명령을 내렸다. 군인들은 몽둥이로 무차별 구타를 시작했다. 수십 명의 시민들이 광고탑이 세워진 건물의 옥상으로 피신해 올라오는 것을 나는 광고탑 꼭대기에서 내려다볼 수 있었다.

얼마 안 있어 공수부대원들이 뒤따라 올라왔다. 나는 「이제 죽었구나」고 생각했다. 나는 「하느님, 이번만 저를 살려주시면 성당에 열심히 나가겠습니다」하고 기도했다. 탑 아래 옥상에서는 몽둥이질이 벌어지고 있었다. 군인들은 야구 방망이 같은 몽둥이로 머리, 어깨 등 가리지 않고 두들겼다. 몽둥이가 머리를 칠 때 피가 분수처럼 튀어오르는 게 보였다. 군인들은 시민들을 끌고 내려갔다. 그들은 나를 발견하지는 못했다. 한참 있다가 광고탑에서 내려왔다. 계단은 온통 피칠갑이었다. 양동이로 핏물을 부어놓은 것처럼 아래 계단에까지 피가 흘러내리고 있었다. 바깥에 나가니 윗몸이 발가벗겨진 청년들이 「원산폭격」을 하고 있었다. 군인들은 청년을 붙들면 윗옷을 찢어 머리를 덮어씌우고는 머리를 땅에 박게 하였다가 트럭에 던져 넣듯이 하여 어디론가 실어가 버리는 것이었다〉

첫날은 사망자가 없었다. 이틀째인 5월19일 두 시민이 타박상으로 사망했다. 5월20일엔 네 시민이 타박상으로 죽었다. 이날엔 네 경찰관이 시위대가 몬 버스에 치여 죽었다.

경북 번호판 차 불타고 운전사 쓰러져

−고소·고발인 및 당시 광주에서 부상을 당한 사람들이 주장하기로 공수부대원들은 시위학생을 잡으면 먼저 곤봉으로 머리를 때려 쓰러뜨리고, 서너 명이 한꺼번에 달려들어 군화발로 머리통을 으깨 버리고, 등과 척추를 짓이겼으며, 심지어 군화발로 얼굴을 뭉개고 곤봉으로 쳐서 피 곤죽을 만들었다고 주장하고 있는데 피의자의 생각은 어떠한가요.

『병사들에게 교육을 시킬 때에 하반신을 때리라고 지시했기 때문에 병사들이 의도적으로 그렇게 구타했을 리는 없다고 생각합니다. 5월19일 날이 어두워지자 시외버스 터미널에서 약 200m 정도 되는 지점에서 차량에 불이 나는 것이 목격되었습니다. 1개 지역대 병력을 제가 데리고 가보니 경북 번호판을 단 타이탄 트럭 1대가 불타고 있었으며 운전사로 보이는 사람이 구타당해 쓰러져 있었습니다. 그 운전사는 경찰에 인계하여 후송시키고 다시 로터리로 복귀했습니다.」

첫날부터 광주지역에는 출처를 알 수 없는 유언비어가 퍼졌다. 여학생을 발가벗긴 채 칼로 유방을 도려냈다, 임산부를 대검으로 찔러 태아를 꺼내 길에 뿌렸다, 경상도 군인이 전라도 사람 씨를 말리러 왔다는 따위였다(검찰 수사 보고서).

─시외버스 공용터미널 앞에서 부상당한 사람들이 평민당에 신고한 「피해자 신고서」를 살펴보면, 김인윤(21·남)은 「5월19일, 공용터미널 앞에서 착검한 공수에 쫓겨 터미널 안으로 피신했는데 공수가 유리창을 부수며 쫓아 들어와 칼로 얼굴을 찌르고 개머리판으로 후두부를 구타했으며 이때 칼에 많은 사상자가 났다. 그 외에도 많은 사람들이 진압봉으로 얼굴 등을 구타당했다」고 했는데 사실인가요.

「그 당시 보고받은 적이 없어 잘 모르겠습니다.」

─5월20일 상황을 진술하시오.

「그날 오전에는 별다른 충돌상황이 없었습니다. 당시에 1개 내지 2개 팀을 주요 목지점에 배치해 놓았는데 12시경 되니까 시위대가 조금씩 모이기 시작했습니다. 시위대가 계엄군을 습격하는 방법은 대략 이러했습니다.

시위대 중 40~50代 정도의 사람 2~3명이 계엄군에게 먼저 말을 걸어봅니다. 「고향이 어디냐, 어디 부대냐, 언제 내려왔느냐」라고 물으나 저희 병력은 답변하지 않고 「해산하십시오」라고 이야기합니다. 그러한 이야기를 주고받는 사이에 삽시간에 100여 명 이상의 시위대가 집결했습니다.

시위대가 집결하면 앞에서 말을 걸던 사람이 군중 속으로 빠지면서

「우우」하는 신호를 보냅니다. 그러면 군중들도 따라하다 계엄군을 향해 돌을 던지기 시작하는 것이었습니다. 그러면 어디서 나오는지 모르겠는데 순식간에 200~300명이 모여들어 같이 돌을 던지곤 해 할 수 없이 그곳에서 우리 대대는 처음으로 최루탄을 사용해 진압했습니다.

그런 상황이 저희 대대 작전 지역 여러 곳에서 일어났으며, 순식간에 금남로 전체에 수많은 군중들이 집결했습니다. 여단에 즉각 상황보고를 하니 여단에서는 「도청을 사수하고 宣撫(선무)작전을 통해 시위군중을 해산하라」고 막연하게 지시했습니다. 금남로에는 1개 지역대밖에 없었는데 시위군중은 계속 불어나 도청 쪽으로 진출하려고 해 할 수 없이 노동청 쪽 등에 배치되어 있던 대대병력을 금남로 쪽으로 끌어들여 시위군중을 막기 시작했습니다.

시위군중이 많아져 도저히 우리 대대 병력으로는 막을 수 없는 지경에 이르렀습니다. 때마침 62대대도 시위군중에 밀려 금남로로 들어와 우리 대대와 합류하게 되었습니다.』

차량 공격 시작

–병력배치를 한 다음에는 상황이 어떠했나요.

『여단에서 지시받은 대로 宣撫작전을 하며 해산을 종용했으나 시위군중은 해산하지 않고 오히려 금남로 지하상가 공사장에 있던 돌을 공수부대에게 던지고 화염병도 던져 그때부터 계엄군과 시위대 사이에 돌, 화염병과 최루탄을 투척하는 상호 충돌이 계속되었습니다.

19시경이 되자 최루탄이 다 떨어지고 날도 어두워지고 해서 약간 소강상태였습니다. 누군가가 저에게 와서 「지금 무등 경기장에 차량 100

여 대가 집결, 금남로를 향해 오고 있다」고 귀띔해 주었습니다. 그래서 급히 여단에 보고하니 여단에서는 「선무작전으로 해산시키라」고만 하고 더 이상 지원도 해 주지 않는, 그야말로 속수무책인 상황이 도래하게 된 것입니다.

차량들이 강습 돌파한다고 하니 걱정이 되어 도로상에 장애물을 설치해야겠다는 생각이 들었습니다. 건물마다 셔터가 내려져 있어 들어갈 수 없었기 때문에 장애물로 사용할 만한 물건을 구할 수 없었습니다. 주위를 자세히 보니 화단이 있어 이를 도로에 옮겨놓도록 지시했습니다.

나무로 만든 줄 알았던 그 화단이 시멘트로 만들었는지 너무 무거워 병사들이 겨우 3개 정도를 도로상에 설치했을 즈음에 금남로 끝부분에서 차량들이 헤드라이트를 켠 채 번쩍번쩍하며 도청을 향해 들어오기 시작했습니다.

당시 노동청 앞 쪽에서 경찰병력이 시위대 차량에 의해 4명이 압사했다는 보고를 받은 상태였습니다. 금남로에서 도청 쪽으로 밀려 들어오는 차량들을 보니 분명히 저희 병력을 향해 밀고 들어올 것 같아 병력을 인도 쪽으로 비키게 했습니다. 저희 뒤에는 경찰병력도 횡대로 배치되어 있었는데 공수부대원들이 인도로 비키니까 도로상에는 경찰병력들만 횡대로 있는 상태가 되었습니다. 경찰병력들은 당황해서 저희들에게 시위차량을 막아 달라고 요청했습니다.

당시 공수부대원들은 지급받은 최루탄 2개씩을 전부 소비한 상태였습니다. 경찰에 최루탄을 달라고 했으나 처음에는 없다고 하다가 「그러면 우리는 막을 수 없다」고 하자 그때야 최루탄 한 박스를 저희에게 주었습니다.

버스들이 헤드라이트를 켜고 화분대를 향해 돌진해 오다 장애물을 발견하고 주춤거린 뒤 핸들을 꺾어 충장로 방향인 62대대 쪽 가로수를 받고 정지했습니다. 62대대 병력이 정지한 버스에 최루탄을 투척해 버스 안에 타고 있던 약 10여 명 정도의 시위대들을 체포했습니다.

그 버스가 도로를 가로 질러 정지했기 때문에 그 뒤에 따라 오던 다른 차량들이 그 버스에 막혀 더 이상 앞으로 진행하지 못하게 되자 자연히 그 버스가 바리케이드 역할을 해 뒤에 따라 오던 택시, 대한통운 트럭 등도 전부 정지하게 되었습니다. 서로 막히고 얽혀 뒤로 돌아가지 못하게 되니 시위대는 전부 차에서 내려 도망갔습니다. 정지 차량을 장애물 내지 엄폐물로 삼아 다시 戰列(전열)을 정비했는데, 조금 있다 보니 시위대가 다시 돌과 화염병을 던지며 몰려들었습니다. 우리 병력은 정지한 차량을 엄폐물로 삼아 시위대를 진압했습니다.

21시경이 지나자 시위대가 앰프를 단 차량으로 도로상을 돌아다니며 최초로 宣撫방송이 시작되었습니다. 어떤 여자가 애끓는 듯한 소리로 시민들을 자극하는 방송을 했습니다. 이북에서 對南방송하는 여자들의 억양과 같아 전율을 느낄 정도였습니다.

지금 기억나는 내용은 「지금 경상도 군인이 전라도 사람들 씨를 말리려고 왔다. 우리가 이대로 있어서야 되겠느냐, 금남로로 전부 모여라」라는 내용이었습니다. 이 방송이 있은 다음부터 시위양상이 격렬해졌습니다.』

경찰관 네 명 버스에 깔려 죽다

−당시에 시위대들의 무장상태는 어떠했던가요.

『몽둥이, 쇠파이프, 갈고리, 도끼 등 흉기가 될 만한 것은 전부 다 들고 있었으며 시위 상태도 이전과 약간 달라졌습니다.」

-그 당시 시위대와 계엄군 사이에 서로 때리고 하는 상황이었는가요.

『5월20일 금남로 상황은 계엄군이 시위대를 때렸다기보다는 오히려 우리 병력이 시위대로부터 구타당하는 상황이었습니다. 우리 병력들이 완전히 의기상실하고 공포감에 눌린 그런 상황이었습니다. 그래서 제가 병력들을 향해 「대대장과 너희들이 여기서 죽는다. 이 자리를 물러날 수 없다. 죽을 각오를 하고 이 자리를 지키자」라고 병사들을 격려했습니다. 이런 상황이 다음날 새벽 3시 정도까지 계속되었습니다.』

여기서 객관적인 위치에 있었던 한 전경(南東成·남동성)이 기자에게 증언했던 내용을 手記(수기) 형식으로 소개한다.

〈나는 경북 대구의 경북대학교 정외과 2년을 마치고 전투경찰관으로 입대, 전남 도경 2기동대 소속으로 광주에서 근무하다가 광주사태를 맞게 됐다.

광주사태가 클라이맥스로 치닫고 있던 5월20일 밤, 나는 전남도청 앞에서 데모대를 막고 있었다. 광주의 밤하늘은 여기저기서 타오르는 불길로 환했다. 「타닥타닥」 불타는 소리와 가끔 「펑!」하면서 치솟는 화염이 전장을 방불케 했다. 우리 전경부대는 도청 앞의 네거리 중 노동청 광주지방 사무소 쪽의 길목을 지키고 있었다. 노동청 사무소 쪽으로 약 100m 떨어진 곳에 주유소가 하나 있었는데, 그곳이 군중들의 수중에 들어갔다. 데모대는 이 주유소에서 기름을 퍼내 차에 불을 질러, 불타는 차들을 우리 쪽으로 계속 밀어붙였다. 트럭, 버스, 승용차, 지프 등 갖가지 차들이 슬금슬금 밀려오다가 중간 지대에서 멈췄다. 불타거나 불탄 차들이 서로 뒤엉켜 절로 바리케이드가 쳐진 형세였다.

밤 9시쯤 됐을까, 군중 쪽에서 버스가 한 대 이쪽으로 달려오고 있었다. 이 버스는 부서지고 불탄 차들 사이를 요리조리 빠져나와 우리 전경부대를 향해 달려오는 게 아닌가. 나는 『피해라!』하고 소리쳤다. 그러면서 그 버스를 향해 돌을 집어 던졌다.

그때 우리는 최루탄이 거의 떨어져 데모대가 몰려오면 投石으로 대항하고 있었다. 전경들은 양쪽으로 쫙 흩어졌다. 버스는 속도를 늦추며 오른쪽으로 비켜 오른쪽 담벼락을 긁으면서 스르르 멈추었다.

버스 쪽으로 달려가 보니 어둠 속에서 비명이 새나오고 있었다. 버스와 담벼락 사이에 경찰관들이 여러 명 끼거나 깔려 뒤엉켜 있는 게 아닌가. 『어머니! 어머니!』하는 신음이 들렸다. 우리는 이들을 끌어내리려고 팔, 다리를 잡아당겼다. 벌써 축 늘어진 팔, 다리였다.

거의 같은 순간 운전석에서 두 사람이 튀어나오더니 담벼락을 넘고 달아나는 게 보였다. 한 사람은 이미 달아났고 다른 한 사람이 담벼락에 다리를 걸친 순간, 두 명의 경찰관들이 달려들어 이 뚱뚱한 사람의 다리를 붙들고 늘어졌다. 이 사람은 뒷발길질을 하여 뿌리치고는 달아났다.

우리는 플래시로 버스 바퀴를 밝히면서 사상자들을 끌어내 병원으로 옮겼다. 이들 경찰관들은 사고 당시 담벼락 밑에 앉아서 잠시 쉬고 있었다. 前列(전열)에 있던 젊은 전경대원들은 달려오는 버스를 보고 피해 달아날 수가 있었으나 이 경찰관들은 앉아 있다가 뒤늦게 버스를 피하기 위해 담벼락에 붙어 서 있다가 버스와 담 사이에 끼이거나 깔린 것이었다.

(편집자 注: 이 사고로 함평경찰서 소속 정춘길 경장, 강정웅 순경, 이세홍 순경, 박기웅 순경 등 네 명이 숨졌고 김대민 순경 등 네 명이 중상을 입었다. 이 버스를 몬 운전사 김갑진, 배용주씨 등 2명은 그 뒤 경찰에 구속, 복역하다 석방됐다. 이들은 군중들이 버스를 탈취, 몰지 않으면 죽인다고 위협하여 몰고 가다가 연기 등으로 앞이 보이지 않게 되자 차를 세웠는데 그런 사고가 났다고 진술했다)

20일 자정인지, 21일 새벽인지 정확한 기억은 없는데, 이런 일이 있었다. 그날 밤에는 데모대가 밤을 새워 시위를 했다. 중학생에서 노인까지, 여대생에서 할머니까지 남녀노소 구별이 없었다. 골목골목에서 사람들이 쏟아져 나왔고, 그들의 손에는 몽둥이, 쇠파이프 등이 들려져 있었다. 모두가 악에 바쳐 있는 사람들이었다. 여자가 마이크로 군중들을 격려하는 소리가 들려오기도 했다.

『광주시민 여러분, 경찰이 던지는 것은 수류탄이 아니고 최루탄입니다. 맞아도 죽지 않으니 전진합시다.』

도청에서 가까운 충장로로 우리 부대가 진압 차 출동했다가 돌아오는 도중, 데모군중의 습격을 받고 우리 몇 명은 고립됐다. 군중들이 돌을 던지고 몽둥이를 휘두르며 다가왔다. 곁에 있던 동기생 한 놈이 『우린 여기서 죽는다』고 공포에 질려 소리를 질렀다. 나는 달아나다가 쓰러졌다. 『여기서 맞아 죽는구나』하고 생각하는데 저쪽에서 장갑차를 앞세운 공수부대 1개 소대 병력이 횡대로 우리를 구원하려 달려오고 있었다. 그들은 군중 속으로 돌입했고, 군중은 흩어져 달아났다.

갑자기 주위가 깨끗이 청소된 듯 비어졌다. 공수부대원들이 휩쓸고 지나간 저쪽 길 바닥에 중학생 교복을 입은 두 명이 쓰러져 있는 게 보였다. 나는 달려갔다. 한 중학생은 가슴이 밟혔는지 푹 꺼져 있었다. 이미 숨은 끊어져 있었다. 다른 중학생은 『엄마! 엄마!』라고 신음하고 있었다. 곧 신음도 끊어졌다.

나는 이 소년도 가망이 없다고 보았다. 그런데 뒤에서 나를 부르는 소리가 들렸다. 나는 두 소년을 길에서 들어내 가게 옆에 붙여놓고는 부대로 돌아왔다. 돌아오는 길에 도청 옆 주유소 근방에서 공수부대원에게 끌려가는 중학생 한 명을 목격했다. 나는 저놈이 군 부대로 넘겨지면 혼이 날 것 같아 공수부대 사병에게 『이 놈은 나에게 넘겨주십시오. 혼을 내서 돌려보내겠습니다』라고 했다.

나는 인수받은 소년을 도청 근방의 民家(민가)로 데리고 가 넘겨주면서 잘 보호했다가 부모를 찾아주도록 부탁했다. 그리고 나서 도청 쪽으로 돌아와 보니 데모군중과 진압부대가 충돌, 군중들이 노동청 사무소 쪽으로 달아난 뒤였다. 주유소 앞에 두 20대 청년이 피투성이가 된 채 쓰러져 있었다. 한 청년은 이미 죽어 있었다. 치명상이 어딘지는 알아볼 겨를도 없었다. 다른 청년은 숨이 끊어져 가고 있는 중이었다. 나는 방독면을 벗고 5분쯤 인공호흡을 시켰다.

나는 엉엉 울었다. 나는 기독교 신자인데『하느님! 왜 이 사람을 죽였습니까』하고 속으로 부르짖었다. 누구에 대한 분노라기보다는 허망함이 그 때의 내 심경이었다.

공수부대의 과잉진압에 대해 내가 본 사례로는 18일인가 19일쯤의 일로서 금남로 부근에서 대낮에 구타당하는 대학생을 할머니가 감싸고 말리는데 공수부대원이 진압봉으로 할머니를 때렸다. 할머니는 그 자리에서 퍽 쓰러졌다. 공수부대의 진압봉은 약 70cm. 야구방망이처럼 앞이 굵다. 단단한 나무를 깎아 만든 것이다. 휘두르면 앞이 무거워 가속도가 붙는다〉

5월20일 사망자는 경찰관 네 명을 포함하여 11명인데 동신중학교 3학년 박기현(14세)도 끼여 있다. 타박상으로 죽었다. 이 手記에 나오는 중학생일 가능성이 있다. 다시 11여단 안부웅 61대대장의 증언으로 돌아간다.

암흑 속 아수라장

−당시 5월21일 03시까지 시위대와 충돌하면서 최루탄 등 진압장비는 충분했나요.

『최초 차량들이 진입할 때 경찰로부터 얻은 최루탄은 순식간에 다 소비하고 오직 진압봉밖에 없는 상태였습니다. 그날 상황은 마치 적은 병력의 공수부대와 무수한 수의 시위대가 야간에 패싸움을 하는 듯한 상황이었습니다. 당시 금남로에는 시간이 늦어서 그런 면도 있겠지만 건물들의 불은 전부 꺼진 상태였고 날씨도 맑은 날이 아니고 그믐 때 정도여서 달빛도 없고, 가로등마저 꺼진 상태였기 때문에 완전히 암흑속 아수라장이었습니다. 밥도 못 먹고 잠도 못 자고, 물 한 방울 먹지 못할 정도의 상황이었으니 더 말할 나위가 있겠습니까.』

－5월20일경의 광주 시내 爽 상황을 살펴보면 대부분의 공수부대원들이 최루탄이 부족하여 전부 소비한 경우가 많은데 어떻게 최루탄 보급이 되지 않았는가요.

『처음 출동할 때 개인당 최루탄 2발씩 지급받았으며, 그날 밤 약 7~8회 밀고 밀리는 상황이 계속되다 보니 최루탄은 금방 동이 날 수밖에 없었습니다. 저희들이 시위군중에 포위되어 있었기 때문에 여단 입장에서는 최루탄을 보급해 주려 해도 할 수도 없는 입장이었습니다. 나중에 알아보니 여단본부도 시위대로부터 심한 공격을 받았다고 합니다. 그러니까 서로 자기들 공격 막느라고 경황이 없는 상황이었습니다.』

5월21일 오전 공수부대는 수십만으로 불어난 광주시민들에 의해 코너로 몰리는 상황에 놓였다. 당시 조선일보 사회부 취재 일지에는 이런 대목이 나온다.

〈오전 10시54분: 땅을 치고 통곡하는 군인들의 모습 보임.『왜 이런 식으로 우리 동료가 다쳐야 하느냐』며 흔들림. 무장 데모군중이 사방에서 군을 포위하고 압축하는 상황에서도 낮에는 실탄을 회수. 이에 대해『탄환을 달라』고 아우성도. 군은 부상병이 생겨도 사방이 포위돼 응급치료와 수송을 못해 더욱 자극되는 듯〉

안부웅씨는『공포와 고립감에 시달린 것은 우리였다』고 말했다.

『광주에 온 이후 더운 밥을 먹은 것은 두 끼 정도였습니다. 우리는 시위대에 포위되어 있었고 취사반이 접근을 못해 비상식량으로 때웠습니다. 부상자가 많았는데도 앰뷸런스도 오지 않았습니다. 우리 대대원 300여 명 중 약 70명이 부상당했습니다. 주로 돌에 맞은 이들이었습니다. 공수부대는 훈련이 세기 때문에 직속 상관과 동료들에 대한 戰友愛(전우애)가 강합니다. 이것이 중요한 戰力(전력)이지요. 공수부대의 이런 특성상 동료가 시위대로부터 얻어 맞으면 복수심에 불타게 되어 있습니다. 이런 때는 지휘관이 통제하기도 어렵습니다. 공수부대가 아닌 일반 보병부대였다면 시위대에 포위된 상태에서 공포감에 휩싸여 무질서한 사격으로 더 많은 피해를 냈을 것입니다. 나는 수십 만의 무장 시위대에 포위된 상태에서 1000명 남짓한 공수부대가 21일 오전까지는 총도 안 쏘고 전남도청을 사수한 데 대해서 지금도 자랑스럽게 생각합니다.』

공수부대, 실탄 배급 늦추고 사격을 자제

5월21일 오전 전남도청을 지키던 공수부대에 대한 실탄 배급 과정은, 1995년 서울지검과 국방부 검찰부의 조사로 밝혀졌다. 수사발표문을 인용한다.

〈수사결과 11공수여단 61·62대대는 도청 앞 금남로에서 시위대로부터 차량공격을 받은 후 시위가 소강상태에 들어간 5월20일 24시경 대대장 지프차 등에 통합 보관하고 있던 경계용 실탄을 대대장의 명령에 따라 위급시에만 사용하라는 지시와 함께 중대장 이상 장교들에게 1탄창(15발씩)씩 분배했다. 63대대는 5월21일 오전 10시30분경에 실탄을 분배함으로써 같은 날 13시경 시위대의 차량공격이 있기 이전에 이미 장교를 위주로 실탄이 분배되어 있었다〉

공수부대는 1명의 대대장-3개 지역대-9개 중대-27개 팀으로 구성된다. 1개 팀은 장교 1명에 사병 10명이다. 중대장 이상 장교들에게 1인당 15발씩 실탄이 배급되었으니 사병들에겐 1인당 한 발씩도 돌아가지 않았다는 계산이다.

안부웅 당시 61대대장의 검찰 진술을 본다.

『5월20일 야간 시위대의 차량 시위를 진압한 뒤 22시~23시경 사이에 어느 지역대장이 와서 저에게 「62대대는 경계용 실탄을 소지하고 있는 것 같다」라고 보고해 제가 62대대장에게 「실탄을 가지고 왔느냐」고 물으니 62대대장이 처음에는 「없다」고 했습니다. 그래서 다시 「실탄이 있다고 하는데 있으면 나누어 달라」고 하니 62대대장이 「2탄통(1탄통은 150발)이 있다」고 해 제가 「그러면 1탄통만 빌려 달라」고 했습니다. 잠시 후 대대 정보장교인 장두혁 대위를 62대대장에게 보내 실탄 1탄통을 빌려 오게 했습니다. 빌려온 실탄은 저의 지프에 보관했습니다.

그런데 아마 실탄을 얻어 오는 것을 저의 대대 중대장들이 본 것 같습니다. 조금 있으니 지역대장과 중대장 몇 사람이 저에게 와서 실탄을 분배해 달라고 요구했습니다. 처음에는 제가 안 된다고 했으나 지역대장과 중대장들이 불안해 하고 또 「사격을 할 것도 아닌데 분배해 달라」고 해 심리적으로 안정감을 주는 것도 괜찮겠다는 생각이 들어 중대장들에게 1탄창씩 지급했습니다.』

–당시 어느 정도 분량의 실탄을 중대장들에게 지급했나요.

『1탄통에 10탄창이 들었는데 1탄창에는 약 15발 정도 들어 있습니다. 원래는 20발까지 장전할 수 있는데 20발을 전부 다 장전하면 탄창 스프링에 무리가 가서 15발씩 장전을 해 놓은 상태였습니다. 때문에 총 150발 정도의 실탄이 있었던 것입니다. 그래서 중대장 9명에게 1탄창씩 돌아가도록 분배하고 나머지 1탄창은 탄통에 넣어 저의 지프 밑에 놓아 두었습니다.』

대대장의 지시 없이는 절대 사격 말라

–중대장들에게 실탄을 분배할 때 어떤 지시를 했는가요.

『이 실탄은 절대로 사격하라는 것이 아니다. 너희들 마음의 안정감을 가지도록 하기 위해 중대장들이 휴대하라고 주는 것이지 절대 사격하라고 주는 것은 아니므로 대대장 지시 없이는 사격하지 말라고 누차 강조했습니다.』

–피의자는 소속 대대의 중대장 이상에게 150발 정도의 실탄만 지급하고 나머지 실탄은 추가로 다시 지급한 적이 없는가요.

『5월21일 도청 앞에서 발포가 있은 후 조선大에서 주답마을로 철수하면서 실탄을 지급했습니다.』

–5월20일 야간이 중대장들에게 실탄을 지급해야 할 불가피한 상황이었던가요.

『실탄을 나눠 주지 않으면 안 될 불가피한 상황은 아니었습니다. 다만 평소 훈련시에도 중대장들에게 실탄을 나누어 주는 경우가 가끔 있기 때문에, 당시도 시위대의 격렬한 차량 시위가 있은 뒤 중대장들의 마음을 진정시키기 위해 실탄을 분배했던 것입니다.』

5월20일엔 시위대의 차량공격이 격화되어 3공수여단 상사 한 명과 경찰관 네 명이 깔려 죽었다. 그럼에도 공수부대는 이날 차량에 대응 사격을 하지 않았고, 최소한의 실탄을 중대장 이상에게만 나눠주었다. 공수부대의 몽둥이 진압은 과했지만 실탄 및 사격통제는 상당한 자제력을 보여주었다고 해야 할 것 같다.

시민들이 총으로 무장하게 된 시점에 대해서 서울지검-국방부 수사 보고서는 이렇게 정리했다.

〈시위대에 의한 무기탈취는 5월19일 15시15분경 시위대가 기독교 방송국을 점거하는 과정에서 31사단 경계병력으로부터 M16 소총 1정을 탈취한 것이 처음으로 이 소총은 곧 회수되었다. 그 후 5월20일 23시경 광주세무서 방화 점거時 지하실 무기고에서 카빈 17정을 탈취했고, 5월21일 13시경 광산 하남 파출소에서 카빈 9정이 탈취되었다. 본격적으로 무기 탈취에 나선 것은 5월21일 13시경 전남도청 앞에서 공수부대의 발포가 있은 후이다〉

『이 새끼를 이걸로 골을 빠개?』

5월20일의 차량 공격에 대해서 1995년의 서울지검-국방부 검찰부 수사발표문은 이렇게 설명했다.

〈5월20일 17시경 공수부대원들의 무차별 가격에 분개한 택시 기사들이 50여 대의 영업용 택시를 몰고 광주역에 집결, 계엄군을 밀어버리겠다고 결의했다. 18시경 무등 경기장에 100여 명의 택시기사들이 택시를 몰고 다시 집결하여 군 저지선을 돌파하고 계엄군을 몰아낼 것을 결의하였다〉

〈5월20일 22시경 갑자기 시위대의 11t 트럭 한 대가 광주역 쪽에서 돌진하여 오다가 방향을 틀면서 전복되어 공수부대 하사관 한 명이 트럭에 깔려 사망했다(편집자 注: 당시 사망자는 3공수여단 16대대 소속의 육군상사 정관철)〉

〈광주역 앞에서 공수 3여단 12·15대대는 5월20일 20시경 시위대가 드럼통에 휘발유를 넣어 불을 붙여 굴려 보내고 트럭·버스 등 차량돌진 공격을 계속하자 인도로 피하거나 가스탄 투척 등으로 시위대를 저지했다. 22시경 돌진하는 시위대의 트럭에 하사관 3명이 깔려 중상을 입자, 일부 대대장은 권총을 차량 바퀴 등에 쏘아 돌진하는 차량을 정지시키고 운전자 등 시위대를 체포했다〉

〈차량 돌진 등 시위대의 강력한 공격에 위협을 느낀 대대장들이 실탄 지급 등 지원을 요청했다. 崔世昌(최세창) 3공수여단장은 22시30분경 위협용으로 사용하되 위협용 이외의 사용시에는 사전에 보고하라는 지시와 함께 경계용 실탄을 대대에 갖다 주도록 지시했다. 여단 정보참모가 먼저 신안동 굴다리에 있던 16대대에 경계용 실탄 100발을 전달했다. 여단 작전참모와 함께 광주역으로 진출하면서 수백 명의 시위대의 저지에 부딪쳤다. 경고 방송에도 불구하고 시위대가 해산하지 않자 차량에 거치한 M60 기관총을 위협 발사하고 권총과 M16으로 공포 사격을 하고, 최루탄을 발사, 시위대를 해산했다〉

실탄을 갖고 있던 공수부대원들도 21일까지는 차량, 휘발유, 투석 공격에도 조준사격은 하지 않았다. 安富雄씨 증언으로 돌아간다.

－5월21일 오전 상황을 진술하시오.

『5월21일 08시경 시위대가 몰려들기 시작했습니다. 금남로에 완전히

꽉 찰 정도로 운집하여 저희 병력 약 10m 전방까지 진출했습니다. 우리
로서는 어떻게 진압해야 할지 엄두가 나지 않는 상황이었는데 시위대도
돌이나 화염병을 던지지는 않고 우리 앞 10m 전방까지 전진했습니다.
그 당시 저는 병력들에게 「눈도 돌리지 말고 서 있으라」고 지시해 병력
들은 不動(부동)자세로 서 있었습니다. 시위대가 전날 밤과 마찬가지로
돌, 화염병, 쇠파이프 등 흉기를 들고 있었습니다.

9시경 정도 되니 어제 선동방송을 하던 여자가 시위 군중 사이를 헤
치면서 앞으로 나왔습니다. 자세히 보니 리어카를 끌고 앞으로 나왔는
데, 나오면서 「죽은 사람이 내 동생인데 계엄군이 죽였다. 살인마 계엄
군을 쫓아내야 한다」는 취지로 선동을 했습니다. 군중들이 「와와」 소리
를 지르며 호응한 뒤 칼, 도끼 등을 든 사람들이 시위대의 전면에 나오
기 시작했습니다.

그리고는 우리 병력 바로 앞에까지 와서 도끼로 병사들의 철모를 툭
툭 치면서 「이 새끼를 이걸로 골을 빠개?」, 그리고 가위, 칼 등을 눈앞에
대고 「이걸로 눈을 쑤셔버려?」 등의 위협을 해 우리 병사들은 완전히 겁
에 질려 있는 상황이었습니다. 그런데도 우리 병력들은 꿈쩍도 않고 있
었습니다.

방송을 하던 여자가 대화를 하자고 제의하여 62대대장이 앞으로 나
가 여자와 대화를 조금 하고 있으니까 갑자기 군중 속에서 62대대장을
향해 돌이 날아와서 62대대장이 대화를 하다 말고 들어와 대화가 중단
되었습니다. 여자가 방송을 통해 「남자가 칼을 뺐으면 무라도 잘라야지」
라고 하며 다시 나오라고 했으나 62대대장이 안 나가겠다고 했습니다.
63대대장과 35대대장도 우리 지역 앞으로 나왔습니다. 그래서 63대대
장 보고 「당신이 말을 잘 하니까 당신이 나가서 이야기 한번 해 보라」고

하자 「35대대장과 나는 경상도 사투리를 쓰니까 안된다」고 해서 할 수 없이 제가 나가서 대화를 하게 되었습니다.

『도청을 死守하라』

−그 당시 밀려오는 시위대들을 왜 해산시키지 않고 대화에 응할 생각을 했던 가요.

『그날 오전에는 시위대가 먼저 돌과 화염병을 던지지 않았고, 또 시위대의 수가 엄청나 충돌이 있었다가는 저희 병력들이 전부 맞아 죽을 상황이었습니다. 병사들도 상당히 불안해 했기 때문에 충돌할 때까지 시간을 지연시키기 위해 대화에 응해야겠다는 생각도 있었습니다. 대화를 해보니 시위대가 요구하는 내용이 세 가지 있었습니다. 「① 계엄군은 즉각 철수하라 ② 체포해 간 사람들을 즉각 석방하라 ③ 계엄군은 폭력을 쓰지 말라」고 요구하여 잠시 기다리게 한 뒤 대대장들과 어떻게 답변할 것인지를 의논한 뒤 이렇게 답했습니다. 「우리는 전방 지휘관이다. 명령에 살고 명령에 죽는 것이 군인이기 때문에 도청을 死守하라는 지시를 받은 이상 우리 마음대로 철수할 수 없다. 그렇지만 당신들이 요구했던 사항을 상급부대에 보고하겠다. 둘째, 체포한 사람들은 모두 경찰에 인계했기 때문에 우리가 보호하고 있는 시위대는 없다. 셋째, 우리 계엄군도 국가와 국민을 위한, 국민으로 구성된 군인이다. 우리가 쓸데없이 폭력을 쓰겠느냐. 지금 봐라, 당신들이 폭력을 쓰지 않으니까 우리도 폭력을 쓰지 않고 있지 않느냐.」

우리의 답변을 듣고 그들이 도지사와의 대화를 요구해 여단에 보고하니 「답변을 잘했다」고 하며 도지사와 연락해 만나게 하라고 했습니다.

35대대장으로 하여금 도지사에게 안내토록 했습니다.

여자와 남자 3~4명 정도가 시위대 대표로 나와 35대대장의 안내로 도청에 들어갔습니다. 잠시 후 광주시장이라는 사람이 나와서 택시 지붕 위로 올라가 「광주시장입니다」라고 이야기한 뒤 「광주市 만세」라고 하자 시위대가 함성을 지르며 시장을 에워싸고 시위대 쪽으로 들어가 버렸습니다.

조금 있으니 경찰 헬기 한 대가 도청에서 이륙하더니 도청 상공을 선회하면서 「나는 전남도지사다. 지금 계엄회의차 戰敎司(전교사)로 가는데 오늘 낮 12시까지 계엄군을 철수시키겠다. 시민들은 모두 해산해서 집으로 돌아가라」고 3회에 걸쳐 방송한 뒤 戰敎司 쪽으로 갔습니다.

이 방송을 듣고 여단에 무전으로 우리의 철수여부에 대해 문의하니 약간 시간이 경과된 뒤에 무전으로 연락오기를 「철수계획이 없으니 도청을 死守하라」고 지시했습니다.

12시가 되니까 운집한 시위대가 「왜 12시가 되었는데도 물러가지 않느냐」며 점점 흥분하기 시작했습니다. 제가 시위대에 「지금 계엄회의가 계속 중이라니 조금 더 기다려 보자」고 말했습니다.

그때 갑자기 시위대가 웅성웅성해 살펴보니 시위대 뒤편에서 장갑차와 시위대가 가득 탄 5t 군용트럭이 나오고 있었습니다. 차량을 몰고 저희 병력 앞으로 나와 장갑차와 트럭 등을 저희 병력을 향해 횡으로 늘어 놓았습니다. 그러니까 저희 병력들과 시위대 차량이 마주 보고 있게 된 것이지요.」

安富雄씨는 나에게 여러 번 『전남도지사가 12시에 계엄군이 철수한다는 방송을 한 것이 사태를 악화시켰다』고 말했다. 시위대를 고무시켰고 공수부대를 수세로 몰았다는 것이다.

장갑차에 깔려 공수부대원 1명 사망

『우리 앞에 시위대의 장갑차와 군용트럭, 거기에 탄 시위대가 보였는데 그들은 얼굴을 수건으로 가리고 흉기를 들고 있었습니다. 그때 보니 총을 가진 시위대가 군데군데 눈에 띄기 시작했습니다(注: 광주 진압 직후 국방부의 자체조사에 따르면 5월21일 새벽 3시30분에 광주세무서에서 카빈 17정과, 아침 8시에 20사단에서 M16 4정이 탈취당했다). 저희 병력의 뒤에는 62대대 뒤에 장갑차가 1대가 있었고, 그 장갑차 뒤에 63대대 1개 지역대 병력이 있는 것을 보았습니다.

13시경에 이르러 시위대가 장갑차와 차량의 시동을 걸고 「부릉부릉」거리는 등 살벌한 분위기로 바뀌었습니다. 저는 대대병력들에게 防毒面(방독면)을 착용시켰습니다. 그런 뒤 갑자기 장갑차의 빵빵 소리와 함께 시위대로부터 화염병 1개가 날아와 62대대 장갑차 있는 곳에 떨어졌습니다. 우리 장갑차가 화염병을 보고 뒤로 빠졌으며 그와 동시에 시위대 前列에 서 있던 시위대 장갑차와 5t 트럭이 계엄군 쪽을 향해 돌진해 들어왔습니다.

우리는 그 차량을 막을 재간이 없어 도청을 향해 병력들이 뛰기 시작했습니다. 만약 시위대 차량이 빠른 속도로 저희 병력을 향해 들어왔더라면 많은 병력이 깔려 죽었을 것입니다. 다행히 장갑차 1대만 빠른 속력으로 도망가는 계엄군을 향해 돌진하여 계엄군 1명이 깔려 죽었습니다. 그 장갑차는 분수대를 돌아 충장로 쪽으로 갔습니다. 시위대 장갑차가 돌진해 들어옴과 동시에 시위대 쪽에서 총소리가 연발로 났습니다.』

11여단 소속 통신병 慶箕萬씨의 증언—

『우리 등뒤에 있던 APC에 누가 화염병을 던졌는지 불에 타기 시작했다. 우리 대열은 불을 끄려고 뒤로 물러났다. 이때를 틈타 시민측에서 장갑차와 버스를 앞세우고 돌진해 왔다. 우리는 도청 쪽으로 달아났다. 실탄이 없었기에 달아나는 수밖에 없었다. 달아나면서 보니까 시민측의 장갑차 한대가 우리 공수부대 대열에 돌진, 두 명이 깔리는 것이었다. 나중에 보니 11여단의 권용문 상병은 머리가 장갑차 바퀴에 눌려 짓이겨진 채 즉사했고 다른 사병은 가볍게 다쳐 곧 일어나 달아났다.』

공수부대 대열의 뒷쪽에 있었던 전투경찰 남동성 상경은 이렇게 기억했다.

『장갑차와 함께 버스가 돌진해 오는데 한 장교가 권총을 빼들더니 운전사를 향해 사격을 했다. 운전사가 맞았는지 버스는 분수대 근방에서 멈추었다. 공수부대원들이 이 버스를 향해서 사격을 했다. 한 장교는 M16을 들고 나오더니 엎드려 쏴 자세로 사격을 했다.』

이때 동료가 치여죽는 장면을 목격 한 공수11여단의 한 하사관은 『눈에 아무 것도 안 보이고, 누구든지 죽여야 속이 시원할 것 같은 기분, 무슨 일이라도 저지를 수 있겠다는 기분이 들더라』고 실토했다. 한 공수부대원도 『동료가 죽고 다치는 것을 보니 내 마음 속에 잠재해 있던 야수성이 되살아나는 것을 느낄 수 있었다』고 했다. 이 차량돌진은 공수부대와 시민측의 총격전이 시작된 계기였다.

『사격 중지』 명령 안 먹혀

─시위대 장갑차가 계엄군을 향해 돌진하는 순간 시위대 쪽에서 총을 쏘는 것을 피의자가 직접 보았나요.

『저의 대대는 당시 도청을 향해 시위대를 등지고 도망가는 상황이어서 직접 보지는 못했지만 시위대에서 발포한 것으로 알고 있습니다. 제가 목격한 것은 아닙니다. 그리고 카빈 총소리인지 여부를 확인했던 것도 아닙니다.』

─당시 상황을 계속 진술하시오.

『시위대 장갑차가 돌진하고 나간 뒤 저의 대대 정보장교인 장두혁 대위로부터 62대대 이창호 대위가 얼굴에 약간 스칠 정도로 총알을 맞아 비틀비틀 길래 자기가 부축해 주었다는 말을 나중에 들었습니다. 그 뒤 도망을 가 분수대에 도착한 후 전부 피곤한 상태였기 때문에 4개 대대병력이 서로 뒤섞인 상태에서 휴식을 취했습니다. 시위대도 더 이상 분수대 쪽으로 돌진하지 않았습니다.

그런 다음 약간 소강상태였습니다. 대대장들이 분수대 옆 상무관 쪽에 모여 철수할 것인지 여부에 대해 토론을 했는데 62대대장이 「명령도 없는데 우리가 임의로 철수한다는 것은 말도 안 된다. 죽어도 여기서 죽어야 된다」라고 주장했습니다. 뚜렷한 결론 없이 도청을 계속 사수한다는 생각으로 자기 위치로 돌아갔습니다.

조금 있으니 여단으로부터 무전이 왔습니다. 참모장이 지시하기를 「20사단과 교대할 예정이니 헬기장을 확보하라」는 말을 하여 제가 「상무관 앞과 도청 옥상은 헬기가 착륙할 수 있다. 염려 말고 교대 병력을 보내 달라」고 한 뒤 교신을 끝냈습니다.

교신이 끝난 뒤 조금 있으니 UH-1H 헬기가 상무관 앞에 착륙하기에 제가 벌써 교대 병력이 왔나 하고 살펴보니 상무관 앞 쪽에서 일반 보병부대 전투복을 입은 병사들이 헬기 쪽으로 뛰어 가서 탑승을 했습니다.

제가 주위 병사들을 보고 「저 병력은 뭐지?」 하는 동안 헬기는 이륙했는데, 「그 병력은 31사단 병력인데 MBC 방송국을 경계했던 병력이랍니다」라는 말을 들었습니다. 제가 혼자 생각하기를 「배속받은 병력은 나 몰라라 하고 제 자식만 챙기는 놈들」이라고 혼자 중얼거렸습니다.

그렇게 중얼거리고 있는데 「대대장님! 병사들이 31사단 병사들로부터 실탄을 얻은 것 같습니다」라고 이야기해 제가 「그러면 안 되는데, 병사들이 실탄을 가지면 안 되고 최소한 중대장급 이상이 휴대해야 한다」라고 이야기했습니다. 병사들이 진짜 실탄을 얻었는지 확인을 해야 하는데, 당시 저도 너무 피곤해 확인하지 못했습니다. 그리고는 쉬고 있었는데 조금 있다가 갑자기 총소리가 났습니다. 그래서 제가 「뭐야」 하고 일어나서 보니까 분수대 옆 충장로 쪽으로 시위대 버스 1대가 저희 병력을 덮쳤습니다. 당시 저희 병력들은 쉬느라고 땅바닥에 주저앉아 있는 상태였습니다. 그때 버스가 달려드니까 누군가가 버스를 향해 사격을 한 것입니다. 버스는 사격을 받고 분수대에 부딪친 뒤 방향을 바꿔 충장로 쪽으로 가다 담을 들이받고 정지했습니다.

이때 관광호텔 쪽에 서 있던 시위대 장갑차와 5t 트럭이 동시에 계엄군을 향해 밀고 들어오기 시작했습니다. 그 차를 향해 공수부대원들이 일제히 사격을 시작했습니다. 사격을 하니까 시위대 차량이 주춤하더니 뒤로 물러났습니다. 제가 「큰일 났구나」 생각하며 뛰어 다니면서 사격 중지를 외쳤습니다. 사격 중지를 외쳐도 동시에 사격 중지가 되지 않아 제가 병사들 속을 뛰어 다니며 발길로 걷어차면서 사격 중지를 외쳤습니다.

사격을 중단시킨 뒤 병력을 집합시켜 상무관 안으로 들어갔습니다. 62대대장은 충장로 방향에 있는 농협 공판장 쪽으로 들어가면서 62대대에 배속된 장갑차 소대장에게 시위대의 장갑차가 들어오면 막으라고 지시한 뒤 장갑차 1대만 남겨 놓은 채 도청 앞에서 주변으로 전부 피신했습니다. 이제 도청 앞 광장에는 계엄군이 거의 없게 된 것입니다.」

무장 시민군 등장, 交戰 시작

1995년의 서울지검–국방부 검찰부 합동 수사 보고서는 이렇게 정리했다.

〈(5월21일) 13시30분경 시위대 쪽으로부터 장갑차 1대가 빠른 속력으로 도청 쪽으로 또 돌진하자 그 순간 경계 중이던 공수부대원들이 장갑차를 향하여 일제히 발포하여 장갑차 위에서 머리에 흰 띠를 두르고 태극기를 흔들던 청년이 피격되었다.

공수부대의 발포로 후퇴하였던 시위대가 다시 가톨릭센터, 한국은행 광주지점 부근에 모이고, 그 중 5~6명이 태극기를 들고 구호를 외치고 나오자 공수부대원들은 이들을 향해 발포했다.

그 무렵 방송국 등의 경계임무를 수행하다가 전남도청으로 철수해 있던 31사단 96연대 1대대 소속 병력이 사단으로 철수하면서 경계용 실탄 200여 발을 7공수여단 35대대 군수장교의 요청에 따라 공수부대에 넘겨주어, 35대대 장교들도 1인당 10발 정도의 실탄을 분배받았다.

한편 시위대는 車輛(차량)을 이용하여 인근 광산·영광·함평·화순·나주·영암·해남·강진·완도·송주·고창 등지로 진출하여 무기를 확보, 무장했다. 13시경 광산 하남파출소에 시위대 80여 명이 차량 3대를 타고 와 카빈 9정을 탈취했다. 고속버스·트럭 등 10여 대의 차량에 탑승한 광주 시위대가 함평에 도착하여 군중 시위를 벌이고 신광지서에서 총기 100여 정, 실탄 2상자를 확보했다. 13시35분경 화순 소재 4개 파출소에서 총기 460정과 실탄 1만발을 탈취했다. 14시경 나주 남평지서 무기고에서 카빈 20여 정과 실탄 7~8상자를 탈취했다. 광주에서 내려온 시위대와 나주 시위대가 합세하여 나주경찰서에 진입, 군용 레커차로 무기고를 파괴하고, 카빈 500여 정, M1 소총 200여 정, 실탄 4만6000여 발을 탈취했다.

15시35분경 화순광업소에서 카빈 1108정, 실탄 1만7760발, 화순 동면지서에서 M1 72정, 카빈 296정, AR 1정, LMG 1정, 실탄 1만4000여 발을 탈취했다.

그 밖에도 이날 하루 동안 일산방직·호남전기·연초제조창·영암경찰서·화순경찰서·지원동 석산 화약고·한국화약·강진 성전파출소 등을 습격하여 카빈·M1·AR·LMG 등 총기 4900여 정, 실탄 13만여 발, TNT 10여 상자, 수류탄 270여 발을 탈취했다.

시위대는 이들 무기를 가져와 광주공원과 학운동에서 분배한 후 총기 사용 교육을 실시했다. 15시경 광주공원에서 총기를 분배받은 시위대가 지프차를 타고 시내를 돌면서 상황을 전파했다. 17시경에는 광주공원에서 총기 사용 교육을 받은 시위대들이 組(조)를 편성하여 정찰, 도청 감시, 외곽도로 경계 등의 임무를 부여 받고 시내 요소에 배치되기 시작하는 등 이른바 시민군이라 불리우는 무장 시위대가 본격적인 활동을 시작했다.

14시50분경 공수부대는 전남도청 본관과 신관, 전남일보, 수협 도지부, 상무관 등 인근 건물 지상에 일부 병력을 배치하여 도청부근으로 접근하는 시위대를 향하여 총격을 가하였다.

15시15분경 전남도청에서 500m 정도 떨어진 우체국 쪽에서 시위대 2000여 명이 모여 일부 시위대는 카빈과 실탄을 휴대하고 전남도청 쪽으로 진출하면서 총격전이 벌어졌다. 15시50분경 카빈을 휴대한 시위대가 전남의대 오거리에서 전남道警 쪽으로 사격을 하면서 이동했다.

16시경 광주은행 본점 부근에 트럭이 도착하여 시위대에 30여 정의 카빈을 분배했다. 일부 시위대는 전남의대 부속병원 12층 지상에서 LMG 2정을 설치하고 전남도청과 軍헬기를 향해 사격을 했다.

14시45분경 20사단 61연대장이 11공수여단과 병력을 교대하기 위하여 61항공단 203대대장이 조종하는 UH-1H 헬기를 타고 전남도청 상공에서 공중정찰을 하던 중 시위대의 對空(대공) 사격으로 6발이 헬기에 맞았다. 15시50분경 광주통합병원 상공에서 宣撫방송을 하던 같은 기종의 61항공단 방송용 헬기도 6발의 총격을 받았다〉

사격 명령을 한 적도 받은 적도 없다

安富雄씨는 영화를 보고 난 뒤 나에게『그때 전남도청 앞에선 사격지시를 내린 사람도, 받은 사람도 없다』고 되풀이해서 말했다. 돌진하는 시위대의 장갑차와 버스에 깔려죽지 않기 위하여 거의 조건반사적으로 총을 쏘기 시작했다는 주장이다. 이는 검찰 조사로써 이미 입증되었다.

─실탄이 지급된 뒤 돌진하는 시위차량을 향해 사격 명령을 내렸는가요.

『사격명령을 내린 적은 절대 없습니다. 순전히 급박한 상황에서 부대원들이 조건반사적인 사격, 그러니까 돌진하는 시위대의 차량에 壓死(압사)당할지도 모른다는 심한 공포감으로 인해 실탄을 삽입하여 발사한 것이 아닌가 하고 생각합니다.』

─그러면 당시 실탄을 가진 병사들을 사격 통제하지 못한 점은 인정하는가요.

『예. 하지만 저의 대대뿐만 아니라 다른 대대도 전부 통제가 불가능한 상태였습니다.』

─5월21일 도청 앞에서 계엄군이 발포하기 전 돌진하던 시위대 버스에서 먼저 계엄군을 향해 발포했다는데 사실인가요.

『예. 버스에서 카빈 총소리가 먼저 났던 것은 사실입니다. 그러니까 당시 시위대의 장갑차가 먼저 밀고 들어오자 저희 대대 병력들은 분수대 쪽을 향해 도망가 시위대 장갑차가 분수대를 돌아 나간 뒤 잠시 분수대 근처에 앉아 쉬고 있었습니다. 약 20분 정도 지난 뒤 갑자기 카빈 총소리가 나는 것을 듣고「뭐야」하며 일어서 보니 시위대 버스 1대가 밀고 들어오며 계엄군을 향해 사격을 했고 그와 동시에 계엄군도 버스를 향해 사격했던 것입니다.』

－그러면 어느 대대의 병력이 먼저 시위대 버스를 향해 사격했는가요.

『분수대 근처에 서로 섞여 있었기 때문에 어느 대대가 먼저 사격했는지는 알 수 없습니다.』

－피의자는 5월21일 시위대가 카빈이나 기타 총으로 무장하고 있는 모습을 본 사실이 있으며 시위대의 차량 돌진과 동시에 시위대 쪽에서 사격이 있었다고 하면서도 그 소리가 카빈인지 아니면 M16 소리인지는 모른다고 진술했습니다. 그러나 61·62대대 장교들을 조사한 결과 도청 앞에 있던 상당수의 장교들이 시위대가 총을 가지고 있는 것을 보지 못했다고 합니다.

『병력들에 의한 사격이 있기 전 무장 시위대가 있다는 보고를 부하로부터 받고 저 자신도 직접 카빈으로 보이는 총을 가진 시위대 1명을 목격한 사실이 있었던 것은 분명합니다. 다만 그들이 실탄까지 소지했는지 여부에 대해선 확인할 수 없었습니다.

시위대 쪽에서 차량 돌진과 동시에 사격을 했다는 것은 당시 경황이 없는 상황에서 총소리를 들으며 차량까지 돌진하는 상황에서 난 총소리라 막연히 시위대가 사격한 것이겠거니 하고 생각한 바를 그대로 진술한 것입니다. 저의 진술이 사실과 다를 수도 있다는 것은 인정합니다.』

－지금까지 출석한 장교들의 진술에 따르면 1차 발포가 있은 후 공수부대원들이 전일빌딩, 상무관, 도청, 수협 전남도지부 건물 옥상에 배치되어 차량 돌진자나 시

위대열 선두의 주동자들을 겨냥해 사격을 실시했다고 하는데 어떤가요.

『고소인들의 주장과 달리 공수부대엔 저격수 같은 직책은 없지만 당시 상황이 긴박해 도청 인근 건물 옥상에 병력을 올려 보내 그들이 경계병 임무와 차량 돌진자나 극렬주동자 및 옥상에서 사격하는 시위대에 사격을 한 것은 사실입니다.』

검찰 자료에 의하면 5월21일에 시민 61명이 사망했는데, 전남도청 앞에서 M16 총탄을 맞고 죽은 것으로 확인된 사망자는 4명이다. 영화「화려한 휴가」에선 최소한 수십 명이 집중사격으로 쓰러진다.

軍끼리 誤認 사격 9명 사망

安富雄씨는, 이날 오후 5시 공수부대 4개 대대가 전남도청에서 조선大로 철수할 때 전남의대 병원 옥상으로부터 기관총 사격을 집중적으로 받았고, 시민들도 맞았을 것이라고 했다.

―조선大로 철수한 뒤의 상황을 진술하시오.

『조선大에 해지기 전이니까 17시경에 도착했을 것입니다. 병사들을 식사시킨 뒤 병사들에게 실탄을 휴대시키라는 지시를 여단 작전참모로부터 정식으로 받았습니다. 그래서 당시 조선大에 통합 보관되어 있던 실탄을 병사들에게 기본 휴대량인 60발씩 분배했습니다.

철수는 63대대, 여단본부, 62대대, 61대대 순으로 했는데 날이 어둑어둑해지자 각 대대는 도보로 조선大 뒷산을 거쳐 주답마을로 갔습니다. 주답마을로 철수하는 데 상당히 시간이 걸렸으며 조선大 주변 건물에서 시위대가 저희들을 향해 사격을 했습니다.

보이지 않아 응사하지 않고 우리 위치를 노출하지 않은 채 산을 넘어 주답마을로 갔습니다. 1개 여단 병력이 야간에 이동하다 보니 시간이 많이 걸려 우리는 소태동을 지나 대로로 야간행군을 했습니다. 주답마을에는 5월22일 새벽 해 뜨기 전에 도착해 병사들을 취침시켰습니다.』

―5월24일 상황을 진술하시오.

『5월24일 기상하여 아침식사를 한 후 10시경 20사단에 작전지역을 인계하고 철수할 준비를 하라고 여단으로부터 지시를 받아 출발 준비를 하고 있으니까 20사단 병력이 저희 지역에 와서 그 차량을 이용해 철수하기 시작했습니다. 63대대가 먼저 출발했습니다. 지프를 타고 언덕을 넘어가니까 앞서 가던 제1梯隊(제대) 방향에서 계속 소총 소리가 났습니다.

잠시 후 「꽝」하는 소리와 함께 시커먼 연기가 올라가는 것이 보였습니다. 63대대장을 무전으로 호출했더니 응답이 없었고 63대대 후미까지 접근해 보니 63대대 앞 쪽에서 사격이 있었습니다.

제가 사격중지를 지시하며 63대대 앞쪽으로 가는 도중에 여단장으로부터 무전이 와 「3대대 무슨 일이야」고 하여 「저도 모르겠습니다. 제가 그 쪽으로 가는 도중입니다」라고 답변한 뒤 63대대 앞 쪽으로 가보니 장갑차가 부서져 있었고 심한 총격전 흔적이 있었습니다. 그리고 어떤 보병부대 병력들이 도로를 봉쇄하고 있어서 「너희들 뭐야」라고 했더니 보병학교 교도대라고 했습니다.

조금 있다 여단장님이 헬기로 오셨습니다. 장갑차 안을 보니 63대대장이 부상당해 있었습니다. 부상자들을 헬기로 후송하고 주변 정리를 한 뒤 나머지 여단 병력을 이끌고 송정리 비행장으로 갔습니다.』

보병학교 병력이 매복 중 11여단 공수부대원들이 트럭을 타고 지나가는 것을 보고 무장 시위대라고 誤認(오인)하여 무반동포 등으로 사격하여 9명의 공수부대원이 죽고 수십 명이 부상한 사건이다. 오인 사격 전에 무장 시위대가 공수부대 트럭을 향하여 총격을 가해 공수부대가 응사하는 사건이 있었다. 이 총격전을 듣고 있던 교도대는 시야에 공수부대원들이 탄 트럭이 들어오자 무장시위대라고 착각하여 사격한 것이다. 일부 공수부대원들은 자신들이 시위대로부터 공격당했다고 오판하여 이웃 마을로 뛰어들어 수색하다가 1명의 무장한 사람과 네 명의 비무장 시민을 연행하여 사살했다.

공수부대를 시위 진압에 동원한 것이 잘못

–당시 광주 상황이 공수부대가 투입되어 강경한 진압만 하면 진정될 것으로 보이던가요.

『우선 시위대들의 수나 시위양상으로 보아 방석모, 방석복 등 진압장비도 제대로 갖추지 못한 공수부대원들이 진압봉 하나만 들고 진압한다는 것은 불가능하다고 느꼈습니다만 상부의 명령이 그러하니 어쩔 수 없이 시위진압을 하게 되었습니다. 수적으로 열세인 저희들이 진압을 하려니 일부 과잉행위도 발생된 것으로 생각합니다.』

–사태 당시에 찍은 사진들이나 여러 자료들을 보면 단순히 현장에서 우발적으로 과잉진압이나 발포가 있었던 것이라기보다는 공수부대의 특성상 원천적으로 과잉진압을 할 수밖에 없게 되어 있고, 제도적·조직적인 과잉진압이나 살상행위가 이루어진 것이 아닌가 생각되는데요.

『공수부대가 유사시 敵 후방에 침투하여 교란작전을 하는 게릴라부대로서 성격상 시위진압에는 적절치 못하다는 것은 분명한 사실입니다. 이러한 공수부대를 시위진압에 동원한 것 자체가 잘못된 것이라고 생각합니다.』

풀린 의문들

그동안 쟁점으로 되어 있다가 1995년 서울지검과 국방부 검찰의 합동조사로 확인된 사실들이 있다.

1. 사격명령 없이 자위적으로 발포: 전남도청 앞에서의 발포는 공수부대 대대장들이 차량 돌진 등 위협적인 공격을 해오는 시위대에 대응하여 경계용 실탄을 분배함으로써, 이를 분배받은 장교들이 대대장이나 지역 대장의 통제 없이 장갑차 등의 돌진에 대응하여 自衛(자위) 목적에서 발포한 것으로 보인다.

그 뒤 계속된 발포에선 군에 대하여 직접적 위협을 가하고 있지 아니한 상태에까지 발포가 이뤄진 사실을 인정할 수 있어 사격통제에 문제점이 있었음이 확인되었다.

2. 공수여단장들이 과연 현지 사단장 말을 안 들었나: 공수여단의 부대 운용에 대한 지휘를 현지 31사단장과 戰敎사령관이 행한 사실이 인정된다. 지휘권의 二元化(이원화)는 없었다.

3. 무장헬기 사격은 없었다: 헬기 장착 무기에 의한 사격으로 인명 피해를 야기한 사실은 인정할 수 없다.

4. 군 헬기에 대한 시위대의 사격은 있었다: 5월21일 오후 2시45분경 20사단 61항공단 소속 정찰용 헬기가 전남도청 상공에서 시위대의 對空(대공) 사격으로 여섯 발을 맞았다. 오후 3시50분경 광주통합병원 상공에서 宣撫방송을 하던 같은 기종의 61항공단 소속 방송용 헬기도 6발의 총격을 받았다.

5. 시위대의 기관총 사격: 5월21일 오후 전남의대 부속병원 12층 옥상에서 LMG 2정을 설치하고 전남도청과 군헬기를 향해서 사격을 했다.

6. **군인의 대검 사용 있었다:** 9명의 死體(사체)에서 刺傷(자상)의 흔적이 발견되었다. 지휘관의 의사와 무관하게 공수부대원들에 의하여 시위진압 현장에서 대검이 사용된 사실을 인정할 수 있다.

7. **화염방사기 사용하지 않았다:** 화염용 약품 자체가 지원된 사실이 없다.

8. **연행자에 대한 가혹한 구타로 사망자 있었다:** 공수 3여단이 연행자를 싣고 광주 교도소로 철수하면서 과다한 인원을 트럭에 싣고, 최루탄을 터뜨리고, 진압봉으로 구타하였다. 교도소에 도착했을 때 차량에는 질식사 등으로 사망한 5~6구의 사체가 있었다.

9. **비무장 민간인 피살 있었다:** 11여단 병력이 매복 중인 戰敎司 교도대로부터 폭도라고 오인되어 공격을 당해 9명의 공수부대원이 사망했다. 63 대대 병력이 이에 격분하여 부근을 수색하여 시위대를 체포하는 과정에서 무장시위대원 1명과 마을 청년 3명, 마을 주민 1명이 피살되었다.

10. **사망자는 193+47명:** 군인 23명, 경찰 4명, 민간인 166명 외 광주시위 관련 행방불명자로 인정되어 보상금이 지급된 사람이 47명이다.

11. **유언비어:** 유방을 도려냈다, 임산부의 배를 갈랐다, 경상도 군인들만 왔다는 식의 유언비어는 모두 사실무근으로 밝혀졌다.

12. **시민끼리의 誤認 사격 사망도 많았다:** 1980년 5~6월 검찰의 檢屍 조서에 따르면 사망한 165명의 민간인과 경찰관 중 총격 사망이 131명, 찔려서 죽은 사람이 4명, 맞아죽은 사람이 18명, 차에 깔려 죽은 사람이 12명이었다. 총격사망자 중 군인들이 쏜 것으로 보이는 M16 소총 실탄 피격자가 96명, 시민들이 가지고 있었던 카빈 소총탄에 의한 피격사망자(군인 제외)는 26명, 기타 9명이었다. 카빈탄 피격자는 시민끼리의 오인 사격과 관련 있는 것으로 보인다.

광주사태는 아직도 계속되고 있나?

전두환 그룹의 5·17 집권과정에서 핵심적인 역할을 했던 당시 국군 保安司(보안사)의 정보처장 권정달씨는 1996년 1월4일 검찰 조사 때 이런 진술을 했다.

〈광주사태의 근본원인은 공수여단이라는 과격한 부대를 시위현장에 투입해 강경진압을 한 것이라고 생각한다. 이런 계획을 입안, 실행한 전두환, 황영시, 정호용 등 신군부 핵심세력들에 전적인 책임이 있다. 공수여단 병력들은 이런 정치적 의도를 전혀 모르는 채 상부 명령에 복종했던 것에 불과하므로 그들 또한 광주사태의 희생자라는 생각이 든다〉

「화려한 휴가」는 공수부대 투입 명령자에 대한 照明(조명)이나 추궁은 거의 생략하고 명령을 수행한 공수부대원들을 집중적으로 다루면서, 「애국가를 부르는 시민들」을 예고도 없이 무차별로 집단 사살한 집단으로 그렸다. 군대에 갈 많은 젊은이들은 이 영화를 사실이라고 믿고 反軍(반군) 감정을 품게 될 것이다. 정치인들도 이 영화를 나름대로 이용하고 있다. 국군의 정통성과 권위를 수호해야 할 국방장관, 합참의장, 육군참모총장, 특전사령관도 침묵하고 있다. 광주사태는 이제 다른 모습으로 계속되고 있는 것인가?

6

空輸부대의 광주사태

여단장에서 지대장·하사관·병까지 23명의 광주진압 경험자들이 처음으로
털어놓은 진압·철수·발포과정에 대한 생생한 증언과 「숨겨진 이야기들」

〈1988년 7월호 月刊朝鮮〉

왜 쏘았니, 왜 찔렀니

학생운동권 노래인 「5월」의 가사에는 「왜 쏘았니/ 왜 찔렀니/ 트럭에 실려 어디 갔니」란 대목이 있다. 이 물음에 대답해야 할 쪽은 광주사태에 투입되었던 제3·7·11공수여단의 장병들이었다. 그들은 사건 발생 이후 침묵으로 일관하였다. 국방부와 계엄사의 무미건조한 발표문 이외에 공수부대의 견해를 표현한 글은 몇 안 되었다. 광주사태에 대한 정보는 시민들을 폭도라고 표현한 정부 쪽의 것이 先行(선행)하더니 1985년을 기점으로 하여 광주시민쪽에서 쏟아져 나온 인쇄물과 비디오가 정부 쪽 정보를 압도하였다. 언론도 전폭적으로 광주시민 쪽에 서서 광주사태를 조명하였다.

국회에서 구성될 광주사태 진상조사特委(특위)는 軍, 특히 공수부대 쪽을 겨냥하게 될 것이다. 시민쪽 이야기는 알려질 만큼 알려졌으니 이제는 군대가 답할 차례가 된 것이다. 特委가 마련한 도마 위에 올라설 쪽은 공수부대인 것이다. 정부·여당에서는 오래 전부터 이런 조사에 대비해 왔다. 당시의 작전日誌(일지) 등을 정리하고, 사망자 부검 소견서 등을 챙기고, 국방부 차관을 위원장으로 하는 대책위원회를 가동시켜 대응논리를 다듬는 등 다가올 一戰(일전)에 대비하고 있다. 이 一戰은 총과 몽둥이, 그리고 칼로써 진행된 광주사태처럼 피비린내가 나는 것은 아니고, 말로써 하는 것이지만, 역사적 평가에 있어서는 實戰(실전)보다도 더 중요한 의미를 던질 것이다.

광주사태는 기자 개인으로도 잊을 수 없는 사건이었다. 순전히 직업적 호기심을 갖고서 광주사태의 현장에 뛰어들었던 기자는 이 출장이 꼬투리가 되어 잠시 기자일을 중단해야 하였다. 1985년 7월호 月

刊朝鮮에 광주사태 특집을 싣기 위해 다시 광주로 내려가 그 5년 전의 상황을 재현하려고 노력한 적도 있었다. 광주사태에 지속적으로 관심을 두면서 기자는 한 가지 아쉬움과 부족함을 느끼고 있었다. 취재하기 쉽다고 해서 너무 시민 이야기만 소개하다가 보니 진상의 한쪽만, 즉「광주시민의 광주사태」를 주로 보여주게 되었다. 그 동안 月刊朝鮮에 실린 10여 건의 기사들도 모두 광주시민쪽의 시각에서 쓰여진 것이었다.

기자가 국회特委의 구성과 시점을 맞추어「공수부대의 광주사태」를 취재하기로 한 것은 지난 취재활동에 대한 반성에서 비롯되었다. 한 달간 기자는 공수 3·7·11여단, 31사단, 20사단 등 5개 관련부대(부대명은 이미 공개돼버려 그대로 쓰기로 한다. 지휘관들의 이름도 마찬가지)에서 광주사태에 참여하였던 23명의 현·전직 군인들을 만났다. 공수여단장, 계엄분소장, 참모장, 대대장, 지대장, 운전병, 하사관, 부상자 등등…. 연 300시간에 걸친 이들과의 인터뷰를 통해서 그들이「인식하고 있는 광주사태」를 여기에 소개하려고 한다.

그들이 말한 광주사태는「사실로서의 광주사태」가 아니라 그들이「인식하고 있는 광주사태」이다. 객관적 사실과 어긋나는 부분도 많지만 군인들이 광주사태를 어떻게 인식했느냐는 자체가 중요한 것이다. 여기 소개할 공수부대원들의 증언에 대해 기자는 찬동하지 않는 부분도 많지만 시민측 증언과의 형평을 위해서 또 광주사태의 진상을 밝히는 기초자료로서 가능한 한 수정없이 소개하기로 하였다. 피해와 가해의 관계로 엮인 사람들 사이에서는 객관적 자세라는 것이 불가능하다. 군인이나 시민이나 자신들에게 불리한 것은 감추고 유리한 것만 강조하는 방향으로 증언하려고 하는 점에선 같다.

집권자가 써먹기 좋은 부대

군인들을 취재하면서 기자는 묘한 단절감을 느낀 적이 한두 번이 아니었다. 뭔가 주파수가 맞지 않아 대화가 잘 통하지 않는 듯한 느낌, 심하게 말하면 통역이 필요할 정도로 상대방의 뜻을 이해할 수 없다는 답답함, 그런 것들이 있었다. 취재를 끝낼 무렵에야 그 이유를 알 것 같았다. 기자는 민간인의 논리로써, 군인은 군대의 논리로써 광주사태를 설명하고 자신의 행동을 합리화하려고 하기 때문에 말은 통하나 뜻이 잘 통하지 않는 것이었다. 전남 고흥이 고향인 한 11여단 사병 출신은『군복을 입고 있을 때는 우리가 과격한 행동을 했다는 自覺(자각)이 없었으나 제대한 뒤 친구들의 이야기를 듣고 보니 그런 自覺이 새삼 들더라』고 했다.

광주사태를, 군복을 입은 쪽에서 보느냐, 벗은 쪽에서 보느냐에 따라 생각이 이렇게 달라지는 것이다. 군인들은 계엄령下의 시위는 불법이니 이를「군대식」으로 진압한 것은 당연하다고 했다. 군대식 진압이란, 목표를 수단·방법 안 가리고 점령한다는 뜻이다.

『진압이면 진압이지 과잉진압이 따로 있느냐. 고지를 공격할 때 소총으로 점령하든 박격포로 하든 목표 달성이란 결과는 같은 것이다』『군대의 작전은 비록 그것이 자국민을 대상으로 한 것이라 해도 기본적으로 상대를 敵으로 간주하고 있는 것이다. 잘못되었다면 군대를 동원한 고위층, 그런 군대를 불러들인 국민쪽이다』

『우리가 무얼 잘못했느냐』고 대어 드는 사람들도 많았고 기자가 月刊朝鮮에 쓴, 광주사태의 기본 성격에 대해 흥분하는 장교들도 있었다. 국회特委의 진상조사는 결국은 양쪽 논리의 공방전이 될 것이다.

광주사태에서 있었던 공수부대의 행동논리를 이해하기 위해서는 공수부대란 특수한 조직의 생태에 대한 약간의 역사적 분석이 선행되어야 할 것 같아 공수부대의 과거 행적에서부터 기사의 실마리를 풀어 나가기로 하였다.

한국 육군에 공수단이 창설된 것은 1960년이었다. 그해 6월 全斗煥 (전두환), 崔世昌(최세창), 張基梧(장기오), 車智澈(차지철) 등 네 대위는 미국 포트배닝의 특수전 교육기관에서 6개월 동안 늪지·산악·생존 훈련 등 이른바「레인저 트레이닝 코스」를 거쳤다. 이 과정을 마친 네 명은 다시 낙하훈련을 받고 귀국하여 공수단 창설요원이 되었다. 공수단이 한국의 현대사에 처음 등장하는 무대는 5·16이다. 1961년 5월15일 밤 朴正熙 (박정희) 소장은 쿠데타 지휘본부인 6관구 사령부에 갔으나 부대동원이 제대로 되지 않자 김포의 공수단 사령부로 갔다. 단장인 朴致玉(박치옥) 대령을 구슬러 병력을 동원하기 위해서였다. 박치옥 대령의 출동지연에 갑갑증을 느끼고 있었던 차지철 대위 등은 그때 무기고를 때려 부수고 있었다.

이 장면을 朴소장이 목격하였다. 故 朴正熙 대통령이 차지철을 끝까지 신임하여 무덤까지 동행하게 된 것도 절체절명의 위기 속에서 보인 車씨의 충성심을 朴대통령이 평생 잊을 수 없었기 때문이라고 한다. 한강 다리를 넘어 서울로 들어오는데 앞장을 선 것은 金潤根(김윤근) 준장이 지휘한 해병여단이었다. 金준장은 평소에『해병대가 반란군의 선두에 서면 누가 정권을 잡든지 해병대를 없애버리려 할 것이다』고 생각하여 공수단의 뒤를 따르려고 했으나 이날 공수단의 출동이 늦어지는 바람에 해병대가 선두, 공수단이 그 뒤를 따르게 되었다. 金씨의 걱정대로 해병대는 그뒤 해군으로 편입되었고, 공수단은 확장일로를 걷게 되었다.

1969년 특전사령부가 창설되었다. 제1공수여단을 모체로 하여 여단이 잇따라 만들어지기 시작했다. 특전사의 모체인 공수1여단은 엘리트 의식도 강하다. 전두환·朴熙道(박희도) 장군이 1여단장 출신이며, 盧泰愚(노태우) 준장은 9여단을, 정호용 장군은 나중에 광주사태에 최초로 투입되었던 7여단을 창설한 사람이다. 공수 1여단은 1976년 8월에 한반도를 전쟁 일보 직전까지 몰아넣었던 도끼만행 사건 때 중요한 역할을 했다. 그때의 여단장 박희도씨(전 육군참모총장)는 최근 펴낸 「돌아오지 않는 다리에 서다」란 회고록에서 비화를 공개했다.

그때 韓美연합사에서는 문제의 미류나무를 자르기로 하고 병력 110명을 보냈는데, 64명은 1여단에서 선발한 특공요원이었다. 당시 스틸웰 유엔군 사령관은 비무장상태로 들어가 절단작업을 하도록 지시했으나 朴여단장은 朴대통령의 특명에 따라 무장한 64명을 보내 북한측이 설치한 도로차단 시설물 등을 철거했다. 특공조는 북한측 경비병이 돌아오지 않는 다리의 중앙선을 넘을 때는 발포해도 좋다는 명령까지 받고 있었다. 기습적인 미류나무 절단작업을 보고 우왕좌왕하던 북한 군인들은 돌아오지 않는 다리로 접근하다가 돌아가버렸다. 이 순간이 한반도가 6·25 이후 전쟁에 가장 가까이 다가갔던 순간이라고 박희도씨는 말하고 있다.

역대 육군참모총장 가운데서는 공수부대에 대해서 못마땅한 시각을 갖고 있었던 이들도 있었다. 1979년 초 무장공비가 내륙 깊숙이 침투했다가 공수 모 여단 관할지역을 지나 북으로 돌아간 사건이 있었다. 이로 해서 李世鎬(이세호) 총장은 특전사를 높게 평가하지 않았다고 한다. 미 8군에서도 朴正熙 대통령이 공수단 병력을 증강시키는 데 대하여 의구심을 갖고 대했다. 그들은 한국군이 독자적인 작전능력을 갖는 것을 경계했을 것이다. 鄭昇和(정승화) 육군참모총장은 鄭柄宙(정병주) 특전사령관에게『위컴 사령관에게 공수부대의 증강 필요성을 납득 시켜야겠는데 자료를 제시해달라』고 한 적도 있다고 한다.

유신시대부터 특전사의 3大 임무는

① 비정규전

② 對(대) 비정규전

③ 忠正(충정) 작전이다.

충정작전이란 폭동진압을 뜻한다. 특전사의 모토는「불가능한 것을 가능하게 하라」와「사나이가 한 번 죽지 두 번 죽나」이다. 정병주 전 특전사령관은 공수부대가 폭동진압 부대나 쿠데타 부대로 이용된 데 대하여 이렇게 말했다.

『공수부대는 집권자로서는 아주 써먹기 좋은 부대이다. 기동성이 있고 경량화돼 있어 간편한 부대이다. 전투력은 또 일당백이 아닌가. 더구나 일선 부대를 빼낼 때처럼 미군과의 절차 문제 등에 대해 신경 쓸 필요가 없다.』

친위의식 강조되고 국민을 경시

공수부대는 특수부대로서 여러 가지 특별대우를 받기도 하였다. 차지철 경호실장이 특전사 안에 지어준 특전회관은 군 시설로서는 호화로운 편이다. 12·12사태 뒤에는 전두환, 노태우씨 부부 등 권력층의 핵심들이 이곳에서 파티를 열기도 했다. 특전사 출신의 두 대통령, 두 참모총장, 다섯 경호실장에다가 대통령 경호원도 많고, 국군의 날에는 가장 화려한 각광을 받는 것이 특전용사들의 무술시범과 공중묘기였다. 5·16

과 12·12사태를 통해서 두 번의 군사정권을 창출하는 데 앞장섰던 특전사의 장병들은 그런 이력을 자랑하고 친위부대의식과 우월감에 차 있더라는 것이 광주사태 직전에 이 부대에 근무했던 한 장교의 이야기다.

정병주 전 특전사령관도 『부하 중에는 정치에 너무 민감하게 행동하는 이들이 있어 통솔에 신경이 쓰였다』고 말했다. 한 야전군 장성은 이런 말을 했다.

『우리처럼 휴전선의 일정한 지역을 맡으면 이곳이 뚫렸을 때 국가가 위태롭게 된다는 생각이 저절로 난다. 땅에 대한 애착심이 생기고 그것이 애국심으로 승화되는 것을 구체적으로 경험하고 있다. 공수부대처럼 어떤 지역도 맡지 않고, 서울 근교에 있으면서 수도권의 정치 동향에 신경을 곤두세우고 부대의 성격이 프로페셔널해질 때 과연 국토와 국민에 대한 애정을 가질 수 있을 것인가.』

집권자를 향한 충성심이 강조되고 對국민관계가 소홀히 되는 조직은 「국민의 군대」로서는 한계가 있다는 얘기였다.

한때 군에서는 보안사, 특전사, 수경사를 3司(사)라 하여 권력핵심부와 가까운 인물들이 거치는 필수 코스로 보기도 하였다. 5공화국이 들어선 뒤로는 특전사 인맥의 전개가 다른 2司(사)를 압도했다.

전두환·노태우 두 전·현직 대통령과 국방장관을 거쳐 13대 민정당의원이 된 정호용씨는 준장시절(1970년대 후반)에 동시에 1·7·9 공수 여단장을 지냈던 이들이다. 차지철, 鄭東鎬(정동호), 張世東(장세동), 安賢泰(안현태), 李賢雨(이현우)씨 등 전·현직 대통령 경호실장 다섯 명이 공수부대 출신이다. 정동호씨는 전두환 공수1여단장 밑에서 副여단장, 장세동씨는 정호용 특전사령관 밑에서 작전 참모를 하다가 3여단장과 사단장을 거친 뒤 경호실장이 되었었다. 안현태씨는 전두환 여단장, 이현우씨도 노태우 여단장의 직속부하였다. 정호용, 박희도 두 전 육군참모총장도 공수여단장 출신이다. 이밖에도 李모 군단장, 鄭모 군단장, 李모 사령관, 참모차장, 沈모 중장, 육본의 李모 핵심참모부장 등 현직 군수뇌부의 많은 사람들이 공수단 출신이다. 최세창 합참의장과 장기오 전 총무처장관은 공수단 창설 요원 중의 한 사람이었다.

프로집단

공수부대는 일반 군부대와는 구별되는 특이한 성격을 갖고 있다. 최소 단위인 팀(지대·중대라고도 함)은 전문화돼 있다. 작전·정보기능, 화기전문, 폭약전문, 의무, 통신 등등. 의무전문은 침술을 배워 비상시에 응급처치를 하도록 훈련받고 있다. 호남지방에 주둔하고 있던 모 여단에서는 對民(대민)봉사 사업의 일환으로서 주민들에게 침술 치료를 해주었다. 공수부대는 계급구조가 매우 높은 부대이다. 분대규모인 1개 지대(팀)는 두 명의 장교와 하사관 및 병으로 구성되는데, 지대장은 대위다. 이 대위는 일반 부대의 대위 같은 대우를 받지 못하고 훈련 때는 직접 텐트치고 호를 파는 등 사병들과 같이 생활해야 한다. 공수부대의 기간조직은 하사관이다. 이들은 거의가 5년 이상의 장기복무 의무자들이다. 이런 하사관들은 고된 훈련을 통해서 사고의 단순화, 행동의 자동화를 강요받는다. 이들을 이끌고 있는 장교집단은 엘리트 의식과 정치에 대한 민감한 관심을 갖고 있어 일반 부대와는 다른 분위기를 자아낸다.

공수부대의 평소훈련은 ①낙하준비 훈련 ②태권도 ③사격훈련이다. 육군의 사격 대회에서는 으레 공수부대가 상위를 독점하다시피 했다. 공수부대는 1년 중 약 4개월 동안 낙하훈련과 천리행군으로 해서 부대를 떠나 산야를 누빈다. 천리행군이란 글자 그대로 산속의 천리를 도보로써 주파하면서 갖가지 비정규전 훈련을 받는 것을 말한다. 악전고투의 훈련과 生死(생사)를 넘나드는 낙하를 경험하면서 공수부대원들은 혈연보다도 더 끈적끈적한 인간관계를 갖게 된다. 이런 단결심은 외부에 대해서는 배타적 증오감으로 표출될 수도 있다. 특히 동료가 피해를 당했을 때는 아들이 얻어맞는 것을 본 부모의 반응처럼 조건반사적으로 나온다. 더구나 이들은 평소의 훈련을 통해서 비상 상황 아래서는 조건반사적인 기민한 행동을 하도록 끊임없이 단련되고 있다.

조건반사적 행동의 폭력사고

공수부대원들의 훈련 낙하고도는 약 400m. 着地(착지)할 때까지 약 57초가 걸린다. 착지충격은 3층에서 뛰어내릴 때와 거의 같다. 낙하할 때 공수부대원들은 50kg이 넘는 군장을 지게 된다. 소총을 메고, 2개의 낙하산과 비상식량·실탄 등을 앞뒤로 메어야 한다. 원래는 한 팀이 1인당 1초 간격으로 뛰어내리도록 돼 있으나 실제로는 4초 사이에 10여 명이 허공으로 빨려나가듯 우르르 뛰어 내린다고 한다. 55회의 낙하 경험을 가진 소령 출신 나영조씨(33)는 『첫 점프는 꼭 지옥으로 떨어지는 기분이었다. 아무 생각 없이, 꿈꾸듯 뛰어내렸으니 공포감을 느낄 여유도 없었다. 처음에는 그냥 조건반사적으로 뛰어내리다가 보니 한 열 번쯤 점프를 한 뒤부터 비로소 무섬증을 느끼게 되는 것이었다』고 했다.

허공에 몸을 내던진 군인은 『일만, 이만, 삼만, 사만…』을 세고 위를 쳐다본다. 점프 4초 뒤 낙하산이 펴지는 것을 확인하는 절차다. 펴져 있지 않으면 가슴 앞에 달려 있는 예비 낙하산을 잡아당긴다. 400m를 낙하산 없이 떨어지면 8초가 걸리므로 낙하산이 펴지지 않은 것을 확인한 뒤, 예비낙하산을 펴는 행동에는 4초의 여유밖에 없다. 낙하할 때는 땅을 보지 않도록 돼 있다. 땅 바닥을 보면 미리 생각하고 행동을 준비하기 때문에 다칠 염려가 있다는 것이다. 즉, 접지하자마자 자동적으로 몸놀림이 이뤄질 수 있도록 돼야 다치지 않으며 이런 행동이 가능하도록 반복훈련을 시키는 것이다. 적의 후방에서 게릴라전을 하도록 돼 있는 공수부대원은 그 행동이 자동화·본능화·조건반사화 되도록 관리된다. 이런 특질을 가진 그들이 과격한 시위대와 부딪쳤을 때 어떤 행동을 즉각적으로 보일 것인가. 그 답이 부마·광주사태였다.

특전사에서는 공수부대원들이 민간인이나 다른 군부대원을 상대로 사고를 내어도 자체적으로는 처벌을 하지 않으려 하고 감싸주는 분위기라고 한 법무장교는 말했다. 『특수부대는 사기가 가장 중요한데 상관이 부하를 감싸주지 않으면 통솔이 안 된다』는 것이다. 공수부대의 사고는 주로 폭력을 수반한 것이 많다고 한다. 공수부대의 이런 폭력성향에 대해 정병주 전 특전사령관은 『부하들에게 그 점에 대하여 주의를 많이 주었다. 전쟁이 터지면 적진에 침투, 민간인들의 협조를 받아 전투를 수행해야 하는데 민심을 얻으려면 너무 난폭하게 대해서는 안 된다고 타일러 왔었다』고 했다. 한 공수부대 출신 장성은 『공수부대는 광주에서 처음에는 마치 敵陣(적진)에서 적을 상대하듯 작전을 편 것 같은 기분이 든다』고 했다.

부마사태 때 공수단 투입

1979년 10월17일 밤 9시를 넘은 시각이었다. 총장 공관에 있던 정승

화 육군참모총장은 청와대로 빨리 들어오라는 전갈을 받았다. 그날 盧
載鉉(노재현) 국방장관은 한미 국방장관 회담에 참석하러 서울에 온 미국
국방장관 브라운을 접대하고 있었으므로 鄭총장이 불려간 것이었다. 대
통령 집무실에는 朴대통령, 金載圭(김재규) 정보부장, 金桂元(김계원) 비
서실장, 차지철 경호실장, 申稙秀(신직수) 법무담당특보가 앉아 있었다.
대통령은 鄭총장에게 앉으라고 하더니 김재규 정보부장에게 부산 상황
을 그에게 설명해줄 것을 지시했다.

설명이 끝나자 朴대통령은 침착하게 말했다.

『鄭장군, 현행법에는 육군참모총장이 치안유지를 경찰이 할 수 없다
고 감지했을 때 직접 계엄선포를 한 뒤 추인을 받을 수 있게 돼 있소. 지
금 각의를 소집하자니 시간이 너무 늦을 것 같아. 그러니 鄭총장이 부산
지역에 계엄을 선포한 뒤 추인을 요청해주시오.』

대통령은 지역계엄사령관으로는 누가 적당하냐고 물었다. 鄭총장은
朴贊兢(박찬긍) 군수사령관을 추천했다. 車실장이 전화로 朴사령관을
불러내더니 鄭장군에게 전화기를 건네주었다. 鄭총장이 朴사령관에게
계엄선포 사실을 알리고 병력배치를 지시하려고 하는데, 대통령이 갑
자기 『정장군, 잠깐 기다려요』라고 했다. 朴대통령은 시계를 보더니 『11
시에 국무회의를 할 수 있겠는데…. 정장군 계엄준비만 해두시오!』라고
말했다.

朴사령관은 부산에는 실병력이 충분하지 않다고 鄭총장에게 말했다.
朴대통령은 어느 부대를 신속히 투입할 수 있느냐고 물었다. 鄭총장은
가장 신속하게 투입할 수 있는 부대는 공수 여단이라고 말했다. 朴대통
령은 『차실장! 1개 여단을 동원해!』라고 했다. 깜짝 놀란 鄭총장은 『각
하! 공수단은 실장이 명령할 수 없습니다』고 했다. 대통령은 『그런가?』

라면서 씩 웃었다. 정승화씨는 다음과 같이 말했다.

『그날 밤 1개 여단이 부산으로 공수되었습니다. 며칠 뒤 공수단이 부산에서 일반 시민들에게 과격한 행동을 했다는 보고를 받고, 즉각 시정하라고 지시한 적이 있습니다. 그 때 공수부대를 동원한 것은 신속한 투입을 생각해서 취한 조치였는데, 나중 광주사태 때도 그런 일이 있었더군요. 특수부대를 시위진압에 동원하는 것은 문제가 있다는 것을 깨닫게 되었습니다.』

부마사태 때 부산에 투입되었던 공수 3여단(이하 기사에 나오는 부대명과 지휘관 이름은 군당국이 이미 공개했고, 군 당국의 지원 하에 출판된 책 등에도 나온 것들이다)의 나영조 당시 대위는 이렇게 말했다.

『79년 10월18일 새벽 김해공항에 내리니까 자칫하면 죽겠다는 생각이 들었다. 수송부대장이 부하들에게 지시하는 것을 들었는데, 시위대를 만나면 우선 달아나라고 하지 않는가. 파출소가 불탄 것을 보고, 국민들이 이럴 수가 있는가, 생각했다. 우리 보고 과잉 진압했다고 하는데, 우리는 그 때 몸은 지치고, 신경은 날카로와져 있었다. 구덕운동장에 텐트를 치고, 3일간 특전 식량으로 식사를 하면서, 하루에 8~9시간씩 거리에 나가 부동자세로 서 있으니 악이 받칠 수밖에 없었다.』

부마사태에서 공수부대가 한 역할은 과장된 면이 많다. 1979년 10월 18일 0시를 기해서 부산에 비상계엄령이 내려지자 공수 제3여단이 평화시 규모로는 사상 최대의 야간공수 작전 끝에 부산에 도착했고, 이 병력은 18일 저녁 8시쯤에 딱 한 번 시위대와 부딪쳤다. 부산시 중구 남포동에서 300명의 시위대가 거리로 나서자 공수부대 1개 대대는 순식간에 이들을 박살내 버렸다. 그 뒤로 공수부대가 한 일은 시위진압이 아니라 주로 행인들의 구타였다.

부산 동래구 동상동에 사는 신희철씨(회사원·당시 37세)는 18일 밤 8시 50분쯤 서구 충무동 상륙다방 앞에서 공수부대 군인들에게 끌려가 개머리판으로 얻어맞아 머리를 크게 다쳤다. 뇌좌상과 뇌경막 손상을 당한 그는 뇌수술까지 받았다. 부산진구 당감동에 사는 금은방 종업원인 전병진씨(당시 32세)는 계엄령 첫날인 10월18일 밤 9시30분쯤 서면 태화극장 앞 택시 타는 곳에서 택시를 먼저 잡으려고 찻길로 조금 나가 서 있었다. 앞당겨진 통행금지 시간이 30분밖에 남지 않아 시민들은 서로 먼저 타려고 법석을 떨고 있었다.

이때 공수부대 한 소대병력이 찻길을 따라 남쪽으로 행진해 오고 있었다. 그들은 앞에 걸리는 사람들을 청소하듯 해버렸다. 술에 조금 취해 있었던 전씨는 미처 피할 틈도 없이 당했다. 개머리판으로 머리를 몇 대나 맞았는지 구둣발로 얼마나 채였는지 알 수 없었다. 정신을 차렸을 때 그는 정차한 택시 꽁무니에서 몸을 피하고 있었다. 공수부대 군인 네 명이 다시 그를 끌어내 발길질과 개머리판으로 녹초를 만들었다. 그는 쓰러졌다. 군인들이 다 지나갔을 때 그는 벌떡 일어났다. 얼굴에서 피가 쏟아지고 있었다. 갑자기 머리가 핑 돌았다. 지하도를 건너서 한독병원을 찾았다. 진단을 해보니 앞니 다섯 개가 부러졌고 오른쪽 귀 위의 머리뼈에 분쇄골절이 생겼음이 드러났다.

칠성음료주식회사에 다니는 최홍일씨(25)는 그날 밤 8시쯤 동료 직원 네 명과 함께 영도다리를 걸어서 시청 쪽으로 오고 있었다. 사람들이 밀리자 공수부대 군인들은 길을 막고 인도에서 줄을 서서 차례로 걸어가라고 했다. 시민들은 시키는 대로 줄을 서서 시청을 지나 버스정류소 쪽으로 갔다. 상공회의소 앞 육교 밑에서 그들은 군인들에게 붙들렸다. 영도다리 쪽의 군인들이 보내주어서 왔다고 해도 막무가내였다. 그들은 길바닥에 꿇어앉혀졌다. 군인들은 개머리판과 진압봉으로 머리·어깨부터 때리기 시작했다. 최홍일은 얼른 안경을 벗어 호주머니에 넣어야 하겠다는 생각이 들었다. 그가 얼굴을 숙이는 것과 거의 동시에 군인의 무릎이 그의 안경 낀 얼굴을 강타했다. 왼쪽 안경알이 깨어지면서 유리조각이 눈 밑에 박혔다. 비명을 질렀지만 진압봉 세례는 사정없이 그의 머리와 허리에 쏟아져내렸다.

공수부대 사회관이 문제

부산 시민들을 마구 패는 공수부대 군인들에 대해 다방의 주방장 김석만군(당시 18세)은 순진하게 그 불만을 표현했다. 포항 출신인 이 소년은 1979년 10월20일 밤 8시50분쯤 서면의 부산진 세무서 앞길에서 공수부대 군인 옆으로 지나가다가 아무 까닭도 없이 불려가 얻어맞았다. 김군은 서면 로터리의 동국빌딩 앞길을 지날 때 이번엔 민간인 두 명이 군인들에게 얻어맞는 것을 보았다. 이 두 민간인은 택시를 서로 먼저 타려고 다투다가 군인들에게 붙들려가 폭행을 당했다. 김석만군은 화가 치밀었다. 동국빌딩 계단을 쫓아올라가 5층 옥상에 있던 음료수 공병 세 개를 집어 길바닥으로 던졌다. 김군은 누구를 겨냥하여 던진 것이 아니라 화를 풀려고 아무데나 던진 것이었다.

공병 깨지는 소리를 듣고 공수부대 소령이 즉시 근처의 경비부대 40명 병력을 집결시켰다. 그리고는 이 「불순건물」 안으로 쳐들어갔다. 이 5층 건물 안엔 사무실이 많이 있었다. 한 사무실 안에선 여섯 명의 아가씨들이 계엄군 위문 바자회 준비를 하고 있었다. 군인들은 이런저런 사정을 봐주지 않았다. 사무실 안에 있던 24명의 시민들을 모두 지하실로 몰아넣고 무릎을 꿇리고 두 손을 머리 뒤로 붙이게 했다. 이 젊은 소령은 부산진경찰서 수사과장과 형사계 형사들을 호출했다. 이 소령은 아버지뻘 되는 서동백 수사과장을 이끌고 건물 내부를 샅샅이 뒤졌다. 플라스크, 비커, 약품병 따위 실험기구가 많은 공해대책 회사 사무실이 하나 있었다. 소령은 여기서 흥분하고 말았다.

『사제 폭탄을 만드는 비밀공장을 드디어 발견했다』고 기고만장해 하였다. 30년 동안 경찰관 생활을 하면서 온갖 풍상을 다 겪은 徐과장은 『이 장교가 돌았구나』하는 생각이 퍼뜩 들었다. 소령은 「비밀 폭탄공장」을 샅샅이 수색케 했다. 자신의 추리를 뒷받침할 아무 단서도 발견하지 못하자 지하실로 몰아넣은 민간인들을 족쳤다. 김석만군은 자기 때문에 수많은 민간인들이 고통을 당하는 것을 보다 못 견뎌 『내가 했다』고 나섰다. 소령은 부산진서 상황실에 있던 여단 임시지휘본부로 달려가 이 사실을 여단장에게 보고했다. 여단장은 소령의 흥분된 보고를 차분히 듣더니 싱긋 웃으며 『그것은 경찰에 넘겨 조사시키는 것이 좋겠다』고 말했다. 이 소령의 경우가 그렇듯 공수부대 군인들은 사회에서 일어나는 일들을 특수부대적인 단순사고방식으로 확대 해석하고 거기에 맞추어 자신들의 행동도 과잉반응으로 몰아가는 특징이 있다.

정병주 당시 특전사령관은 『3여단을 부산으로 보낸 뒤 마산에서 시위가 터져 1·5여단을 추가로 투입하였다. 5여단은 마산에 위수령이 내려진 직후 들어갔는데 張基梧(장기오) 여단장이 아주 현명하게 대처하였다. 진입할 때 全軍(전군)이 착검하고 트럭에 타 시내를 질주하는 위력시위를 벌여 기를 죽여 놓은 다음 시위가 사라진 뒤에는 새마을 청소운동에 투입, 선무활동을 벌였다』고 했다. 특전사에선 부마사태의 진압을 성공적으로 평가했고 이런 자신감이 광주사태에서 강경진압으로 나서는 동기를 부여했던 것 같다. 광주사태 때 3여단 장병들은 『우리는 부마사태를 진압했던 부대다』라고 시민들에게 겁을 주기도 했었다.

왜 특전사령관을 쐈나?

12·12사태의 주역도 공수부대였다. 전두환 합수본부장측의 승리를 결정 지은 것은 박희도 준장이 지휘하는 공수1여단이 육군본부와 국방부를 점령하고, 최세창 준장의 제3여단이 이웃한 특전사로 들이닥쳐 정병주 특전사령관을 총격으로 체포한 일이었다. 수도권에 배치되었던 3개 공수여단이 全장군 편에 섰고, 1개 여단만이 육본 측에 섰으나 이마저도 정규 육사 출신 장교단의 작용에 의하여 육본 측 명령에 따르지 않게 된 것이 全장군의 승리를 보장하였다. 鄭특전사령관을 체포하는 과정에서 일어난 유혈극은 특전사의 생리를 연구하는 사례이기도 하다.

이 총격전 속에서 부상당한 당시 3여단 소속 나영조(식당업)씨를 만나 얘기를 들어 보았다.

『나의 팀은 그날 5분 대기 중이었다. 대대장인 박종규 중령이 나에게 특전사령관을 모시고 오라고 지시했다. 총을 쏘라든지, 납치하라든지 하는 지시는 없었다. 대위인 내가 이 명령의 배경을 알 수도, 물을 수도 없었다. 나는 권총을, 부하들은 M16 소총을 들고 특전사령관실로 들이닥쳤다. 나와 부하 네 명은 안으로 잠궈진 사령관 집무실 문을 열려고 「문 열라」고 소리치며 손잡이를 비틀고, 두드리고, 차기도 했다.

안에서는 아무 대답도 없었고 그 안에 비서실장 김오랑 소령이 있는 줄은 더더구나 알 수 없었다. 안에서 사격이 있었다. 박종규 중령은 오른손, 나는 문손잡이를 잡고 있던 손과 척추, 김모 대위는 배, 신현수 상사는 목에 총을 맞았다. 총을 맞은 부위의 높낮이가 다른 것으로 봐 안에서 두 사람이 각각 총을 쏜 것이 틀림없다. 우리는 쓰러졌고, 바깥 복도에서 기다리던 내 부하들이 닫혀진 문을 향해 즉각 집중사격을 했던 것 같다. 왜 발포명령 없이 부하들이 사령관을 향해 사격을 했느냐고 반문할지 모르지만, 직속 상관 네 명이 총을 맞아 쓰러지는 것을 보고도 가만히 있을 공수부대원은 없다.

우리는 비정규전 훈련을 받은 사람들이다. 「적 발견!」 「사격 개시!」 「사격 중지!」 식의 명령에 따라 총을 쏘도록 배우지 않았다. 피아의 분간이 어려운 긴박한 상황에서 눈짓 하나로써 즉각 사격을 할 수 있도록, 즉 조건반사적인 행동을 하도록 끊임없는 단련을 받아온 군인들이다. 더구나 한 팀은 혈육과도 같은 인간관계로 엮이어 있다. 동료가 다치면 눈이 확 뒤집어지게 돼 있다. 박종규 중대장이 이웃에 살고 있던 육사 후배인 김오랑 소령을 보고 사살했다는 이야기는 와전된 것이다. 부하들이 뒷문으로 돌아 들어가 보니 김소령과 정병주 사령관이 쓰러져 있더라고 했다.」

명령의 정당성 따질 겨를 없어

박종규 중령은 12·12사태 뒤 그리스 주재 한국대사관의 무관으로 오랫동안 근무했었다. 朴중령이 이 사건으로 고민을 많이 했고, 그 괴로움을 잊기 위해 해외근무를 자원했었다고 한다. 羅소령은 자신의 행동이 12·12사태의 전개과정에서 어떤 좌표에 있었는지 당시로선 전혀 몰랐다고 했다.

『일개 팀장이 정치적 상황을 어떻게 알 수 있나. 군인이 명령을 정치적으로 판단해서 행동할 수도 없고. 그렇게 한다면 군도, 나라도 망하는 것이다. 전두환 비리가 폭로되면서 우리까지 같은 눈으로 보는 것 같아 기분이 좋지 않다. 공수부대가 정치에 휘말리는 일도, 우리처럼 정치의 희생자가 되는 일도 다시는 없었으면 한다.』

당시 鄭특전사령관의 참모였던 金모씨는『그때는 피아 구별이 안되었다. 똑같은 특전사 복장을 한 3여단 특공조가 밀어닥쳤을 때 어느 누가 사령관을 납치하러 온 부대로 알았겠는가. 특전사에서는 가상敵이 특전사 외부에 있는 줄 알았지 내부의 3여단이 그렇게 할 줄은 몰랐다. 알았다면 충돌이 있었을 것이다』고 했다. 그러나 당시 작전처장 申佑湜(신우식) 대령 등 정규육사 출신으로서 全斗煥 장군과 가까웠던 참모들은 3여단 병력이 들이닥치기 전에 미리 연락을 받고 피해버렸다. 적법한 명령과 지휘체계가 어디 있는지 잘 알고 있었을 이 장교들의 행동은 특전사가 과연 진정으로 국가에, 즉 적법한 명령에 충성할 수 있는 부대인가에 대한 의문을 남겼다.

특전사의 법무참모를 지낸 한 변호사는『말단 부하들은 명령을 자의로 해석하거나 질문할 수가 없다. 그들에게 그런 것을 요구해서도 안 된다. 명령의 정당성 여부는 군 수뇌부의 책임에 속할 뿐이다』고 했다. 12·12 때 육군본부·국방부를 점령했던 공수 1여단에서 사병으로 근무했던 鄭모씨(모 방송국 프로듀서)는『그때 우리 부대가 행주대교를 넘기에 對간첩작전을 하러 가는 줄로만 생각했다. 육군본부를 점령하고서도 우리가 누구 편에 서 있는지 도무지 알 길이 없었다』고 했다. 군대조직의 특수성 때문에 대부분의 장병들은 긴박한 상황 속에서 내려지는 명령의 정당성을 판단할 여유도, 정보도 가질 수 없다는 증거다.

광주사태의 예고편

계엄확대 조치는 1980년 5월18일 0시를 기해 발표되었으나 군병력이 시위진압 작전에 나선 것은 17일 오후부터였다. 이날 서울 영등포역 광장에서 시위가 있을 것이라는 정보를 입수한 경찰은 전경들을 버스에 태운 채 역 앞 광장에 세워두었다. 이 버스에 타고 있었던 金모 상경(현재 기자)은 이렇게 말한다.

『갑자기 공수부대원이 트럭을 타고 나타나더니 한 장교가 핸드 마이크를 잡고 경고를 했다. 「즉시 해산하라, 1분 이내로 해산하지 않지 않으면 강제로 해산시키겠다」는 내용이었다. 그때 광장에는 시위군중은 없었고 행인들만 왔다갔다 하고 있었다. 1분이 지나자 그 대위는 「해치워!」라고 명령했다.

수십 명의 공수부대원들은 진압봉을 휘두르면서 군중 속으로 돌진하더니 남녀노소를 가리지 않고 두들겨 패는 것이었다. 어느 노인이 대어들자 5~6명의 군인들이 그 노인에게 몽둥이질을 했다. 이건 진압이 아니고 집단 폭행이었다. 진압봉으로 머리를 안 때리도록 교육을 받는다고 하지만, 그때는 가려서 때리는 것 같지 않았다. 기술적으로 상처가 안 나도록 때리는 것도 아니었다. 30초 만에 영등포 역전은 무인지경으로 변해버렸다. 이것을 입 벌리고 지켜보던 우리는 소름이 끼쳤다. 며칠 뒤 광주사태 이야기를 듣고 나는 광주시민들이 들고 일어난 것이 충분히 이해되었다.』

金씨의 증언은 계속된다.

『그해 여름에 불량배 단속과 삼청교육이 있었다. 나는 서울 미아동의 파출소에 배속되었다. 공수부대원과 함께 경찰의 안내를 받아 교육대상자를 잡아오는 일을 했다. 진짜 불량배는 거의 달아나고 열심히 생업에 종사하고 있는 전과자들이 주로 잡혔다. 경찰관들에게 책임량(검거대상 인원)이 할당돼 있어 무리를 해서라도 머릿수를 채우려고 했다. 파출소로 연행된 사람이 항의하면 그 때부터 공수부대원들의 무지막지한 구타가 시작되는 것이었다. 군화로 짓이기고 얼굴을 걷어차고 몽둥이질을 하고… 바닥에 유혈이 낭자하고, 바깥에서는 가족들이 살려달라고 애원하고… 나는 저들이 과연 동족인가, 하고 의심을 해보았다.

　광주사태가 끝난 뒤 전경들이 특전사령부로 초대되어 그들의 진압 훈련을 구경한 적이 있었다. 그들의 박력 있는 공세적 진압에 감탄하면서도 과연 저렇게 해야 하는가 하는 생각이 들었다. 전경들은 방어적 진압에 주력하는 편인데 공수부대원들은 적극적 強攻(강공)에 의존하고 있었다. 정호용 사령관은 우리들에게 훈시를 했는데 광주사태의 진압을 자랑하는 내용이었다. 공수부대의 활약으로 제5공화국의 탄생이 가능했다는 뉘앙스의 이야기를 했다.』

광주 戰死 군인 23명

　「38420, 1980년 5월24일 광주에서 전사, 육군하사 이영권의 묘」「육군상사 정관철의 묘」「육군상사 박억순의 묘」「육군중사 최갑규의 묘」「육군병장 이상수의 묘」「육군일병 최필양의 묘」「육군병장 변광열의 묘」. 김용식, 김경손, 권석원, 이관영, 차정환, 김지호, 김인태, 권용문, 손광식, 권성찬, 김명철, 강용래, 이종규, 이병택, 변상진, 최연안. 국립묘지 제29, 30묘역의 묘비명들에 쓰여진 이름들이다. 이들 23명의 전사일자를 보면 1980년 5월20일에 1명, 21일에 3명, 22일에

3명, 23일에 1명, 24일에 11명, 25일에 1명, 27일에 2명, 28일에 1명이다.

20일의 사망자 육군상사 정관철은 제3여단 16대대 소속으로서 5월20일 밤 10시10분쯤 전남대학교 앞에서 시위대가 몰고 돌진해온 차량에 깔려 죽었다. 공수 11여단 이상수 병장 등 21일과 22일의 사망자 6명은 3개 공수여단 병력이 광주시내를 철수할 때 무장 시위대의 발포에 걸려 죽은 이들이다. 공수 11여단의 차정환 소령 등 24일과 25일의 사망자 12명은 11공수여단과 광주보병학교 교도대, 제31사단과 광주기갑학교 하사관 생도들 사이에서 벌어졌던 두 차례의 오인사격에 의한 피살자들이다.

20사단 소속 병장 이종규 등 27일과 28일의 사망자 3명은 계엄군이 광주를 탈환하는 과정에서 시민군에 의해 사살된 이들이다. 23명의 사망자들을 그렇게 분류해 보면 광주사태의 진행과정이 하나의 윤곽으로 드러난다. 23명의 소속부대는 공수부대 18명, 31사단 3명, 보병학교 1명, 20사단 1명이다. 이 숫자로도 광주사태의 主役(주역)은 무장시위대와 공수부대였고, 다른 부대는 助役(조역)이었음을 알 수 있다. 「국군은 죽어서 말한다」고 하는데, 이 29·30묘역에 묻힌 군인들 23명은 이데올로기를 같이하는 휴전선 남쪽의 시민들에 의해, 그리고 피아를 구별하지 못했던 동료 군인들에 의해 목숨을 잃었다는 면에서 1980년대에 한국이 겪었던 내부갈등을 증언하고 있는 것이다.

1988년 5월29일(일요일) 오전 10시, 눈부시게 화창한 늦봄, 화사하고 신선한 공기 속에 잠들어 있는 국립묘지(국립현충원) 29묘역의 광주사태 전사자 묘비명 앞에 30대 청년 다섯 명이 모였다. 金東哲(김동철·당시 32세) 金殷鐵(김은철·30세) 慶箕萬(경기만·31세) 李明珪(이명규·31세) 裵東煥(배동환·33세). 20사단 출신인 李씨는 5월27일 새벽에 광주로 진입했다가 시민군과의 교전에서 피격돼 팔에 부상을 입었다. 나머지 네 사람은 공수 11여단 출신들. 김동철·경기만씨는 5월24일에 보병학교 교도대의 오인사격으로, 김은철·배동환씨는 5월21일에 광주시내에서 철수할 때 시민군의 총격을 받고 가슴과 팔에 중상을 입었던 이들이다. 결혼한 지 몇달 안 된다는 김은철, 이명규씨는 아내를 데리고 나타났다. 이들은 동료들의 묘비들을 둘러보면서 『올해는 더욱 쓸쓸한 것 같다』고 했다. 이들의 감회를 뒷받침하듯 정오까지 기다려도 더 나타나는 사람이 없고, 해마다 한 번씩 열리는 추모회는 다섯 명의 참석자로 그야말로 조촐하게 끝이 나고 말았다.

광주사태 전사자들을 국가유공자처럼 대하여 추모행사도 규모있게 했던 적도 있었다고 한다. 1980~1982년쯤까지는 특전사나 육군본부측에서도 신경을 써주고 참배객들도 많았다. 그 뒤로 차츰 시들해지더니 요 몇 년간은 軍에서 화환 하나 보내오는 적이 없고 모이는 사람들도 수백 명에서 수십 명 수준으로 줄어들더니 드디어 한 자리 수가 돼버렸다는 것이다. 그 11일 전 5월18일 광주 망월동 묘지를 참배했었던 수만 인파와 비교할 때 광주사태에 대한 평가가 달라지는 것을 이 묘지가 상징적으로 보여주고 있는 셈이다. 한때 서로의 가슴을 향해 총을 겨누었던 사람들은 죽은 뒤에도 망월동과 동작동으로 갈려 누워 있고, 산 사람들은 화합을 부르짖으며 그 깊은 골을 메워보려고 애쓰고 있으나 양쪽의 생각은 상대방의 주파수조차 찾지 못하고 있었다. 이날 국립묘지에 나온 진압군측 부상자들은 『요즈음은 우리가 죄인이 된 것 같다』면서 『우리나 광주사람들이나 똑같은 정치의 피해자가 아니겠는가』 라고도 말했다.

7여단의 투입 배경

광주사태에서 부상당한 군인들의 숫자는 확실히 공개된 것은 없으나 100여 명으로 추정되고 있다. 후유증이 남아 원호대상자가 된 사람은 40여 명이다. 이들 중 장교들은 전역할 때 약 1100만 원, 사병·하사관들은 600만~800만 원의 위로금을 받았다.

이들 가운데 서울 거주자와 월남전 전상자 및 12·12사태 때 다친 공수부대원 등 34명은 1981년 5월에 서울 송파구 문정동에 있던 땅 3000평을 정부 고시가격으로 불하받았다. 趙昌九씨(조창구·11여단 63대대장으로 부상)외 33명이 균등하게 분할하기로 하고 공동 매입한 이 땅은 5·17 뒤 부정축재한 재산으로 찍혀 국가에 환수된 전 육군참모총장 李世鎬(이세호)씨의 소유였다.

1인당 98평을 약 420만원씩에 샀는데 광주사태 부상장병들 등 28명은 1987년에 토지구획정리가 끝나 1인당 22평으로 줄어든 이 땅을 1인당 약 3700만 원 씩에 팔았다. 세금과 최초 투자액을 제하고 1인당 약 2400만 원 씩의 순이익을 보았다고 한다. 부상자들 가운데는 김동철씨처럼 일찍 퇴원하는 바람에 땅을 못 받은 이들이 더러 있다고 한다. 광주사태 부상장병들과는 별도로 12·12사태 때의 부상장병들도 있다. 특전사령관을 연행하다가 일어난 총격전에서 사령관 비서실장 김오랑 소령(피살)이 쏜 총을 허리에 맞아 하반신 불수가 된 공수 3여단의 나영조(소령 예편), 12·12사태 때 국방부를 유혈점령하는 과정에서 수경사 병력으로부터 총격을 당해 머리를 다치고 반신불수가 된 배정선씨(상사) 등 두 사람에게는 정부가 문정동의 땅 이외에 서울 가락동 농수산물 시장 내의 축협공판장 구내식당 운영권을 주었다.

5공화국 비리 폭로에 바쁜 언론사에 가끔 광주사태와 12·12사태 부상자들에게 국가가 특혜를 주었으니 폭로해 달라는 제보가 들어오고 있다. 이 취재를 시작하여 하반신을 못 쓰는 어느 부상자를 만났더니 『제발 전두환 비리와 같이 취급하지 말아달라. 우리의 희생을 딛고 출세하여 이 나라를 말아먹은 이들 때문에 견디기 어려운 눈총을 받는 것이 서럽다. 우리 기질에는 도저히 사회생활을 못하겠다. 병신의 몸으로도 할 수만 있다면 다시 군복을 입고 싶다』고 내뱉듯 말했다.

1980년 5월에 광주의 육군전투교육사령부 참모장으로 있었던 張師福 씨(장사복·예비역 준장, 현재 중앙고속 관리본부장)는 이렇게 말했다.

『1980년 5월16일에 국방부에서 전군 지휘관회의가 열렸고, 여기에 윤흥정 사령관이 참석하였다. 이 회의에서 공수 7여단을 조선대와 전남대에 주둔하게 한다는 방침이 결정되었다. 학생들을 등교시키지 못하게 하는 것이 이 여단의 임무였다. 이리 근방에 있던 7여단의 2개 대대는 17일 밤 11시쯤 두 대학에 도착하였다. 2개 대대는 그 즉시 정웅 31사단장의 작전통제하에 들게 되었다.』

이날의 全軍지휘관 회의는 사실상 5공화국의 탄생을 선언한 회의였다. 周永福(주영복) 국방장관의 주재로 열린 이 회의에서 5·17계엄확대 조치와 함께 국가보위비상대책위원회의 설치가 결의되었던 것이다. 당시 공수 7여단장은 육사 13기 출신인 申우식 준장이었다. 申씨는 예비역 소장인데, 기자와의 전화 인터뷰에서 이렇게 말했다.

『나는 2개 대대를 31사단에 배속시키고는 지휘계통선상에서 빠지게 되었다. 31사단장이 직접 우리 여단의 대대장을 지휘하게 되었다. 과잉진압 운운하는데 군인은 명령대로 하는 존재이고 그때의 시위가 불법행동이었음을 모르고 하는 이야기다.』

7여단은 4개 대대로 구성되었다. 이날 밤 31대대는 전주의 전북대학교로, 제32대대는 대전의 충남대학교로 진주했다. 공수부대의 주요대학 점거는 광주에서만 있었던 일이 아니었다. 5월18일 새벽 서울에서는 11여단이 동국대학에, 1여단이 연세대학에 진주했던 것이다. 특전사의 한 장교는『그때는 일선에서 부대를 뺄 수 없었으므로 지역을 맡지 않고 있는 공수부대를 쓸 수밖에 없었을 것이다. 후방 사단의 병력이야 얼마 되지 않았다』고 했다.

바둑판, 배구공 갖고 가

광주에 투입됐던 공수 7여단 35대대장 김일옥 중령은 대구사람, 33대대장 권성만 중령은 전주사람이었다. 35대대 3중대장 朴炳洙(박병수) 대위는 전북 김제사람이었다. 朴씨는『우리 부대는 주둔지가 전북이라서 그런지 전라도 출신이 가장 많았다』고 했다. 『실탄은 개인별로 가져가지 않았으며, 소나무로 만든 진압봉을 하나씩 들고 갔다』는 것이다. 시위진압기구는 진압봉과 사과탄이 전부였고, 방석모·방패·최루탄 발사기는 없었다고 한다.

「특전사의 작전일지」는 5월18일의 상황을 이런 요지로 기록하고 있다.

〈18일 새벽에 전남대, 조선대학에 진주한 계엄군은 학교에 남아 있던 40여 명의 학생들을 연행했다. 오전 9시쯤 전남대학교에 들어가려던 학생들이 돌을 던지기 시작했다. 학생들은 광주시 중심부 금남로로 이동, 계속 시위를 벌였다. 정오 무렵 33대대는 가톨릭센터로 출동, 시위대를 해산시키고 103명을 포고령 위반혐의로 체포했다. 33·35대대는 다시 충장로와 금

남로로 진출, 시위자 283명을 체포했다. 시위대는 블록과 음료수병을 던지
며 대항하였다〉

　군측에선 전남대생의 投石(투석)을 광주사태의 시발로 삼아 그 뒤의
진압을 정당화하는 논리를 전개해 왔다. 이희성 당시 계엄사령관은 6
共 출범 직후 民和委(민화위) 증언에서『전국 31개 대학과 136개 보안목
표에 계엄군을 배치시켰다. 이 조치로 학생 시위는 중지되고 평정을 되
찾았다. 단 하나의 예외가 전남대학이었고 이로써 광주사태가 시작되
었다』고 했다. 당시 11여단의 대대장이었던 한 대령은『趙기자는「한국
의 군부」란 기사에서 우리 군이 4·19 때 시위군중에게 발포하지 않음
으로써 국민의 군대임을 보여주었고 부마·광주사태 때는 그러지 못했
다고 썼던데 저는 견해가 다릅니다. 4·19 때 시위군중은 계엄군에게
돌을 던지지 않고 환영을 했는데 광주에서는 학생쪽에서 먼저 돌을 던
졌지 않습니까』라고 했다.
　광주시민 측에선 反역사적이며 사실상의 쿠데타인 5·17 조치를 광주
사태의 시발로 보고 이에 저항한 전남대생의 시위를 정당한 것으로 평
가하기 때문에 발상의 출발점부터가 다른 것이다. 군쪽에서는 실정법
을, 시민측에선 역사성과 도덕성을 판단기준으로 삼고 있는 것이다. 7
여단의 박병수씨는『학생 편에서 돌을 던지니까 우리도 강하게 나간 것
이다. 시위대가 군인이 나타났는데도 흩어지지 않으니 기분이 상하더
라. 특히 동료가 돌을 맞아 다치니 부하들이 흥분하더라. 최근에 광주사
태 비디오를 보니까 우리가 너무 심하게 한 면도 있구나 하는 생각이 들
더라』고 했다.
　그러나 시민측에서 본 7여단 진압 상황은 사뭇 달랐다.

27명이 타박상·자상·두부손상으로 사망

공수부대는 훈련 때는 진압봉으로 머리를 때리지 말라고 교육을 시키기는 하지만 실제 상황에서는 시위자와 행인, 남녀노소, 신체부위를 가리지 않는 무차별적 구타로 변질하기가 일쑤였다. 더구나 시위대가 투석 등으로 저항하고, 동료가 다치는 것을 보았을 때 이들이 어떤 행동을 보였을지는 쉽게 추정할 수 있겠다. 당시 전교사 참모장 장사복씨는 『경찰에 의한 시위진압과 군의 진압, 그것도 계엄령하에서 이루어진 군에 의한 진압을 같이 봐서는 안 된다』고 주장했다. 『시위진압교육을 할 때 보여주는 미군의 필름이 있었다. 계엄령 하에서의 진압법을 가리킨 것이다. 이 영화에 따르면 시위자를 일단 붙들면 꿇어앉혀 놓고서, 반항하면 진압봉으로 목 밑에 있는 쇄골을 때려 부러뜨려 행동을 제약하며, 그래도 달아나면 사살한다는 식이다. 광주사태 진압은 영화보다는 훨씬 온건하게 한 것이다』라고 주장했다.

계엄사가 광주사태를 진압한 뒤인 1980년 6월5일에 발표한 민간인 사망자 통계에 따르면 총 148명(뒤에 148명으로 늘어남) 중 총상 118명, 타박상 15명, 두부손상 5명, 교통사고 3명, 자상 7명으로 나타나 있다. 蘇俊烈(소준열) 당시 전남북계엄분소장은 1988년 1월의 민화위 증언에서 『검시 결과, 군인이 사용한 M16 총탄으로 죽은 시민은 45명뿐이었다』고 말했었다. 나머지 총상사망자는 카빈 등으로서 시민끼리의 오인사격에 의한 것이라는 얘기였다. 이 증언의 정확성은 일단 젖혀두고라도 계엄사 통계에 나타난 타박상 15명, 두부손상 5명, 자상 7명 등 모두 27명의 死因(사인)은 거의가 몽둥이로 때리고 대검으로 찌른 결과임을 보여주고 있다. 당시 전교사에 근무했던 한 고위장성도 기자 앞에서 이 통계에 대해서는 수긍하지 않을 수 없다고 했다.

「20명이 맞아 죽었다」 「7명이 찔려 죽었다」는 이 원시사회적 공포가 정글도 아닌 대도시의 대낮에 그것도 중인환시리에 연출되었다는 것이 광주사태가 확대일로로 치달은 기폭제였던 것이다. 27명을 사살하는 것보다 27명을 찌르고 때려죽이는 것이 시민들의 동물적인 분노심을 더 자극하는 법이다. 광주사태의 한 원인은 총구가 아니고 몽둥이와 대검이었다. 공수부대의 야수성은 시민들의 심성 속에 잠들어 있던 또 다른 야성을 폭발시키는 뇌관이 되었고, 그 뒤의 사태는 감정과 감정의 대결, 증오와 증오의 대결로 치닫게 되었다. 7여단이 쓴 진압봉은 전주의 목공소에서 만든 소나무 몽둥이었고, 11여단의 진압봉은 물푸레나무로서 길이가 70cm나 되고 아무리 세게 쳐도 부러지지 않을 정도였다. 이것으로 머리를 때리면 뇌손상으로 충분히 사망할 수 있다.

11여단에 출동 명령

18일 새벽에 동국대학에 진주했던 공수 11여단장 崔雄(최웅) 준장은 18일 밤 정호용 특전사령관의 방문을 받았다. 鄭사령관은 『광주사태가 심상치 않다. 경상도 군인들이 전라도 사람의 씨를 말리려고 왔다는 등 유언비어가 난무하고 있다. 서울 사람인 당신이 좀 내려가 주어야겠어』라고 했다고 한다. 그날 밤 11여단의 1개 대대는 비행기편으로, 2개 대대는 청량리역에서 출발한 열차편으로 광주로 내려갔다. 崔 당시 여단장은 『전두환 보안사령관으로부터, 최대한 자제하여 꼬투리를 잡히지 않도록 하라는 충고를 받고 내려갔다』고 했다.

광주에 증강 투입된 11여단 3개 대대 병력 약 1000명은 19일 새벽에 조선대학교 교정에 집결했다. 그들은 텐트를 치고 군장을 푼 뒤 오전 10시에 30여대의 트럭에 타고 광주 시내로 「위력시위」를 나갔다. 위력시위란 무장한 군인을 태운 트럭이 헤드라이트를 켠 채 클랙션을 울리면서 중앙선을 질주하는 것이다. 시위예상자의 기를 꺾어 놓겠다는 계산에서 하는 시위예방책이다. 공수부대원들은 진압 때는 대검을 소총에 꽂지 않지만 위력시위 때는 착검한다. 11여단의 위력시위 대열이 충장로에 이르렀을 때 200여 명의 학생들이 돌과 화염병을 던졌다고 특전사 작전일지는 기록하고 있다. 이것은 11여단의 공수부대원들을 자극했다. 군인에게, 그것도 위엄이 대단하다고 스스로 믿고 있던 공수부대에게 민간인이 도전했다는 데 대한 감정이 그 뒤 11여단의 행동에도 크게 영향을 끼친 심리적 동기가 되었다.

당시 11여단 63대대 소속의 김동철 병장은『돌을 맞고 흥분하지 않을 군인이 어디 있겠는가. 계엄군에 돌 던지고 공공건물을 불태우는 사람은 폭도들뿐이란 생각이 들었다. 이럴 때 김일성이 쳐들어오면 어쩌나 하는 생각이 들더라. 우리 졸병들이야 명령 이외에 무엇을 아는가. 눈앞에 전개된 상황만 보고 판단하는 수밖에 없지 않은가. 어쨌든 그때는 시위자들을 증오하게 되었다. 대검으로 찔러라, 머리를 때려라는 지시는 없었고 그렇게 하지 말라는 지시는 많았지만, 일단 맞붙으면 자제도 되지 않고, 폭동진압 훈련을 받은대로도 되지 않더라』고 했다.

張師福(장사복) 당시 전교사 참모장은『공수부대가 위력시위 도중 시위대의 습격을 받았다는 보고를 받고 놀랐다. 군중들이 그들에게 둘러싸인 계엄군 장갑차의 잠망경을 부수고 해치를 열려고 해서 안에 있던 소대장이 위협사격을 했다는 보고를 받은 기억도 난다. 18일의 7여단에 이어 19일엔 11여단, 20일엔 3여단, 21일엔 20사단 병력을 잇따라 불러

내리게 된 것도 당초에 이런 사태를 예기하지 못해 병력의 축차 투입이라는 나쁜 진압책을 쓰지 않을 수 없었다는 것을 보여준다』고 했다.

당시 11여단의 대대장이었던 한 대령은 『우리는 시위진압용이라고는 진압봉 하나 밖에 없었다. 방석복, 방패도 없었다. 안면을 보호하는 방석망조차 없었다. 할 수 없이 현지에서 철사를 구입하여 손으로 만들어 철모에 매달았다. 하도 엉성하여 작은 돌을 맞아도 찌그러지면서 얼굴을 때리는 한심한 상황이었다』고 했다. 그는 또 『한 중대의 반 이상이 부상을 당해 진압에 나설 수 없는 상황이 되기도 했다』고 주장했다. 11여단 참모장이었던 梁大仁(양대인)씨는 『공수부대원이 돌을 맞고 쓰러지는 장면은 왜 사진이나 비디오에 안 나오느냐』고 불만을 표시했다. 당시 11여단 대대장 출신의 현역 대령은 『과잉 진압이란 표현에는 불만이다. 이희성씨가 그런 표현을 썼다고 하는데 그 분이 언제 현장에 나와 본 적이 있나. 대대장 위만 돼도 상황을 제대로 파악하지 못한다. 나는 흥분된 양쪽이 부딪쳐서 스파크 현상을 일으킨 것이 광주사태의 본질이라 생각한다』고 주장했다.

당시 11여단의 부지역대장 金泰龍(김태룡·회사원)는 이렇게 말했다.

『나는 그 곳에서 부상당해 한쪽 다리를 못 쓰고 있다. 광주시민이나 우리나 같은 피해자다. 차라리 진상조사가 철저히 됐으면 좋겠다. 너무 군인들만 몰아붙이는데, 나는 내 부하가 시위대의 APC장갑차 돌진에 의해 치어 죽는 것을 목격했었다. 우리는 광주로 갈 때 어떤 상황인지 전혀 이야기를 듣지 못했고, 어떤 선입견 없이 진압에 임했다. 공공건물을 불태우고, 군인에게 돌을 던지고, 동료가 다치니까. 아무리 부하를 말려도 강경진압이 되지 않을 수가 없더라. 진압봉 하나밖에 없는데 그런 식으로 진압하지 않으면 우리가 돌에 맞아 죽을 판인데…. 우리 부대에는 전라도 사람들이 많은데 그들이 지리에 밝아 더 열심히 진압에 나섰다.』

11여단 소속 사병이었던 慶箕萬(경기만)씨는『조선대학교 CP에서 광주가 고향인 한 동료가 집으로 전화를 걸었더니, 가족이 믿지 않는 것이었다. 전라도 출신이 진압군으로 내려왔을 리가 없다고 하는 것이었다. 우리 여단의 김모 소령은 전남사람이었다. 지역대장으로서 진압 일선에서 악전고투했는데, 동생이 시민측에 서 있는 것을 보았다고 하더라』고 했다.

실탄은 지급 않아

당시 11여단 참모장 양대인 중령은 조선대학교의 여단 사령부에서 시위 현장에 나가 있는 세 대대장들과 무선으로 연락을 하고 있었다.

『상부에서는 절대로 시위대와 부딪치지 마라. 선무하라고 지시가 내려 왔다. 현장 상황을 알기 위해 전남도청 쪽으로 나가 보았다. 한 중년 남자가 자기 집 공사장에 쌓아 둔 벽돌을 시위대에게 던져주고 있었다. 군복을 입은 그대로였던 내가 말렸더니 그 남자가 하는 말이, 내 벽돌 내 마음대로 하는 데 웬 상관이냐는 것이었다. 시위자와 구경꾼이 구별되지 않아 진압이 어려웠고, 시위 가담자가 아닌 시민들에게 구타가 가해지는 원인이 되었다. 우리 여단의 경우, 대대마다 한 상자분의 경계용 실탄밖에 없었고 이 실탄은 대대장이 자기 지프에 봉함하여 싣고 다녔으므로 쏠 실탄이 없었다.』

당시 11여단의 대대장이었던 한 현역대령은『부하들이 군중 속에서 고립되어 실탄을 달라고 무전으로 수십 번 호소해 왔다. 나는 참모장에게 실탄지급을 허용해 달라고 건의했는데, 참모장이 선무에 주력하여 좀 참아보라고 했다. 나도 모르게 화가 치밀어, 「야 이 ××야. 네가 현장을 모르니까 그 따위 소리하는 모양인데…」라고 상관에게 욕설을 퍼부었다」고 말했다. 공수부대원들은 시민들을 붙들어 꿇어 앉히고, 옷을 벗긴 뒤 트럭에 실어 연행했다. 이 과정에서 가혹한 행동을 자행하여 시민들을 격분시켰었다. 두들겨 맞고 피투성이가 돼 실려간 시민들이 많아 「그 가운데서는 상당수가 죽었을 것이다」는 추측까지 불러 일으켰었다.

양대인씨는 이렇게 말했다.

『시위자 열 명을 잡아놓으면 지킬 공수부대원은 한두 명뿐이었다. 달아나지 못하게 하자니 옷과 신발을 벗기고, 허리띠를 풀게 한 뒤 거리에 엎드려 있게 하지 않을 수 없었다. 이들을 트럭에 태워 조선대 체육관에 수용하였다. 내가 한번 가보니 시위진압 현장에서 막 돌아온 공수부대원이 화풀이를 하는지 연행자들을 구타하고 있었다. 나는 이를 중지시키고 다시는 그러지 못하도록 한동안 의자를 갖다 놓고 앉아 있었다.』

당시 11여단의 한 공수부대원은 『시위 현장에서 돌멩이를 맞고 부대로 돌아와서 연행된 이들을 보니 「욱!」하고 화가 치밀어 올라 저절로 몽둥이 찜질을 하게 되더라. 때리면서도 이렇게 맞아서 병신 되지 않는 것이 다행이라는 생각이 들 정도로 심한 구타를 했다』고 말했다.

양대인씨는 『이 연행자들은 경찰에 넘겼다. 경찰에서는 거의가 풀려난 것으로 안다』고 했고 당시 전교사 참모장 장사복씨는 『일부는 전교사에 수용돼 있었다』고 말했다. 梁씨는 『나중에는 연행하지 말라고 지시했다. 시위자를 붙들어도 트럭으로는 조선대학교까지 보낼 수 없었기 때문이다』고 했다. 그는 또 이렇게 주장했다.

『21일에 조선대 체육관에 민간인 한 사람이 머리와 얼굴에 심한 상처를 입을 채 끌려왔었다. 나는 군의관에게 앰뷸런스를 동원, 후송시키도록 지시했다. 이 앰뷸런스가 민간병원에 환자를 내려놓은 뒤 돌아오다가 시위군중에게 포위돼 군의관과 위생병 등 5명이 3일간 피신해 다니다가 돌아왔다.』

공수여단을 鄭雄(정웅)사단장이 지휘

崔雄(최웅)씨는 지휘체계 문제에 대해 이렇게 말했다.

『5월19·20일의 작전지휘 계통은 이러했다. 즉, 공수 7여단의 2개 대대와 11여단의 3개 대대를 합쳐서 내가 지휘를 했고 20일에 도착한 3여단 병력은 최세창 여단장이 지휘했다. 우리 두 여단장은 31사단장 鄭雄(정웅) 소장의 작전통제 하에 들어 그로부터 명령을 받고 있었다. 정호용 특전사령관은 전투교육사령부에 내려 와 있었으나 지휘권이 없었다. 그러나 21일부터 3·7·11여단장이 31사단장을 거치지 않고 직접 교육사령관의 지시를 받는 식으로 지휘체계가 바뀌었다.』

5월19일 현재의 지휘체제는 이희성 육군참모총장 겸 계엄사령관―陳鍾埰(진종채) 2군사령관 ―尹興禎(윤흥정) 전남북계엄분소장 겸 전투교육사령관― 정웅 31사단장 ― 두 공수여단장으로 이어져 있는 것이다. 실제 작전에는 陳사령관은 거의 간여하지 않았다. 정호용 특전사령관은 11여단이 추가로 투입된 5월19일에 비행기편으로 전투교육사령부에 도착, 尹사령관·金基石(김기석) 부사령관 등과 함께 시위진압책을 논의한 것으로 군 기록에 나타나 있다. 육사 11기 출신 鄭사령관은 5월25일에 서울에 다녀온 것을 제외하고는 광주사태 기간 중 줄곧 전교사에 머물면서 진압작전에 관계하였다. 그의 작전참모(처장)는 수경사 30단장에서 전보돼 온 張世東(장세동) 대령이었다. 張대령은 全斗煥 공수1여단장 밑에서 대대장으로 일한 적도 있는 공수맨이었다.

정호용씨는 내무장관 시절 국회에서 『나는 공수여단 병력을 전남북계엄분소장에게 배속시켰을 뿐 지휘선상에 있지 않아 광주사태에 대해서는 책임이 없다』는 뜻의 발언을 했었다. 장사복씨는 『정사령관은 전교사의 회의실에 있으면서 작전에 대해 조언을 하는 정도였다』고 했다. 5월 22일 이후 전교사에 가 있었던 공수 11여단의 당시 참모장 양대인씨도 『정사령관이 직접 공수여단장에게 구체적 지시를 하는 것을 본 적이 없다. 그 분의 성격상 월권을 할 사람이 아니다』고 했다.

소준열 당시 전교사 사령관(5월22일에 尹興禎 장군이 후임이 됨)도 『중요한 결정은 나의 책임하에 이루어졌고, 정장군은 어디까지나 조언하는 입장에 있었을 뿐이다』고 했다. 이 당시 전교사에 있었던 한 장성은 『정사령관이 법률적으로는 책임질 자리에 있지 않은 것은 분명하지만, 책임이 없다고 공언할 정도는 아니라고 본다. 도의적 입장에서도 혼자서 빠질 수는 없다』고 했다. 정호용씨는 육군 참모차장으로 있던 지난 1981년 초에 12·12사태와 광주사태에 대해서 정부측의 지원을 받으며 취재를 하고 있던 千金成씨(천금성·소설가)와의 인터뷰에서 「광주사태를 성공적으로 진압하는 과정에서의 나의 역할」에 대해서 10여 시간을 상세히 이야기한 적이 있다. 그 내용을 보면, 공수부대의 증파, 광주재진입 등의 주요 대목에서 鄭장군이 주도적 역할을 한 것처럼 적혀 있다.

31사단의 역할 시비

5월21일 공수부대가 발포할 때까지 사병들에게는 실탄지급이 안 된 것이 분명하다. 11여단 소속 63대대장 趙昌九(조창구) 중령의 전령으로 근무했던 김동철씨의 증언—.

『나는 대대장 지프를 타고 다녔다. 지프에는 선무방송용 마이크가 달려 있었다. 경계용 실탄상자는 조선대에 두고 싣고 다니지 않았다. 20일부터 대치선에 나가 있는 장교들로부터 실탄을 달라는 요구가 대대장에게 빗발치듯 하였다. APC를 타고 다니던 차정환 소령도 무전으로 실탄 지급을 몇 차례 애걸하다시피 했다. 박절하게 거절하는 대대장이 무척 몸을 사리는구나 하고 얄밉게 보였다.』

한편 전남지역을 관할하는 31사단의 병력은 광주시내의 주요건물 경비에 주로 투입되었다. 31사단 소속 사병이었던 안문영씨(한일은행 근무)는 19~20일 사이 기독교 방송국과 문화방송국의 경비를 서다가 공수부대원들에게 물려주었다고 증언한다.

『우리 부대는 직접 시위대 진압에 동원되지는 않았다. 시민들도 우리에게는 적대의식을 별로 보이지 않았다. 오히려 근처의 음식점에서 우리를 불러들여 식사를 대접해 주곤 했다.』

장사복씨는 『그때 사령부 지휘탑은 정웅 31사단장에게 불만이 많은 편이었다. 초기에 31사단 병력을 적절히 운용하지 못했고 병력을 분산 운용하여 효율적인 진압을 하지 못한 것에 대한 불만이었다. 윤흥정 사령관은 예비병력을 빨리 투입하라고 독려하기도 했다』고 말했다.

당시에 31사단장의 지휘를 받고 있었던 공수 11여단의 한 대대장은 『공수부대를 소규모 단위로 여기저기 흩어놓고서 데모를 진압하도록 하여 31사단장에게 불만이 많았다. 곳곳에서 공수부대가 수적으로 압도적인 시위대에게 포위되었다. 나중에는 시위대에게 밀려 공수부대가 전남도청으로 집결하여 방어하지 않을 수 없었다』고 했다.

장사복씨는『윤흥정 장군이 22일에 물러난 것은 31사단장의 우유부단한 대처에 관하여 책임을 진 면도 있다』고 했다.

張씨는『그러나 전투교육사령관이 아무리 상관이지만 31사단장에게 부대 운용에 관하여 세부적인 지시를 내릴 수는 없는 법이다. 이 점을 민간인들이 잘 이해 못하는데, 교육사령관이나 특전사령관이 사단장을 거치지 않고 여단장이나 대대장에게 이래라 저래라 할 수는 없는 것이다』라고 말했다. 張씨는『초기에 정웅 사단장이 소신을 갖고 단호한 진압을 했더라면 그 뒤의 광주시민들이 겪었을 고통을 막을 수 있었을 것이다』면서『그것이 광주시민들을 위해서도 좋았을 것이다』고 했다.

이에 대해 1988년 총선에서 평민당 의원으로 뽑혔던 정웅씨는 이렇게 반박했다.

『18, 19, 20일 오전까지는 내가 직접 5개 공수대대를 지휘했었다. 내가 받은 보고에 따르면 18, 19일에는 사망자는 없고 유혈충돌이 있다는 정도였다. 그러나 광주 내 친지들을 통해서 공수부대가 토벌식 진압을 하고 있다는 얘기를 듣고 19일 밤 11시에 무혈 저지명령을 내렸던 것이다. 군이 얻어맞더라도 시민이 피를 흘리면 안된다고 지시했었다. 그런데 20일 오후부터 지휘체계가 2원화되었다. 세 공수여단장이 전교사에 위치하여 특전사령관과 의논하고 나를 거치지 않고 직접 대대장에게 지시를 하기 시작했다. 공수대대장들도 나에게는 사소한 것만 보고하고 여단장에게 중요한 것을 보고했다.

이때부터는 공수여단이 사실상 나의 통제를 떠났다. 12·12사태 이후에 공수단 세력이 군의 실세로 등장했던 분위기를 이해하면 알 것이다. 民和委 증언에서 전교사령관이던 소준열씨가 21일에 공수단 병력을 철수시키자고 정호용 특전사령관에게 제의했다고 말했는데, 이것이 공수

단 장성들의 실질적인 영향력이 어떠했던가를 잘 보여준다. 원칙대로
한다면 소준열 계엄 분소장은 제의고, 협의고 할 필요가 없는 것이다.』

정웅 의원은 『31사단은 병력이 적어 계림동 부근 등 외곽 경비와 광주
교도소 등 중요시설의 경비를 맡았다. MBC에는 1개 분대를 보냈는데
시위대에게 총기를 빼앗기고 쫓겨났다』고 말했다. 한 예비역 장성은 『어
쨌든 7·11여단은 과잉진압이 절정에 달했던 사흘간 정웅 사단장의 작전
통제 하에 있었으므로 법률상의 지휘 책임을 면할 수는 없다. 여단장이
말을 듣지 않았다는 것은 정상참작사유에 불과하다』고 주장했다.

지역감정에 흔들리지 않아

7여단 35대대 3중대장이었던 朴炳洙(박병수)씨는 『그때 시위 현장에
나가 있었던 우리는 식사보급차량이 접근하지 못해 비상 특전식량만 먹
었고, 더운 밥을 먹은 기억이 거의 없다. 잠을 거의 못 잔데다가 배도 고
프니 앉기만 하면 잠이 오더라』고 했다. 이런 사정은 11여단도 마찬가지
였다고 한다. 한 장교는 『공수여단 병력을 일부러 굶기고 술을 먹였다는
유언비어도 있는 모양인데 굶긴 것은 시위대이고, 술을 마신 듯 눈이 충
혈된 것은 잠을 못 잤기 때문이었다』고 했다. 전북 김제가 고향인 朴炳
洙씨는 『경상도 군인들이 씨말리려 왔다는 유언비어에 전라도 출신 공
수부대원들이 크게 흔들리지는 않았으나, 나 개인으로는 이런 식으로
과연 동향의 시민들을 진압해야 하는가 하는 고민이 생길 때도 있었다.
그런 생각을 갖고 있다가도 시위대와 맞부딪치면 강경한 행동이 절로
나오는 것이었다』고 했다.

그때 11여단의 대대장이었던 한 현역 대령은 『전라도 출신 부대원들

이 동요한다는 보고를 받고 그들을 잠시 뒤로 물린 적이 있었다』고 했다. 장사복씨는『전교사의 기간 사병들은 과반수가 호남인이었으나 크게 동요하지는 않더라』고 했다. 3여단의 경우, 4명의 대대장 가운데 한 명이 전라도 출신, 11여단의 경우, 세 명의 대대장은 각각 경상도, 경기도 안성, 서울 출신이었고 7여단의 경우, 한 명은 전북 전주, 다른 한 명은 대구 출신이었다(蘇俊烈씨의 민화위 증언에 따르면 7여단 장병의 약 40%는 호남사람이었다고 한다).

추가투입해도 밀리는 공수부대

공수 제3여단이 열차편으로 청량리역에서 광주로 떠난 것은 5월20일 새벽 1시였다. 최세창 준장이 지휘하는 이 부대는 20일 아침 7시에 광주역에 도착, 바로 전남대학교 교정으로 갔다. 이날 아침과 점심을 비상식량으로 때운 3여단은 4개 대대를 전남대 입구, 금남로, 광주역에 각각 배치하였다. 오후 6시30분, 제3여단의 輜重隊(치중대) 소속 트럭 2대가 주·부식을 수령하기 위해 전남대를 나섰다. 500m 쯤 갔을 때 차량 시위대와 부딪쳤다. 무기가 없던 輜重隊 병사들은 트럭에서 뛰어내려 달아났다. 시위대는 트럭을 밀어 넘어뜨렸다. 전남대 입구를 지키던 3여단 16대대가 출동했다. 차량 시위대가 진중으로 돌진하여 사병 한 명이 깔려 죽었다.

이날 오후 아세아 자동차 광장 앞에 세워두었던 군수차량 314대, 민수 차량 82대, 기타 18대 등 모두 414대의 차량이 시위대에게 넘어갔다. 기동력을 가진 시위대가 사태의 주도권을 잡게 되었다. 5월20일부터는 엄청난 군중의 절대수 때문에 공수부대는 곳곳에서 고립되고, 밀리면서

기가 죽어갔다. 상부로부터의 지시로 시민들에 대한 가혹한 진압도 수그러졌다. 7여단의 박병수씨는 『20일 밤에는 군중 속을 헤매고 다녀야 했다. 분산·고립을 면하기 위해 전남도청쪽으로 집결하게 되었다. 우리를 포위한 군중 가운데서 술 취한 사람이 바로 가까이까지 다가와, 이런 새끼들 죽여야 한다고 욕설을 해도 가만히 있어야 했다. 진압봉밖에 없는 우리로서는 잘못하면 작살날 판이었다』고 했다고 한다. 실탄 없는 M16을 등에 지고 다니는 것이 귀찮아 M16을 반납하게 해달라는 건의도 올라왔으나 묵살되었다. 11여단의 한 대대는 아예 대검을 반납한 뒤 진압에 임했다.

20일 밤 10시쯤에는 전남도청 부근에서 시위대가 장악한 버스가 경찰부대로 돌진, 경찰관 네 명이 깔려 죽었다.

철수와 자위적 발포 허용

최웅 당시 11여단장은 『우리 세 여단장이 공수부대 병력을 시 외곽으로 빼야 한다고 건의했었다』고 말했다. 장사복 당시 전교사참모장은 『철수 결정은 우리 사령부의 작전회의를 통해서 이루어져 계엄사령관의 허가를 받아 실시되었다』고 했다. 『양쪽이 모두 무장을 하고 있는데 군이 계속해서 시내에 머물러 있으면 희생자만 늘어날 뿐이라고 판단했었다. 결과적으로 철수결정은 희생자를 줄이는 데 크게 기여했다』고 말했다.

당시 11여단의 한 대대장은 『오후에 발포가 시작된 것은 사실이다. 도청 근처의 빌딩 위에 공수부대원들이 올라가 아래를 향해 사격을 한 것도 엄호용이었다. 그 때 수십 만 군중을 향해 본격적으로 쏘았다면 그 정도만 죽었겠는가. 21일 오후에 공수부대는 일부 대대에서 경계용 실탄으로 대처한 것이고, 본격적으로 전투용 실탄을 공급받은 것은 광주에서 철수한 뒤인 22일이었다」고 주장했다. 이 대대장은『21일에 공수부대가 아니었다면 쌍방의 피해는 더 컸을 것이다. 일반 부대였다면 공포감에 휩싸여 사격을 서둘렀든지 시민측에 항복해 버렸을 것이다』고했다. 공수부대의 철수 상황에 대해서 특전사일지는 이런 요지의 기록을 남겼다.

〈오후 5시, 조선대학교에 있던 7여단은 철수명령을 받고서 5시50분까지화순으로 가는 길목의 주답마을로 이동을 끝냈다. 조선대학교에 주둔하고 있던 11여단은 뒷산인 깃대봉을 돌아 지원동을 거쳐 오후 8시쯤 주답마을에 도착했다. 7·11여단 병력은 부근의 주요 고지를 점령하고 광주에서 화순으로통하는 길을 차단했다. 전남대학교 교정에 있던 제3여단은 5만여 명의 군중에 의해 포위돼 있었다. 무장 시위자들은 차량대열로 정문을 돌파하려고 여러번 시도해 왔다. 오후 4시30분 제3여단은 광주에서 담양군으로 빠지는 길목의 광주교도소로 이동하라는 명령을 받았다. 무장 시위대가 교도소를 습격하려 한다는 정보가 있었다〉

오후 5시30분쯤 제3여단은 광주교도소에 도착, 방호 임무를 수행하는 한편 담양군으로 빠져 나가는 무장시위대를 저지하게 되었다. 11여단은 조선대학교에서 철수하여 뒷산으로 퇴각하기 직전에 1인당 15발씩의 실탄을 지급했다고 한다. 퇴각할 때 자위수단으로 쏘라는 실탄이었다. 이때부터 사실상 발포가 허용된 셈이었다. 자위적 발포와 공격적 발포를 그런 아수라장 속에서 구분하여 적용하기란 불가능했던 것이다. 뒷산으로 물러날 때 대부분의 병력은 뛰어서 갔고 장교들은 차를 탔다.

지프는 특히 무장시위대의 좋은 사격 목표가 되었다. 11여단의 정훈장교 변상진, 운전병 이상수, 두 사람은 지프를 몰고 철수하다가 기관총에 피격되어 죽었다. 참모장은 걸어서 퇴각했는데. 참모장 지프를 몰고가던 운전병 裵東煥(배동환)씨와 타고가던 연락병 金殷鐵(김은철)씨는 주택가에서 집중사격을 받아 金씨는 가슴, 裵씨는 관통상을 입었다. 裵씨는 다른 팔로 운전을 계속, 목표지점까지 도착할 수 있었다.

산 속으로 달아나다

11여단장 최웅 준장은 헬기편으로 전교사로 갔고, 양대인 참모장은 뒷산으로 퇴각했다가 22일에 전교사로 갔다. 7여단의 박병수씨는 『21일 저녁은 퇴각한다고 산속을 헤매고 다녔다. 총성이 가깝게 들리기도 했고, 캄캄한 속에서 피아 구별도 못할 것 같아 신경이 극도로 긴장상태에 있었다. 조선대학을 벗어나 산 속으로 들어갈 때까지는 공포 등 위협사격을 하며 거리를 뛰어갔다』고 했다. 당시 11여단 대대장의 당번병이었던 김동철씨는 『우리는 19일에 광주에 투입된 이후 한두 끼 정도의 더운 밥을 먹었을 뿐 그 뒤로는 특전비상식량으로 견디었다. 산 속으로 퇴각하면서는 아카시아 꽃잎을 훑어 먹었다. 라면이 하나 있어 대대장에게 끓여 드렸다. 국물이라도 남겨줄 줄 알았는데 다 먹어치우는 것이 그렇게 야속할 수가 없더라』고 했다. 11여단참모장 梁大仁 중령은 조선대 뒷산으로 퇴각하여 그날 밤을 광주시가지를 내려다보면서 지샜다고 했다.

『앰뷸런스 소리, 소방차 소리, 불타오르는 건물, 피어오르는 듯한 예광탄, 클랙션 소리, 그리고 스트레스 해소를 하듯 쏘아대는 총소리 등등으로 휩싸인 도시를 보았다. 그때 광주시내에는 계엄군이 한 명도 없었다. 누가 누구에게 쏘는 총성인지 알 길이 없었다. 나중에 사망자를 부검해보니 군에선 쓰지 않았던 카빈 총상으로 죽은 이들이 많았다. 광주 탈환 뒤 회수된 아세아 자동차의 트럭들 중엔 뒤집어지고 부딪친 것이 무척 많았다. 이런 교통사고에 의해 숨진 사람들도 많았다고 생각한다.』

11여단의 장병들이 충분한 전투실탄(1인당 560발)을 지급받은 것은 5월 22일이었다고 한다. 산기슭 주답마을 근처에 배치된 11여단 병력에게 헬기가 다른 보급품과 실탄을 실어 날랐다는 것이다.

시내버스에 집중사격

11여단 61대대의 김기수 중사는 낙오가 되었다. 며칠 동안 제대로 식사를 못하고 잠을 못 잤던 김중사는 철수 도중에 잠시 앉아 쉰다는 것이 깊은 잠에 빠지고 말았다. 깨어보니 동료들은 간 곳이 없었다. 그는 배낭을 버리고 휴가 나온 공수부대원인 것처럼 행세하며 시내로 내려왔다가 시민군에게 붙들려 전남도청으로 끌려갔다. 여기서 하룻밤 동안 신문을 받았는데 한 대학생의 협조로 달아나 전교사가 있는 상무대로 올 수 있었다고 한다. 그는 시민들로부터 얻어맞아 얼굴이 엉망이 됐었는데 성형수술을 받았다.

당시 11여단의 경기만씨는 조선대 뒷산으로 철수한 날 밤의 상황을 이렇게 말했다.

『산기슭에 저수지가 있었고 그 부근에서 우리팀은 판초를 덮어쓰고 잠에 들었다. 내가 세 번째 보초를 선 뒤 잠에 들려고 하는데(22일 새벽 2시께) 따콩 하는 카빈 총소리가 났다. 우리는 배위에 M16을 놓아두고 잤다. 그 총을 잡고 총소리가 난 암흑 속을 향하여 지향사격을 한 30분간 했다.

저쪽에서 누가 맞았는지 확인할 수도 수색할 수도 없었다. 그 때는 모두가 신경이 예민하여 바스락 소리만 들어도 방아쇠를 당길 정도였다.」

시내에서 철수한 7·11여단 병력은 광주에서 화순으로 가는 길을 차단하고 있었다. 23일 이 길에서 피비린내 나는 사건이 벌어졌다. 윤재걸 씨(한겨레신문사 기자)가 편집한 「작전명령—화려한 휴가」에는 11여단 소속 공수부대원의 수기가 실려 있다. 그 요지는 이러했다.

학살인가 후송인가

〈광주쪽에서 화순으로 달리던 미니버스를 발견하고 한 공수부대원이 길 가운데로 나서서 손을 들자 버스가 서면서 손든 장교에게 카빈 사격을 가했다. 양쪽에 매복하고 있던 군인들이 버스를 향해 일제사격을 개시. 버스에 타고 있던 18명 중 13명은 사망했다. 잠시 후 우리 부대원이 리어카에 부상자 2명을 싣고, 오른손에 총상을 입어 손가락 두 개가 잘린 여고생 한 명을 데리고 왔다. 2명의 젊은 시위자는 온몸에 총알을 맞았지만 정신은 살아 있었다. 내가 직업을 묻자 한 명은 전남대생, 다른 한 명은 없다고 했다. 모 하사관이 주머니를 뒤지니 카빈실탄 30발과 피묻은 돈이 나왔다. 한 소령이 오더니. 「저 새끼들 뭣하러 데리고 왔어. 빨리 밑으로 데려가 죽여버려」라고 했다. 모 하사관이 리어카를 끌고 밑으로 내려갔다. 나는 뒤따라가 말렸으나 하사관은 이들의 머리에 세 발씩의 총탄을 발사했다. 비명은 없었고, 몸이 떨고 있을 뿐이었다. 민가에서 빌린 삽으로 구덩이를 파고 있었다···〉

기자는 이 내용을 확인하기 위해서 11여단 소속 부대원들을 찾다가 목격자인 경기만씨를 만났다. 그는 이렇게 말했다.

『그 버스와의 교전은 밤중에 있었던 걸로 안다. 혹시 버스에 살아 있는 사람이 있어 총을 쏠까 봐 아침이 밝을 때까지 기다렸다가 생존자를 끌어내 내가 있던 곳까지 데리고 온 것을 보았다. 리어카에는 청년 2명이 실려 있었고, 여고생과 할머니가 부상상태였다. 할머니는 두 눈을 총에 맞았는데 폭도들이 아들을 데리고 나가려는 것을 말리다가 폭도가 쏜 총에 맞았다고 말하는 것이었다. 통신담당인 나는 이들을 후송하기 위해 헬기를 요청한 다음 아래로 내려가 보초교대를 한 뒤 돌아왔더니 네 명은 없었고, 리어카는 거기에 있었다. 「화려한 휴가」에서는 리어카로 실어다가 두 청년을 사살했다고 했는데, 그렇다면 빈 리어카를 다시 끌고 오지는 않았을 텐데…. 나는 두 청년도 같이 후송해 준 줄 안다.』

그 때 전교사에서 이 버스총격전 소식을 들었다는 양대인씨의 증언.

『우리가 매복해서 길목을 지키고 있는데 버스가 검문을 받지 않고 계속해서 달리고 총격까지 가하기에 우리 부대원들도 응사를 하여 버스에 타고 있던 10명 가량이 죽었다는 보고를 받은 적이 있다. 이 총격전의 유일한 생존자인 여고생이 전교사로 후송돼 왔었다. 내가 직접 그 여고생에게 물어 보았더니. 이웃 언니와 함께 전남도청에 구경 갔다가 밥심부름도 해주고 방송안내도 맡았다는 것이었다. 피격된 사람들의 시체는 가매장했다가 광주가 탈환된 뒤 그 지역대장이 내려가 확인, 발굴해준 줄 안다.』

위의 세 사람의 증언은 그 내용이 조금씩 다르다.

발포명령과 헬기 피격

육군행정학교 교장 蘇俊烈(소준열) 소장은 21일 오전에 육군본부 인사참모부장 김흥한 소장으로부터 전화를 받았다. 육본에 나갔더니 이희성 계엄사령관이『당장 전교사로 내려가 윤흥정 사령관을 보좌하는 입장에서 일해달라』고 했다. 비행기편으로 21일 오후 5시에 전교사에 도착했다. 공수부대의 철수, 발포문제 등으로 어수선했다. 蘇씨는『22일 오전 10시에 윤흥정 장군이 체신부 장관으로 올라가는 바람에 후임이 되었다』고 했다.

재향군인회장 시절 蘇씨는『광주 사태는 발단—확산—수습이란 세 단계가 있었는데 나는 수습을 책임졌다』고 했다. 그가 말하는 수습의 핵심은 5월27일의 광주재진입과 전남도청 탈환이었다. 蘇씨는『광주사태는 계엄령후의 학생시위가 動(동), 여단의 과잉진압이 反動(반동)이 되었고, 이 반동에 대한 또다른 動(동)으로서 시민참여에 의한 시위가 있었다. 이 동에의 반동으로서 계엄군의 추가투입이 있었고, 이 반동에의 동으로서 무장시위, 이 동에의 반동으로서 5월27일의 진압작전 식으로 사태가 에스컬레이트되는 과정을 겪었다』고 했다.

蘇씨는 학생데모를 이 사태의 기점으로 잡았지만 광주시민측에서는 1980년 봄의 민주화 소망에 찬물을 끼얹은 반역사적인 5·17조치를 이 사태의 근본원인으로 보고 있어 시각의 입각점이 근본적으로 다른 것이다.

최웅 당시 11여단장은『21일 오후에 3·7·11 여단장은 윤흥정, 정호용 장군과 함께 전교사에 있으면서 지휘를 하고 있었다. 그날 오후 6시에 자위를 위한 발포 허용 명령이 내려갔는데, 불가피하게 발포를 하더라도 하체를 쏘라는 지침이 붙어 있었다』고 기억한다.

장사복씨는「자위적 발포 명령」을 내리게 된 것은『시위대 쪽에서 군 헬리콥터를 향해 기관총 사격을 한 것이 한 계기가 되었던 것 같다』고 했다. 張씨는『예비군 무기고가 털렸다는 보고를 받았는데, 그때부터는 시위대를 무장한 폭도라고 규정하게 되었다』고 했다.

광주교도소 공방

당시 31사단의 한 대대에 소속되었던 안문영씨는 5월21일에는 30여 명의 대대병력과 함께 광주교도소의 경비에 임하게 되었다. 이때 이들은 실탄을 한 발도 지급받지 못하고 탄통만 들고 교도소 앞에 서 있었다고 한다.

『오전부터 시위대가 교도소 쪽으로 몰려오기 시작했다. 오후가 되니까 규모가 커지기 시작했다. 포크레인, 트럭·버스를 몰고 몽둥이로 차체를 두드리면서 수천 명이 몰려와 우리 앞에서 휙 돌아가곤 했다. 우리는 오금이 저려 꽁무니를 빼고 싶었으나 중대장이 뒤에서 꼼짝 말고 서 있으라고 독려하곤 했다.

시위대는 학생들이 아니고 거의가 무직자들 같거나, 노동자들이었다. 시위대는 우리에게 김밥 등 먹을 것을 던져주었고 직접적인 공격은 하지 않았다. 어떤 시민들은 차를 세워 놓고 내려와 우리에게 「고향이 어디냐?」「경상도 군인들이 우리 씨를 말리려고 왔다」고 말을 걸기도 했다. 오후 5시쯤 우리는 공수 3여단과 교대하게 되었다. 공수부대원들이 교도소 바깥에 포진하는 도중에 시위대 쪽에서 발포하여 공수부대원이 다치는 것을 목격했다. 교도소 앞길은 비탈길인데 시위대는 그 언덕 너머에서 총을 쏜 것이었다. 우리는 철수하여 사단 사령부로 이동했는데 거기서 비로소 실탄 20발씩을 지급받았다.』

당시 3여단의 대대장이었던 한 현역 대령의 증언.

『21일 오전 우리는 전남대학교 안에 있다가 광주 교도소가 위협을 받고 있다는 소식을 듣고 전 여단 병력이 오후에 그곳으로 이동하였다. 우리는 즉시 교도소 외곽에 호를 파고 대치했다. 그날 오후에 무장 시위대의 습격이 몇 차례 있었고 우리는 응사했다. 우리 여단이 배치될 때 그쪽이 선제사격을 가해 한 사병이 먼저 다쳤다. 전우가 쓰러지면 사격명령을 내릴 필요도 없이 자동적으로 전투가 시작되는 법이다.』

이 대령은 『그때 죽은 시민측의 시체는 가매장했다가 당국에 알려주었다』고도 했다.

공수 3여단은 24일에 교도소 경비 임무를 20사단에 넘겨주고 송정리 비행장으로 이동했다. 박준병 소장이 지휘하던 20사단의 2개 연대는 5·17 이틀 전인 15일에 서울에 들어와 있었다. 그들은 효창공원과 잠실체육관에 주둔하고 있었다. 5·17 조치 이후 사단사령부는 한양대학교, 61연대는 서강대·홍익대·단국대, 62연대에는 건국대와 서울산업대·한양대학교에 진입하였다. 5월18일 새벽에는 경기도 ○○에 남아 있던 1개 연대가 서울로 들어와 경희대·외국어대·국민대 교정에 진주하였다.

이 20사단에 출동명령이 내려간 것은 21일 저녁 8시쯤이었다. 육본작전 참모부장 김재명 소장이 朴사단장에게 전화를 걸어 『윤흥정 중장이 계엄군의 추가 투입을 건의해 와서 이희성 계엄사령관이 이를 승인하였다』는 것이었다.

이날 밤 용산역을 출발한 군용 열차편으로 서울에 주둔하고 있던 20사단의 3개 연대 가운데 2개 연대가 광주로 출발했다. 동원된 열차의 차량 수는 100여 량이나 되었다. 이희성 당시 계엄사령관은 민화위 증언에서 『이 사단 병력은 하시를 막론하고 계엄목적에 사용할 수 있도록 주한 연합사의 지휘 하에서 떠난 병력으로 서울 근교에 집결시켜두었던 병력이다. 공수특전사병력도 연합사의 동의 없이 쓸 수 있는 병력이다』라고 말했었다.

11여단과 교도대 사이의 誤認 전투

24일 오전 전교사 상황실에 있던 梁大仁 11여단 참모장은 상황판을 살피다가 가슴이 뜨끔하는 불길한 예감을 느꼈다고 한다. 효천역 근방에「적 APC 1대 격파」란 붉은 글씨가 쓰여져 있었기 때문이었다. 그 상황판에는 당연히 그려져 있어야 할 효천역 부근 산에 매복하고 있는 전교사 산하 육군보병학교 교도대 병력의 표시가 없었다. 梁참모장은 효천역 부근을 지나고 있을 11여단 63대대를 무전으로 불렀으나 응답이 없었다. 그는 코브라형 헬기를 그쪽으로 보냈다.「우리 APC와 트럭이 불타고 전투상황이 벌어지고 있다」는 보고가 들어왔다. 정호용 특전사령관은 崔雄 여단장을 불러 빨리 현지로 가라고 지시했고, 梁참모장은 부상자들이 입원했다는 병원으로 뛰었다.

이 사건에 대해서 특전사 작전일지는 이런 요지로 적고 있다.

〈24일 아침 8시 공수 3개 여단은 주둔지에서 광주 비행장으로 이동할 것을 명령받았다. 오전 10시30분 7여단과 11여단은 보병 20사단 61연대에게 외곽지역 봉쇄 임무를 인계하였다. 제3여단이 이동 중 제116호 운전병이 무장시위자들의 발포로 사망했고, 이관영 중사가 실종됐다. 李하사는 26일 오후 1시에 난자된 시체로 발견되었다. 11여단은 이동 중 송암동 삼거리에 매복하고 있던 자들로부터 산발적인 총격을 받았으나 피해 없이 지나쳤다. 11여단은 APC 장갑차를 선두에 세우고 전진했다. 효천역에 500m 쯤 못 미친 곳에 당도했을 때였다. 갑자기 도로변 매복지로부터 무반동포가 APC를 향해 사격을 시작했다. 소총사격과 수류탄 공격도 잇따랐다. 11여단 병력은 즉시 하차, 도로변으로 산개하여 응사했다. 11여단 병력은 이 선제공격에 의해 8명이 즉사, 36명이 중상을 당하는 광주사태 중 최대의 피해를 당했다. 11여단 병력은 산쪽의 매복지로 쳐들어가 1명을 사살하고 7명을 생포했다. 신문해 보니 전교사 산하의 육군보병학교 교도대였다. 교도대는 APC 장갑차를 폭도가 탈취한 장갑차로 오인하였던 것이다〉

맨처음 무반동포를 맞았던 장갑차에는 63대대장 趙昌九(조창구) 중령, 차정환 소령(작전 과장), 金동철 병장 등 6명이 타고 있었다. 지금은 서울시 강동구 하일동에서 포장마차 음식집을 꾸려가고 있는 金동철씨는 이렇게 말했다.

『모퉁이를 돌기 직전에 왼쪽편에 전답이 있고 농가가 7~8채 있었다. 그 쪽에서 무장한 시위대 3~4명이 우리를 보고 달아나는 것이 보였다. 내가 옆자리에 탄 대대장에게 「쏠까요?」라고 했더니 그냥 두라는 것이었다. 길의 모퉁이를 도는 순간 쾅 하고 폭음이 울리면서 장갑차는 화염에 휩싸였다. 차정환 소령은 즉사했다. 대대장 당번인 나는 「대대장님 뜁시다」라고 외치면서 趙중령의 손을 잡으려 했는데. 손이 잡히지 않았다. 趙중령의 오른손이 날아가 버린 것이었다. 길 옆으로 뛰어 내려가 趙중령을 지혈시키고 있는데. 여기저기서 비명과 수류탄 폭발음이 터져 나오고 사격소리가 콩볶듯 했다. 완전히 전쟁판이었다. 아무도 대대장을 구하러 오지 않아 내가 욕설을 퍼부었던 기억이 새롭다.』

이 오인사격은 매복 중이던 교도대에게 11여단의 통과 예정사실을 통보하지 않았기 때문에 일어난 것이었다. 공교롭게도 11여단이 이동하는 길 주변에서는 무장시위대가 사격을 가해오고 있었고, 교도대에는 무장한 시위대가 차량을 탈취, 그 쪽으로 가고 있다는 연락이 와 있었다고 한다. 바짝 긴장하고 있던 교도대는 길모퉁이를 돌아 나오는 11여단의 장갑차를 발견하자마자 무장시위대가 탈취한 장갑차로 오인, 집중사격을 가했다는 것이 당시 11여단 지휘부에 있었던 이들의 해석이다. 당시 11여단의 한 장교는 『우리가 매복진지를 점검해보니 정규군이 진지 속에 있었다. 흥분한 부하들이 쏴 죽이려고 하는 것을 말리느라고 혼이 났다』고 했다. 동료 40여 명이 죽거나 다친 이런 난장판에서 흥분한 11여단의 공수부대원이 저질렀다는 의심을 받고 있는 사건이 하나 있다.

즉결 처분의 수수께끼

1985년 6월에 기자는 광주에서 權根南(권근남·쌀가게 경영)씨를 만나 이런 증언을 들은 적이 있었다.

『나의 형 權根立(권근립)씨는 포항의 어느 공장에서 근무하던 중 집에 다니러 와 있었다. 5월24일 오전 9시쯤, 한 울타리 안에 다섯 가구가 살고 있는 우리집(광주시 송암동 58의 2)으로 갑자기 일제 사격이 가해지기 시작했다. 형을 비롯한 네 가족들은 숨거나 엎드렸다. 총성이 멈추더니 공수부대 군인들이 찾아와 가택수색을 했다. 그들은 부엌에서 형과 김승훈(당시 18세·노동자), 임병철(26세)씨 등 세 청년을 발견, 다짜고짜 끌고 갔다. 아버지는 논에서 못자리에 손을 보고 있다가 총성이 나자 집으로 돌아왔으나 원체 겁이 나서 형이 끌려가는걸 보고도 숨지 않을 수 없었다. 1시간쯤 집에 숨어 있다가 나가서 형의 행방을 찾았다.

형과 김승훈의 총살된 시체는 집에서 가까운 철도변 하수구에 처박혀 있었다. 형은 가슴에 총을 맞았고 양팔에는 대검으로 찔린 흔적이 있었다. 임병철씨의 시체는 맞은편 산기슭에서 발견됐다. 나는 아무 까닭도 없이 참살된 형의 죽음을 좀 더 자세히 알아보려고 목격자들을 찾아 그

전후사정을 알아보던 중 놀라운 사실을 확인할 수 있었다. (중략) 그날 아침 진짜 무장시위대는 군용 트럭을 몰고 공수부대 뒤를 따라 갔는데 바로 앞에서 전투가 벌어지는 것을 보고 기겁을 하여 차를 버리고 주택가로 숨어버렸다. 공수부대 병력이 우리집 등을 수색한 것은 바로 이 오인사격 뒤 숨어든 무장시민들을 찾기 위한 것이었다. 그들은 형과 두 청년을 홧김에 즉결처분한 셈이다.』

「작전 명령—화려한 휴가」에 실린 11여단 공수부대원의 수기에는 權씨의 증언과 일치하는 대목이 나온다.

〈그 때까지도 우리는 (오인사격에 의한) 그 전투의 상대가 시민군인 줄 알았다. 우리는 하차하여 부근의 민가를 수색했다. 야산에서 젊은이 2명을 시위대라고 잡아 왔다. 얼굴은 구타를 당해 형체를 알 수 없을 정도였다. 그 청년에게 (동료들은) 너도나도 개머리판으로 때리기 시작했다. 두 사람은, 우리는 절대로 시위대가 아니다. 근처의 모 연탄공장에서 일한다고 했다. 「옆에 흐르는 물에 엎드려!」하고 시켰다. 한 장교가 「어이, 사살시켜」라고 했다. 한 군인이 M16 자물쇠를 풀더니 앞의 젊은이에게 세 발, 뒤의 젊은이에게 세 발을 쏘자 파르르 물 속에서 떠는 것이었다. 모 하사관은 확인사살을 한다고 죽은 젊은이에게 사격을 가하는 것이었다. 눈앞에 전개되는 모든 것이 꿈만 같았다〉

기자는 당시 11여단과 전교사의 고위장교들에게 이 사건을 보고 받은 적이 있느냐고 물어보았다. 6·25 참전 경험을 가진 한 장성은 『설사 그런 일이 있었다고 해도 보고를 했겠느냐. 6·25 때 보니까 격전을 치른 부대에서는 포로가 살아나지를 못하더라. 동료가 다친 데 대한 화풀이로 적의 포로를 생포해도 죽여버리더라』고 했다.

또다른 오인 충돌

5월24일 오전 10시쯤 31사단 소속의 한 대대 소속 중대원 30여 명은 트럭 한 대에 타고 영광 쪽 호남고속도로 진입로를 지나가고 있었다. 사단본부에서 대대본부로 이동하는 중이었다. 고속도로 진입로는 통행이 중지돼 이 군용트럭 한 대만 지나가고 있었다. 트럭 맨 앞에서 동료 3명과 함께 집총 자세를 하고 서 있었던 안문영씨는 이렇게 기억한다.

『양쪽은 산비탈이었다. 우리는 이동 중 간헐적으로 사격을 받았다. 바리케이드가 보였다. 중대장 송준욱 대위가 그냥 지나가라고 지시했다. 트럭이 돌진했으나 바리케이드에 걸려 잠시 멈추었다. 그때 산속에서 집중사격이 쏟아졌다. 우리도 트럭에 탄 채 응사했다. 누가 쏘는지 보이지도 않았다. M16과 구경 50밀리 기관총탄이 트럭을 향해 빗발치듯 했다. 총알이 트럭 차체에 맞는 소리가 탁 탁 탁하고 났다. 나는 왼쪽 팔목에 첫 총탄을 맞고 쓰러졌다. 양손 양다리 등에 다섯 발을 더 맞았다.

신학대학에 다닌 적이 있는 나는 「하느님」을 불러댔다. 내 옆에 서 있던 김명철, 최필양, 허 모 사병 등 3명은 그 사격으로 즉사했고, 나를 포함한 5명(서보원, 장태산씨 등)이 중상을 입었다. 중대장도 부상했다. 중대장은 다치고도 저쪽의 사격이 조직적인 게 이상하여 무전으로 「우리는 국군이다」라고 소리치게 했다. 저쪽에서 무전을 받아 「총을 놓고 트럭에서 내려라」는 지시를 했다. 알고 보니 저편은 전투교육 사령부 소속 기갑학교의 하사관 생도들이었다. 그들은 산에 매복하고 있다가 우리를 폭도로 오인, 사격을 시작했고, 우리가 응사하자, 더욱 확신을 갖고 집중 사격을 가해 왔던 것이다. 사상자들은 그쪽에서 보내준 APC에 실려 군병원으로 후송되었다.』

이상에 소개한 두 건의 오인충돌로 군인 12명이 사망하고 40여 명이 중경상을 당했다. 광주사태에서 사망한 군인들은 모두 23명이고 부상자는 약 100명인데 각각의 반쯤이 오인 충돌에 의한 희생자들인 것이다. 한 장교는『전투라는 것은 원래 혼란상황이라 이런 사고가 날 수 있는 법이다. 군인이 이 정도라면 시민 측에서도 자기들끼리 오인 사격이 꽤 있었으리라고 추리할 수 있지 않을까』라고 했다. 정웅 당시 31사단장은『이 두 건의 오인사격은 나의 관할지역에서 일어났는데 전교사에서 나의 지역에 매복 병력을 보내 놓고도 알려주지 않아 상호간의 오인을 자초했다. 우리한테 알려주었으면 관련 부대에 상호간의 위치를 통보, 오인이 없도록 했었을 것이다』라고 말했다.

장사복 당시 전교사 참모장은 전남 도청 지하실에 있던 다이나마이트의 뇌관과 수류탄의 안전핀을 제거한 과정에 대해서 이렇게 증언했다.

『전남도청에 들어가 있었던 5명의 대학생이 아세아 자동차 쪽 대치선을 넘어 나에게 찾아왔다. 23일이나 24일 경으로 기억된다. 이들은 지하실에 있는 다이나마이트와 수류탄에 대해서 걱정을 하고 있었다. 우리는 전교사 병기근무대의 한 문관을 25일 밤에 몰래 도청으로 들여보냈다. 나를 찾아온 다섯 명의 학생들이 경비를 서고 있는 틈을 타서 이 문관이 밤을 새워 수류탄 안전핀 등을 제거하여 갖고 나왔다. 그런데 그 학생 가운데 한 명은 5월27일의 도청 탈환 전투에서 죽었다는 이야기를 들었다.』

장사복씨는『우리가 재진입을 결정하게 된 것은 시민측에 의한 자체 수습이 불가능하다고 판단하였기 때문이다. 시내의 치안도 불안해졌고, 계엄군이 다시 들어와 질서를 회복해 주기를 바라는 여론도 높다는 판단을 했다』고 했다. 소준열 당시 전교사 사령관은『영관급 전역자 출신인 전교사 연구관들을 몰래 광주시내로 보내 민심을 파악하도록 했는데 군의 재진입을 바라는 사람들이 많다는 보고를 받았다』고 했다.

5월25일 오후 최규하 대통령이 비행기편으로 광주에 도착, 전교사를 방문하고, 광주시민에게 할 방송을 녹음한 뒤 서울로 올라갔다. 周永福(주영복) 국방부장관, 이희성 계엄사령관이 수행하여 내려왔다. 全斗煥 국군보안사령관은 내려오지 않았다. 광주사태 기간 중 그는 한번도 내려온 적이 없다. 이 자리에서 蘇俊烈 사령관은 崔대통령에게『아무래도 작전을 해야겠습니다』고 보고했다. 崔대통령은『그러면 시민들이 많이 다칠 텐데…』하고 걱정했다고 한다. 崔대통령이 張炯泰(장형태) 전남도지사의 의견을 묻자 張지사는 군의 재진입에 반대하는 뜻의 이야기를 했다. 李희성 계엄사령관은 張지사의 견해를 심하게 비판했다고 한다.

소준열씨는『광주 탈환 작전은 완전히 내 책임 아래에서 결정했다』고 말했다.

『26일 오후의 참모회의에서 27일 새벽 4시를 목표지점 행동개시 시간으로 결정하였다. 그러나 이 정보가 새나갈까 봐 신경을 썼다. 31사단장에게는 작전이 보류된 것처럼 통보했고, 3개 공수여단의 여단장에게만 임무를 부여했다. 심지어 이희성 계엄사령관에게도 작전이 시작된 뒤인 27일 0시쯤 작전개시를 알렸다. 李사령관은「작전을 시작한 뒤 알리면 어떻게 하느냐」고 역정냈지만, 이 작전을 계통을 밟아 하다가는 시간만 걸리고 정보가 새 나갈 것으로 나는 판단하였다.』

蘇씨는『31사단장 정웅 장군에게는 27일 0시가 지나서 전화로 작전개시를 통보하고 31사단의 임무를 부여했다』고 했다. 31사단은 한 방직공장의 점령 등 비교적 사소한 일을 맡았다.

공수부대의 마무리 작전

광주탈환작전은 3·7·11공수단이 27일 새벽에 시민군의 요충지를 직격하여 무력화시킨 뒤 20사단 병력에게 인계하고 날이 새기 전에 재빨리 빠져 나와 「공수부대의 흔적」을 남기지 않는 방식으로 진행되었다.

「특전사 작전일지」에 따르면 이 작전은 이렇게 진행되었다.

〈장교 11명, 사병, 하사관 66명으로 구성된 3여단 11대대(대대장 임수원 중령)의 특공조(조장 편종식 대위)는 새벽 2시에 기상하여 조선대학교-조대부중-도깨비시장-전남기계공고를 거쳐 새벽 4시 정각에 도청 후문에 도착했다. 이들은 보병 복장으로 위장했다. 4시10분 특공조는 전남도청으로 진입했다. 편종식 대위는 도청지하실로 들어가 폭약과 수류탄을 먼저 압수했다. 전격작전은 30분 만에 끝났다. 200여 명의 시민군들을 체포했다.

7여단 33대대 병력 201명은 광주공원을 목표로 27일 새벽 1시30분에 국군통합병원에 집결, 시내로 잠입하기 시작했다. 월산동 부근에서 10여 명의 시민군과 조우하여 7여단에서 한 명이 죽고 5명이 부상당했다. 시민군 1명이 사살되고 한 명은 생포되었다. 새벽 4시 광주공원에 도착해보니 무장시위대는 한 명도 없었다. 이들은 계엄군이 들어온다는 소식을 듣고 도청으로 옮겨가 버렸던 것이다. 그래서 도청에서는 당초에 예상했던 80여 명보다 많은 200여 명의 시민군을 체포할 수 있었다. 11여단은 전일빌딩을 점령, 30여 명의 시민군을 체포했고 YWCA건물을 접수할 때 안에 있던 30여 명의 시민군이 저항, 총격전이 벌어졌다. 두 하사가 피격당했고 시민군 3명을 사살, 29명을 붙들었다〉

계엄사는 광주를 탈환하는 과정에서 17명의 시민군을 사살했고, 군

측에서는 3명이 사망했다고 발표했었다. 소준열 당시 전남북계엄분소장 겸 전교사 사령관은『최소한의 희생으로써 질서를 회복했다고 지금도 확신한다. 공수부대가 과잉진압으로써 사태를 악화시킨 면도 있지만 탈환 과정에서는 야간기습전술로써 피해를 적게 내는 데 본령의 능력을 발휘하였다. 일반 보병부대를 투입, 정공법으로 나갔다면 희생은 엄청났을 것이다』라고 주장했다.

　참고로 세 공수여단장의 그 뒤를 알아본다. 7여단장 申우식씨는 경북 사람으로서 육사 14기 출신이다. 국군보안사에서 근무한 적이 있고, 정호용 준장이 공수7여단을 창설했을 때는 鄭여단장 밑에서 참모장을 지냈었다. 광주사태 이후에는 5사단장을 거쳐 한직에 있다가 3년 전에 전역했다. 11여단장 최웅씨는 서울 출신인데 육사 12기 출신으로서 광주사태 이후 사단장, 특전사령관을 거쳐 육군 중장으로 예편한 뒤 파키스탄주재 대사를 지냈다. 3여단장 최세창씨는 대구사람으로서 경북중-경동고를 나왔으며 육사 13기로 공수단 창설 멤버 중 한 사람이었다. 부마사태 진압과 12·12사태 때의 특전사령관 연행에 핵심적 역할을 했던 그는 광주사태 뒤에는 수경사령관, 3군사령관, 합참의장을 거쳐 국방장관이 되었다.

7

全斗煥 斷罪는
正義를 구현하였나?

釜馬사태—10·26—12·12—5·17—광주사태—5共비리 사건—全斗煥 구속의
全과정 속에서 正義를 찾아 헤맨 月刊朝鮮의 기록

〈1996년 1월호 月刊朝鮮〉

正義는 구현되고 있는가

현존 권력에는 맞서고 前권력에 대해서는 따뜻한 시선을 견지해 온 月刊朝鮮(월간조선)은 당대의 권력에 굴종한 과오를 그 권력이 시체가 되었을 때 난도질로써 씻으려 하는 작금의 언론 풍토를 목도하면서 正義(정의)구현의 원칙과 저널리즘의 原点(원점)을 생각해 보았다. 침묵하는 다수의 온건한 생각이 봉쇄되고 과격한 일부세력의 거친 숨소리가 텔레비전 화면과 신문 지면을 거의 독점하는 가운데서 벌어지는 이른바 「역사청산」은 또다시 「恨(한) 많은 세력」을 남기고 말 것이다. 공평한 진실규명과 상식적인 法집행을 외면하면 당대의 敗者(패자)는 후대에 가서 늘 勝者(승자)로 되살아난다. 지금은 金泳三(김영삼)−全斗煥(전두환) 재대결의 공정한 게임 규칙을 확립할 때이다. 그리하여 과거와 오늘이 싸우다가 내일을 잃고 마는 악순환을 여기서 끊을 때이다.

盧泰愚(노태우) 전 대통령의 구속기소를 몰고 온 일련의 사건 흐름에서 최초의 한 방울을 떨어뜨렸던 기사는 1995년 6월호 月刊朝鮮에 실렸던 咸承熙(함승희) 변호사의 동화은행 수사 축소·은폐에 대한 폭로[金然極(김연극) 기자의 기사]였다. 이 기사를 기폭제로 하여 기자들과 정치인들의 6共 비자금에 집중적으로 파고들게 되었고 그런 시류 속에서 朴啓東(박계동) 의원의 결정적 폭로가 터졌다. 全斗煥 전 대통령의 감옥行을 몰고 온 12·12−5·18사건 再起(재기)의 과정에서도 月刊朝鮮은 중요한 역할을 수행했다. 1995년 9월호의 부록으로 공개된 「12·12사건 保安司감청 테이프」는 장군들의 긴박한 현장 육성으로써 12·12사건을 「군사반란」으로 자연스럽게 규정하도록 만들면서 신군부 사법처리 요구 운동에 기름을 부었던 것이다.

그렇다면 月刊朝鮮 기자들은 全, 盧 두 전직 대통령의 구속에 대하여 「우리의 노력으로 정의는 구현되었다」고 기뻐하고 있을 것이다? 실상은 그렇지 않다는 데 문제의 본질이 있다. 공평한 진실규명에 입각한 상식적인 法적용은 정의구현의 2大 조건이다. 권력의 큰손이 검찰권에 개입하여 일반의 진실만 노출시키고, 다수 언론사가 앞장선 선전·선동의 바람이 일어나 상식을 휩쓸고 허문 다음 그 황폐한 心象(심상)에다가 法을 갖다 대었을 때는 정의구현 대신에 마녀사냥만 있을 뿐이다.

月刊朝鮮은 12·12사건, 비자금, 광주사태에 대한 공평한 진실규명을 지향해 왔다. 月刊朝鮮 기사가 5共 청문회 때 여야 국회의원 양쪽에 의해서 가장 많이 인용된 것도, 우리는 항상 사건 당사자들의 이야기를 다 듣고 사건의 전체상을 그리려고 노력해왔기 때문이다. 그런 노력의 축적물들이 정의구현이 아니라 現代史(현대사) 파괴의 영상테러에 도용되는 작금의 상황을 바라보면서 기자는 「차라리 특종을 하지 말았을 것을」하고 느낄 때도 있다.

서민의 정의감이 10·26 불렀다

月刊朝鮮은 지난 15년간 12·12사건을 우리 시대의 최대 정점으로 만드는 데 최대의 기여를 한 매체이다. 12·12사건을 금기의 章(장)에서 끌어낸 역사적 인터뷰(1987년 9월호 鄭昇和 증언)에서 12·12사건 녹음테이프 발굴까지 月刊朝鮮은 이 군사반란과 관련된 특종들의 대부분을 차지하였다. 12·12사건의 뿌리는 그 두 달 전인 釜馬(부마)사태이다. 釜馬사태는 朴正熙(박정희) 철권통치에 대한 최초의 시민적 저항이었다는 의미가 있다. 중산층이 主流(주류)인 도시의 서민층이 본격적으로 학생들과 합세하여 反정부 시위를 벌인 것은 朴正熙 시대 18년 중 이것이 최초이자 최후였다. 현지를 시찰한 金載圭(김재규) 당시 정보부장은 부마사태를 民亂(민란)으로 인식했다. 이런 인식이 8일 뒤「유신의 심장을 향하여 야수의 마음으로」방아쇠를 당기게 하는 중요한 동기가 되었다.

10월16일 밤, 그때 국제신문 사회부 기자였던 나는 부산 남포동 앞 대로에서 경찰 진압 트럭이 시위대의 손에 넘어가 펑 하는 굉음과 함께 불타오르는 현장에 있었다. 그 화염은 많은 시민들을 흥분시켰고 朴정권에 대한 공포감을 일순 마비시켰으며 카니발 같은 축제 분위기를 연출했다. 기자는 그 순간 문득「아, 이 사태는 결국 계엄령을 부르겠구나」하는 생각을 했다. 그때 부산시민들과 학생들을 용기 있는 행동으로 내몬 것은 정의감이었다.

그해 여름부터 가을까지 朴正熙 정권은 YH사건, 金泳三 신민당 총재 직무정지 가처분─국회의원 제명 등 잇따른 무리수를 두었다. 권력의 도구가 된 法과 정당, 그리고 어용화된 언론을 동원한 朴正熙의 强攻(강공) 드라이브는 군사작전처럼 일사불란했으나 서민들의 마음속에선 反感(반감)이 쌓여갔던 것이다. 이 反感을 분석해보면 장기 집권에 대한 싫증, 金泳三 제명에 대한 분노, 어용언론에 대한 증오, 그리고 물가폭등과 과중한 세금에 대한 상인층의 불만이 나타난다. 그런 여러 요인들이 통합된 하나의 표현은「비열한 권력에 대한 시민의 저항」이었다.

요즘처럼 자유선거가 있었다면『좋다, 선거 때 혼내주겠다』고 벼를 수 있었겠지만 그런 출구가 없는 상태에서 부산 사람들은「화가 나서」행동으로 나섰던 것이다. 釜馬사태 때 계엄군으로 투입된 것은 서울에서 급파된 공수부대였다. 그때까지 한국인들은 권력의 하수인 같은 검찰과 경찰보다는 국민의 군대인 국군에 대해서 아주 높은 친근감과 믿음을 갖고 있었다. 이런 믿음을 배신한 것이 공수부대였다. 그들은 단순히 「겁을 준다」는 목적 하에서 무고한 행인들까지 마구잡이로 두들겨 팼다. 「대한민국에 이런 군대가 있었나」하고 기자도 놀랐다. 5·16 군사쿠데타 이후에도 물샐 틈이 없이 계속되었던 民軍(민군)우호 관계에 최초의 금이 가게 만든 사건이었다.

그런데 우리 軍지휘부는 이 현상을 「문제」로서가 아니라 「성공사례」로 해석했다. 시위엔 공수부대를 풀어 조기에 강경진압하면 된다는 교훈, 그것을 여섯 달 뒤 광주에서 다시 적용했던 것이 민심을 모르는 우리 군지휘부였다.

鄭昇和 총장의 비극

12·12사건, 5·17쿠데타, 광주사태뿐 아니라 최근 일고 있는 소위 역사청산 논쟁은 10·26사건과 朴正熙를 어떻게 보느냐 하는 데서 起因(기인)하고 있다. 朴正熙란 巨木(거목)의 그늘 아래에서 이뤄지고 있는 정치논쟁이고 권력투쟁이니, 한국은 아직도 朴正熙 시대라는 터널을 완전히 벗어나지 못하고 있는 셈이다. 朴正熙의 죽음을 「민주화의 好機(호기)」로 본 것은 대다수 국민과 공화당·유정회를 포함한 기성정당이었다. 「국가안보의 위기」로 인식한 것은 일부 국민과 全斗煥 장군 그룹이었다. 김재규에 대한 재판이 진행되면서 사회에서는 박정희 격하 분위기가 형성되기 시작했다.

군부에서는 鄭昇和(정승화) 육군참모총장을 중심으로 한 노장·非정규 육사 출신들이 박정희 친위세력화한 하나회를 제거하려는 움직임을 보였다. 하나회가 뿌리를 둔 것은 육사 11기 이후의 정규육사 출신 장교단이었다. 이 집단은 박정희에 대한 충성심이 아주 강했다. 따라서 정치권과 사회에서 일고 있는 박정희에 격하운동과 김재규 미화 움직임에 대해서 불안 분노하고 있었다. 엘리트 의식이 강한 정규육사 출신들은 또 非정규육사 출신인 군상층부에 대해서 일종의 경멸감까지 갖고 있었다. 이런 장교들에게는 정승화 총장의 10·26사건 당시 행적이「지울 수 없는 의혹」으로 다가왔다. 신군부측에선 아직도 정승화 장군이 그날 기회주의적 자세를 취해 결과적으로 김재규를 도왔다고 주장하고 있다.

그러나 기자의 판단은 확고하다. 정승화 장군은 그날 밤 거의 최선의 대응을 했다. 김재규와의 공모는 물론 없었다. 초기에 정보 부족으로 다소 흔들렸다고 해도 그것은 어떤 인간도 그런 엄청난 상황에서는 겪을 수밖에 없는 당황과 주저의 수준을 넘지 않는다.「선비 같은 장군」정승화 총장의 비극은 朴正熙 대통령이 피살되는 그 현장 가까이에 김재규와 함께 있었다는 바로 그 사실이었다. 이 사실은 의혹으로 증폭됐다. 역사적 변동을 가져오는 것은 사실이나 진실이 아니고 인식이다.

정규육사 장교단의 인식은「정승화 장군이 의심스럽다」는 쪽이었다. 이런 의혹은 12·12사건 그날 밤 全斗煥 측에서『이건 쿠데타가 아니야. 정승화 장군을 10·26사건 수사와 관련해 연행하는 과정에서 일어난 불상사에 불과해. 그러니 육군본부측의 군출동 요구에 응해선 안 돼!』라고 설득할 때 많은 지휘관들이 납득하도록 만든 중요한 하나의 요인이 되었던 것이다. 정승화 총장이 10·26 직후 도의적 책임을 지고 계엄사령관직을 사임했더라면, 혹은 崔圭夏 대통령이 鄭장군을 교체했더라면 역사는 달라졌을 것이다.

1987년에 정승화 장군을 처음으로 인터뷰한 것이 계기가 돼 기자는 지금까지도 그를 가깝게 만나고 있다. 鄭장군은 6·25 때는 용감한 지

휘관이었고 육군참모총장으로서는 오로지 본연의 임무에 헌신하여 駐
韓(주한)미군으로부터 존경을 받았던 군인이다. 국내 정치엔 무관심했지
만 그것이 비난의 이유가 될 수는 없을 것이다. 그런 좋은 군인이 역사
의 敗者(패자)가 되었다는 점은 역설적으로 역사에서 과연 정의가 구현
될 수 있는가 하는 話頭(화두)를 던진다.

12·12가 계획대로 되지 않아 정권까지 잡게 되다

12·12사건의 핵심은 「계획에는 없었던 쿠데타」, 즉 결과적 쿠데타라
는 점이다. 군부의 패권을 잡기 위한 의도에서 수사차원의 강제연행으
로 시작된 이 사건은 「계획대로 되지 않았기 때문에」 군사반란으로, 더
나아가서는 정권장악으로 발전한다. 요사이 신군부 출신들이 당시 合
搜部(합수부) 수사과장이던 李鶴捧(이학봉)씨에게 『왜 그때 (鄭총장) 연행을
서툴게 하여 지금 까지 우리를 골탕먹이나』라고 불평을 했다고 한다. 이
에 대해 李씨는 『내가 실수했기 때문에 두 사람의 대통령이 나오지 않았
나』라는 취지의 응수를 했다는 것이다. 이 농담은 진담이다.

그날 정승화 총장 공관에서 총격 없이 조용하게 총장 연행이 이루어
졌다면 전두환 장군과 하나회는 군부의 헤게모니를 잡는 데 만족하고
집권까지는 엄두를 내지 못했을 것이다. 공관에서의 총격과 최규하 대
통령의 결재거부, 그리고 陸本(육본) 측의 진압 움직임에 맞서 살아남기
위해서 자기편의 병력을 동원하고 국방장관을 끌고 다니며 崔대통령을
압박하는 과정에서 자연히 「쿠데타的 군사반란」이 돼버린 것이다. 12월
12일 초저녁에는 군부의 한 실력자에 불과했던 육군소장 전두환도 13일
새벽에는 대통령까지도 눌러버린 最强者(최강자)가 돼 있는 자신을 발견

하고 놀랐을 것이다. 그는 돌아갈 수 없는 反亂(반란)의 다리를 건넌 셈이었다. 살기위해서라도 정권을 향해 질주하지 않을 수 없게 되었다.

12·12사건의 10시간 동안 우리나라 權府(권부)와 軍部(군부)의 내장 프로그램이 바뀌어버렸다. 겉으로는 헌정질서와 명령계통 같은 하드웨어가 여전했으나, 그것을 작동시키는 소프트웨어는 전두환 그룹의 장악하에 들어갔다. 권력구조의 작동에 필요한 指示語(지시어)는 이제 합수부에서부터 발신되기 시작했다. 이런 2중 구조는 1979년 12월13일부터 1980년 9월1일 전두환 장군이 대통령으로 취임할 때까지 계속되었다. 이 기간에 5·17 계엄확대, 국보위설치 같은 모든 중요한 사안은 崔圭夏 대통령의 재가를 받아 이루어졌다. 겉으로는 合憲的(합헌적) 모습을 보여주었다.

全斗煥 그룹이 崔대통령을 협박한 흔적도 아직 발견되지 않는다. 崔대통령은 자신이 신군부에 의해서 포위되고 고립되었다는 압박감을 느끼고 있었음은 분명하다. 청와대 비서진을 비롯한 崔대통령 휘하의 주요 참모 및 행정조직이 몽땅 신군부의 명령권 내지 영향권 아래로 들어가 버렸기 때문이다. 이렇게 된 데에는 신군부의 권력의지뿐 아니라 권력에 영합하려는 일부 한국인들의 적극적 추정이 중요한 역할을 했다. 保安司 정보처장으로서 신군부 집권과정에서 프로그래머役을 맡았던 權正達(권정달) 정보처장은 『12·12사건 뒤에는 우리의 의사와는 관계없이 권력이 우리를 향해 달려오는 느낌을 받았다. 우리를 실력자라고 생각해서 선을 대려고 몰려드는 이들이 끊이질 않았다』는 취지의 말을 했다. 권력의 풍향에 너무나 민감하게 대응하는 한국 기성세력의 자세가 신군부를 「권력의 신화」로 둘러싸게 했고 그 신화는 점차 실체로 변해갔다. 권력이란 것은 손에 잡히는 물건이 아니라 「누가 세다」고 하는 데 대한 다중의 동의인 것이다.

崔圭夏 대통령의 시국인식

1979년 12월12일~1980년 9월1일 사이의 이 기간을 金泳三(김영삼) 정부는 쿠데타라고 못 박았다. 지난 1995년 7월18일 서울지방검찰청과 국방부검찰부가 발표한 「5·18관련 사건수사결과」에는 이렇게 기록돼 있다.

〈앞에서 본 일련의 조치들(전국계엄확대·國保委 설치 등)이 外形的(외형적)으로는 비록 崔圭夏 대통령의 國事行爲(국사행위) 또는 그 집행행위의 外觀(외관)을 갖고 있다. 그럼에도 불구하고 실질에 있어서는 朴正熙 대통령의 예기치 않은 사망으로 초래된 권력의 공백기에 12·12사건으로 軍의 주도권을 장악한 全斗煥 보안사령관이 제5공화국이란 새 正權(정권)을 창출해 나가는 과정에서 전국 비상계엄이라는 특수상황을 이용하여 국군보안사령관, 계엄사 합동수사본부장, 중앙정보부장서리, 국보위 상임위원장의 지위를 최대한 활용하여 입안, 추진한 정치적 성격의 행위들이다. 이 사건에서 문제가 되고 있는 일련의 조치 과정은 全斗煥 보안사령관이 그가 장악하고 있던 軍을 배경으로 하여 새로운 正權과 헌법질서를 창출해 나간 정치적 變革(변혁) 과정에 해당된다고 할 것이다〉

검찰의 고민스러운 성격규정은 정확하다. 쿠데타라고 보기에는 대통령을 협박한 증거가 없다. 그러나 합헌적으로 보기에는 全斗煥 장군의 월권이 심하다. 「대통령의 소극적 동의에 의한 군부의 정권장악」이란 이상한 현상을 쿠데타로 보느냐, 쿠데타的 사건으로 보느냐, 합헌적 정권이양으로 보느냐 하는 것은 법률의 영역이라기보다는 정치의 영역, 즉

힘의 관계 하에서 이루어질 성질이다. 지금은 권력을 쥔 金泳三 정부가 쿠데타로 규정, 그 수괴인 全 전 대통령을 감옥으로 보낸 상황일 뿐이다. 여기서 하나 눈여겨볼 부분은 최규하 대통령의 시국 인식이 시간이 흐를수록 全斗煥 장군과 비슷해져갔다는 점이다.

'3金씨'로 대표되던 당시의 정치세력과 계엄령 하에서도 파업·시위를 감행했던 학생·노조 등에 대한 대통령의 시각은 대단히 부정적이었다. 당시 정치권은 崔대통령의 우유부단을 경멸했는데 崔대통령도 정치권을 한심하게 생각하고 있었고 그런 생각이 그를 신군부 쪽으로 밀어붙인 것으로 보인다. 崔대통령이 1980년 6월12일에 발표한 「국가기강 확립에 관한 담화」 중에서 그는 신군부와 비슷한 시국관을 보였다. 『일부 정치세력은 민주주의와 자유를 독점물인 양 내세우면서 국민간의 분열과 대립을 초래할 무책임한 言動(언동)을 하는가 하면, 사회불안 요인을 오히려 자극함으로써 무질서와 혼란을 가중시킨 경우도 없지 않았습니다.』

쿠데타라면 가장 큰 피해자여야 할 崔 전 대통령은 지금껏 한번도 全斗煥 측에 대해 불리한 증언을 하지 않고 있다. 1995년 여름에 全斗煥 전 대통령 측이 검찰에 답변서를 제출할 때는 그 초안을 연희동 측으로부터 받아서 검토한 적이 있을 정도로 崔-全 두 사람이 지금껏 가까운 것도 이 사건을 쿠데타로 판단하는 데 있어서 장애가 되는 부분이다.

3金도 5·17에 공동책임 져야

「세계 역사상 가장 긴 쿠데타」로 불리기도 한 이런 희한한 정권장악 과정은 12·12사건의 성격에서 연유하는 것이다. 신군부는 朴正熙처럼 확고한 개혁의지와 비전을 가지고 주체집단을 조직한 다음 정권을 장악한 것이 아니었다. 거의 우발적으로 쿠데타의 길을 가게 되었다. 12·12 그날 밤 저질러 놓은 상황이 너무 엄청났고, 그 상황이 그들을 정권 쪽으로 강박해간 면이 강하다. 전두환 장군은 崔대통령으로부터 정권을 인수하라는 통보를 받고 나와 노태우 당시 보안사령관을 불러『내가 대통령이 되려고 이렇게 한 것이 아닌데 이를 어쩌면 좋으냐』고 말했다고 한다(盧 전 대통령 증언). 전두환 장군은 대통령이 된 뒤에도 한동안은 청와대 집무실의 그 의자에 앉아 있기가 송구해서 소파에 주로 앉았다는 얘기도 전한다.

전두환 장군의 이런 미안함과 주저는 10·26 이후 국민들의 염원이 민주화에 맞춰져 있었다는 점에서도 연유한다. 군부의 재등장은 민주화라는 대세를 거스르는 행위라는 것을 그도 파악하고 있었을 것이다. 이런 상황이었으므로 1979년 12월13일~1980년 5월17일 사이에 우리나라의 정치세력이 슬기롭고 단호하게 대처했더라면 군사정권의 재등장은 저지될 수도 있었다는 가정이 부분적으로 성립한다. 3金씨 그중에서도 金泳三, 金大中(김대중)씨가 단합하여 사회 각 부문의 욕구분출을 통제하면서 민주화 쪽으로 여론을 주도해 갔더라면 과연 신군부가 집권할 수 있었을까. 기자는 신군부의 집권은 불가능했으리라고 판단한다.

許和平(허화평) 의원(당시 보안사령관 비서실장)도 같은 견해를 나타냈다. 「그래도 결국은 신군부가 집권했을 것이다」고 믿는 의견도 있다. 그렇다고 해서 3金씨가 면책되는 것은 아니다. 신군부의 집권은 그것대로 책임을 물어야 하며 3金씨가 단합 못한 책임은 또 그것대로 따져야 하는 것이다. 3金씨 중 쿠데타 기획의 경험자인 金鍾泌(김종필)씨는 가장 정확하게 신군부의 집권 공작을 읽고 있었다. 그러나 그는 崔대통령 정부나 全斗煥 세력에 대한 영향력을 가지지 못했을 뿐 아니라 야권의 두 金씨와 연대하여 군부의 재등장을 막아보려는 적극적 자세를 보이지 않은 채 다소 방관자적 입장을 취했다.

김영삼 당시 신민당 총재는 10·26사건을 결과한 것은 자신의 투쟁에서 비롯되었다는 확신 아래서 신민당을 민주화 세력의 정통이라 내세우고 김대중씨와 재야세력을 흡수통합하려는 자세를 취하는 한편, 군부의 등장說에 대해선 3金씨 중 가장 안이한 판단을 했다. 金大中씨는 군부의 등장을 우려하면서도 재야세력을 활용하여 가장 도전적인 입장을 취했다. 재야·학생 세력을 결집, 활성화시킴으로써 군부의 집권의지를 꺾으려 하지 않았나 하는 추리를 가능하게 한다.

중산층은 왜 침묵했나

이때의 상황을 돌이켜 볼 때 김영삼, 김대중 두 사람이 왜 강자인 신군부를 主敵(주적)으로 삼지 않고 최규하 – 申鉉碻(신현확·당시 총리) 민간정부만 집중적으로 공격했는가 하는 의문을 갖게 한다. 신군부의 등장을 단호하게 경고하면서도 최규하 민간정부에게는 협조하는 자세를 취했더라면 崔대통령을 전두환 편에서 떼어내어 신군부를 고립화시킬 수도 있지 않았을까. 최규하 정부로 하여금 신군부와 협조하도록 만든 것은 양金씨의 너무 가혹한 정부비판이 대통령 및 각료들로 하여금 「저런 사람들보다는 군인이 낫겠다」는 생각을 하도록 만든 때문은 아닐까. 당시 崔대통령의 핵심 참모였던 S씨는 이렇게 말했다.

『崔대통령이 취임하면서 1년 정도를 잡고 이듬해 봄에 정부를 이양

한다고 하지 않았습니까. 그러면 참아주어야 했어요. 결국 양쪽의 정치일정이란 것이 몇 달 차이밖에 안 나는 것 아닙니까(기자注: 金泳三 총재는 1979년 11월 초 「3개월 이내에 헌법개정, 그후 2개월 내에 대통령 선거」를 주장). 양金씨가 정치일정 단축을 자주 조급하게 주장하니 혼란에 빠진 겁니다. 내각에선 양金의 행태를 크게 우려했습니다. 정권이양이 이사가는 정도는 아닐 텐데 몇 달을 못 참는다는 것은 문제가 있었어요.」

양金의 분열, 계엄령 하 학내시위 격화, 노사분규, 사북사태, 학생들의 가두 진출로 이어진 대혼란을 기다린 것은 신군부였고, 불안해진 것은 중산·서민층이었다. 부마사태 때 도심으로 몰려나온 학생들에게 콜라 사주고 담배 던져 주었던 부산 광복동·남포동의 상인들은 1980년 봄에 와서는 「생업에 지장이 있으니 시위를 자제해달라」는 호소문을 내기에 이른다. 金泳三-金大中씨의 분열은 행정부 뿐 아니라 민주화를 바라던 중산층까지도 등을 돌리게 했다. 광주를 제외하고는, 1980년 5월의 학생시위에 시민들의 응원이 거의 없었다.

따라서 야당세력과 학생들은 군부-행정부-중산층이란 우리 사회의 주류로부터 분리되고 고립되었다. 중산층이 학생편을 든 부마사태, 2·12총선, 6월사태는 정치적 변화를 몰고 왔지만 중산층이 외면한 1980년 봄, 그리고 1991년 봄(姜慶大 치사사건)의 시위는 좌절되었다. 경제발전에 의해 巨大(거대)한 세력으로 성장한 중산층이 국론분열이나 정치투쟁의 최종 심판자 역할을 한다는 것은 한국정치의 제1원리인 것이다. 5·17 후 15년, 이제 당시의 피해자였던 3金씨는 당시의 가해자였던 全, 盧 두 전직 대통령과 崔圭夏 당시 대통령을 심판하는 입장에 서게 되었다.

요사이 3大 방송은 김영삼 대통령이 5·17의 최대 피해자인 것처럼 강조하면서 그에 의한 全, 盧 단죄가 역사의 정의인 것처럼 보도(혹은 선전)하고 있다. 위에서 살펴본 것처럼 오늘날의 3金씨는 5·17의 피해자이면서 공동책임자이기도 하다 불의의 기습으로 정권을 빼앗긴 5·16 당시의 張勉(장면) 총리에게 우리가 그 무능함과 비겁함을 따져왔다면, 12·12사건으로 이미 예고된 쿠데타를 사전에 막지 못하고 敵前(적전) 분열로써 민주화의 기회를 8년이나 늦추어버린 3金씨, 특히 양金씨의 책임을 묻지 않을 수 없다. 그 양金씨가 全, 盧 두 사람을 단죄한다는 의미는 보기에 따라서는 공동책임자들끼리의 책임전가로 해석될 소지도 있는 것이다. 최소한 역사와 국민 앞에 송구스러운 마음을 갖고서 단죄의 칼을 들어야 한다는 얘기가 된다. 자격 있는 사람에 의한 단죄인가 하는 문제는 정의구현 여부를 가름하는 핵심적인 사항이다.

광주에서 5일간 느꼈던 점

기자는 1980년 5월23일부터 27일까지 광주시에서 그 유혈사태를 취재했고, 그 뒤에도 계속해서 관심을 가져왔다. 그 현장에서 기자가 본 광주사태의 본질과 요점은 이러했다.

경상도 출신인 기자는 그곳에서 취재를 하는 데 큰 위협을 느끼지 않았다. 지역감정이 광주사태의 중요한 원인이 아니란 느낌이 왔다. 계엄당국이 광주사태의 본질을 지역감정 쪽으로 돌린 것은 사실의 왜곡이다.

광주시민 전체가 들고 일어난 것은 공수부대원들의 과격한 진압에 대한 거의 동물적인 분노 때문이었다. 『어찌 인간이 이럴 수가』하는 분노가 정의감으로 승화된 것이다.

신군부에 의한 金大中씨의 연행도 한 촉발요인이었지만 결정적인 것은 아니었다. 『金大中 석방』을 요구하는 구호는 다른 구호들에 비해서 상대적으로 소리가 낮았다(최근 검찰조사에서도 金大中씨가 광주사태를 조종했다는 說은 부정되었다).

『全斗煥 타도!』란 구호 뒤에는 『金日成은 오판 말라!』는 구호가 따랐다. 시민들이 간첩으로 의심 가는 시위자를 붙들어 계엄당국에 넘겨주기도 했다. 광주사태의 기본이념은 反共(반공)·민주화였다.

이른바 「시민군」은 軍紀(군기)를 비교적 엄정히 잡아 시민들에 대한 피해는 최소화되었다.

20사단의 광주 재진입작전은 희생자를 최소화한, 효율적인 것이었다.

기자는 5월27일 전남도청이 계엄군에 의해 탈환된 직후, 구경나온 시민들 중에서 경상도 말을 하는 청년을 한 사람 알게 되었다. 그는 전남도청 2기동대 소속 전투경찰관(상경)인 南모씨였다. 경북대학교 정외과 2학년에 다니다가 입대했다고 했다. 그는 5월21일 전남도청을 지키다가 시위대가 몰려오자 사복으로 갈아입고 달아났다. 다행이 고마운 아저씨 집에 숨어들어 7일간 지냈다는 것이었다. 南상경을 따라 그 집을 찾아갔다. 부동산업을 한다는 50代 초반의 광주 아저씨는 아내와 함께 기자를 맞아들이더니 푸짐한 점심대접을 해주면서 『제발 지역감정 치원에서 이 사태를 보지 말라』고 부탁했다.

南상경도 『공수부대원들이 몽땅 경상도 군인들이란 얘기도 틀렸고, 광주시민이 경상도가 밉다고 일어났다는 얘기도 사실이 아니다』고 역설하면서 과잉진압의 목격담을 들려주었다. 기자는 광주사태를 취재하고 부산에 돌아와 광주시민들을 옹호하는 발언들을 하고 돌아다녔다. 그때 부산의 일부 지역에선 경상도 사람들이 광주에서 당했다고 전라도 사람이 갖고 있는 상점에 대한 불매운동을 벌이고 있었다.

軍警(군경)사망자 27명의 문제

1985년 7월초 月刊朝鮮은 광주사태를 특집으로 다루었다. 그 南상경을 찾아내 다시 만났는데 대우그룹에서 일하고 있었다. 南씨는『지금도 저를 살려주신 그분을 찾아뵙고 있다』면서「광주 아버님」이란 표현을 했다. 그때 취재차 다시 광주에 내려가 보니 광주사태 사망자 유족들과 부상자들에 대한 정보당국의 감시와 탄압이 응어리를 더욱 키우고 있다는 사실을 확인할 수 있었다. 月刊朝鮮은 이 특집에서 취재기자 좌담회 기사를 실었다. 그 때 月刊朝鮮部에서는 기자 이외에도 吳効鎭(오효진), 趙南俊(조남준) 기자가 광주사태 취재경험자였다. 당시는 안기부의 언론탄압이 기승을 부릴 때였다.「공수부대」라는 말 대신에「계엄군」이란 표현을 써야 했다.

기자는 이 좌담회 기사에서 과잉진압을 설명하기 위해서 정부 측 통계를 나열했다.

『계엄사가 발표한 통계를 보면 144명의 시민 측 사망자 가운데 18%인 26명이 타박상 두부손상 자상으로 숨진 것으로 돼 있고, 23.6%인 34명이 19세 이하라는 겁니다. 14세 이하 사망자도 5명이고, 65세 노인도 있습니다.』

이 좌담회에서 月刊朝鮮 기자들은 그때 쟁점이 돼 있던 사망자수에 대해서 2000명說을 배척하고 200명說이 더 정확하다는 입장을 취했다. 이 대목으로 해서 月刊朝鮮은 다소 곤욕을 치렀으나 결국은 정확했음이 밝혀졌다. 광주사태 사망자 2000명說은 이 사태에 대한 과장이 5共 때 널리 퍼져 있었고 지금껏 영향을 끼치고 있다는 것을 뒷받침한다. 광주사태를 목격하지 않은 사람일수록 더욱 과장된 인식을 갖고 있는 것 같다.

서울지검의 1995년 7월 발표문에 따르면 광주사태 사망자는 193명이다. 민간인은 166명, 군인 23명, 경찰관 4명이다. 이 통계에서 언론이나 정치인들이 별로 관심을 두고 있지 않은 부분은 군경 사망자 27명이다. 요사이 여권과 일부 언론은 「광주학살」이란 표현을 쓰는데 군경사망자 27명이란 숫자는 「학살」이란 단어에 의문을 던지게 만든다. 「학살」이란 용어는 보통 非무장의 사람들을 무장집단이 일방적으로 죽이는 것을 가리키는 데 광주사태에선 〈민간인 6 對 군경 1〉의 비율로 사망자가 발생했으니 「학살」은 非과학적 표현이다. 군인 사망자 23명 중 12명은 상호 오인사격에 의한 사망자로서 시민 측의 공격에 의한 순수 군경 사망자는 15명이다.

1988년 民和委(민화위) 증언에서 蘇俊烈(소준열) 당시 全南北(전남북) 계엄분소장은 『민간인 사망자의 검시 결과 군인이 사용한 M16 총탄으로 죽은 시민은 45명이었다』고 말했었다. 이 증언이 사실이라면 「민간인 사망자 45명 對 군경 사망자 15명」 즉 3대1의 비율이 된다. 기자가 시민 측 입장에서 바라보던 광주사태를 공수부대 입장에서 취재하기로 한 것은 1988년에 접어들어 민주화의 물결에 따라 언론자유가 만개하기 시작할 때였다. 광주사태 8년째가 되는 그 해 5월29일 오전 눈부시게 화창한 봄날 국립묘지 29묘역의 「광주사태 전사자 묘비명」 앞에는 30代 청년 다섯 명이 모여 있었다. 이들은 모두 광주사태 부상자들이었다.

20사단 출신 李明珪(이명규)씨는 5월27일 새벽 광주로 진입하다가 「시민군」과의 교전에서 피격돼 팔에 부상을 입었다. 공수11여단 출신인 金東哲(김동철)·慶箕萬(경기만)씨는 5월24일에 보병학교 교도대의 오인사격으로, 金殷鐵(김은철)·裵東煥(배동환)씨는 5월21일에 광주시내에서 철수할 때 시민군의 총격을 받고 가슴과 팔에 중상을 입었던 이들이었다.

이들은 동료들의 무덤을 둘러보면서 『올해는 더욱 쓸쓸한 것 같다』고 했다. 정오까지 기다려도 더 나타나는 사람이 없어 추모회는 다섯 명의 참석자로 그야말로 조출하게 끝났다. 1980년 중반까지는 특전사와 육본에서 신경을 써주고 화환도 보내주곤 했는데 그 뒤로는 참배객도 수백 명에서 수십 명으로, 다시 수명으로 줄어들었다. 그 열흘 전 광주 망월동 묘역에 모여들었던 수만 인파에 비해서 이곳은 더욱 쓸쓸해 보였다. 국가와 軍이 먼저 그들을 버리고 있다는 느낌을 받았다.

공수부대원의 시각

기자는 광주사태 현장에선 저승사자같이 보였던 공수부대원들을 그 뒤 수십 명 만났다. 악귀 같은 사람은 한 사람도 없었다. 모두가 그렇고 그런 한국인이었다. 평균적 한국인보다도 오히려 더 순진하고 우직한 사람들이었다. 『무엇이 이들을 그토록 잔혹하게 만들었는가』라는 의문을 갖고서 취재한 결과는 1988년 7월호 月刊朝鮮에「공수부대의 광주사태」란 제목의 기사로 실렸다. 공수부대의 시각으로 본 광주사태는 기자가 시민 측 입장에서 경험했던 사태와는 크게 달랐다. 광주사태의 출발점이 된 공수 7여단의 광주투입. 申佑湜(신우식) 당시 여단장은 전화인터뷰에서 이렇게 말했다.

『나는 2개 대대를 31사단에 배속시키고는 지휘계통선상에서 빠지게 되었다. 31사단장이 직접 우리 여단의 대대장을 지휘하게 되었다. 과잉진압 운운하는데 군인은 명령대로 하는 존재이고, 그때의 시위가 불법행동이었음을 모르고 하는 이야기다.』

李熺性(이희성) 당시 계엄사령관은 民和委에서 『광주사태의 발단은 계엄군이 전국 31개 대학에 진주, 평정을 회복시켰는데 유독 전남대학교에서만 投石(투석)으로써 도전하였으므로 강경진압에 나서게 되었다」고 증언, 사태의 원천적 책임을 학생들의「불법시위」로 돌렸다. 7여단 35대대 3중대장이었던 朴炳洙(박병수) 대위는 전북 김제 사람이었다. 기자가 취재차 만났을 때 그는 부평에서 한의사로 일하고 있었다. 그는『우리 부대에는 전라도 사람이 가장 많았다」면서『대학에 진주한다는 이야기를 듣고 바둑판과 배구공을 갖고 놀러가는 심정으로 이동했다』고 말했다. 시위진압 기구로는 사과탄과 진압봉이 전부였고, 방석모·방패·최루탄 발사기는 없었다고 증언했다.

『학생이 돌을 던지니까, 우리도 강하게 나간 것입니다. 시위대가 군인이 나타났는데도 흩어지지 않으니 기분이 상합니다. 동료들이 돌을 맞아 다치니 부하들이 흥분했어요.』

충분한 시위진압 장비 없이 투석에 노출되자 공수부대는 더욱 가혹한 진압으로 나왔다. 이 과잉진압이 백주의 도심에서 衆人環視(중인환시) 속에 벌어지니 시민들도 흥분했다. 이런 감정의 상승작용이 광주의 비극으로 치닫게 된 원인이 됐다. 공수부대의 광주사태를 통해서 기자는 그때까지 견지해왔던 시각과 인식을 크게 수정하지 않을 수 없게 되었다. 사물을 어느 방향에서 바라보느냐가 가치판단에 거의 결정적인 영향을 준다는 점을 새삼 실감하였다. 공수부대도 시위대와 시민들에 대하여 대단한 공포심을 갖고 있었다.

당시 11여단의 副지역대장 金泰龍(김태룡)씨(1988년 당시 40세·회사원)는 이렇게 말했다.『나는 그곳에서 부상당해 한쪽 다리를 못 쓰고 있다. 광주시민이나 우리나 같은 피해자다. 차라리 진상조사가 철저히 됐으면 좋겠다. 너무 군인들만 몰아붙이는데, 나는 내 부하가 시위대의 APC장갑차 돌진에 의해 치여 죽는 것을 목격했었다. 우리는 광주로 갈 때 어떤 상황인지 전혀 이야기를 듣지 못했고, 어떤 선입견 없이 진압에 임했다. 공공건물을 불태우고, 군인에게 돌을 던지고, 동료가 다치니까, 아무리 부하를 말려도 강경 진압이 되지 않을 수가 없었다. 진압봉 하나밖에 없는데 그런 식으로 진압하지 않으면 우리가 돌에 맞아 죽을 판인데…. 우리 부대에는 전라도 사람들이 많은데 그들이 지리에 밝아 더 열심히 진압에 나섰다.』

당시 11여단의 대대장이었던 한 현역대령은『부하들이 군중 속에서 고립되어 실탄을 달라고 무전으로 수십 번 호소해왔다. 나는 참모장에게 실탄지급을 허용해 달라고 건의했는데 참모장이 선무에 주력하여 좀 참아보라고 했다. 나도 모르게 화가 치밀어, 「야 이 XX야, 네가 현장을 모르니까 그따위 소리하는 모양인데」라고 상관에게 욕설을 퍼부었다』고 말했다.

발포지시는 없었다

발포는 상부 지시에 의해서라기보다는 5월21일 전남도청 앞에서 우발적으로 시작되었다. 1988년 7월호 月刊朝鮮의 기사를 일부 인용한다.

〈5월21일 오전 공수부대는 수십만으로 불어난 광주시민들에 의해 코너로 몰리는 상황에 놓였다. 당시 조선일보 사회부 취재일지에는 이런 대목이 나온다.

「오전 10시54분 : 땅을 파고 통곡하는 군인들의 모습 보임.『왜 이런 식으로 우리 동료가 다쳐야 하느냐』며 흔들림. 무장 데모군중이 사방에서 군을 포위하고 압축하는 상황에서도 낮에는 실탄을 회수. 이에 대해『탄환을 달라』고 아우성도. 군은 부상병이 생겨도 사방이 포위돼 응급치료와 수송을 못해 더욱 자극되는 듯」

5월21일 오후 1시쯤 전남도청 앞에서는 수십만의 시위군중과 약 1200명의 7, 11여단 병력이 대치하고 있었다. 금남로를 맡은 11여단의 3개 대대 병력은 분수대 앞에 APC장갑차 한 대를 세워놓고 그 장갑차를 믿고서 횡대로 서 있었다. 시민과 공수부대원 사이의 거리는 10여 미터도 되지 않았다 서로 농담을 주고받을 정도였다. 시민 측에서는 이날 새벽 아세아 자동차에서 빼앗은 장갑차와 예비군 무기고에서 빼앗은 카빈·실탄 등으로 무장한 이들도 있었다. 도청앞 광장에서는 헬리콥터가 자주 내렸다가 떴다가 하면서 서류 등을 실어 나르고 있었다. 팽팽한 대치의 균형이 무너진 것은 장갑차 때문이었다.

11여단 소속 통신병 慶箕萬(경기만)씨의 증언.

『우리 등 뒤에 있던 APC에 누가 화염병을 던졌는지 불에 타기 시작했다. 우리 대열은 불을 끄려고 뒤로 물러났다. 이때를 틈타 시민 측에서 장갑차와 버스를 앞세우고 돌진해 왔다. 우리는 도청 쪽으로 달아났다. 실탄이 없었기에 달아나는 수밖에 없었다. 시민 측 장갑차 한 대가 우리 공수부대 대열에 돌진, 두 명이 깔리는 것이 보였다. 나중에 보니 11여단의 권용문 상병은 머리가 장갑차 바퀴에 눌려 짓이겨진 채 즉사했고 다른 사병은 가볍게 다쳐 곧 일어나 달아났다.』

공수부대 대열의 뒤쪽에 있었던 전투경찰 南東成(남동성) 상경은 이렇게 기억했다.

『장갑차와 함께 버스가 돌진해 왔는데 한 장교가 권총을 빼들더니 운전사를 향해 사격을 했다. 운전사가 맞았는지 버스는 분수대 근방에서 멈추었다. 공수부대원들이 이 버스를 향해서 사격을 했다. 한 장교는 M16을 들고 나오더니 엎드려 쏴 자세로 사격을 하는 것이었다.』

이때 동료가 치여 죽는 장면을 목격한 공수11여단의 한 하사관은 『눈에 아무 것도 안 보이고, 누구든지 죽여야 속이 시원할 것 같은 기분, 무슨 일이라도 저지를 수 있겠다는 기분이 들더라』고 실토했다〉

1988년까지는 鄭雄(정웅) 31사단장(1988년 당시 평민당 국회의원)은 공수부대의 강경진압에 반대한 義人(의인)으로 알려져 있었다. 기자의 취재 결과 그는 과잉진압 부대인 공수부대 5개 대대를 자신의 지휘권 下로 배속 받았으므로 지휘 책임을 모면하기가 어렵겠다는 생각을 갖게 되었다. 鄭鎬溶(정호용) 특전사령관이 광주에 내려간 것은 사실이지만 鄭雄씨의 주장대로 공수부대에 대한 실질적 지휘권을 행사했다는 증거를 찾을 수는 없었다.

검찰이 밝힌 사실관계가 가장 정확

1995년 7월에 발표한 5·18사건 관련 수사 결론에서 서울지검은 기자의 이상 취재 결론과 거의 일치하는 판단을 했음을 알 수 있었다(1995년 9월호 月刊朝鮮에 全文게재).

첫째, 검찰은 공수7여단의 광주투입은 정권장악에 필요한 유혈사태를 유발하기 위한 음모였다는 주장을 부인했다.

둘째, 發砲(발포)는 특정인의 구체적인 명령에 따라 이루어진 것이거나 광주시민들의 公憤(공분)을 고조시키기 위한 것이 아니었다고 판단했다.

〈결국 전남도청 앞에서의 발포는 현장 지휘관인 공수부대 대대장들이 차량 돌진 등 위협적인 공격을 해오는 시위대에 대응하여 경계용 실탄을 분배함으로써, 이를 분배받은 공수부대 將校(장교)들이 대대장이나 지역대장의 통제 없이 장갑차 등의 돌진에 대응하여 自衛(자위) 목적에서 발포한 것으로 판단된다〉

셋째, 지휘권 二元化(이원화)는 없었다. 일련의 부대운용에 관한 지휘를 31사단장(鄭雄)과 戰敎(전교)사령관이 행한 사실이 인정되었다.

넷째, 헬기 기총소사의 증거는 없다.

다섯째, 전두환 합수본부장과 노태우 수경사령관은 광주사태 진압작전에 직접 관여한 증거가 없다. 광주사태 진압은 보안사령부가 아닌 계엄사령부의 전권 하에서 이루어졌다.

여섯째, 5월21일에 광주지역에 투입된 20사단은 광주가 무장시위대의 손에 넘어간 뒤 광주 재진압작전에 참여했을 뿐 문제의 과잉진압과는 무관하다.

일곱째, 약 20명의 무고한 시민이 광주시 외곽에서 공수부대에 의해 오인사격 및 보복사격을 당해 사망했다. 기자는 적어도 사실관계에 관한 한 검찰의 이 조사결과가 가장 정확한 것이라고 판단한다. 검찰의 「공소권 없음」 결정에 대해서는 비난의 목소리가 있었지만 검찰이 밝힌 사실관계에 대해서는 설득력 있는 反論(반론)이 별로 없었다.

광주사태에 대한 재수사가 실시되어도 검찰이 269명의 관련자를 조사, 이미 확정한 사실관계는 뒤집혀지지 않을 것이다. 그렇다면 누구를 무슨 죄명으로 기소하느냐 하는 문제가 생긴다. 최근 언론과 여권은 광주사태의 책임을 全斗煥 당시 합수본부장에게 물으려고 하는데 직접적인 연결성은 아직 드러나지 않고 있다. 언론은 또 朴俊炳(박준병) 당시 20사단장을 광주사태 진압 책임자로서 구속할 것이라는 한 여권 소식통의 말을 검증 없이 그대로 보도했다.

20사단의 2개 연대는 광주가 무장시민들에게 넘어간 뒤 계엄사령관의 명령을 받고 광주 외곽에 도착했고, 27일 재진입작전 때 광주의 서구를 제외한 전지역을 장악하는 작전을 했을 뿐이다. 과잉진압이나 학살과는 전혀 관련이 없고, 무장시민군과 교전한 것밖에는 없다. 그런 20사단의 사단장을 구속한다는 것은 무장시민군에 대한 무력진압 자체를 불법화하는 것을 뜻하며 군의 존재 의미 자체를 부정하는 것이 된다.

아마도 朴의원이 김영삼 대통령의 직접 만류를 뿌리치고 自民聯(자민련)으로 옮겨간 데 대한 괘씸한 마음을 이런 식으로 기자들에게 흘린 것이 검증 없이 보도된 것으로 보인다. 광주사태에 대한 초보적인 지식만 있어도 범하지 않을 실수를 저지른 기자들과 그런 미숙한 기자를 이용한 정치인들은 결과적으로 국가와 국군을 무력화시키려는 작당의 공범관계인 셈이다. 대통령의 결단을 전폭적인 응원이라 믿고 일부 기자들과 정치인들이 벌이는 마구잡이식 보도와 선동, 그리고 음모는 그 자체가 또다른 보복을 부를지도 모른다. 아무쪼록 自重自愛(자중자애)할 때이다.

국가와 군대의 존립근거를 건드리는 민감한 사안

광주사태의 과잉진압을 문책대상으로 삼는다면 우선 공수부대의 지휘자인 31사단장 鄭雄씨가 사법처리 대상이 된다. 검찰이 지휘권 이원화는 없었다고 했으므로 鄭鎬溶 의원의 사법처리는 불가능하다. 요사이의 보도대로라면 광주사태와 관련하여 신군부의 당시 실세들이 줄줄이 쇠고랑을 차야 일부 국민이 만족할 것인데, 鄭雄씨를 처벌하면 또 어떻게 될지…. 비무장 민간인에 대한 과잉진압을 처벌대상, 무장한 시위대에 대한 정상적인 진압 작전은 합법적으로 판단하여 면책하는 것이 현재의 사실관계로서는 합리적 선택인 것 같다. 진압행위 자체를 불법화해버리면 합법적 폭력을 행사하도록 만들어진 군대를 거세해버리는 결과가 된다.

공산주의자들이 선량한 민간인으로 위장하여 무기를 들어도 군대가 진압을 꺼리는 사태가 올지도 모른다. 특히 연대장이 대대장 등 실병 지휘관을 처벌하면 상황에 따라 상관의 명령을 거부해도 좋고 그래야만 후세에 처벌을 받지 않는다는 기회주의적 사고방식을 확산시킬 수 있다. 광주사태를 관용으로 해결하는 데도 반대가 많지만 응징으로써 정의를 세우자는 논리도 실제에 적용할 때는 국가와 군대의 존립근거와 관계되는 민감한 부분을 건드리게 된다는 점에 고민거리가 있는 것이다.

鄭총장을 물고문한 업보

기자는 1980年代에 5공화국의 출생과정을 취재하면 할수록 12·12사건이야말로 일련의 사태에서 뿌리에 해당하는 의미를 지니고 있음을 절실히 느끼게 되었다. 작가 千勝成(천금성)씨가 신군부의 지원 하에서 썼지만 출간이 금지되었던 「12·12사건 秘錄(비록)」의 초고는 이 사건과 관련된 기초적인 사실들을 담고 있었다는 점에서 하나의 역사적인 文書(문서)였다. 전두환의 시각을 반영한 이 문서에 대응할 만한 최초의 기사는 1987년 9월호 月刊朝鮮에 실렸던 「정승화 증언 : 10·26과 12·12」였다.

이 인터뷰를 통해서 기자를 신뢰하게 된 鄭 전 총장은 기자에게 구술 녹음테이프 16개(30시간 분)를 넘겨주었다. 12월12일 연행되었다가 내란 방조죄로 유죄확정 판결을 받고 1980년 여름에 출소했던 鄭장군은 자신의 恨을 녹음테이프에 담아 두었던 것이다. 『내가 온갖 치욕을 참고 지금까지 살아 있는 것은 언젠가는 국민들에게 진실된 증언을 하기 위해서다』라는 대목도 있었다. 기자는 이 녹음테이프를 정리하며 「12·12사건 鄭昇和는 말한다」는 회고록으로까지 출판사에서 출간되도록 하였다. 이 녹음테이프를 들으면서 기자가 이를 부드득 갈면서 화가 났던 대목이 있었다. 鄭장군은 다소 처연한 목소리로 이렇게 녹음을 두었다.

〈내가 갇혀 있던 건물 옆에 창고 같은 건물이 있었다. 2층으로 끌고 가더니 어느 방에 들어가는데 그 방이 보기에 고문하는 방인가 싶었다. 그들은 나를 이상하게 생긴 철제의자에 앉히더니 거기다가 비끌어 매는 것이 아닌가. 나는 이놈들이 나를 고문하려는 구나 직감하면서 주위에 있는 5~6명에게 말했다.

『너희들이 날 고문을 할 모양인데 내가 육군대장으로서 너희들에게 고문당할 수는 없다. 고문당하기 전에 내 예비역 편입원을 써놓고 당해도 당해야겠다.』

그중 한 명이 『그런 것 안 써도 이미 예편되었으며 참모총장도 아니니 걱정하지 말라』고 소리쳤다.

두 명이 나를 의자에 비끌어 매며 머리를 뒤로 잡아 젖히고 여러 명이 소리를 꽥꽥 지르고 위협을 하며 분위기부터 살벌하게 만들더니 곡괭이 자루인 듯한 몽둥이로 내 허벅지 위를 치고, 정강이를 치고, 목뒤를 치기도 하며, 마치 미처 날뛰는 것처럼, 서로가 격려라도 하는 것처럼, 신명이 난 듯 교대로 치며 무조건 나더러 『바른대로 말해, 이 자식, 김재규하고 공모했지. 다 알고 있는데 이 자식, 거짓말해야 소용없어』하며 마구 날뛰었다. 그러한 고문은 견딜 수 있었으나 머리를 젖히고 얼굴에 물수건을 씌운 다음 주전자 물을 계속 얼굴 위에다가 들어붓는 것은 참으로 견디기 어려웠다. 나는 고문을 당하면서 내가

6·25 때 죽어야 했을 것을 살아서 부하들한테 고문으로 억울한 누명을 쓰고 죽게 되는구나 하는 생각이 머릿속을 스쳐가자 혀를 깨물고 죽고 싶었다〉

군사반란의 지휘자를 낙선시키려고

合搜部 측에선 물고문 사실을 부인하고 있지만 기자는 鄭장군의 인격에 비추어 그의 증언이 진실이라 믿고 있다. 장교는 私益(사익)이나 영리를 추구하는 게 아니라 國益(국익)을 수호하는 직업일 뿐 아니라 이 세상의 어떤 다른 직업과는 다른 의무를 하나 지니고 다니는 사람이다. 나라를 위해 죽으라는 명령을 기꺼이 수행해야 한다는 것. 따라서 장교의 명예심은 거국적으로, 또 제도적으로 보장돼야 한다. 재판에 넘어가도 유죄가 확정되기 전에는 현역 대우를 받고 군복을 입을 수 있다. 그런데도 신군부는 鄭총장을 마치 절도범 다루듯 하였다.

오늘날 그들이 받고 있는 갖은 모욕·모함·선동·비난의 출발점은 鄭총장에 대한 비열한 대우일 것이다(그들은 鄭총장에게 죄수복을 입혀 법정에 서게 했고 사진을 찍어 언론에 선전했다). 全斗煥 대통령이 힘이 있었을 때 12·12사건 敗者측의 사람들을 직접 만나 인간적으로 따뜻하게 위로하고 배려했더라면 그 뒤의 사태전개는 달라질 수도 있었을 것이라는 느낌을 기자는 갖고 있다.

12·12사건에 대한 신군부 측의 당시 발표문에 따르면, 또 신군부 측 인사들의 주장에 따르면 鄭昇和 측 경비병들이 먼저 합수부 수사요원들에게 발포, 12·12사건이 유혈사태로 치닫는 원인을 만들었다는 것이다. 기자는 1987년에 鄭昇和 총장공관의 당시 당번병·관리주임을 만나 당시 상황을 들었다. 합수부 요원들이 비무장 상태의 鄭총장 부관·경호장

교를 등 뒤에서 먼저 쏜 것이 확실했다. 1994년 검찰조사에서도 그렇게 밝혀졌다. 신군부는 비열한 행동을 비열하게 조작·발표한 것이다. 1987년 大選(대선)을 앞두고 기자는 盧泰愚 후보를 「군사반란의 주모자」로 단정하는 글을 쓰고 싶은 충동을 느꼈다. 신군부 인사들을 인간적으로 증오하게 되었기 때문이다. 6·29선언이후 언론자유는 상당히 확대되었으나 「군사반란」이란 표현은 기자의 영역 밖이었다.

기자는 격문 같은 글을 써 통일민주당 선거 대책본부의 핵심 참모에게 건네주면서 수십 만 장의 팸플릿으로 만들어 뿌리면 盧후보를 낙선시킬 수 있을 것이라고 선동했다. 그 며칠 뒤 기자는 그 사식 원고가 언론사에 돌아다니고 있는 것을 보고 소스라치게 놀랐다. 기자의 교정 필적을 알아본 어느 선배기자가 나한테 『조심하라』고 경고했다. 金泳三 후보 측근은 그 원고를 여러 부 복사하여 가자들에게 돌린 모양이었다. 기자는, 왜 그런 무모하고 신의 없는 짓을 했는지, 왜 그 자료는 끝내 인쇄물로 되지 못했는지 지금도 그 이유를 모르고 있다.

이 무렵 회고록 「12·12사건 鄭昇和는 말한다」가 인쇄소에서 제판작업을 막 끝낸 직후 정보형사에게 발각돼 필름이 압수되는 일이 벌어졌다. 기자는 책이 출간될 수 없다면 鄭장군이 기자회견을 갖고 책 원고를 공개하도록 해야겠다는 판단을 했다. 300페이지 책의 寫植(사식)본을 수십 부 복사하여 「거사」 준비를 하고 있었는데 경찰이 필름을 돌려주었다. 이 무렵 정승화 장군은 통일민주당에 부총재로 영입되어 大選운동기간 중 12·12 반란을 부각시키려고 애썼다. 鄭柄宙씨(정병주·12·12 당시 육군 헌병감)도 기자회견을 갖고 과거의 상관을 도왔다.

이 두 람은 張泰玩씨(장태완·당시 한국증권전산 사장)를 합류시키려고 애썼으나 張씨는 거절하고 신병치료차 渡美(도미)했다. 기자에게 깊은 인상을 남긴 사람은 정병주씨였다. 12·12사건 때 부하에게 총격을 당해 팔을 다쳤고 비서실장(김오랑 소령)을 잃었던 그는 신군부 측의 회유를 거절한 채 분노를 가슴에 묻고 등산으로 소일하고 있었다. 그는 말을 아끼는 사람이었다. 신군부의 핵심이 특전사 출신들이고 거의가 자신의 부하들이었는데, 그들에게 직설적으로 욕을 하는 것을 한 번도 듣지 못했다. 오히려『정호용이는 참 의리 있는 친구요』라면서 기자를 말리는 입장이었다. 정병주씨는 1989년 초에 변사체로 발견됐는데, 일부에서 의혹을 제기하고 있지만 타살 가능성은 거의 없다.

억지와 생떼가 활보하는 中世사회

1987년 12월16일 大選에서 盧泰愚 후보를 당선시킨 일등공신은 金泳三·金大中 두 후보였다. 두 사람은 정권이 눈앞에 보이자 1980년 봄에 이어 또 다시 분열했다. 두 사람이 단합했더라면 盧泰愚비자금사건이 생길 이유도, 이제 와서 全 전 대통령이 새삼 감옥에 갈 일도 없었을 것이다. 선진국 같았으면 양金씨는 정계를 물러나야 했겠으나, 지역감정 구도는 두 사람에게는 늘 피난처가 돼 주었다. 金大中 평민당 총재는 정의구현사제단과 함께『13代 大選 개표과정에 컴퓨터 부정이 있었다』고 주장했다. 그러면서도 재개표는 요구하지 않았다. 선거개표과정과 컴퓨터에 대한 초보적 상식만 가져도 웃고 치워버릴 이 억지는 놀랍게도 그 뒤 상당기간 사실인양 살아서 꿈틀거리면서 사회를 어지럽혔다. 어느 언론기관도 딱 부러지게 컴퓨터 부정설은 거짓이라고 못박아버리지 않았기 때문이다.

20세기 말에 컴퓨터 부정설 같은 허위가 맞아죽지 않고 대낮을 활보

할 수 있는 나라는 중세암흑기에 있어야 할 나라일 것이다. 그런 억지를 봉쇄할 용기가 없는 지식인 사회는 권력남용과 선전·선동 앞에 서면 작아져 버린다. 오늘날 이 땅을 휩쓸고 있는 선정적 분위기는 바로 이 컴퓨터 부정설을 용인한 지식인의 비겁성과 닿아 있는 것이다. 月刊朝鮮과 기자는 1987년 大選결과에 승복하는 입장을 취했다. 그것은 곧 盧泰愚 정부를 정통성 있는 정부로 인정하는 자세를 의미한다.

6·29선언에 이은 大選을 통해서 국민은 「12·12사건의 주모자」를 대통령으로 뽑음으로써 적어도 5共, 6共을 전면적으로 부정하지 않는 타협적 선택을 한 것이다. 5, 6共의 정통성을 전면 부정하는 사람들은 盧대통령을 뽑은 36%의 투표자들을 무시하는 오만한 者들이다. 더구나 이 선거에서 김영삼 후보는 12·12를 부각시켜 「군정종식」을 구호로 걸었으나 패배했다. 이는 12·12사건이 정치적으로 일단 심판을 받았음을 뜻한다.

6共출범 이후 記者는 5共비리 취재에 몰두하게 되었다. 특히 전두환 대통령의 정치자금 부분을 깊게 파고들었다. 1988년 5월호 기사 「전두환의 인맥과 금맥」, 1989년 1월호의 「全斗煥 잔금 139억 원의 비밀」은 全斗煥 정치자금의 모집·관리·사용에 대한 심층보고서였다. 1989년 1월호 기사에서 기자는 전두환 정치자금의 총규모를 약 6600억 원으로 추산해냈다. 이 기사는 야당에서 지금도 전두환 측을 공격할 때 활용하고 있다.

현존권력과의 관계 하에서만 正義는 구현된다

記者는 全斗煥 전 대통령의 과오를 폭로하는 기사도 많이 썼지만 그에 대한 얼토당토않은 오해·과장·조작을 밝히는 글도 많이 썼다. 사실에 충실하게 기사를 쓰다가 보면 결과적으로 때로는 불리하게, 때로는 유리하게도 되는 법이다. 의도를 갖고서 미리 설정된 방향으로 사실을 조작하고 꿰맞추어 가는 버릇을, 月刊朝鮮은 선정적 보도가 판치는 시대에도 피하려고 애썼다. 記者가 쓴 기사는 5共청문회 때 질문의 근거로 많이 활용되었다. 하지만 기자는 全斗煥 측을 과장된 文法(문법)으로써 난도질하는 기사나 청문회가 결코 정의를 구현하고 있다는 생각을 가질 수 없었다. 5共시절 안기부의 압력과 맞서 가면서 한 줄의 진실이라도 더 지면에 반영하려고 바득바득 댔던 때가 더 정의를 구현하고 있었다는 생각마저 드는 것이었다.

정의란 것은 현존권력과의 관계下에서 구현되는 것이다. 이미 시체가 돼버린 前권력에 아무리 칼을 근사하게 꼽아보았자 복수나 한풀이는 될지언정 정의의 구현은 아니란 생각이 소신으로 되었다. 현존권력, 쉽게 말하면 현직 대통령과는 늘 긴장관계를 유지하되 전직 대통령에 대해선 따뜻한 시선으로 바라보자는 것이 月刊朝鮮의 정의감정이 되었던 것이다.

5共 때는 鄭昇和 장군 측 사람들과 친했던 기자는 6共 때는 許和平(허화평), 張世東(장세동) 같은 신군부 측 인사들을 자주 만나게 되었다. 신군부의 시각으로 12·12사건이나 5·17, 광주사태를 바라보면서 종합적이고 입체적인 인식을 할 수 있게 되었다. 양쪽과 다 친해진 관계로 해서 기자는 똑같은 사실을 놓고도 인식·해석하는 방식이 정반대가 되는 경우를 숱하게 보았다. 아무리 뛰어난 인간도 자신이 개입되지 않은 사건에 대해서는 아주 객관적이고 냉철할 수 있으나 이해관계가 얽혀 있는 사안에 대해선 절대로 객관적이 될 수가 없다는 것을 알게 되었다.

1989년 月刊朝鮮 6월호에 기자는 「6·29선언, 전두환 작품이다」는 題下(제하)의 기사를 썼다. 노태우 당시 민정당 대표가 전두환 당시 대통령의 뜻을 거슬러 감행했다고 알려졌던 6·29선언이 실은 全斗煥 대통령이 먼저 발상하고 盧대표를 설득하여 수용하도록 한 거대한 정치쇼였다는 내용이었다. 이 기사는 또 全斗煥 당시 대통령이 1987년 大選때 약 1500억 원의 선거자금을 모집, 盧후보를 지원했고 퇴임 때는 550억 원의 잔금을 盧대통령에게 인계했다고 보도했다. 全 전 대통령이 백담사로 떠나면서 국가에 헌납한 139억 원도 사실은 청와대에서 50억 원을 보태서 만든 돈이라는 사실도 폭로했다. 이들 내용은 그 뒤 모두 사실로 확인되었다.

현존 권력의 가장 아픈 급소를 강타한 이런 종류의 기사가 공개될 수 있었다는 점은 노태우 대통령이 언론자유를 얼마나 신장시켰는가를 역설적으로 말해준다. 6共 때는 어느 기자도 기사와 관련해서 정보기관에 불법적으로 연행되지 않았다. 적어도 언론자유에 관한 한 金泳三 정부 때보다 노태우 정부 때가 훨씬 좋았음을 많은 기자들은 체험 사례로써 증언할 수 있을 것이다. 1989년 때처럼 지금 한국 언론이 金泳三 대통령의 급소, 예컨대 14代 大選자금문제를 과감하게 보도할 수 있겠는지 자신이 없다. 金泳三 대통령은 야당총재 시절에 자주 『언론자유는 모든 자유를 자유롭게 만드는 자유다』라고 말했었다. 그렇다면 언론자유의 후퇴는 민주주의의 후퇴를 의미하는 것이 된다.

아부者의 완장

1988~1989년 사이의 5共비리 보도 선풍 때 기자가 발견한 또 하나의 언론풍토는 5共시절 권력에 아부했던 언론사·언론인들일수록 전두환 죽이기에 앞장섰다는 점이다. 지금도 비슷한 현상이 3大방송을 중심

으로 하여 되풀이되고 있다. 죽은 권력을 무자비하게 찢어발김으로써 前정권시절의 어용을 면책 받으려 하는 게 아닌가 생각된다.

요사이 전두환 죽이기, 김영삼 높이기에 앞장서고 있는 상당수의 언론인들은 옛날에 김영삼 죽이기, 전두환 높이기에 발 벗고 나섰던 인물이다. 현직 대통령에겐 아부를, 그가 전직 대통령이 되는 순간부터 돌멩이를 던지는 언론의 행태는 그 책임의 일부가 권력으로 언론자유를 눌러놓은 대가를, 그리고 검찰과 언론사 社主(사주)를 통해 진실을 덮어버린 그 앙갚음을 퇴임 뒤에는 몇 배로 당하는 것이다.

「남자다움」이란 기준으로 얘기한다면 현존권력과 정정당당히 맞서고 그 권력의 퇴장 뒤에는 화해하는 것이 사나이다운 일일 것이다. 그렇게 되려면 현직 대통령부터 권력의 힘을 빌리지 않고 당당한 승부를 벌여야 한다. 金泳三 대통령이 盧·全 양 전직대통령 구속 사태에서 배워야 할 교훈은 바로 이것이다. 재임기간에는 검찰과 언론의 힘을 빌려 大選자금 문제를 덮을 수 있을지 모른다. 퇴임 뒤에는 반드시 진실은 드러날 것이다. 그때는 오히려 불공평하게 당할 가능성이 있다.

「전직 대통령」이란 자리는 집안의 할아버지와 비슷하다. 아무 것도 생산하지는 않지만 있다는 것만으로도 마음이 든든한 국가의 중요한 구성요소인 것이다. 金泳三 대통령 시절에 와서 전직 대통령 세 사람이 모두 불행하게 되고 망가져 버린다면 이 상처를 복원하는 데는 또 수십 년이 걸릴 것이다.

1989년 12월16일의 「5共청산 大妥協」

1989년 12월16일자 한국일보 1면 톱의 통단컷 제목은 「5共청산 大妥

協(대타협)」이었다. 15일 밤 청와대에서 열린 노태우 대통령-김대중 평민당 총재-김영삼 민주당 총재-김종필 공화당 총재 사이의 6시간 회담에서 5共청산 문제를 연내에 종결짓고 1990년대를 화합의 분위기로 맞아들일 것에 대하여 완전히 합의했다는 보도였다. 11개 합의사항도 발표되었다. 백담사에 은둔 중이던 전두환 전 대통령을 국회로 불러내 1회에 한해 증언을 듣고, 정호용 의원을 광주사태 해결 차원에서 공직에서 사퇴시키며, 광주시민 명예회복·보상법을 제정한다는 등의 내용이었다.

그 다음날 金大中 총재는 『이번 회담결과로 광주시민들을 설득할 수 있다고 보는가』란 기자 질문에 대해서 『우리로서는 최선을 다했다. 더 이상 할 말이 없다』고 대답했다.

金泳三 총재는 『내년부터 5共청산회의를 안할 것인가』라는 질문에 대해서 『정치권이 그 넉자를 쓰지 않는 게 좋다』고 말했다. 1989년 12월31일, 갈등의 1980년대를 청산하는 마지막 통과의례의 희생물처럼 국회의 5共비리-光州특위 연석회의장에 끌려나온 全斗煥 전 대통령은 온갖 모욕과 욕설을 다 받아야 했다. 참의원 회의실에서 오전 10시부터 시작된 全斗煥 전 대통령의 증언을 듣기 위해 기자도 2층 방청석에 자리 잡았다. 1盧3金의 약속대로 한 시대의 아픔을 총괄적으로 마무리하는 그 역사적 자리에 있고 싶었던 것은, 기자의 개인적 삶의 궤적이 全斗煥과 유관하게 그려졌기 때문이기도 했다(기자는 全斗煥 권력에 의해 두 번 해직되었다). 기자의 다소 감상적 기대는 구역질나는 정치쇼에 의해 능욕되고 말았다.

이날 야당 국회의원들은 全 전 대통령을 상대로 엄정한 질문을 통해 역사의 진실을 밝혀내려는 자세가 아니라 누가 전직 대통령에게 더 많은 창피를 줄 것인가 하는 경쟁을 벌였다. 全 전 대통령의 답변서 낭독을 다 듣고 질문을 하도록 돼 있었는데 답변서 낭독 도중에 야당 의원들이 뛰쳐나와 욕설과 삿대질을 해대는 바람에 일곱 차례나 停會(정회)가 되었다. 급기야는 全斗煥 전 대통령의 증언대를 향해 盧武鉉(노무현) 의원(민주당)이 명패를 던지는 작태까지 벌어졌다. 全 전 대통령은 밤 12시 직전 기자들을 대기실로 불러 낭독을 못다 한 답변서를 15분 정도 읽고 서둘러 차에 올랐다. 평민당 의원 및 보좌관들이 몰려나와 『죽여라』고 고함치면서 全 전 대통령을 1990년대로 보내버렸다.

기자는 연출자의 속이 환히 들여다보이는 저질연극을 구경하면서 1980년대의 마지막 날을 보낸다는 것이 억울해 못 견딜 지경이었다. 국회를 나오는 길로 순복음교회로 직행하여(기자는 그때나 지금이나 교회에 거의 나가지 않는다) 새해맞이 예배에 참석, 그 더러운 1980年代의 탁한 공기를 날려 보냈다고 믿었던 것이다.

金潤煥 증언:『金泳三 총재가 盧대통령이 나서서 全斗煥을 살려야 한다고 말하는 데 감동』

그렇게 믿을 수밖에 없었던 근거는 盧대통령이 1990년 1월1일 신년사에서 과거사 문제의 종결을 선언했고, 金泳三 총재도 「5共청산을 통해 심화되었던 사회 각 부문의 긴장과 대립을 해소할 수 있는 정치적 계기를 마련할 것」을 다짐하였기 때문이다. 1월4일자 朝鮮日報 사설도 이렇게 끝을 맺고 있다.

「5共문제에 매달리기엔 90년대의 과제들이 너무나도 많다. 과거는 이 정도로 마무리 짓고 이젠 진정한 민주주의의 구현을 위해 모두가 힘을 합쳐야 할 것이다. 그것이 곧 진정한 5共청산의 길이라고 우리는 믿는다.」

5共청산을 이 정도로 마무리하자는 것이 당시 정치권과 국민의 합의

였다고 볼 수밖에 없었다.

그 며칠 뒤 김영삼 총재는 5·16 쿠데타 세력의 대표자 김종필 총재, 5·17세력의 대표자 노태우 대통령과 손잡고 3黨합당을 결행했다. 3당합당은 이른바 5공청산을 바탕으로 하여 이뤄진 것이었다. 이 민자당 정권에서 김영삼 대표는 노태우 대통령과 동거하면서 국정을 이끌었다. 6共후반기의 잘잘못에 대해서 두 사람은 공동책임자이다. 金泳三 대통령에 의한 6共청산은 자신을 먼저 부정하지 않고는 이뤄질 수 없다는 논리가 성립된다.

3당합당의 막후 조정자였던 金潤煥씨(김윤환·現在 신한국당 대표)는 1994년 8월호 月刊朝鮮과의 인터뷰에서 이렇게 말한 적이 있다.

『1989년 1월에 차남 賢哲(현철)씨 집으로 가서 김영삼 총재를 만났습니다. 3당통합을 제의했더니 金총재의 반응은 이랬어요.

「잘 알았다 그러나 5共청산도 하지 않고 어떻게 민정당과 손잡나. 盧대통령이 어떻게 대통령이 됐나. 全斗煥씨가 만들어준 것이 아닌가. 그렇다면 全斗煥씨를 살려주는 것이 도리일 것이다. 아무리 정치판이지만 사람이 신의를 지켜야지, 全斗煥를 살리려면 모든 것을 걸고 중간평가를 하는 수밖에 없지 않나. 나 같으면 그렇게 하겠다.」

나는 이 말에 깊은 감명을 받았습니다.』

1990년 1월 경제개발 세력과 민주화 세력의 보수대연합이란 민자당이 창당되었을 때 대한민국의 그 누가 그 5년 뒤 5共청산이 다시 우리 사회를 뒤흔들고, 다른 사람도 아닌 김영삼 대통령에 의해서 全斗煥 전대통령이 감옥으로 가는 사태를 꿈에라도 짐작이나 했을까. 더구나 5共문제 마무리에 합의했던 김대중·김종필 총재까지도 金泳三 대통령보다도 더 강경한 처벌방식(특별검사제 도입)을 주장하였으니 우리는 혹시 타임캡슐을 타고 1980年代로 돌아간 게 아닐까(최근 JP는 태도 완화). 1992년 大選 때도 12·12, 5·17, 광주사태는 쟁점이 되지 않았었다. 金大中 후보는 故 朴正熙 대통령의 묘소에까지 참배, 역사와의 화해를 선언했다. 김영삼 후보는 민자당 內 경선에서 이기자 全斗煥 전 대통령의 사저를 방문, 협조를 요청하기도 했었다.

우리의 일곱 대통령을 위한 변호

月刊朝鮮은 大選의 해인 1992년에 대통령과 관련된 두 권의 책을 펴냈다. 하나는 5共청와대의 통치사료담당 비서관이었던 金聲翊(김성익)씨가 쓴 「全斗煥 육성증언」, 다른 한 권은 1993년 신년호 별책부록으로 만든 「한국의 대통령」이었다. 「한국의 대통령」에는 「우리의 일곱 대통령 李承晩(이승만), 尹潽善(윤보선), 朴正熙, 崔圭夏, 全斗煥, 盧泰愚, 金泳三 이야기」란 副題(부제)가 붙었다. 기자는 부제를 붙이면서 잠시 감회에 젖었던 기억이 새롭다. 미우나 고우나 「우리」의 대통령이 일곱 명, 더구나 생존한 전직 대통령이 곧 세 사람으로 늘겠구나 하는 든든함과 안도감.

이 책은 金泳三 후보가 대통령에 당선된 바로 그 다음날 시중에 나와 기록적 판매량을 보였다. 이 책의 머리글에서 기자는 月刊朝鮮식 대통령觀을 다음과 같이 정리하였다.

〈月刊朝鮮은 그동안 「대통령은 국민들의 마음을 알아야 한다」는 뜻이 담긴 기사들을 주로 써왔다. 그런 시각을 한번 바꾸어 「국민들도 대통령의 고독과 고민을 알아야 한다」는 생각을 해보았고, 이 책에 그런 시각이 투영돼 있다. 즉, 국민과 대통령은 서로 마주보아야 하는 사이라는 얘기다.〉

이런 記者의 희망과는 상관없이 역사는 요동치며 흘러갔다. 김영삼 대통령은 취임사에서 두 가지 중요한 메시지를 남겼다. 북한에 대해서는 「어떤 이념이나 우방보다도 민족이 더 중요하다」면서 미소를 보냈다. 그러나 나라 안을 향해서는 한국병의 병소를 「도려내겠다」고 선언했다. 이런 대조적인 태도는 그 뒤 국정운영에 그대로 반영되었다.

북한(안보·외교·이념문제 등) 및 現代史 관련정책

미전향 사상범 李仁模(이인모) 노인 무조건 송환, 北核(북핵)문제에선 對北(대북)유화정책, 굴욕적 쌀 北送(북송), 제86우성호 및 安承運(안승운) 목사 납북에 속수무책, 金日成(김일성) 사망에 金대통령은 『정상회담 성사 안 돼 아쉽다』고만 논평, 태극기 강제 하강사건, 비너스호 선원 억류에 굴욕적인 對北사과, 사회주의 지향의 운동권 출신이 여권 깊숙이 진출, 국사교과서에서 대구공산폭동을 항쟁으로 美化하기도, 日帝잔재 및 前정권의 상징물 제거 차원에서 옛 중앙청과 역대 대통령 집무실 철거, 훈령조작사건 때 3급 비밀문서를 야당의원에게 누출시킨 혐의자(현직각료)를 적발하고도 계속 重用(중용), 「임수경 밀입북사건의 배후총책」이라고 안기부가 발표했던 윤한봉씨를 일체의 신문절차 없이 입국 허용, 국무총리는 물론이고 안보수석 포함 차관급 중 42%가 군대 안 갔다온 사람….

對內정책

하나회 숙청, 민자당에서 金鍾泌 제거, 12·12를 쿠데타적 사건으로 규정, 『5·16은 역사를 후퇴시켰다』, 文民(문민)정부 강조, 정부의 정통성을 4·19-광주사태-6월 사태의 연장선상에 설정, 「5000년 썩은 역사」 云云, 훈령조작사건 때 電文(전문)유출자는 보호하고 對北강령론자 李東馥(이동복)씨는 면직, 전직 대통령 두 명 구속….

이런 양대 정책흐름의 성격을 보수층 일각에선 「北韓과 좌익에 대해선 온건하고 보수·우익에 대해선 가혹하다」는 평을 하고 있다. 한 12·12 관련자는 『어떻게 된 게 우리를 공격하는 데 앞장서는 이들은 군대 안간 사람들뿐인가. 군대 기피는 부패보다도 더 나라에 유해하다』고 까지 말했다.

金泳三 대통령은 과거사를 부정적으로 보는 데 그치지 않고 그 「부정적 과거」를 정치적 무기로 활용하였다는 비판을 받고 있다. 金대통령은 『나는 지금부터 돈을 안 받는다』고 선언하며 결백을 과시한 뒤 司正(사정)드라이브를 시작했는데 여기에 공평성의 문제가 제기된 것이다. 과거 문제로 따진다면 金대통령을 필두로 하여 돈으로부터 결백을 주장할 정치인은 거의 없는 데 무슨 기준으로 감옥 보낼 사람과 봐줄 사람을 결정하느냐는 것이다. 그 기준은 권력을 쥔 쪽에서 결정하는 것이고, 그러니 저절로 김영삼 대통령을 도왔던 사람, 현 정권에서 힘 있는 정치인들은 법을 빠져나와 버렸다는 지적이다.

이 때문에 검찰의 권위가 손상 받게 되었다. 관용이 없는 과거지향적 司正(사정)은 공평성이 결여된, 즉 正義가 없는 사정이 돼버릴 소지를 안고 있었다. 과거지향식 司正은 또 필연적으로 거의 모든 정치인들을 권력기관에 의해 약점 잡힌 사람들로 만들게 되었다. 이런 정치판에선 논리나 정책대결이 될 리가 없다. 여당 정치인들은 자신들의 약점을 훤히 아는 대통령에게 굴종하고 야당의원들은 억지, 트집, 또는 음모로써 공세적 방어를 할 수밖에 없으니 국사는 늘 뒷전이고 정치는 생존을 위한 전쟁이 돼버린다.

결투-문화가 없는 사회의 모습

오늘날 일어나고 있는 사태의 출발점은 말[言] 事故(사고)였다. 1993년 봄 黃寅性(황인성) 총리가 야당국회의원의 질문에 대해서 『12·12를 불법으로 볼 수 없다』고 대답했다. 그 며칠 뒤 청와대에서 12·12사건을 쿠데타적 사건으로 해석하는 발표문을 내놓으면서 12·12사건에서 연유된 일련의 사건들에 대한 재조명 움직임이 힘을 얻게 되었던 것이다. 대통령이 직접 나서서 역사를 해석하고 그 바탕 위에서 단죄까지 하겠다는 태도가 오늘의 상황을 만든 결정적 因子(인자)였다. 신군부와 맞섰던 정승화 장군측이 12·12사건을 형사고발함으로써 최초의 불씨를 만들었다. 이어서 호남 및 재야세력이 5·17, 광주사태 관련자를 고발하였다.

기자는 정승화 장군에게, 12·12의 피해자들이 역사적 사건을 법률로써 시비하려는 자세는 기자의 정의감정에 비추어 좋지 않게 생각된다는 뜻을 전했다. 鄭장군은 『나도 그렇게 생각하지만 저들이 뉘우치지 않고 오히려 큰소리를 치고 있으니…』라고 했다. 月刊朝鮮은 12·12사건 및 하나회 관련 기사를 통해서 정치군인들의 실상을 알리는 데 중심적 역할을 해왔으나 1993년 8월호에선 처음으로 12·12사건의 敗將(패장)들을 비판했다[崔普植(최보식) 기자 – 「12·12사태의 패장들이 져야할 역사적 책임은 무엇인가」].

이 기사는 「막강한 무력을 갖고도 치밀한 계획도 없는 소수의 合搜部측 기습을 받고 어이없이 손을 들어 민주화의 기회를 놓치게 만든 敗將들은 역사 앞에서 어떤 책임을 져야하나」라고 질문했다. 최보식 기자는 「최규하 대통령을 보위하지 못한 책임, 수경사령관이 자신의 부대를 장악하지 못한 책임, 陸本지휘부가 진압병력의 동원을 포기한 책임, 계엄사령관이 合搜部의 계획을 사전에 탐지하지 못한 책임, 국방장관과 육군참모차장이 지휘권을 포기한 책임」을 물었다. 한국은 결투의 전통이 없는 사회다. 따라서 당대의 승부에 승복하지 않고 후세에 가서 前代의 승부는 새로 가려진다. 이것이 이른바 한국식「역사청산」의 핵심이다.

당대의 승자는 후대에 가서 패자가 되고 당대의 패자가 역사의 승자가 되는 이런 청산방식에서 경계해야 할 것은

①패자를 영웅으로 만드는 일과

②부적격자가 소위 역사청산의 칼자루를 잡는 일이다.

다수의 침묵 속에서 자라난 처벌요구 운동

12·12, 5·17, 5·18 이 1995년의 말에 와서 다시 나라를 뒤흔들 정도의 이슈가 되리라고 믿었던 국민은 1993년 당시엔 많지 않았을 것이다. 몇 차례의 여과과정을 거쳐서 이제는 역사의 章으로 넘어갔다고 생각했던 다수 국민들이 침묵하고 있는 사이에 불씨는 서서히 자라 번지기 시작했다. 처벌요구 움직임을 적극적으로 지원한 것은 그 세력의 일거수일투족을 친절하게 보도해온 대다수 언론이었다. 광주사태를 가장 감수성이 강한 청소년 시절에 겪고 1980년대의 캠퍼스를 호흡하면서 체질적으로 反전두환이 된 30代기자들은 이제는 돌 대신에 활자와 화면을 통해 全斗煥 세력에 복수할 수 있는 위치에 포진하고 있었다. 다수 간부 언론인들도 속으로는 내키지 않으면서도 명분에 눌려 관련자 처벌을 지지하는 쪽으로 신문과 방송을 끌어갔다. 그래도 金泳三 대통령과 민자당 검찰은「심판은 역사에 맡겨야 한다」는 입장을 견지하였다.

헌법재판소는 검찰의 12·12사건 기소유예 결정을 지지해주었다. 보

수세력은 시종 침묵하였다. 『다 지나간 사건인데…. 대통령이 막아주겠지』하는 생각만 할 뿐 적극적으로 나서서 全斗煥·신군부 처벌에 반대한다는 의견을 개진하지는 않았다. 이런 조건하에서 金泳三 대통령의 대변신이 일어난 것이다. 그동안 5·18 관련자 처벌 요구는 주로 민주당, 국민회의, 재야세력, 좌익세력, 호남지역민들에 의해 제기되었다. 金大中 지지도가 가장 높은 그룹이기도 하다. 5·18 관련자 처벌운동에 반대한 세력은 金대통령을비롯, 안기부·군·검찰·경찰 등 공안기관을 위시하여 非호남세력, 중산 보수층이었다. 1992년 大選 때 김영삼 지지도가 높았던 세력이다. 5·18 처벌로 선회함으로써 김영삼 대통령은 자신의 지지기반을 버리고 김대중씨의 지지기반을 향해 뛴 셈이 되었다. 이것은 고뇌어린 윤리적 결단이었던가, 아니면 大選자금 공개 공세를 면하고 김대중 총재를 치기 위한 이기적 발상인가.

윤리적 결단인가. 이기적 발상인가

金泳三 대통령이 보수층을 배신했다고 화를 내는 사람들도 있지만, 그 전에 金大中·金鍾泌 두 정치 지도자가 먼저 「1989년 12월15일의 5共청산 대타협」 약속을 깨고 전두환씨 등의 사법처리를 요구했던 사실을 잊어선 안 될 일이다. 金대통령의 변신에 불평을 하는 보수층은 그들부터 먼저 나서서 당당하게 『5·18 사법적 심판은 안 된다』고 말했어야 했다. 金東煥(김동환) 변호사 등 극히 일부 지식인들만이 그런 태도를 취했었다. 보수층은 그들이 선택한 대통령이 외롭게 버티고 있는데도 아무런 응원을 하지 않았으니 배신감을 느꼈던 이는 오히려 金泳三 대통령이 아니었을까.

그러면 金泳三 대통령은 혼자선 버틸 수 없었나. 그렇지는 않다. 헌법재판소가 5·18 관련자들에 대한 공소시효는 이미 끝났다는 선고를 해버리면 金대통령으로서는 한결 짐을 덜게 될 것이었다. 법치국가에서는 아무리 나쁜 사람이라도 법에 의하지 않고는 처벌할 수가 없는 것이다. 일견 불공평해 보이는 이런 원칙을 수용하는 사회가 선진국이다. 金대통령은 오히려 憲裁(헌재)의 선고를 이용해서 국민들에게 법치가 무엇인지를 가르쳐줄 수 있는, 그리하여 金泳三 정부는 人治(인치)가 아닌 法治(법치)정부란 사실을 널리 알리 수 있는 계기로 삼을 수도 있었다. 金대통령의 대변신을 윤리적 결단으로 보기엔 이 변신으로 상처받은 「윤리」가 새로 세워질 「윤리」보다도 더 크다는 지적이 있다.

1989년 12·15 대합의를 비롯해서 3당합당의 정신과 全斗煥 전 대통령과의 인간관계를 무시한다는 것은 국가지도자로서의 정직성과 신뢰성에 대한 의문을 갖게 만든다. 정직과 신뢰를 버린 대가로 살 수 있는 또 다른 윤리는 무엇일까. 金泳三 대통령 측에선 역사에 正義를 세운다는 것을 우선적으로 꼽았다. 역사에 정의를 세우려면 與小野大(여소야대)의 6共시절에 했어야 했다. 全斗煥 전 대통령을 백담사로 보낼 때 한꺼번에 계산하여 그를 절간이 아닌 감옥으로 보냈어야 했다. 사형집행인의 실수로, 한 칼에 죽게 만들어야 할 사형수를 두 번, 세 번 찍는 것은 너무나 잔인한 일이 아닌가(옛날엔 사형집행의 실수로 죽지 않은 사형수는 살려주었다). 2년 前에 했던 율곡비리 수사를, 똑같은 사람을 상대로 하여 되풀이하고 있는 것도, 2년 전의 수사가 부실했다는 것을 자인하는 것이다.

이런 식으로 검찰과 정치권이 자신들의 나태를 뒤늦게 깨닫고 『다시 한 번 하자』식으로 나온다면 그들의 과오에 기인한 대가를 국가와 국민이 매번 부담해야 한다는 얘기가 된다. 1995년 10월30일 밤 한 모범택시 운전사(52)는 승객인 기자에게 이렇게 말했다.

『3金씨가 힘이 셀 때인 6共의 여소야대 시절에 청문회를 열어 그렇게 닦달을 하고 백담사로 보냈으면 그걸로 끝내야지요. 그때는 뭘 해놓고 지금 와서 또 족치겠다는 게 말이 됩니까. 全 전 대통령의 구속은 보복의 끝이 아니라 시작일 것 같은 기분이 듭니다. 어떻게 된 게 한국 사람들은 남이 못되는 것만 보고 좋아들 하는 민족이 됐는지…. 우리는 항상 李씨조선 당파싸움을 하는 식으로 살아가야 되는 모양이지요.』

남이 못되는 것만 보고 즐겨하는 민족

충북 옥천이 고향이라는 이 운전기사를 역사의식이 없는 사람이라고 욕할 사람들도 있을 것이다. 그래도 이분의 말 한 마디―『우리민족은 남이 못되는 것을 보고 기분 좋아한다』는 이야기는 오랫동안 귓전에 남았다. 지난 두 달 동안 소환, 사법처리, 사전영장, 구속, 수감 같은 「잡아넣는」 것과 관계되는 기사가 신문의 1면 머리를 채우는 분위기 속에서 단죄, 처벌, 청산만 요구하는 목소리만 일색인데 용서하자는 가냘픈 목소리라도 들을 수 있었다는 것이 고맙기도 했다. 金대통령의 대변신이 고뇌 어린 윤리적 결단이라면 對국민 발표부터 성실히 했어야 했다. 당시 민자당 사무총장을 통해 「말씀자료」를 발표할 게 아니라 직접 발표했어야 했다. 국민들에게 대전환의 배경과 논리를 길게 설명하여 납득시켰어야 했다.

1994년 11월 검찰이 12·12사건에 대하여 군사반란이라 인정하면서도 기소유예처분을 내렸던 바로 그 때 대통령이 그 결정을 뒤집는 특명을 왜 내리지 않았는지, 1995년 5월에 검찰이 5·18 관련자에게 「공소권없음」 결정을 내렸을 땐 왜 묵인했는지, 바로 그때 역사를 바로잡았으면 혼란이 없었을 것을 왜 뒤늦게 정의를 세운다고 나섰는지를 국민에게 간곡히 설명하고 양해를 구할 의무가 있었다. 그 동안 金대통령의 소신만 믿고 따라다니면서 『12·12, 5·18은 역사의 심판으로 돌려야』『광주사태는 양면성이 있다』고 열심히 맞섰던 정부·여당·국군·안기부·검찰은 대통령이 사전 예고나 설명 없이 혼자서 오던 길을 되돌아가버리는 바람에 집단적으로 바보가 돼버렸다.

金대통령만 다수 언론에 의하여 영웅으로 추어올려졌고 검찰은 미아가 된 것이다. 최초의 발표문에는 5·17쿠데타와 5·18광주사태 관련자를 처벌할 수 있도록 특별입법을 한다는 내용만 있었지 12·12사건을 수사한다는 구절은 없었다. 그런데 특별법이 통과되지도 않은 상태에서 全斗煥 전 대통령을 12·12사건과 관련하여 조급히 구속시켰다. 특별법을 통과시킨 뒤 5·17 관련으로 수사한 뒤 구속시키자는 게 당초 발표문의 정신일 텐데 특별입법 없이도 구속이 되었으니 우리나라 검찰은 대통령의 의지만 뒷받침되면 무슨 일이든 할 수 있다는 공포를 주고 있다. 검사와 판사는 전직 대통령을 「도주자」로 몰아 잡범처럼 구속 수감했다.

한 경상도 村老(촌로)는 『이불 속에서 전직 대통령을 끌어내가는 식이 아니냐』고 흥분했다. 全斗煥 구속 이후 많은 사람들이 『金泳三 대통령은 전직이 되었을 때 또 어떤 대우를 받을까』 걱정하기 시작한 것은 民心의 자연스런 반응이었다. 金泳三 대통령은 1984년에 「나와 조국의 진실」이란 책을 냈다. 金正男씨(김정남·전 청와대 敎文수석비서관)가 구술을 받아 정리한 책이다. 이런 대목이 있다.

〈즉흥적인 선택이란 그 대개가 첫째로는 적법한 절차를 거치지 않는 것이 십상이요, 둘째로는 고뇌를 거친 것이 아님으로 해서 시행착오적인 것이 될 위험이 그만큼 크다. 말하자면 즉흥적인 정책이란 비민주적인 발상에서 비롯되는 것이요, 또한 고뇌를 거치지 않는다는 얘기는 정책에 대한 신중한 검토가 없다는 얘기가 되는 것이다. 그런데, 우리나라의 경우, 어떠한 정책이든, 그것이 지도자가 그 정책의 선택과정에서 겪어야 하는 고뇌의 흔적을 거의 발견할 수 없다. 모든 것이 불쑥이요, 갑자기 튀어나오는 것이다. 지도자의 결단과 관련한 고민의 흔적이 국민에게 공개될 때, 국민의 지도자에 대한 신뢰와 기대가 생겨나는 것이다. 그렇지 아니할 때, 국민은 언제 어떻게 어떤 정책이 불쑥 튀어나와 우리를 괴롭힐지 모른다는 공포에 사로잡히지 않을 수 없는 것이다.〉

金泳三의 「돌아오지 못할 다리」

노태우 비자금이 폭로되고 김대중 총재가 먼저 20억 원 수수를 고백했을 때 김영삼 대통령이 선택할 수 있는 길은 몇 갈래가 있었다. 가장 어려운 길은, 스스로도 노태우 자금과의 관련부분을 털어놓은 다음 『자, 이것이 지난날 우리 정치의 실상이었다. 그래서 나는 취임 뒤 한 푼의 돈도 안 받고 있다. 이걸 계기로 깨끗한 정치가 가능한 제도와 풍토를 기성정치권이 만들어내자. 盧 전 대통령의 정치자금 잔액은 몰수하되 구속기소는 그분의 국가적 기여와 우리나라의 체면을 위해서라도 보류하자. 6共 때 2인자였던 본인도 이 문제에는 공동책임이 있다』고 나오는 일이었을 것이다. 이것이야말로 국민 앞에 스스로를 투척하는 일대 승부수가 되었을 것이다. 온갖 비난이 쏟아졌겠지만 결국은 다수 국민들의 상식과 관용이 金대통령을 지원했을 것이라고 생각한다. 더구나 金大中, 김종필 총재도 큰소리칠 수 있는 처지가 아니었으니까.

그러나 金대통령은 가장 쉬운 길—전면부정을 선택했다. 이 전면부정이 金대통령에게「돌아갈 수 없는 다리」가 되지 않을까 걱정된다. 12·12 사건의 한 교훈은 신군부가 그날 밤에 저지른 일로 해서 돌아갈 수 없는 다리를 지났고 살기 위해서라도 정권을 향해 돌진하지 않으면 안 되게 되었다는 점이다. 金대통령도 똑같이「자신에게 결벽 공언」을 보호하기 위해 검찰과 언론을 믿고 大選자금 이외의 다른 분야로 수사를 확대하고 5·18 관련자 처벌 쪽으로 돌진할 수밖에 없었을 것이라고 분석하는 이들이 더러 있다. 그렇다면 全斗煥 前 대통령은 프로그램에도 없었던 제물이란 얘기가 된다.

25년 만에 처음 보는 언론의 선전·선동기관화

盧, 全 두 전직 대통령을 구속함으로써 한국검찰은 약점 있는 자에겐 가장 무서운 기관임을 증명했으나 동시에 대통령의 권력 앞에선 스스로를 부정·경멸하는 일도 할 수 있는 무력하고도 자존심 없는 기관임을 드러냈다. 검찰이 결정했고 헌법재판소가 그 정당성을 인정했던 12·12 기소유예 결정을 아무런 고민이나 사과 없이 하루아침에 취소했다. 국가 대사를, 초등학생이 지우개로 연필글씨를 지우듯 손쉽게 변경한다면 국민들은 예측 불가능한 삶을 살아야 한다. 朝鮮日報 등 몇 개 사를 제외한 대부분의 언론도 사실보도와 정직한 논평이란 저널리즘의 원칙을 저버렸다.

1995년 12월8일 밤 9시 MBC 뉴스에서 앵커맨은 『오늘로 숲斗煥씨의 단식은 6일째, 그러나 국민들의 시선은 차디찹니다』라고 했다 이것은 거짓말이다. 적어도 국민 한 명의 시선은 차갑지 않고 동정적이었으니. 그는 정직하게 말했어야 한다. 『…6일째, 그러나 나의 시선은 차디찹니다』 거의 모든 언론은 「모든 국민들」에게 물어보지도 않고 「모든 국민들」의 이름을 빌려와 숲斗煥 전 대통령을 비난했다. 언론의 이런 철저한 선전 선동기관화는 기자 생활 25년 동안 단 한 번도(朴정권 하에서도) 경험해 본 적이 없는 현상이다.

이는 한국의 언론인들이 권력과 명분에 얼마나 약한가를 단적으로 보여준다. KBS까지도 그 동안 공안기관이 친북세력 내지 친북인사로 규정했던 사람들을 등장시켜 신군부를 비난하고 金대통령을 지지하도록 만들었다. 사상 전쟁이 지금도 첨예하게 계속되고 있는 한반도에서 사실상의 국영방송인 KBS가 그 이념전선을 스스로 허물고 있었다. 신군부가 저지른 惡行(악행)을 생각한다면 언론의 선동적 보도는 면책될 뿐 아니라 당연하다는 논리가 언론계를 휩쓸고 있다. 이것은 전형적인 「린치[私刑]의 논리」이다. 내가 한 대 얻어맞았으니 때린 자를 붙들어 뭇매를 가하는 것은 正義(정의)라는 식이다.

이는 法治(법치)가 정착되기 한참 이전 미개시대의 논리이다. 숲斗煥과 신군부를 위해서가 아니라 그를 징벌하는 오늘날 한국인의 인간적 존엄성을 위해서 필요한 것이 정정당당한 법 집행과 냉철한 보도인 것이다. 정치적으로 시체가 된 지 오래인, 숲斗煥 전 대통령을 다시 한 번 죽이기 위해 머리 좋은 검사와 기자들까지 정치인들의 들러리가 되어야 한다면 너무 억울한 일이다. 바로 우리를 위해서, 나라를 위해서, 후세 교육을 위해서라도 숲斗煥에 대한 응징은 절차와 예절을 따라서 엄정하고 상식적으로 해야 하는 것이다.

한 조간신문(1995년 12월6일자) 사설의 두 문장만 인용해본다.

〈…그럼에도 쿠데타 가담 세력과 그 일부 옹호세력들은 해괴한 논리로 조직적 반발과 저항을 서슴지 않는다. 역사의 시계바늘을 거꾸로 돌리려는 이런 일부 극단주의자들의 불순한 언동이야말로… 시대착오적 책동이 아닐 수 없다.〉

이런 언어가 판치는 사회에서 과연 사람들의 심성이 비틀려지지 않고 배길까. 1995년 12월7일자 모든 조간엔 「全씨, 崔 前대통령 권총협박」이라는 제목의 기사가 1면 톱 내지, 준톱으로 크게 보도됐다. 다음날엔 1단 기사, 또는 다른 기사에 붙은 꼬리로서 李亮雨(이양우) 변호사가 「권총협박」 운운한 사람을 명예훼손으로 고소했다는 내용이 실렸을 뿐이었다.

저널리즘의 원칙을 설명할 때, 「동쪽에서 해가 뜬다고 주장하는 사람이 있으면 서쪽에서 뜬다고 주장하는 사람을 찾아내 이야기를 들어볼 필요가 있다」는 우스개가 인용된다. 오늘날 한국 언론이 범하고 있는 가장 큰 실수는 金泳三 대통령의 코치에 대한 반론과 全斗煥 측을 옹호하는 견해를 반영시켜 주지 않는다는 데 있다. 침묵하는 온건한 견해는 반영되지 않고 과격한 큰 목소리는 과잉 대표되고 있다.

全斗煥은 한국인의 거울

민심이 반전하고 있다. 全斗煥 전 대통령에 대한 거친 구속집행 이후 민심은 反YS性을 나타내기 시작했다. 全斗煥 전 대통령을 구속시킴으로써 金대통령은 비장의 펀치를 날린 셈이 된다. 全 전 대통령은 한 인간이 먹을 수 있는 욕은 다 먹었으니 이젠 더 당할 것이 없는 밑바닥 삶으로 떨어졌다. 더 떨어질 곳이 없는 상태는 비참의 극치이면서 또한 용기와 도전의 시작이 된다. 全 전 대통령이 죽기를 각오하고 단식을 하고 있다면, 그러다가 정말 사망한다면 한국인은 巨大(거대)한 심리변화를 겪을 것이다. 全斗煥이란 특이한 존재는 항상 인간적 흥미를 자극해 왔다. 그가 늘 話題(화제)의 대상이 돼 왔다는 것은 그가 재미있는 인간형이란 의미이다.

그의 매력은 솔직하고 담백한 성격이다. 「순 국산 土種(토종)」이란 말로 그의 성격을 평한 옛 부하도 있었다. 「토종 한국인」 全斗煥 전 대통령은 이제 모든 한국인들의 거울이 되고 있다. 全斗煥이란 거울을 통해서, 그에게 우리가 무엇을 하고 있느냐를 알게 되고 우리의 모습을 보게 되고 우리 한국인은 어떤 사람들인가를 깨닫게 될 것이다. 만약 全斗煥 전 대통령이 사망하는 불행이 생긴다면 역사청산론자들의 입장에선 그것이야말로 완벽한 청산이 될 것이다. 갖은 비난과 욕설, 위선과 증오를, 지난 역사의 찌꺼기로서 감싸 안고 거창하게 쓰러지는 모습은 그들 청산론자들의 꿈일지도 모른다. 그 꿈이 이뤄졌을 때 비로소 우리는 全斗煥에게 우리가 무엇을 했느냐 하는 것을 냉정하게 되돌아볼 수 있을 것이다. 그 다음 우리의 시선과 손가락이 金대통령 쪽으로 지향하지 말라는 보장은 없다.

1996년 총선에서 평가받을 것

언론의 선동성과 비례하여 보수층의 반감도 커지고 있다. 정보화 사회에서 여론에 끼치는 언론의 영향력은 제한적이다. 기자는, 언론의 일방적 보도를 비난하다가『선거 때 보자』고 벼르면서 입을 닫는 사람들을 많이 발견하고 있다. 두 전직 대통령 구속이 金대통령이나 신한국당의 득표강화로 연결되기는 어려울 것이다. 투표성향의 결정적 인자인 지역구도는 아직도 요지부동이기 때문이다. 김윤환 대표의 말대로 요사이 높아진 金泳三 지지율 중에는 金大中 지지표가 숨어 있고 선거 때는 이들이 金大中씨 편으로 돌아가버릴 것이라는 분석이 보다 정확할 것이다.

대통령 중심제의 한계를 지적하고 내각제 개편의 필요성을 인정하는 여론이 높아가고 있다. 전직 대통령이 한 사람도 온전하지 못한 것은 그 인간의 결함보다는 제도의 결함 때문이라는 시각을 갖게 한다. 대한민국 검사는 대통령 한 사람뿐이란 얘기가 나오고 대통령의 잘못된 결정을 알면서도 고치는 것은 제도적으로 거의 불가능하며, 강력한 대통령 밑에선 정치가 없어지고, 천문학적이 돈이 드는 대통령 직선으로 당선되는 사람은 자동적으로 가장 부패한 정치인이 돼 버리며, 정보·수사권을 독점한 대통령 때문에 엘리트들이 권력 기생적 체질을 버리지 못하게 된다는 등등의 문제들이 이제는 일반 시민들도 공감하는 사항이 되고 있다.

YS에 대한 결정적 폭로

金泳三 대통령에 대한 결정적 폭로가 일어날 가능성이 높아지고 있다. 지금까지 살펴본 것처럼 최근 두 달 동안 金대통령이 쌓아올린「5, 6 共단죄」란 벽돌집은 겉으로는 강고한 것 같이 보이지만 대단히 불안정한 바탕위에 서 있다. 朴啓東 의원의 폭로 같은 결정적 폭로가 金대통령을

향해 터질 때는 이 벽돌집이 三豊(삼풍)백화점처럼 붕괴해 수많은 정치적 사상자가 발생할 가능성도 없지 않다. 노태우·전두환 비자금 수사를 통해서 검찰은 국민들이 양해하고 넘어갔던 大選자금·정치 자금 등 과거의 非理(비리)까지도 새삼 문제가 되도록 만들었다. 이 칼날이 盧, 全 두 사람을 벤 뒤엔 金대통령 쪽으로 향해질 가능성을 배제할 수 없다.

예컨대, 盧대통령을 파렴치범으로 만들었던 6共시절의 정치자금과 金泳三 대통령후보가 재벌회장들로부터 직접 받았을 것으로 추정되는 (또 일부 확인되기도 한) 엄청난 14大 大選자금 사이엔 본질적인 차이가 없다. 金대통령이 받은 大選자금은 장차 공무원이 될 것으로 예상되는 사람에게 미리 주어놓은 「사전수뢰죄」에 해당될 수 있다고 보는 법조인도 있다. 大選자금에 대한 정보를 쥐고 있는 노태우 전 대통령은 구속되기 전 가족에게 그 정보를 인계해주고 떠난 것으로 보인다. 이 정보는 대단한 파괴력을 지니고 있으며 터질 때까지도 계속해서 일정한 위협력을 유지하게 될 것이다.

지난 大選 때 金泳三 후보의 3大 모금책으로 알려져 있는 李源祚(이원조), 李龍萬(이용만), 금진호 세 사람의 입도 문제이다. 중립내각 안기부의 기조실장으로서 경북도민회 회장이 돼 金泳三 후보를 위한 선거운동에 적극적으로 개입하였던 嚴三鐸(엄삼탁)씨의 입도 있다. 金泳三 대통령의 남은 大選자금이 그 뒤 어떻게 관리되었고 지금 어떻게 돼 있느냐 하는 의문도 언젠가는 풀려야 할 사항이다.

全斗煥 구속·특별입법의 진짜 동기가 大選자금 공개를 피하기 위한 발상에서 비롯되었다는 것이 하나의 상식으로 다수 국민들 사이에 정착되는 날에는 金대통령은 한국 보수층으로부터 외면당하고 다가오는 4월 총선에서 대패할 가능성이 높다. 金泳三 대통령이 치밀한 계획 없이

일을 벌여 수습도 어렵게 되고 장기적 혼란으로 빠져든다는 것이 확실해져 중산층의 입에서『불안해서 못 살겠다』는 이야기가 나오기 시작하면 총체적 위기 국면이 전개될 것이다. 大選 자금 문제와 이른바 역사청산 문제는 인간 金泳三과 정권의 본질적인 바닥을 드러내게 만들 것이다. 金대통령은 이념노선·역사관·의리 같은 총론적이고 인격적인 요소들이 뒤엉겨 있는 민감한 이슈를 만들었기 때문에 성패가 어디로 나느냐에 따라서 상처나 성취도 그만큼 클 수밖에 없게 되었다.

차라리 전쟁이 났으면 한다

12·12, 5·17, 5·18 사태의 주역은 군부였고 오늘날의 일대 소용돌이가 귀착하는 곳도 결국은 군대이다. 金泳三 대통령은「선량한 군인들의 명예심을 더럽힌」신군부를 처단하여 국가에 헌신하는 군대의 명예를 되찾아주겠다고 선언했다. 그렇게 하려면 아주 섬세한 손을 가진 외과의사가 필요하다.「군부」라는 건물의 내력벽이었던 하나회를 허물 때는 봉을 세워가며 했어야 했고, 소수의 정치군인에 대한 비판이 전체군대에 대한 비판으로 혼동되지 않게끔 신경 썼어야 했으며, 무엇보다도 군대 안간 사람들이 역대 정부의 정통성을 허물고 군사文化(문화)를 비판하는 데 앞장서는 이 부조리의 극치를 저지해야만 했었다.

한 장교는 요사이의 군대사정을 이렇게 전했다.

『하나회 출신이 물러나니 소신 없는 장교들이 나타나 무사안일만 추구하는 것 같습니다.「하나회」가 되었기 때문에 출세한 것이 아니라 뛰어났기 때문에 하나회가 되었다는 생각이 들 정도입니다. 과거의 군통수권자를 잡범 다루듯 하는데, 지금 군통수권자의 국방정책을 우리가 어떻게 병사들에게 교육시키겠습니까. 기동훈련을 하려고 나간 전차가 민간차량을 피해 다녀야 하고, 외출 나가면 술주정뱅이들이 「야 장교 이리 와 봐!」하고 시비를 거는 판입니다. 광주사태 진압에 관계한 현역 지휘관들의 명단을 언론에 공개하면 그 지휘관은 부하를 통솔할 수가 없게 됩니다. 일부 장교들은 차라리 전쟁이라도 났으면 하고 기다리는 심경입니다. 그래야 군대의 가치와 고마움을 국민들과 정치꾼들이 알게 될 것이니까요.』

청산이 불가능한 全, 盧의 업적들

金泳三 대통령은 『全斗煥 구속은 5, 6共 인맥과의 전면적 단절이 아니다』고 강조하고 있다. 그러나 다수 언론은 몇 걸음 더 나아가 우리 사회의 모든 악의 근원을 全, 盧두 사람에게 전가하고 있다. 全씨는 1989년에 백담사를 찾아온 불교신도들과 인사를 하는 자리에서 이런 이야기를 한 적이 있다.

『여러분들 중에는 전직 대통령이 어떤 꼴로 지내고 있는지 구경하려고 오신 분들도 있을 겁니다. …바깥에서는 재임 기간에 나쁜 짓만 한 사람이라고 저를 욕하고 있는데, 사람이 실수로써도 잘한 일 하나는 할 수 있는 것 아닙니까? 소가 뒷걸음치다가 쥐 잡는 식으로 말입니다.』全, 盧 두 사람이 「소발에 쥐잡기」식으로 이룬 실적은 이미 수치로 나타나 있다.

1980~1990년의 11년간(이 시기는 두 「군사반란 수괴」의 재임기간이다) 한국의 GDP 성장률은 연평균 10.1%로서 세계의 약 200개 나라 중에서 1위였다. 1980~1989년 사이 한국의 공업 성장률은 연평균 12.4%로서 세

계 5위였다. 박정희 시대인 1965~1980년 사이 한국의 GDP 성장률은 연평균 9.5%로서 세계 9위였다. 全斗煥씨는 경제성장 성적표에서 오히려 朴대통령을 앞질렀다. 서울올림픽은 이념의 벽을 부순 상징적 사건으로서 동구공산권의 붕괴에도 중요한 요인이 되었다. 이 세계적 행사의 세기적 대성공은, 서울올림픽 유치를 결단했던 全대통령과 조직위원장으로 일했던 盧대통령을 빼고는 설명이 되지 않는다.

全대통령은 누가 뭐래도 평화적 정권이양을 하고 나온 최초의 군출신 대통령이다. 어찌 보면 평화적 정권이양은 반쪽만 성공했다. 권력자가 순순히 정권을 넘겨준 점에선 평화적이었으나 그 정권을 받은 편이 그를 백담사로 보냈다가 다시 감옥으로 보낸 점에서 「평화적」이란 표현이 걸맞지 않다. 盧대통령이 적기에 추진한 북방정책은 북한의 후방을 우회적으로 포위한 대전략이었을 뿐 아니라 한국인의 활동공간을 아시아 대륙으로 확장시킨 쾌거였다. 누가 뭐래도 그는 민주화를 실천한 대통령이었다. 위의 사실은 두 사람이 사형당한 뒤에도 지울 수 없는 역사의 기록이고 절대로 청산할 수 없는 역사 그 자체이다.

全斗煥 가두어 놓고는 공정한 경기가 안 된다

金대통령과 일부 국민들이 이왕 全斗煥 전 대통령을 구속시키고 역사를 청산하겠다고 나섰으니 그 게임이라도 공정하게 해야 한다. 1989년 말에 끝났던 1차 게임결과를 몰수하고 재경기를 하게 되었다면 세 번째 경기를 또 다시 하지 않도록 이번에만은 공정하게 하자. 우선 全斗煥 전 대통령을 불구속 상태에서 이 게임에 임하도록 해야 한다. 근대 재판의 기본 규칙은 피고인과 검찰 사이의 공방전이 공정하게 이뤄지도록 보장하는 것이다. 증거인멸과 도주의 위험이 없는 전직 대통령, 유죄확정시까지는 무죄인의 대접을 받아야 할 한 시민으로서의 전두환씨를 가두어놓고, 재판이 시작되기도 전에 정치재판·여론재판을 다해버린 이 재경기에 누가 승복하겠는가.

전두환씨가 오늘날 겪고 있는 수모의 근원은 15년 전 그가 정승화 장군에게 가했던 모욕이다. 한 인간을 인격적으로 모욕하는 것, 비굴해지도록 강압하는 것 이상의 악행은 없다. 全斗煥 전 대통령을 구속한 사람들은 全斗煥씨를 「제2의 鄭昇和 총장」으로 만들지 않도록 해야 할 것이다. 全斗煥씨가 당당하게 소신을 밝히고 검사도 당당하게 구형하고, 판사도 당당하게 선고하면 정의가 구현되는 것이다. 이것이야말로 정의로가는 大道無門(대도무문)의 정신이 아니겠는가?

공수 3여단 15대대장
朴琮圭 手記

『「과격한 진압을 삼가라」는 말은 돌에 맞아 죽으라는 지시나 다름 없었다』

이 글은 광주 진압작전에 참여했던 박종규 당시 3공수여단 15대대장의
체험기로서 육군본부가 펴낸 「역사자료」에 실려있다.

5월20일 광주로 출동

나는 광주사태의 해결이 가장 큰 정치적 이슈가 되었던 1987년 대통령 선거에서 극도의 지역감정을 보고, 내 고향이 충청도인 것이 얼마나 다행이라고 생각했는지 모른다. 나는 1979년 10월17일 釜馬(부마)사태에 진압부대로 참가한 바 있어, 영남과 호남의 문제로 오해되기 쉬운 광주사태의 진술에 객관성을 높여 주는 입장에 있다.

나는 광주사태에서 두 번이나 결정적인 죽음의 고비를 넘기면서 부여된 임무를 완수했다. 그러나 軍으로부터 받은 혜택이 全無(전무)한 지금의 이 시점에, 광주사태에 대한 자료를 작성하는 것은 이 진술의 객관성을 높여 주는 또 하나의 요인이 될 수 있다.

나는 광주사태에 관한 왜곡된 보도와 추측이 난무하던 1985년 2월 이후, 지금까지 누구에게도 광주사태에 대한 공개적인 설명을 자제해 왔다. 망각 속에 덮어 두자는 생각에서였으나 오늘 육군의 권유로 이제 그 사태의 전부를 진술하게 됐다. 진술상 고지식한 표현이 있다고 하더라도, 그것은 사실을 사실대로 기술하려는 의도이지 결단코 과시가 아님이 전제로 이해되어야 할 것이다.

5월17일 저녁에 계엄 확대가 발표되고 각 여단의 각 대대가 대학교 하나씩을 맡아서 수색을 했다. 우리 여단은 육군 기동타격대로 現 주둔지에서 출동준비만 해놓고 기다리라는 것이었다. 통상 군사작전에서 중앙대비(기동타격대)가 임무에 투입된 일이 없어서 「이번에도 영내에서 대기만 하다가 해체되겠거니」 하고 좋아했다. 출동을 하게 되면 아무래도 잠자리며 먹는 것이 불편하기 때문이다.

5월19일 점심시간도 잔디밭에서 잡담하기 좋을 만큼 따뜻했다.

광주에 내려간 7여단의 상황이 좋지 않다고 했다. 사령부에서는 『시위진압 경험이 많고 지난해 10월 부마사태에 출동하여 깨끗하게 임무를 완수한 3여단을 투입해야 한다』는 의견이 나왔으나, 별다른 일 없이 하루가 지나갔다.

5월20일 광주로의 출동명령이 떨어졌다. 도대체 시위진압에 육군의 기동타격대가 가야 할 만큼 다급한 상황이라는 게 어떤 것인지 이해되지 않았다.

공수단의 출동 비상은 빠르면 20분, 늦어도 1시간이면 완료된다. 전투복에서 얼룩무늬복으로 갈아입고 총과 탄띠와 실탄에 철모를 착용하면 준비완료다. 특별히 시위진압 출동이라 하여 장비가 달라지지 않는다. 敵 지역에 침투하는 장비로 출동하는 것이 규정이다.

비상벨이 울리면 공수단 배낭(륙색) 속에 내의 2벌, 예비 전투화, 치약·칫솔, 양말, 모포를 넣어 꾸리고 단독 군장으로 차량에 탑승하는 게 전부다. 대검은 개인지급하면 분실과 사고의 우려가 있어 지역대별로 창고에 보관하여 출동장비에는 빠져 있는 게 상례였고, 내가 공수단 10년 근무 중 대검을 지급받아 본 기억이 없다.

계엄임무로 출동을 많이 했지만 공수단의 얼룩무늬복만 봐도 조용해지기 때문에 장비는 될수록 가볍게 가져가는 것이 고참들의 소위 요령이었다. 다만 이날 출동 때는 「만반의 준비」를 위해 개인당(장교는 제외) 가스탄 1발과 지역대당 미제 E-8 발사탄 1세트씩을 지급받고, 진압봉 1개씩을 추가 지급했다.

광주에 도착하니 광주역에는 31사단장(정웅)이 역장실에 나와 있었다. 정웅 사단장은 패퇴한 장수처럼 초라하고 질린 표정으로 『공수단이 학생들을 마구 때린다』고 모기소리만한 소리로 여단장에게 하소연했다.

여단장은 불만스러운 표정으로 묵묵부답이었다. 나는 두 지휘관의 대화를 더 듣지 않고 밖으로 나와 7여단 권승만 중령을 만났다.

피로에 지친 권중령은 말도 말라고 하며 겁이 난다는 것이었다. 오전에는 좀 나은 편인데 조금 있으면 시위 군중이 갈쿠리(갈고리), 쇠파이프, 몽둥이, 돌 등으로 공격을 한다는 것이었다. 공수단의 얼룩무늬복만 봐도 도망가기가 바쁜 게 이제까지의 시위 군중이었는데 도망은커녕 공격을 한다니 이해할 수 없는 조짐이었다.

고립된 공수부대

식사를 어떻게 했는지 지금 기억이 없다. 아마도 열차 안에서 건빵 1봉지와 별사탕 몇 개를 먹은 게 전부였을 것이다. 그게 소위 비상식량이었으니까. 전남대학에 투입하기로 되어 있던 우리는 곧 광주시내에 배치됐다. 우리 대대가 맡은 지역은 양동다리에서부터 광주고속에 이르는 광주의 남쪽 주요 도로였다.

비가 오고 있었다. 장비가 젖고 추워서 무작정 도로에 서 있기는 괴로운 일이었다. 나는 병력을 팀 단위로 주요 교차점에 배치하고 양동교에 서 있었다. 저녁이 되면서 도청 쪽과 양림교, 충장로 지역에 배치된 11, 12, 13대대 지역에서 시민·학생들과의 잦은 충돌이 있다는 보고가 무전기에 들려왔다.

나는 우리 대대지역에 별일이 없는가 하여 몇 개 교차지점을 순찰했다. 중간중간에 우리 병력 하나둘을 10여 명의 시민이 에워싸고 욕을 하는 것이 목격되었다. 부끄러운 일이었다. 도대체 세계 최강을 자랑한다는 무적의 공수단이 시민에 포위되어 욕을 듣는다니….

나 자신도 무전병과 둘이 순찰하기는 겁이 났다. 병력이 너무 분산배치되어 힘이 없었다. 그러나 우리 대대는 다른 대대에 비하면 훨씬 나은 편이었다. 다른 대대는 많은 공격을 당했는지 배치고 뭐고 집어치우고 대대 전체가 집결해 있었다. 그래도 자기 보호가 어려운 상태였다.

사태의 심각성을 안 여단장은 분산배치에서 자기방호로 대대가 집결하도록 하는 동시에, 대대 자체가 위협을 받자 여단을 집결시키기 위해 11, 12, 13, 15대대를 광주역 앞으로 집결하도록 지시했다.

19시쯤 비가 그쳤다. 악몽의 5월20일 밤이 다가오고 있었다. 점심을 부실하게 먹은 우리는 이미 지칠 대로 지쳐 있었다. 허기가 지고 입에서 냄새가 났다. 나는 대대 장병을 믿고 대대 장병은 나를 믿으며 버텨나갔다. 이때『라면을 끓여 달라고 어느 식당에 들어갔더니 공수부대에게는 안 끓여 주겠다고 하더라』『병력이 쉴 수 있는 공간으로 활용하게 성당 마당에 좀 들어가겠다고 하니까 신부가 안 된다고 거절하더라』는 얘기를 들었다. 우리 군인은 광주에서 敵이 되어 있었던 것이다.

소위 시절 유격훈련을 받을 때 전라도 화순 어디에선가 농부에게서 얻어먹은 보리밥과 고추장 맛을 잊을 수 없다. 軍 생활 15년간 얼마나 많은 훈련을 다녔는가. 얼마나 많은 지역을 다녔는가. 김치·고추장·된 장은 말할 것도 없고 힘들고 지칠 때면 주민의 도움을 받고 군인인 것을 보람으로 살아왔는데….

적군도 다치면 치료를 해주고 밥을 주는데, 지친 병사가 가져간 라면을 끓여 달라는데 어떻게 거절을 할 수 있단 말인가?「원수를 사랑하라」는 성직자의 덕목은 어디로 가고 철문을 굳게 잠근 채 안 된다고 돌아설 수 있는가? 비 맞고 지친 이 異邦(이방)의 군인, 집안이 어려워 특전하사로 자원입대한 가난한 농부의 아들이 배고파 지친 모습을 보고서 어떻게 식당의 미닫이문을 닫아 버린단 말인가?

나는 양동교에서 팀 단위 철수를 지시했다. 집결하여 이동하는 것보다는, 그저 지나가는 행인처럼 7~8명씩 열 지어 무표정하고 아무 일 없는 듯하되 발걸음은 빠르게 하여 광주역으로 모여들었다.

11, 12, 13대대가 광주역에 무사히 도착하는 데는 엄청난 위험이 있었다. 대대가 완전히 포위되어 시위 군중의 돌과 몽둥이에 대대가 해체 직전의 위험까지 갔다고 한다. 화염방사기, 가스분출기로 겨우 통로를 열어 쫓기듯 돌아왔다고 한다.

21시가 되면서 어느 정도 대형을 갖춘 상태에서 광주역에 집결이 완료되었다. 나는 그때서야 비로소 심한 공복감을 느꼈다. 힘이 없어 쓰러질 것만 같았다. 그러면서 문득 내 병사들이 생각났다. 중령인 대대장이 이렇게 배가 고프다면 말단의 병사들은 얼마나 배가 고플 것인가 하는 생각이 들어, 이 지역의 방어에도 자신을 잃어 가고 있었다. 나는 방어 지역의 제일 선두에 있기로 했다.

허기진 공수부대를 괴롭힌 無人 돌진 차량

광주사태의 시작은 지금부터다. 내가 부여받은 3개 방어지역 중 제일 위험한 통로인 광주고속과 광주역을 잇는 도로상을 방어하고 있는데, 깜깜한 밤 느닷없이 도청 쪽 12대대 담당지역에서 버스 한 대가 터덜터덜 굴러 와서는 광주역 앞 분수대를 들이받고 넘어졌다.

광주의 시위는 공수단의 엄청난 착각에서 진행되고 있었다. 얼룩무늬 복에 베레모만 쓰고 차려 자세로 투입되기만 하면 시위가 끝나는 것으로 통념화되어 있던 시위가 공수단의 패퇴, 공수단에 대한 공격, 부대의 와해, 사단장 차량의 피탈, 공수단의 무등산로의 도주 등 실로 6·25 戰史(전사)의 3군단 패퇴에 못지않은 치욕의 戰史로 기록되고 말았다.

無人(무인) 돌진 차량(액셀러레이터와 운전대를 일정 속도와 방향에 묶어놓고 기어를 1단에 넣은 후 클러치를 떼면서 사람이 뛰어내리고 돌진케 하는 차량) 공격이 시작되면서 우리 대대 앞에도 5대 가량의 無人 돌진 차량이 간헐적 공격을 감행했다. 찾아서 공격을 하기에는 우리는 너무 지쳐 있었고 허기져 있었다. 방향과 속도가 일정하니까 돌진 차량을 피하는 것은 별로 어렵지 않은 일이었다. 배치된 대형에서 차량의 통로만큼만 열어 주면 되는 것이니까. 그러나 그것도 배부르고 편안할 때의 생각만큼 쉬운 일은 아니었다. 간헐적 공격과 어느 방향에서 올지 모르는 불안 때문에 늘 주의와 신경을 곤두세워 피할 준비를 하고 있어야 했다.

이때부터 『차 온다!』는 고함소리가 우리를 놀라게 했다. 광주사태가 끝나고 귀대하여 몇 달이 지나도록 우리 3여단 장병에게 『차 온다!』는 고함경고는 잠을 못 이루게 하는 악몽의 함성으로 잔영되었다.

간헐적 無人 차량 공격과 더불어 각 방면에서 폭도의 몽둥이 공격, 투석 공격은 파상적으로 계속되었다. 敵은 우리를 제압하기 위해 함성을 지르며 전진했고, 우리는 최후의 보루를 지키고 부대 建制(건제)를 파괴 당하지 않기 위해 필사의 대항을 지속했다.

수십 차례 파상공격

출동 당시에 1인당 1발씩 지급된 최루탄은 터무니없이 부족한 양이었다. 배고파 지친 150여 명(1개 팀 평균 8명×20개 팀=160명―전남大 잔류인원)은 수백여 명의 파상공격 앞에 너무도 허약한 방어병력이었다. 우리와 근접한 폭도 대열의 유난히 공격적인 수 명은 몽둥이 몇 대로 제압하기에는 너무 힘들게 악착같이 덤벼들었다. 설사 폭도들을 체포한다 하더라도 그들을 보호하기 위해서는 수십 명이 필요했다. 우리는 그와 같은 상황을 예상치 못하고 변변한 포승줄 하나 없이, 인계해 줄 경찰관도 싣고 갈 차량도 없이 몽둥이만을 방향 없이 휘저어대고 있었다.

『폭도도 우리 동포다. 허벅지 아래만 때려라』『머리를 때리지 말라』『과격한 진압을 삼가라』는 말은 폭도의 돌멩이에 맞아 죽으라는 지시나 다름없었다. 계엄군과 민주시민 항쟁의 차원이 아니라 죽이고 죽이려는 감정의 대립이었다.

영남과 호남의 대립이 아니라 20대 젊은이들의 난투극이었다. 집권층과 피지배층의 대립이 아니라 군대 간 자식과 버스 조수의 감정 대립이었다.

견디다 못한 2개 팀 정도가 배고픔과 지친 가운데서, 폭도에 대항하여 정면 돌파를 감행하면서 함성으로 마지막 기세를 올리자 그들은 뒤로 물러서기 시작했다. 최루탄 공격을 위해 방독면 착용을 구령했으나, 방독면을 착용할 힘마저 없어 가스탄 몇 개를 힘껏 던져 봐야 폭도와 함께 가스 속에 눈물만 흘렸다. 오히려 폭도가 가스탄을 주워서 다시 우리 진영에 던지면 발로 차서 겨우 풀밭으로 던져 두는 정도밖에는 별 도리가 없었다.

수십 차례의 파상공격(돌, 몽둥이)이 지나가고, 그 사이사이에 간헐적 차량공격도 피하거나 물리치고 한동안 적막이 있었다. 언제쯤 돌아가 라면을 먹게 될지 기약 없이 대기하는 사이에, 나는 공격이 뜸한 지역을 돌아봤다. 차량 안에서 졸고 있는 병사, 담배만 뻐끔대는 병사, 위엄 있던 대대장이 지치고 흐트러진 모습으로 나타나자 저녁 걱정을 해주던

연락병…. 그리고 유일한 대대장의 기동수단인 지프차가 언제 또 폭도에 의해 불 질러질지 모르는 듯 길 옆에 대어 있었다. 공수단의 위엄과 자부심은 너나없이 그 실체가 드러나고 초라해진 지 오래였다.

밤 10시가 훨씬 넘었다. 그러나 그런 적막도 잠시였다. 저 멀리 양동교 방향에서 함성과 노래가 들리기 시작했다. 점점 함성이 가까워지더니 갑자기 『차 온다!』 하는 소리가 들렸다. 12대대 쪽에서 굉장한 속도로 라이트를 켠 화물차가 질주하여 분수대를 돌아 달아났다. 엄청난 속도였다. 얼마 있다가 16대대 운전병이 돌진 차량을 피하지 못해 몸이 갈기 갈기 찢긴 채 죽었다는 최초의 피해보고가 口傳(구전)되어 왔다. 그는 내가 16대대에 있을 때 운전병으로 선발되어, 제대를 며칠 남기고 광주에 출동했다. 자세한 상황은 보지 못했고, 상황이 끝난 후에도 그것을 물어볼 만큼 여유가 있지도 않았다.

서울에 복귀한 후에는 광주에서의 희생자가 많아서 군인의 죽음 정도는 이야깃거리도 되지 않아 지금도 나는 자세한 상황은 모른다. 다만 16대대가 광주역 좌측 방향에서 반대 방향으로 포진하고 있는 사이에 돌진 차량이 시속 100km로 달려들어 하늘이 돕지 않았다면 30명 정도 죽었을 사고였으나, 대대장 운전병만 피하지 못하고 죽었다고 들었다.

쏠 것인가, 말 것인가!

이제 無人 돌진 차량이 有人(유인) 돌진 차량으로 바뀌어 속도도 엄청났지만, 방향이 일정치 않고 오히려 우리 대형을 찾아서 돌진하는 공격이기 때문에 우리의 위험성은 훨씬 높아졌다. 드디어 우리 대대 앞에 有人 돌진 차량이 공격을 감행했다. 『차 온다!』는 고함소리에 눈을 돌리니,

과연 화물차 한 대가 빠른 속도로 직진하고 있겠다.

이제 有人 돌격 차량의 출연으로 가스탄도, 곤봉도, 포승줄도, 무용지물이 되어 버렸다. 마치 소총 앞에 탱크가 출현한 미아리 전투와도 같았다. 최선의 공격이라고 떠오른 대대장의 전략(?)이라는 게 차량의 바퀴를 펑크 내는 일이었다. 얼마나 非폭력적인 방어대책인가? 또 그와 같은 생각이 순간적 발상이라는 면에서 얼마나 순수했던가가 평가되어야 할 것이다.

우리 대대원은 실탄을 휴대하지 않았다. 포승줄과 최루탄도 과잉장비라고 투덜댔던 우리가 실탄이 소요될 상황을 예견이나 했겠는가? 총은 다만 군인과 떨어질 수 없는 분신의 개념으로 휴대한 것이었지, 쏘려고 휴대한 것은 정말로 아니었다. 공수대가 출동명령만 받으면 반사적으로 들고 나서는 약간의 탄약은 전남대학에 남겨놓은 상태였다. 유일한 총기는 대대장인 나의 45구경 권총과 실탄 14발뿐이었다.

순간 나의 병력을 뚫고 화물차가 돌진하고 있었다. 총을 꺼냈다. 탄창을 장진하고 노리쇠를 후퇴시켰다. 타이어를 조준하는 순간 차는 이미 분수대에 가까워져 명중되어 봐야 목적지까지는 쇠바퀴만으로도 굴러갈 수 있을 것 같았다. 조준점을 차량의 연료탱크로 바꿨다.

차를 세우는 것은 이제 의미가 없어졌다. 우리 병력 사이를 이미 뚫고 지나간 다음이기 때문이다. 오히려 시원한 보복이라도 하겠다는 생각에 연료탱크를 폭파시켜 차량이 뒤집어지기를 바랐다. 나는 연료탱크를 조준했다. 제1차적 안전은 연료탱크와 내 총구 앞에 내 병력이 없는지를 확인했다. 다음은 실탄이 빗나가서 맞은편 가게나 民家(민가)에 피탄되었을 경우의 안전을 고려하여, 차량이 民家 지역을 통과한 후 조용히 방아쇠를 당겼다.

권총사격의 요령은 조용히 방아쇠를 당기는 것이다. 게리쿠퍼式의 기분을 내면서 방아쇠를 당기면, 영화에서는 잘 맞아도 실제는 전혀 명중되지 않는 법이다. 그러나 나는 또 하나의 문제가 떠올랐다. 만약 차량이 폭파하는 순간 운전을 하고 있는 저 폭도가 불에 타거나 죽으면 어떻게 하느냐 하는 것이었다.

그러나 이제 총을 거두기는 이미 늦었다. 「탕」하고 방아쇠를 당기는 순간 「제발 명중하지 말아라」하고 기도했다. 명중하라고 쏘면서 명중하지 말아라? 광주사태 해결이 운위되고 있는 차제에 있어서 왜 그것이 그냥 잊혀지기만을 기다릴 수밖에 없는가 하는 가장 철학적 상황의 표현이다.

사실이 규명되기를 바라지만, 또 한편은 그대로 묻혀지기를 바라는 심정은 폭도의 차량에 조준해 발사하면서 명중되지 않기를 바라는 이중적 심정이 그것이다. 다행히(?) 차에 명중되지 않고 敵은 피해 없이 통과했다. 그 돌진 차량 운전사는 분수대를 들이받고 정지되어 12대대 병력에 체포되었다고 전해 들었다.

「고양이 앞의 쥐」 신세

수차례의 폭도 공격이 있었고 시간은 밤 11시가 지난 듯 싶었다. 이제 또 한 번의 차량공격이 예고되었다. 병력의 선두에 서 있는 내 앞 저 멀리 군중 속에 헤드라이트를 켠 2t 트럭이 돌진을 준비하고 있었다. 일부 병력이 『차 온다』고 예고하고 있었다. 가슴이 두근거렸고, 이 글을 쓰기 위해 그 기억을 더듬는 지금 또 가슴이 뛰고 있다. 방법은 없었다. 총은 실탄을 제거하고 안전검사를 하여 도로 집어넣어두었다. 총을 꺼내 이번에는 틀림없이 명중시키겠다고 생각하면서도 총은 아직 잡지 않았다.

차가 돌진을 시작했다. 아까와는 달리 직진이 아니고 병력이 피하는 쪽으로 향하면서 요란한 경적 소리와 함께 돌진해 오고 있었다. 정확히 내 정면이었다. 100m, 50m, 30m…. 명중시킬 곳이 없었다. 라디에이터에 명중시켜 봐야 돌진에는 전혀 지장이 없다. 바퀴는 잘 보이지도 않고 크기도 너무 작았다. 나는 여기서 잠시 흥분을 가라앉히고 선택형 문제 하나를 출제하고 싶다.

쥐가 고양이를 정면으로 만났을 때 왜 꼼짝하지 못하는가?

가. 공포에 질려서 심리적으로 두 발이 안 떨어진다.

나. 고양이에게 살려 달라고 애원하기 위해서 서 있는다.

다. 움직임으로써 공연히 고양이의 마음만 공격적으로 만들면 안 되기 때문에 고양이를 안심시키기 위해.

라. 고양이와 쥐의 달리는 속도가 절대적으로 차이가 나기 때문에 도망가기를 포기한 것이다.

나는 고양이 앞의 쥐 신세였다. 敵은 이미 나를 발견하고 나를 목표로 달려오고 있었다. 다리가 달라붙어서 떨어지지 않았다. 왜 발이 떨어지지 않는지는 간단하다. 내가 차량 앞으로 돌진하면 그대로 부딪혀 죽게 되어 있었고, 왼쪽으로 도망가면 운전사의 간단한 핸들조작만으로 나는 치어죽게 되어 있었다. 오른쪽으로 도망가도 조건은 마찬가지이며, 뒤로 도망가도 절대속도가 워낙 차이 나기 때문에 죽기는 마찬가지였다.

발이 아스팔트에 붙어서 떨어지지 않았다. 차는 이미 맹렬한 속도로 3m 앞에 다가오고 있었다. 그 짧은 0.1초 동안 나는 부모님 생각이 났다. 집안 생각도 났다. 그러나 가장 끝까지, 죽음 앞에서 생각한 것은 배고파 지친 우리 대대 병력이 내가 없는 상황에서 어떻게 이 난국을 정리해 나갈 것인가 하는 것이었다. 이제 죽음은 나의 행동에 달려 있거나 나의 선택에 달려 있는 게 아니고, 나의 운명에 달려 있었다. 앞뒤의 선택은 이미 늦었고, 내가 살기 위한 선택은 좌나 우 둘 중의 하나였다.

부하를 살리지 못하면 지휘관이 아니다

오른쪽으로 뛰어 넘어져 버렸다. 마치 비행기가 미사일을 피하는 방법으로, 권투선수가 스트레이트를 피하는 방식으로 차량은 휙 지나가면서 나를 에워쌌던 부대 4명 중 2명이 차의 뒷바퀴에 끌려가면서 다친 것으로 끝났다. 차가 분수대에 부딪혀 멈추자, 우르르 몰려간 우리 병력에게 운전사가 잡혀 끌어 내려졌다. 감정에 북받친 우리 병력은 진압봉으로 그를 두들겨대기 시작했다. 잘못을 안 그 운전사는 말 한마디 못하고 맞고 있었다. 나는 소리를 질렀다.

『때리지 마!』

그러나 그것은 戰場(전장)에서 사격을 중지시키는 것만큼 들리지 않는 대대장의 명령이었다.

『때리지 마! 때리지 마!』

내가 마지막 고함을 지르자 모두들 자기 위치로 갔고, 마지막 병사 하나가 운전사의 머리를 발로 짓이기고 돌아갔다. 그는 축 늘어져 뻗어 있었다. 죽은 것 같았다. 나는 걱정이 되어 한동안 쳐다보기만 했다. 병력을 불러 치우게 하면 또 시체라도 짓밟을까 걱정이 되어 가만 놓아 두었다. 시선을 그 운전사에게 둔 채 담배를 피워 물었다.

잠시 후 쥐똥나무 밑 아스팔트 위에 뻗어 있던 그가 툭툭 털고 일어나더니, 아무도 못 본 줄 알고 쥐똥나무 뒤로 빠져나갔다. 키는 160cm 정도, 몸무게 50kg 정도의 호리호리한 몸매에 얼굴은 어두워 볼 수 없었지만 20세 전쯤 되는 녀석이었다.

광주사태의 진상을 규명하자면 그 녀석을 내 앞에 잡아와 무릎을 꿇고 사죄하게 해야 한다. 그 차에 치어 광주사태가 끝날 때까지 다리를 절고 다니던 내 부하에게 참회의 눈물을 흘리며 용서를 빌어야 한다.

나를 죽이기 위해 정면으로 달리는 敵에게 나는 실탄과 총이 있음에도 사격을 하지 않았다. 의도적으로 사격을 하지 않은 것이 아니라, 사격을 한다는 생각이 아예 떠오르지도 않았다. 나는 광주사태에 참가한 대대장으로서 이만한 非폭력적 소신을 갖고 있었다고 자부한다. 나의 동료가 만에 하나라도 발포를 했다면, 그 사람이 처한 상황은 이보다 더 위험한 상황이었을 것이라는 3단 논법적 해석이 가능하다.

만약 그 돌진 차량이 나만 죽이고 지나갔다면 별문제지만, 내 부하가 죽었다면 나는 군인으로서의 직무유기다. 나는 군인이 아니며 이미 폭도의 편에 선 기회주의자다. 부하를 살리지 못한 지휘관은 이미 지휘관이 아니다. 하물며, 대대장 혼자 무장을 하고도 부하가 죽어가는 위험에서 이를 사용치 않았다는 것은 戰時(전시)에 총살당해야 할 비겁자이기 때문이다.

24시가 되어 시위가 뜸해졌다. 16대대가 전남대학 입구를 엄호하는 동안 우리는 전남대학교로 철수를 시작했다. 행군을 하면서 16대대 운전병이 치어죽은 과정의 단편과 차량 돌진 공격의 유형에서 「5만원짜리」와 「8만원짜리」가 있다는 얘기를 들었다. 5만원짜리는 無人 돌격 차량 조작이고, 8만원짜리는 有人 돌격으로 공수단 대형을 한 바퀴 공격하고 오는 사람에 대한 포상이라고 들었다.

한 녀석을 잡았더니, 가슴에 타이어로 몸을 감는 안전장치를 했더라는 얘기며, 차량 돌격조의 출발지를 공격해서 수색해 보니, 진짜 조정자는 구멍가게에서 맥주를 마시며 지휘하고 있더라는 얘기도 들었다. 환각제 비슷한 약을 뺏어서 그 당시 군의관에게 확인시켰더니, 환각작용을 하는 약이 맞다고 했다. 따라서 우발적인 시위가 아니고 조직적인 시위라는 것이었다. 어느덧 전남대학교에 도착했다.

별이 많이 떠 있는 초여름 밤이었다. 전남대학교 숙직실에서 처음 라면을 끓여 먹었다. 살 것 같았다. 숙직실 1평 방에 여럿이 다리를 포개고 잠이 들었다. 광주사태의 첫날밤은 그렇게 지냈다.

전남大 정문에서의 大접전

다음날(5월21일) 08시쯤 눈을 떴다. 16대대가 대학교 정문을 방어하도록 하고 나머지는 휴식을 취하고 있었다. 그날의 아침 햇살은 유난히도 밝았다. 09시쯤 전남대학 정문 앞 철교 위에 군중이 모여들기 시작하더니, 삽시간에 수백 명이 되어 있었다. 점차 열을 지어 정문 쪽으로 다가오기 시작했다. 급기야 돌과 몽둥이로 공격을 개시했다.

전남대학교가 폭도에 의해 유린된다면 공수단은 이제 뿔뿔이 흩어져 와해되든가, 아니면 실탄을 장전하여 총격을 가하다 그마저 인해전술에 밀려 끝장나면 죽음뿐이었다. 그러나 나는 군중에 대해 총격을 가하는 것은, 이 글을 쓰는 지금 가능한 상황의 예상에 불과한 것이다.

사실 그날 11시쯤 결정적인 부대 와해의 징후가 있었을 때, 가장 먼저 생각한 것은 실탄의 처리였고, 제일 먼저 떠오른 방안의 하나는 실탄을 전남대학교 중앙에 있는 분수대 호수에 빠뜨려 버리고 대대병력만 뒷문으로 철수하는 계획이었다. 이 계획은 그 며칠 후 여단장에게 회고담으로 보고했다.

밀고 밀리는 大접전이 전남대학 정문에서 수십 차례 있었고, 그때마다 E-8 발사 연막탄이 유용하게 활용되었다. 훗날 3여단이 얼마나 天運(천운)을 타고난 부대인가를 짚어보는 대목의 하나는 바로 이 E-8 발사통의 휴대였다. 다른 어느 부대도 휴대해 오지 않은 이 연막통을 3여단은 휴대하고 왔으며, 이 연막통이 바로 3여단만이 유일하게 폭도에 밀려 부대가 와해되지 않은 우연한 무기였다.

1987년의 극렬한 시위에서 대학생들에 의해 「지랄탄」이라고 명명된 이 연막탄은 우리 3여단이 광주에서 체험한 효과를 계기로 국내 생산이 시작되었고, 시위진압에 가장 효율적인 장비로 실험되었다. 하물며 당시의 시위에는 처음 사용되었으니 그 위력이란 놀랄 만한 것이어서, 수천 명의 시위대가 전남大 정문에서부터 철교까지 연이어 있다가도, E-8 발사통 한 발이면 시위의 중앙부분을 가스지대로 만들어서 시위대의 몸통을 자르는 효과가 있어 쉽게 해산시킬 수 있었다. 그러나 휴대한 발사통은 20여 개에 불과했다.

시위군중은 이미 장갑차와 군용차량으로 무장되어 있었고, 우리에게 위협을 주기 위해 전남대학 외곽도로를 질주하면서 위협적 시위를 계속하고 있었다. 장갑차와 군용 차량에는 「全斗煥 물러가라」고 빨간 페인트로 어지럽게 씌어 있었다.

풀어준 여학생

시위는 계속되었고 시간이 갈수록 시위군중은 늘어만 갔다. 전남대학이 점령당하는 것도 시간문제였다. 정문 앞에 각 2명의 보초가 잘 다려입은 얼룩무늬복을 입고 위압감을 주면서 주민등록증을 확인하고 출입시키는 통상적 계엄업무는 이미 포기한 지 오래며, 정문과 샛문에서 심한 몸싸움까지 벌어졌다.

철제 정문을 밀치고 들어오려는 시위대와의 대치상황이 끈질기게 계속 되었지만, 그러나 어젯밤 광주역 앞에서만큼 자신이 없지는 않았다. 배가 고프지 않았기 때문이었다. 정문에서 「敵」을 막아서는 어려운 임무가 16대대에서 13대대로 교대되었고, 가장 치열한 접전은 13대대가 수행했다. 나는 틀림없이 다음 임무가 우리 대대에 주어지리라고 판단하고 일찍 점심식사를 완료하도록 지시했다. 어제 밥을 못 먹어 고생한 일이 생각나서였다.

12시쯤 되어서 몇 번의 소강상태에서 벗어나 시위 군중의 집중적인 공격이 감행되었다. 정문 위주로 돌파하려던 「敵」은 이제는 전남대학 우측 능선의 철조망을 따라 게릴라식 침투를 시도했다. 어떠한 방법으로든지 시위군중이 학교 내로 진입하면 그것은 간단한 문제가 아니었다.

만약 시위 군중 중 한 명이라도 교내에 진입하면, 교문 밖의 시위군중에게 「우리도 들어갈 수 있다」는 희망과 용기를 주어 의외의 힘으로 진입할 수 있을 뿐만 아니라, 침투한 敵을 생포하면 그를 구출해야 한다는 폭도의 정의감이 시위를 더욱 확대시킬 것이기 때문이었다.

나는 철조망으로 침투한 시위 학생을 한 명 체포했다. 얼굴이 네모진 바지를 입은 여학생이었다. 계엄군에게 붙잡혔다는 당혹감 때문에 도망갈 생각은 못 하고 서 있는 그 여학생에게 나는 얼른 나가라고 타일렀다. 지금 당장 나의 敵이고 상대이기는 했지만, 나에게 직접적인 대항을 하지 않아 실질적인 적개심이 우러나지 않았다.

상황은 점점 불리하게 전개되어 갔다. 시위 군중은 점점 많아지고 수십 차례의 충돌에서 부상자가 발생했다. 여단장은 상무대에 헬기로 날아갔다. 부여단장 정동인 대령이 여단을 관장하고 있었다. 부대의 와해가 목전에 다가오고 있었다. 병력은 지치고 敵의 시위는 점점 조직화되어, 정문으로만 돌파를 시도하려던 敵은 게릴라 수법의 침투를 시도했다.

몇 발 안 되는 E-8 발사통은 이제 다 떨어져 가고 있었다. 광주 출신 지역대장이 마이크로 『나도 고향이 광주입니다. 여러분! 우리 모두…』 하고 호소도 했지만 막무가내였다.

나는 이때의 상황을 교훈으로 그 후 충정훈련 시마다 플래카드를 준비했다. 「여러분 선량한 시민은 피해 주십시오」「지금부터 공격합니다!」는 등의 우리의 계획을 글씨로 적어서 시위 군중에게 알려야 한다고 주장했다. 광주사태의 경험이 없는 나의 상관에 의해 받아들여지지는 않았지만….

나는 광주사태가 절대로 「시민항쟁」이나 「민주항쟁」이 아니라고 생각한다. 그들은 軍의 공격을 받는 사람이 아니라, 이미 軍에 공격을 감행한 사람들이기 때문이다. 피해자들은 선량한 시민으로 시위에 참가했을 뿐인데 자신들을 자극해서 흥분하게 되었다고 주장한다. 그러나 우리는 정말 목이 터져라 하고 호소했다. 최루탄 한 발을 쏴도 충분한 경고와 안전대책을 강구하고 발사했다.

시민들은 『나는 못 들었다』고 주장할 것이다. 그러나 軍은 무고한 시민에 공격을 가한 게 아니다. 계엄군 앞에서 집요한 괴로움을 준 폭도에게도 끝까지 설득했다. 경고도 했다. 어찌 보면 극렬한 시위 분자들이 선량한 민주시민과 계엄군을 싸움 붙인 격이다.

전남大에서 철수, 광주교도소로!

평화적인 시위를 했다는 것도 일부는 인정한다. 그러나 그런 무고한 시민은 대피하라고 수없이 외쳐댄 후 공격을 감행했다. 이 양자의 주장을 전달해 주지 못한 것은 시위 속에 있는 혼란과 함성이다. 그래서 나는 善과 惡을 구분하여 善은 보호하고, 惡은 척결하기 위해 플래카드가 필요하다고 생각한다.

이제 우리 대대뿐만 아니라 全여단이 피로에 지쳤다. 폭도들이 극렬하게 시위를 해도 물끄러미 쳐다만 보고 있었다. 우리 여단이 폭도들에게 제압당하는 시기가 점점 다가오고 있었다. 3여단의 두 번째 행운이 시작되었다. 전남대학교 철수지시가 그것이었다.

상무대로 간 여단장이 전화로 철수지시를 내린 것이다. 엄격히 얘기해서 철수라기보다는 임무전환이었다. 상황이 어려워져서 대학교 확보가 아니라 광주교도소만이라도 지켜야 한다는 상급부대의 결정인 듯싶었다. 만약 그 시기에 철수하지 않았다면 우리 여단도 뿔뿔이 흩어져 무등산으로 도망가야 했다. E-8 발사통이 2발 남아 있는 상황이었다. 광주교도소로의 임무전환으로 인해 여단은 패퇴의 치욕은 면할 수 있었다. 떳떳한 임무전환, 즉 폭도 너희가 무서워 도망가는 게 아니다. 대항하면 얼마든지 상대해 줄 수 있지만, 우리의 상급부대에서 다른 임무를 부여했다.

오전에 내내 고생한 11, 12, 13, 16대대가 먼저 출발하고, 쉬고 있던 우리 대대가 폭도를 정문에서 차단하는 엄호임무를 맡았다. 군장을 꾸리고 대형을 갖추고 차량을 열지워 전남대학 후문으로 철수를 시작했다. 철수를 눈치챈 폭도의 공격이 감행되었다. E-8 발사통 하나를 냅다

잡아당겼다. 우르르 흩어졌다. 30분 정도의 여유가 생겼다.

나는 정문의 일부 병력을 제외하고는 철수준비를 지시했다. 장비를 챙기고 대형을 갖춰 앞 대대와 연결했다. 이제 마지막 남은 E-8 발사통을 정문 후방에 고정시켜 장착했다. 병력이 빠져나가는 것을 본 폭도들이 또 한 번 공격을 감행했다. 마지막 E-8 발사통의 방아쇠를 당겼다. 「우르르 쾅쾅」소리와 함께 최루가스가 자욱했다. 이제 敵의 再공격까지 약 30분의 여유밖에 없다. 서둘러 장비를 챙기고 철수를 시작함으로써 내가 전남대학에 남았던 최후의 계엄군이었다.

대대의 중앙에서 후문을 막 빠져나가는 순간, 철교 부근의 시위 군중 속에서 「탕탕」하는 총소리가 들렸으나 거리가 멀어 확인할 수는 없었다. 나의 착각일 수도 있었다. 그러나 맨 뒤에서 철수하던 병사가 『대대장님, 총소리가 들렸습니다』했다. 진정한 광주사태 시작을 알리는 신호등이었다. 이제 폭도가 총을 가졌다는 것이 확인되었다. 심각한 문제였다. 막느냐 못 막느냐의 문제가 아니라 죽느냐 죽이느냐의 문제가 되었다.

우리는 군용 차량이 있었으나 광주교도소까지의 이동은 도보로 하기로 하고, 차량은 빈 차로 이동시키기로 했다. 계엄군이 차량으로 이동하면 쉽게 敵의 표적이 될 뿐 아니라 차량의 전복 등으로 대량 피해가 예상되기 때문이었다.

무전병 저격당하다

우리 대대가 마지막으로 전남대학교 후문을 빠져나온 지 얼마 안 되어 폭도들이 전남대학을 점령했다고 후에 들었다. 우리는 산을 타고 행군을 계속하면서 유사시 敵의 총격에 대비하여 산개할 준비를 갖추면서 서둘러 행군을 계속했다. 전남대학교는 일정한 울타리 안에 있었기 때문에 보호를 받을 수 있었으나, 이제 허허벌판의 적진을 여단이라는 대규모가 보호 없이 행군을 시작한 것이었다. 행군 첨병은 전방에 시위 군중이 대치하고 있는지를 감시하고, 후방 경계병은 敵이 후방에서 추격하지는 않는지 경계를 게을리 하지 말아야 했다.

지금 기억으로 어디쯤인지는 알 수 없으나, 우리가 좁은 길을 따라 행군하는데 폭도가 군용 차량에 가득 타고 카빈 소총을 흔들며 전속으로 질주하는 것을 목격했다. 나는 우리를 향해 발포하지 않을까 걱정했으나 그들은 고함만 지르고 통과했다. 시위 군중 속에서 총소리도 들었고, 멀리 군용차를 타고 카빈을 흔들고 지나가는 것이 목격됨으로써 폭도가 무장했음이 확인된 셈이었다.

어서 광주교도소에 도착하기를 바라면서 행군을 계속했다. 오후 4시쯤 되어서야 교도소가 보였다. 광주교도소는 31사단 병력 중 1개 대대가 방어하고 있다가 우리와 교대하기로 되어 있었다. 광주교도소가 가까워지면서 좀 안심이 되었다. 이제까지 충돌이 없었으니 다행이고, 광주교도소가 가까워졌으니 설사 충돌이 있다 하더라도 큰 피해는 줄일 수 있다는 생각이 들어 그동안의 긴장이 좀 풀리는 듯했다.

행군 중 대형이 교대되어 우리가 제일 선두에 들어가고 있었다. 바로 그때였다. 선두가 광주교도소 정문을 들어서고 대형의 중간쯤에서 이동하던 내가 31사단의 대대장과 악수를 하고 주유소 앞을 통과하는 순간, 「탕!」 소리와 함께 무전병이 쓰러졌다. 나는 순간 놀라 뛰는 대대원들에게 주유소와 民家 지역을 수색하여 범인을 잡으라고 외쳐댔다. 정말 순간적이었다.

주유소에서 행군하느라 지친 우리에게 물을 떠다 주던 더벅머리 총각을 붙들고 범인을 대라고 족쳐대기 시작했다. 그 청년이 가장 유력한 용의자였다. 우측 民家 지역은 골목마다 샅샅이 뒤졌으나 있을 리 없었다. 더벅머리 총각은 어이가 없다는 표정이었다. 나는 지금도 그 청년에게 미안하기 짝이 없다. 총질은 커녕 만사를 제치고 행군하는 병력에게 물을 떠다 나르느라고 땀을 뻘뻘 흘리는 자신을 붙잡아 놓고, 범인을 대라니 친절 베풀고 뺨 맞는 것도 이만저만이 아니었을 것이다.

잠시 지나고 정신을 차려 확인한 결과, 대학생 4명이 탈취한 군용 지프차에서 기다리고 있다가, 「탕!」 소리와 함께 쏜살같이 고개를 넘어가더라는 것이었다. 범인은 그들이었다. 권총을 차고 배낭이 없는 나의 행색은 멀리서도 쉽게 지휘관임을 알 수 있었으며, 31사단 선임자와 악수를 하고 무전병을 옆에 대동했으니까 쉽게 지휘자로서의 표적을 제공한 셈이었다. 이 총격이 광주사태에서 내가 겪은 결정적인 죽음의 두 번째 고비였다.

『발포해도 됩니까?』

관통당한 무전병의 왼팔과 내 가슴은 정확히 80cm 이내의 간격이었다. 카빈 소총이 아니고 M16 소총이었거나, 거리가 조금만 가까웠다면 나는 거기서 죽었을 것이다. 「죽음이 그렇게 쉬운가」 하고 반문하겠지만, 반드시 치명상을 입어야 죽을 수 있는 상황이 아니었다.

결정적인 치명상이 아니고 작은 상처라 하더라도, 병원으로 후송이 불가능한 상황이었다. 광주시내는 온통 폭도가 점령하고 있었고, 모든 도로는 그들이 장악하고 있었다. 머큐로크롬 한 병을 구할 수 없는 상황이었다. 그저 시름시름 앓다가 죽게 되는 상황이었다. 언제 끝날지도 모르는 戰況(전황)에 나 하나 살리자고 헬기가 뜰 형편도 못 되기 때문이다.

내가 두 번째 이 죽음의 고비에서 기적적으로 살아난 것은 어머님의 불공 덕이었다. 지금 이름이 생각나지 않는 그 무전병은 다행히 왼쪽 팔이 관통되어, 광주교도소 응급실에서 소독약과 소독솜 몇 장으로 하루를 보내고, 더 악화되지 않아 후에 완쾌되었다.

여단의 모든 병력이 광주교도소에 도착했다. 광주교도소에 도착한 우리는 이제 뚜렷한 방어목표가 생김으로써 작전을 한결 구체화시킬 수 있었고, 행동지침도 명확했다. 교도소를 디근(ㄷ)자 형으로 방어하기 위해 우선 교도소 담벼락 중 민가를 마주보는 지역으로부터 建制 순으로 11, 12, 13, 15대대가 방어편성을 하고, 16대대를 예비로 보유하는 지역편성을 지시받고, 폭도들의 대량공격에 대비하여 양측 담장에 이르는 도로를 봉쇄 차단하고, 이 도로의 차단을 위해 2.5t 트럭을 도로에 가로질러 세워 두었다. 敵의 군사적 공격에 대비하여 양쪽 산에 경계병을 추진 배치하고, 교도소 옥상에서 前面(전면)으로 공격할지도 모를 敵을 감시하도록 했다. 개략적인 지역할당이 끝나고 장애물 설치도 완료되었다.

저녁이 어슴푸레 어두워 오고 있었다. 여단장이 상무대에서 헬기로 날아왔다. 우리는 광주교도소장실에 모여 차후 대책을 논의했다. 광주교도소장은 이 광주교도소 내에는 反共(반공)사범(소위 북괴 간첩)이 많이 있어, 이들이 탈출할 경우 심각한 상황이 전개될 것이라고 우려했다. 대대장 중 하나가 불쑥 여단장께 이런 질문을 했다.

『여단장님, 발포해도 됩니까?』

참으로 어리석은 질문이라고 생각했다. 도대체 그런 질문을 한 대대장은 발포명령과 동시에 드르륵 갈겨대겠다는 것인지, 아니면 발포 지시가 없으면 대대가 전멸을 당해도 안 쏘겠다는 것인지 알 수 없는 질문이었다. 나는 그 당시 상황으로 발포를 결정할 사람은 대대장뿐이라고 생각했다. 참모총장도, 대통령도 그런 결정을 내릴 수 없는 상황이었다.

여단장은 잠시 답변을 미루다가, 교도소장에게 현행 규정상 외부 침입자가 있을 경우에 어떤 대응책이 가능한가 물었다. 교도소장은 담을 넘는 자에게는 현행 규정상으로도 발포하게 되어 있다고 답변했다. 나는 내가 알아서 하리라 생각하고 더 이상 여단장의 지시를 기다리지 않았다.

교도소는 死守되어야 한다

우리는 각자 흩어져 대대지역으로 갔다. 점점 어두워져 오고 있었다. 나는 각 지역대장을 집합시켜 다음과 같이 명령했다.

『각 지역대장은 잘 들어라. 첩보에 의하면 선량한 시민이 점차 시위에서 빠져나가고, 광주시민 자신들이 겪은 3일간의 불편을 느끼면서 시위 자체가 전혀 자신들에게 도움이 되지 않는다는 사실을 느끼기 시작하여, 시위를 자제해 가고 있다. 이를 불안하게 느낀 일부 극렬분자와 조직들은 그들의 강력한 지원세력을 얻기 위해, 교도소를 습격해 죄수들을 석방시킬 계획을 갖고 있다고 한다.

만약 저들의 계획대로 교도소가 폭도들의 수중에 들어가 죄수가 석방되어 무장된다면, 목숨을 건 대항을 시도할 것이다. 따라서 교도소는 死守(사수)되어야 하며, 이를 위해 우리가 맡은 지역은 민가가 위치한 지역과 반대편 지역이다. 각 지역에는 우선 책임지역 내에 호를 파라. 개인호를 깊숙이 파고 들어앉아라. 만약 敵이 여러분 앞에 침투한다 하더라도 절대로 먼저 발포하지 마라. 우리가 먼저 발포하지 않아야 하는 이유는 다음과 같다.

첫째, 우리는 방어의 입장이고 敵은 공격의 입장이다. 우리는 정지해 있고 敵은 움직일 것이다. 우리가 절대로 유리한데 일부러 먼저 발포할 이유가 없다. 둘째, 우리는 호 속에 들어가 있고 敵은 몸을 드러내고 공격해야만 한다. 셋째, 敵은 폭도에 지나지 않고 우리는 정규군이다. 사격술이나 각개전투 면에서 우리가 유리한데 굳이 먼저 발포할 이유가 없다. 만약 敵이 먼저 발포를 한다 하더라도 우리의 우수한 사격술로 敵의 하반신 이하를 조준하여 敵을 제압하도록 하여라.』

이상이 내가 교도소 방어 시 각 지역대장에게 내린 명령의 요지였다.

그날 밤 두 번의 야간 비상이 있었다. 한 번은 아주 가까이서 들린 총성으로 敵의 침투가 임박했다는 첩보에 따라 전원 배치를 했고, 한 번은 12, 13대대 지역 전면으로 敵이 오고 있다는 첩보에 의한 여단 비상의 하나였다.

교도소에서의 하루가 지나고 새날이 밝았다. 라디오와 상무대 첩보에 의하면 敵은 광주시내를 완전 장악했다고 한다. 광주시내 곳곳에 있는 건물에서 시커먼 연기가 하늘로 치솟고, 전남대학교에서도 불길이 치솟았다. 우리가 미처 가져오지 못한 매트리스를 모아 놓고 불을 질렀다고 한다. 가끔 소방 사이렌이 요란하게 울리기도 했다. 우리 지역 산에 총을 든 젊은이들이 발견되어 敵의 침투로 알고 쫓아갔더니 다행히 상무대 병력이었다.

5월22일 낮 동안 무장 폭도들은 미원 광고판 방향에서 수차례의 공격을 감행했고, 앉아서 있다가는 당하기만 할 것 같아서 12대대와 13대대가 수차례의 파쇄공격을 감행하여 敵을 제압했다. 그 과정에서 수명의 부상자가 발생했던 것으로 전해 들었다. 부상자들이 치료를 받지 못해 사망한 경우도 있을 것이다. 폭도들이 모든 도로를 차단해 치료를 받을 수 없는 상황이었다.

나는 라면으로 연명하고 있었다. 교도소 죄수들이 먹던 밥은 정말 먹을 수 없었다. 온통 보리투성이에다 시커멓고 떡밥이었다. 민가 지역에서 얻어왔다는 김치를 한번 맛있게 먹은 것을 제외하면, 나는 식사를 어떻게 했는지 기억이 없다.

광주비행장으로 철수

5월22일 쾌청한 초여름, 12대대와 13대대가 파쇄공격으로 인해 고생했다. 그날 오후 늦게 비행기에서 뿌려진 삐라(전단) 한 장을 주워 보았다. 폭도들에게 경고하는 내용으로, 그날 처음 계엄사령관 명의로 자위권 행사가 불가피함을 알리는 경고문이었다. 폭도들의 총격이 시작된 5월21일보다 하루 늦은 시일이었다. 그날 밤은 별다른 일 없이 지나갔다. 폭도들은 역시 군인이 아니라서인지 야간활동은 뜸했다. 광주시내 곳곳에 모닥불을 피웠는지 군데군데 불길이 치솟고 있었다.

5월23일 우리의 광주교도소 방어임무가 20사단과 교대되고, 우리는 광주비행장으로 철수하게 된다는 소식이 전해졌다. 오전 늦게로 기억되는 시간에 20사단 1개 연대가 광주교도소에 도착했다. 우리가 입은 얼룩무늬복에 비해 해진 전투복에 온갖 잡동사니는 다 들고 들어오고 있었다.

그러나 광주시민들에게 씩씩한 우리 공수단은 「敵」이고, 축 늘어진 보병부대는 「친구」라는 개념이라며, 우리는 광주 외곽으로 보내고 부드러운(?) 인상의 보병부대가 광주를 맡기로 했다고 한다.

그러나 그것은 절대로 근본적인 해결책이 아님은 예견된 일이었다. 학생시위가 학내문제에서 점차 정치문제로 발전했듯이, 광주사태도 처음에는 공수단에 대한 적개심인 듯 출발했으나 사실은 사회 혼란으로 정권에 위협을 주자는 조직적 계획이 분명한데,「공수단 때문에 광주시민이 불만이라니 공수단을 철수하면 되는 게 아니냐」하는 발상은 근본부터 광주사태의 진의를 모르는 조치였다. 어쨌든 광주 도착부터 갈고리, 곡괭이, 돌, 차량 돌진, 총기 등으로 시달림을 받아 지칠 대로 지친 우리들에게는 매우 고마운 조치였다.

총기와 장갑차로 무장한 폭도들을 어떻게 피해서 광주비행장까지 가느냐가 중요한 문제였다. 광주교도소 작전에서 비교적 한가했던 우리 대대가 첨병의 임무를 받았다. 광주 중심을 피하는 외곽으로 행군로를 선정하고 출발했다.

김재규의 사형집행 소식을 들었다. 봄나들이와 같은 따뜻한 초여름의 시골길 행군이 언제 총격을 받게 될지 모를 위험부담 때문에 긴장과 스릴의 행군이었다. 민가를 지나가게 되면 더욱 무표정하게 행동하여 당신네들과는 아무 적대감이 없다는 것을 보여 주어야 했다. 사소한 충돌이 확대되면 또 피를 흘릴지도 모를 일이 생기기 때문이었다. 오토바이를 타고 가는 젊은 녀석만 봐도 섬뜩했다.

비교적 별다른 충돌 없이 송정리 부근의 후면까지 도착했을 때, 헬기에서 행군을 지휘하던 부여단장으로부터 다급한 무전연락이 왔다. 행군 전면에 아무 이상이 없느냐는 것이었다. 나는 별일 없이 행군하고 있다고 보고했다. 부여단장은 도로상에 폭도들이 TNT를 매설했다는 첩보가 있고, 11여단이 당했으니 조심하라는 것이었다. 첨병에게 그와 같은 첩보를 전달했다. 11여단은 폭도들의 교활한 허위첩보 제공으로 아군끼리 상호 교전을 하여 대대장의 팔이 달아나고, 16대대에 같이 있다가 고등군사반 교육 후 11여단 대대 작전장교로 간 나의 부하가 즉사했다.

무사히, 정말 무사히 광주비행장에 도착했다. 광주비행단장은 경기고등학교 출신의 공군 소장이었는데, 공군에서 보기 드문 勇將(용장)이었다. 상급부대 지시도 지시지만 공수단이 가기만 하면 폭도들의 공격목표가 되게 마련인데 우리를 흔쾌히 받아 주었다. 他軍(타군)에 비교적 배타적이라는 공군치고는 의외로 따뜻하게 맞이해 주었다. 식사도 장교식당에서 하게 되었고, 격납고에 바람막이를 치고 일개 대대가 몽땅 들어가니 마치 호텔에 온 듯이 포근했다.

鄭鎬溶 사령관

나는 맨 구석 입구 한쪽 귀퉁이에 자리를 잡고 라디오를 틀었다. 광주시민의 자제를 호소하는 아나운서의 안내방송과 음악이 섞여 방송되고 있었다. 격납고에서의 생활은 기약이 없었다. 이 혼란이 평정되기 위해 얼마나 많은 시일이 더 걸리게 될지도 몰랐다. 처음으로 서울에 전화연락을 해서 가족의 안부를 묻고 우리들의 안부를 전해주었다.

폭도 공격에 대비하여 공군의 경계가 강화되었고, 정문에는 비행기 화재 時 소화작업을 한다는 강력한 소화차량이 배치되었다. 이 소화차량에서 내뿜는 가스에 맥주를 놓으면 순식간에 얼어버릴 만큼 강력한 것이어서, 폭도가 침투하는 곳에 뿌리면 폭도가 그대로 냉동되어 버린다는 것이었다. 각 초소에는 실탄이 지급되어 접근하면 발포하라고 지시되어 있었다. 허약한 공군인 줄 알았더니 공수단보다 더 강력한 방어

의지를 갖고 있었다.

그날 저녁 비행단장이 주관하는 저녁식사 초대가 장교클럽에서 있어 오랜만에 공수단의 모든 지휘관들이 자리를 함께했다. 그러나 공수단의 철수만으로 문제가 끝나는 것은 아니었다. 시내에 생필품이 모자라고, 강도가 준동하여 불안하고, 젊은이들이 총기를 갖게 되어 오발사고도 많다고 들었다. 우리만의 문제 해결이 중요한 게 아니라 광주시민의 문제가 어떻게 해결될 것이며, 또 이 사태가 政局(정국)에 미치는 영향, 그리고 북괴의 남침 가능성, 무장간첩의 광주침투 등 불안한 요소는 수없이 많았다.

기약 없는 격납고 생활에서 언젠가는 또 우리가 최후의 광주탈환 작전을 맡아야 할 것 같았다. 당시 특전사령관 정호용 소장이 격려차 광주에 내려와 우리의 격납고 생활을 시찰했다. 공수단이 매도되어 쫓겨와 생활하는 지금, 일등병에서부터 장군까지 모두 풀이 죽어 있는데, 이곳 저곳을 둘러보며 자신에 찬 그의 표정을 보고 나는 한없는 격려를 느꼈다. 나는 예하 각 여단이 전교사에 배속되어 있었으므로, 어떤 의미에서 책임 없는 제3자적 입장에서의 여유이고 자신일 수도 있다고 생각했으나, 5월27일의 탈환작전을 강력히 주장했다는 얘기를 듣고, 책임회피나 방관자적 입장에서의 만용이 아니라 진정 통이 크고 용기가 있으며 책임질 줄 아는 훌륭한 장군이라고 생각했다.

정호용 장군의 강력한 주장과 공수단장들의 적극적인 지지로 실시된 5월27일의 광주탈환 작전은 대성공이었다. 특히 26일이라고 하는 날짜는 최고의 작전개시일이었다. 각 여단에 폭도들이 점거한 주요건물에 대한 탈환임무가 주어졌고, 광주의 핵심지점인 전남도청은 전투력이 가장 우수하다고 인정된 우리 여단에 부여되었다.

원래 계획은 어느 1개 여단이 광주의 주요건물 탈환을 떠맡도록 하는 것이었으나, 광주탈환 작전에는 모든 여단이 참가하여 명예가 되든 불명예가 되든 특전사 전체의 것이 되어야 한다는 취지에서, 각 여단이 분할 탈환하도록 했다. 우리 여단에서는 11대대가 지명됐다. 죽을지도 모르는 임무였다. 우리 대대에 임무가 떨어졌다면 나는 또 선두에 섰을 것이고, 두 번씩이나 죽음의 고비에서 살아난 행운은 더 이상 없었을 것이다.

악몽의 일주일이 끝나

5월27일 04시에 전남도청을 덮치기 위해 전날 밤 23시부터 이동을 개시했다. 나머지 대대는 비행장에서 대기하고 있었다. 상황실로 들어오는 무전내용만 듣고 별일 없이 상황이 끝나기를 고대할 뿐이었다. 02시경 전남도청 가까이에 별 이상 없이 도착했다는 보고가 들어왔다.

계엄군의 탈환작전을 눈치챘는지 지프차에 마이크를 단 차가 잠도 안 자고 계속 조선대학교 쪽에서 시민군을 격려하고 있다고 했다. 02시 이후 무전내용은 별로 없었다. 이제 대대장이 결심하고, 대대장이 실행해서, 대대장이 책임지면 그뿐이었다. 무전할 필요도 시간도 여유도 없었을 것이다.

05시경 작전의 성공 보고가 들어왔다. 전남도청 점령완료! 꿈만 같았다. 내가 작전을 했다 하더라도 그 이상 잘 해낼 수 없을 만큼 완벽한 작전이었다. 키가 난쟁이 똥자루만한 임수원 중령 그가 겁먹은 모습으로 여단의 지시를 받고 떠난 지 5시간 만의 쾌거였다.

무장한 폭도가 200여 명. 그들은 모두 죽음을 불사하는 극렬분자들이었다. 거기에 수없이 쌓인 TNT, 수류탄, 각종 무기, 자기들끼리 회수해 쌓아 놓았다는 수천 정의 총기. 그 위험 속에 국군 1명의 희생만으로 탈환에 성공한 것은 엔테베 작전에 못지않은 자랑거리였다. 죽은 11대대 병사는 2층에서 폭도가 쏜 총에 머리를 맞고 즉사했다고 전해 들었다.

악몽의 일주일이 끝났다. 새벽 먼동이 트기 전에 공수단은 얼른 철수하고, 일반 전투복의 20사단이 광주를 인수했다. 거리의 청소부터 시작했다고 한다. 작전을 성공적으로 수행한 11대대도 돌아왔다. 환영을 해줄 만큼 마음의 여유가 있지 않았다.

우리는 서울로 복귀하기로 했다. 배낭을 꾸리고 짐을 정리했다. 비행 단장에게 고마운 인사도 잊지 않았다. 서울로 가는 열차는 폭도가 레일 위에 가마니를 깔아서 전복시키지 않을까 하는 염려도 필요 없었다. 복면을 한 시민군의 사진이 실린 신문을 보다가 접어두고 잠이 들었다.

나는 그 후로 한 번도 광주에 갈 기회가 없었다. 아니, 공수단은 휴가 도 얼룩무늬복을 입고는 못 갔다. 광주 출신 병사들은 그 후 내내 괴로운 고향길이었을 게다.

광주사태의 진상을 규명하려면 부하의 잘못을 상관이 떠맡아 주려는 한국적 미덕을 제거하여야 하며, 그 반대로 상관의 잘못을 부하가 부담하겠다는 한국적 충성심도 고려되지 말아야 한다. 상관은 상관대로『나는 하급자에게 발포하라고 한 적이 없다』라고 떳떳이 말할 수 있어야 하고, 사회 여론은 그것을 부하에게 떠넘기는 비열한 도피로 매도하지 말아야 한다.

그런 의미에서 이상의 상황설명(보는 이에 따라서는 나의 변명)은 대대장으로 참가했던 나의 분야에 관한 상황설명인 것이며, 상급자는 상급자

대로 이와 같은 자신의 입장에서 불가피했던 조치의 상황진술이 있어야 한다.

계엄확대 불가피성의 상황 설명이 있어야 하며, 도청 수복작전 개시의 불가피성과 그만한 상황에서 그만한 피해로 상황을 종료시킬 수 있었던 것이 얼마나 절묘한 군사작전이었던가 하는 것도 인정해 줄 수 있어야 한다. 상관이 부하의 잘못을 떠맡겠다고 입 다물고 있거나 부하가 부하의 책임과 권한은 잊은 채 「위에서 하라는 대로만 했을 뿐인데」 하는 생각으로 묵묵히 여론을 쫓아만 가면, 軍의 특성을 이해 못 하는 여론은 상황을 잘 모르는 여론과 상승작용을 일으켜, 총 든 군인이 총 없는 민간인을 무차별 학살한 것으로 종결되어 버릴 것이다.

억울한 희생자가 보상을 요구하며 팔을 걷어붙일 때, 총기를 잘못 다루다가 사람을 죽인 폭도는 떳떳이 나의 잘못도 있다고 침묵을 깨야 한다. 군인을 매도하는 광주시민의 함성이 있을 때, 나를 치어죽게 하려다 달아난 지금 30이 되었을 청년은 나 같은 합리적이고 선량한 국민의 군인도 있었다고 설득해야 할 것이다. 어떻게 민간인을 총으로 쏠 수 있느냐고 울부짖는 사람 앞에 광주교도소에서 나를 저격한 대학생은 자신이 총을 쏘았다고 자백하여야 할 것이다. 그것이 진정한 광주사태의 규명이다.

가해자(?)의 설명이 피해자의 절규에 파묻혀 버려서는 안 될 것이며, 극도의 혼란한 상황에서 의식 없이 쏘아댄 유탄에 맞아 불구가 된 어린이의 슬픔을 군인이 조준하여 사살한 양 붙들고 늘어져도 한풀이지 사실의 규명이 아니다. 피해자의 많고 적음이 중요한 게 아니라, 그보다는 어떻게 죽었는가 하는 것이 중요하다. 죽음의 양으로만 하자면 교통사고로 죽는 인명이 더욱 국가가 슬퍼해야 할 양이다.

군인의 죽음을 기억하라

광주사태에서 죽은 민간인의 죽음 못지않게, 자신의 의도와는 전혀 관계없이 국가의 命을 받아 광주에 와서 죽은 군인의 죽음도 어떤 의미에서는 한 맺힌 죽음이다. 그러나 여기서 죽음의 억울함과 죽음의 애절함을 따지자는 것이 아니지 않는가?「클레오파트라의 코가 낮았더라면…」하는 역사의 가정이 무의미하듯「광주사태가 없었더라면…」하는 가정은 문제해결에 도움이 되지 않는다. 이제 우리의 역사에 있었던 불행을 화해와 용서로 망각해 가는 것이 가장 좋은 해결방법이다.

광주사태가 뿌리 깊은 영·호남의 지역감정의 문제라면, 그것은 지역감정의 문제로 노출시켜서 해결하여야 한다. 뒤에 숨은 뜻은 호남의 푸대접에 대한 반발이면서, 겉으로 주장하는 바는 광주사태의 해결이라면 피해보상만으로 광주사태가 해결되지 않을 것이다.

나는 개인적으로 그 혼란의 政局에 참가한 젊은 장교로서 釜馬사태, 12·12 사태, 광주사태 등 국가의 소요현장에서 세 번의 결정적인 죽음의 고비를 넘겼다. 나의 청년시절은 그렇게 지나갔다. 어떤 보상을 바란 건 아니었다. 군인의 길이란 희생의 길이기 때문이다. 그러나 지난해(1987년) 겨울 내내 온통 신문과 잡지에 내 이름이 오르내리더니, 금년 초부터는 또 광주사태의 책임 등으로 여론의 흐름이 軍의 잘못을 질타하고 지나갔다.

우리의 작은 변명의 소리는 휠체어를 타고 나온 눈에 보이는 희생의 증거 앞에 허공에 흩어져 버리고 말았다. 내 총상은 이미 치료되어 보이지 않고, 그들의 총상만 물적 증거로 남아 있다.

나의 軍 생활 25년. 1·21 무장공비 소탕작전부터 베트남의 전선까지

敵과 싸웠고, 아무도 가려고 하지 않던 특전부대에서 상관과 맺은 인연 때문에 다른 부대로 보내 달라는 소리가 차마 나오지 않아 남한산성에서만 10년을 근무했다. 물론 상관의 지시에 맹목적인 복종만 한 것은 아니었다. 내 나름대로의 시국관과 「군인으로서의 朴正熙(박정희)」를 흠모했던 관계로 능동적으로 참가했다. 그러나 단 한 번도 군인으로서 떳떳하지 못한 일은 한 적이 없다.

이제 사명으로서의 군인생활도 지나고 직업으로서의 軍 생활도 5년쯤이면 끝이 보일 것이다. 金泳三(김영삼) 후보의 말대로 한반도에 전쟁의 위험은 없다고 하니 전선을 지키는 일도 그리 신나는 일은 아니지만 휴전선 어디쯤에서 북쪽이나 지키고 싶다. 전선에서 죽는 일은 있어도 이제 다시는 국가의 혼란에 뛰어들지는 않을 것이다. 설사 軍의 명령이라 하더라도 그것은 젊은 후배에게 미루고 나는 轉役(전역)지원서를 제출하려고 한다.

3월3일은 1종 면허시험을 보러 간다. 갑자기 제대명령이 떨어지면 개인택시라도 해서 자식들 공부나 시켜야 할 게 아닌가. 무사고 군대생활 30년이면 개인택시 허가 안 내주나.

9

최초 투입 7여단
현장 지휘관들의 手記·證言

유언비어·구타·投石·차량공격·발포의 全과정

『「경상도 군인이 전라도 씨를 말린다」는 유언비어 난무… 시위대에 光州 출신 대위의 주민등록증을 보여줘』

이 자료는 육군본부가 광주에 투입됐던 지휘관들을 대상으로 생생한 체험기를 모아 「역사자료」로 편찬한 내용 속에 포함되어 있던 것이다.

전남大에서 해산된 학생들 光州 도심으로

우리 대대는 5월17일 22시 부대(朴北)를 출발, 5월18일 00시에 전남大에 도착했다. 대학생 200여 명은 늦은 시간인데도 연구실, 강당에서 불온 유인물 제작 및 전국 계엄령 확대에 따른 학생들의 활동 방향 등을 토의하고 있는 중이었다. 2개 지역대가 점거하여 체포, 그중 40여 명을 수사기관에 인계했다.

학원 내 중요지역 및 정·후문에 1개 지대 규모(14명)씩 배치하고 학생들의 교내시위 방지를 위해 근무했다. 5월18일 09시30분경 전남大 정문에 200~300명의 학생이 가방을 들고 와서 『왜 신성한 학원을 軍이 점령하고 있느냐』『공부를 할 수 있도록 軍은 학원에서 철수하라』는 등의 시위를 하고 있었다.

이때 정문 경계 중인 지휘자가 확성기로 『전국 계엄령이 선포되었으니 학생들은 당분간 학원 내로 들어올 수 없다』고 하자 학생들은 가방에서 일제히 자갈(돌)을 꺼내 경계 근무자에게 투석, 80여m의 거리를 두고 시위가 시작됐다. 그 당시 근무 중인 3명이 투석에 의한 타박상을 입었다. 아울러 전남大 후문 및 울타리 주변으로 집결한 학생들도 시위를 시작했다.

학생들을 해산시키고자 09시50분에 1개 중대(30명) 규모를 정문에 출동시켜 1차 해산시켰으나, 또다시 몰려와 세 차례 ➊ 강압적으로 직접적인 접촉을 피하면서 해산시켰다.

11시부터는 전남大 정문에서 해산된 학생들을 주축으로 전남도청 및 가톨릭 센터 일대에서 400~500명 단위로 집단 시위를 시작, 경찰과 대치했다. 학생들의 극렬한 투석으로 경찰의 부상자가 발생, 사태 수습이 곤란한 상태였다.

대대는 출동 명령을 받고 15시30분에 금남로에 도착했다. 학생들은 크게 3개 그룹으로 짜여 1개 그룹은 경찰과 직접 대치하여 투석전을 벌이고 있으며, 1개 그룹은 人道(인도)의 보도블록을 깨뜨려 전달했고, 1개 그룹은 뒤에서 시민들에게 시위 가담을 요구하면서 극렬한 행동을 계속했다. 대대는 대열을 갖추고 접근하여 확성기로 해산을 요구했으나 시위대들이 자갈 및 각목을 던져 선두제대 병력 8명이 크게 부상을 입었다. 더 이상 묵과할 수 없어 극렬분자 103명을 체포해 연행, 계엄분소로 이첩했으며, 1차 시위는 일시 중단상태가 되었다.

학생들이 주축이 되어 유인물을 제작해 각 가정 및 거리에 뿌렸다. 차후 시위에 대한 준비 및 집회가 부분적으로 이루어졌다. 대대에 의해 회수된 유인물의 일부 내용은 ①경상도 출신 군인만 모집, 광주에 투입시켜 시민을 모두 죽이려 한다. ②시위 주동자 학생들을 연행, 사살했다. ③계엄군이 광주시민 씨를 말린다고 임신부를 해부해서 창자를 끌고 다닌다. ④여학생의 유방을 대검으로 도려내 총 끝에 매달고 다닌다. ⑤광주시민은 이제 다 죽고 만다. 죽기 전에 끝까지 궐기하자는 것이었다.

구타 행위 일부 발생

이러한 터무니없는 유언비어를 날조 유포하여 시민들에게 불안과 반발의식을 주입, 학생들의 시위에 동참할 것을 요구한 것으로 판단할 수밖에 없다고 본다. 대대가 체포·연행 과정에서 대항하는 학생들에게 방어수단으로 구타 행위는 일부 발생되었으나, 국민의 군대가 유언비어 내용 대로 선량한 시민을 그렇게까지 할 수 있었겠는가! 대대는 1차 시위를 제압하고 야간에도 군중 집결이 예상되는 광장 및 넓은 공간 지역 36개소에 철야 병력을 배치해 경계에 임했다. 대체로 5월18일 저녁 광주시내 동정은 조용한 편이였다.

5월19일 오후부터는 학생들을 중심으로 지역별 2000~3000명 단위로 도청, 계림동 고속터미널 일대에서 反정부 구호: ①위대한 민족의 횃불 金大中 선생을 구하자 ②광주시민을 주축으로 위대한 全南國(전남국)을 만들자 ③現 정부는 미국의 앞잡이다, 위정자는 떠나라는 등의 피켓을 들고 구호를 외치며 경찰과 대치, 투석을 하며 더욱 극렬한 시위가 지속되었다.

대대는 병력을 차량에 탑승시켜 主力(주력)은 광주역에 집결해 기동타격대로 운용하였으며 오전에 두세 차례 2개 지역대 규모(차량 9대)로 차량 무력시위를 실시했다. 아울러 31사단 96연대 병력이 주요시설에 경계근무를 하던 중, 시위 학생들에게 휴대한 장비를 피탈당하고 시설을 점령당하는 등 사태가 악화되자 기동타격 부대 출동 명령을 받고 13시에 버스터미널의 시위대를 해산시켰다. 시위대들로부터 부상을 입었던 96연대 병사가 적십자병원에 입원했는데, 시위대가 「죽여 버리겠다」며 병원 정문에서 집결되어 있는 것을 해산시킨 후 환자를 구출했다. 이 병사를 통합병원으로 후송시켰고, 광주공원 일대에 집결해 시위하는 군중을 해산시켰다.

초저녁에는 부분적인 시위와, 관용 차량과 경상도에서 생산한 물건을 적재하고 광주시내로 들어온 차량을 방화하는 행위가 소수 학생들에 의해 이루어졌다. 군중 집결 예상지역을 상대로 지역대별 무력시위를 하면서 집결을 방해하고 23시에 전남大로 全병력을 집결 보유했다.

5월20일 오전에는 5월19일과 동일하게 산발적으로 학생 및 불량배들의 시위가 있었다. 오후부터는 시위 방법이 다양화되어 영업용 택시 40~50대가 떼지어 계림동 일대 도로를 질주하면서 경계 중인 대대에게 『너희들은 가라』고 외쳤다.

야간에는 학생 및 시민까지 합세하여 500~1000명 단위로 행렬의 맨 앞에는 할아버지·할머니·어린이를 세우고, 뒤에는 학생 및 지역 장년이 주도하여 횃불을 들고 삽·낫·곡괭이·각목 등을 휴대한 채 애국가를 부르면서 접근하고 투석했다. (계엄군이) 물러가지 않으면 찍어 죽이겠다고 하며 조직적인 시위가 되었다. 술에 만취된 일부 시위대는 앞에 나와서 계엄군 지휘관과 협상하자고 제의했다. 학생과 남녀노소 합세 시위로 대대의 소요진압은 어렵게 되었다. 결국 시위대의 대표와 대대장과 대위 이희웅 외 경계요원 5명이 시위대 지역에 들어가서 직접 대표의 의견을 들었다.

시위대 대표는『계엄군이 광주시내를 떠나면 자체적으로 사태를 수습하겠다』『경상도 군인만 소집, 광주에 투입했다는데 정말이냐』고 물었다. 대대장은 대대 내의 광주지역 출신, 특히 광주商高 출신인 이희웅 대위가 주민등록증을 보여 주면서 해명해 주었다. 대대장은 시민들이 원한다면 병력을 철수시킬 테니 철수할 수 있는 통로를 열어 줄 것을 요구했다. 시위대 중 일부는 찬성을 했으나 일부는 반대하면서 투석을 했다.

대표가 시위대에게 적극 설득하여『군인들이 자진 철수한다니, 철수할 수 있는 길을 터 주자』고 제안을 하자 시위대는 길을 터주기 시작했다. 계림동파출소 경찰의 안내를 받아 철수하기 시작했는데 광주高 육교 밑을 통과하던 중 시위대가 육교 위에서 바위를 여러 개 투하시켜 철수 중이던 병력 6명이 크게 부상을 당했다. 대대장 차에도 떨어져 호로가 찢어지고 대대장 철모가 쭈그러지는 등 부상을 입으면서 숲부대가 조선大로 철수했다.

극렬분자들에 의해서 공공시설, 즉 광주세무서, 광주 KBS 방송국, 경찰서 및 파출소 등에 방화 및 시내지역의 무기고를 포함 아세아 주식회사에서 생산된 차량 및 APC(편집자注: 장갑 병력수송차량) 수십 대가 탈취되었다. 이날 전국의 시위집단이 광주에 진입했고, 탈취한 APC로 계엄군을 돌파하기도 했다.

조선大에 도착하여 외곽경계를 할당, 근무 중 극렬분자들이 정문 및 후문지역에 중앙고속버스 2~3대에 시위대를 탑승시켜 돌파를 계속 시도했다. 그중 고속버스 1대는 민가를 들이받아서 잠자던 주민들이 대피하는 소동을 유발시키기도 했다. 5월21일 새벽까지 돌파를 저지하면서 시위대와 대치했다.

계엄군에 사격 유효 명령 발효

5월21일 주간에는 아세아 자동차 주식회사에서 탈취한 차량 및 APC를 이용하여 광주시내는 물론 여수·순천·목포·장성·담양 지역 일대에서 무기고에 보관 중인 총기 및 탄약을, 화순 탄광에서는 TNT, 뇌관·도폭선 등을 탈취하여 광주에 반입했다. 시위대는 차량과 APC, 무기를 휴대하고 본격적으로 「폭도化」 되었고, 탈취한 무기를 가지고 살레지오 남자고등학교 운동장에서 사격 연습을 실시했다. 폭도들은 화기 및 폭약류 취급의 부주의, 차량의 전복 등으로 폭약류가 폭발하여 사상자가 발생했다는 첩보가 계엄분소에서 전파되었다.

사태는 더욱 악화되어 행정기관의 마비, 치안계통의 마비, 교통시설의 두절 등 시민들의 생활은 많은 어려움을 느끼게 되었다. 폭도들은 송정리에 있는 삼양타이어 공장에서 타이어를 탈취, 광주통합병원 앞과 고속도로 진입로 일대에 계엄군의 철수로를 차단하기 위해 타이어를 쌓아 놓고 불을 질러 도로를 봉쇄했다. 주요 고층건물 옥상 및 광주 외곽지역 산 頂上(정상)에 기관총을 장착하고 폭도들이 조선대학교에 집결되어 있는 軍 병력에게 집중사격을 가했다.

18시부로 계엄군에 사격 유효 명령이 발효되었다. 대대는 일단 조선大에서 철수할 것을 결정하고 차량제대와 육로 철수제대로 구분하여 준비한 후 19시부터 1차 차량제대가 정문을 출발해 화순 방향으로 철수하기 시작했다. 철수 중 2km 지점 건물지역에 무장폭도가 집중 점거하여 차량 대열에 무참히 사격을 가해 대대는 5명이 관통상을 입는 등 부상자가 발생했다.

폭도의 사격으로 차량 2대 및 운전병이 낙오되어 보급품을 포함해 큰

손실을 보았다. 결국 낙오된 차량 및 보급품은 폭도들에 의해 방화되었으며, 실종되었던 운전병 중 1명은 폭도들에게 잡혀 광주 사직공원에서 온몸이 찢겨진 채 변사체로 발견되었다. 육로철수제대는 야음을 이용해 야산을 따라 주답마을로 철수하는 도중 폭도들이 사격을 하며 조직적인 철수를 방해하기도 했다.

5월22일 새벽, 무사히 화순 방향 주답마을 부근 집결지에 도착하여 경계를 강화하고 있던 중 폭도들이 추가적인 TNT 및 뇌관을 탈취했다. 화순 탄광촌 광부들이 광주圈 진입을 위한 이동이 예상되어, 화순터널을 포함해 도로를 차단했다.

이때 10시경 광주에서 화순 방향으로 이동 중인 폭도가 탑승한 버스는 군인을 발견하자 당황하여 도로변 가로수를 받고 전복했다.

5월23일은 주둔지를 편성하여 활동하고 있는 병력에게 무장폭도들이 집결지 부근에 접근하여 기습사격했다. 일부 폭도는 주답마을 일대에서 주민들에게 행패를 부린 후 도주 및 마을 방송실에서 주민들에게 선동하면서 궐기할 것을 요구했다. 대대는 접근한 무장폭도들을 해산시키기 위해서 주·야간 지역 수색을 실시했다.

5월24~25일은 광주시민들이 의식주 문제가 심각해지자 스스로 시위에 참여하지 않았으며, 폭도들에게 물질적인 지원도 하지 않았다. 시민들이 이성을 찾은 상태였다. 대대는 5월24일 헬기를 이용하여 주답지역에서 송정리 비행장으로 철수하여 차후 임무수행을 위한 정비를 했다.

5월26일부터는 광주시민들의 이성 회복으로 폭도의 활동범위는 좁혀져 광주 사직공원과 도청, YMCA 등에서 집단 활동을 했다. 야간에는 식량, 금은 보석, 가축들을 약탈하며 주민들의 생계를 위협하고 있다는 첩보에 따라 대대는 광주 사직공원 특공작전 명령을 13시30분에 접수하여 정비를 하면서 계획을 수립하고 작전준비에 만전을 기했다.

작전 종료 후 20사단에 인계

5월27일 04시에 사직공원을 점령하여 활동 중인 폭도들을 체포하기 위해, 01시 정각에 비행장을 출발해 광주 통합병원 앞에서 하차했다. 침투지점으로 전개를 개시하자 폭도들은 준비했던 스피커를 이용하여 『공수부대가 04시를 기하여 광주시를 폭파시키기 위해 광주 외곽에 집결 배치되어 있으니 모든 시민은 대피하라』는 등 불안을 조성했다. 폭도들은 끝까지 투항하지 않고 싸우겠다고 발표했다.

지역대 단위로 계획된 통로를 따라 진입할 때 8지역대 지역에서는 폭도들이 도로 좌우측, 주택가의 小路(소로) 등에서 마대로 초소를 만들어 진입을 방해했다. 폭도들의 기습적인 사격으로 첨병 지대장인 최연안 소위가 머리에 관통상을 입고 사망하고 6명이 부상을 입었다.

진입하면서 폭도를 발견하기도 했으나 최종 목표인 사직공원 탈취에 시간적인 여유가 없어 피해를 당하면서도 폭도 체포를 포함한 사격 등의 부수적인 행동을 하지 못했다. 04시 정각에 사직공원을 포위 완료하고 특공조를 침투시켜 수색한 결과 이미 폭도들은 他지역으로 사라지고 남아 있던 3명만 체포했다. 이들은 머리와 좌측 팔에 흰 띠를 매고 있었는데, 적색 글씨로 「서열 1번 계림동장, 충장파출소장」 등의 직급을 부여한 것을 발견했다. 사직공원에서 작전을 종료하고 20사단에 지역을 인계한 후 복귀했다.

> **權承萬 7여단 33대대장 진술**
>
> # 『退路 차단한 채 강경진압한 것이 초기 유혈상황 초래』
>
> **(1996년 1월5일 서울지방검찰청)**

5월18일 전남大 앞 상황

문: 첫날 어떻게 시위진압을 했나요.

답: (全南大 앞에서) 제가 메가폰을 들고『계엄확대로 휴교령이 내려졌으니 자진해산하라』고 했으나 시위대가 전혀 말을 듣지 않았습니다. 10시 30분경까지 그런 상태였습니다. 당시 금마에 있는 여단본부로부터 여단장이 11시경 전남大를 방문하게 되어 있었기 때문에 단순한 시위진압을 한다는 차원보다는 여단장이 오기 전에 시위대를 빨리 쫓아내고 정리를 해야 된다는 생각에 20명을 선발대로 뽑아 정문 쪽으로 나가 시위군중을 해산하도록 지시했습니다. 병력이 시위대 쪽으로 돌진하자, 모두 흩어지면서『금남로 쪽으로 모이자』는 소리와 함께 달아나 버렸기 때문에 정문 앞 상황은 금방 끝났습니다.

문: 당시 전남大 2학년에 재학 중이던 김수영씨 증언(한국현대사 사료연구소)에 의하면, 5월18일 10시30분경「공수부대원들은 순식간에 학생들 대열 사이로 뛰어가 곤봉으로 때리고 군화발로 차면서 진압하기 시작했

다. 전남大 사거리 쪽으로 도망가는데 앞선 공수부대원들은 대열을 따라잡아 아수라장을 만들었다. 한 대학생이 도망가다 자전거에 걸려 넘어졌다. 따라온 공수대원이 발로 머리를 걷어차고 손으로 자전거를 들더니 학생에게 던졌다」라고 했는데, 그 당시 33대대 병력이 과잉진압을 했던 것은 사실 아닌가요.

답: 저는 부대원들로부터 그와 같은 보고를 받지 못했습니다.

문: 설사 부대원들이 이와 같이 했다 하더라도 대대장에게 이와 같은 사실을 보고하리라고 보는가요.

답: 개인적으로는 보고를 하지 않을 것으로 생각합니다.

문: 같은 날 10시경 10번 시내버스를 타고 전남大 후문을 지나던 범진염씨(광주 북구 생용동)의 증언에 의하면 「공수부대원들이 버스에 올라오더니 무차별적으로 사람들을 때리기 시작했다. 그 후 젊다고 생각되는 사람들을 끌어냈다. 나를 포함해 20여 명 가량이 전남大 후문 담 쪽으로 끌려갔다. 담벼락에 서서 또 한 번 구타를 당한 뒤 구내로 들어가 무릎을 꿇고 고개를 처박고 있었다. 잠시 후 학생이 아닌 게 확인돼 풀려났으나 후문을 빠져나오면서 또 한 차례의 구타를 당했다」는 내용이 있는데, 후문에서 일어났던 이와 같은 상황을 보고받지 못했나요.

답: 저는 그와 같은 상황은 보고받지 못해 모르고 있었는데 최근에 후문에 있었던 7지역대장 고성준 대위(현재 6사단 근무·중령)로부터 들은 바에 의하면, 버스에서 야유와 소리를 질러 보초를 서던 초병이 몇 명을 끌어내 몇 대 때리고 무릎 꿇게 하여 지역대장이 교육을 시켜 돌려보냈다는 말을 들었습니다. 물론 교육시키는 과정에서 생리상 몇 대 때리기도 했을 것으로 봅니다.

문: 신우식 여단장이 몇 시경에 전남大에 왔으며, 보고한 사항과 지시

받은 사항은 무엇인가요.

답: 11시경에 세단차로 전남大의 33대대 주둔지를 방문해서 숙영지를 확인했습니다. 그날 10시경 정문 앞에서의 학생시위 상황과 도착 이후 활동상황 등을 보고했고, 특별한 지시내용은 없었습니다. 잘하라는 취지의 격려 말씀이 있었던 것 같습니다.

문: 5월18일 10시경 광주教大(교대)로 33대대 일부 병력이 출동하게 된 경위는 어떤가요.

답: 31사단의 지시에 의해 1개 중대 30여 명을 그쪽으로 보내 교내를 장악하도록 지시했습니다.

문: 당시 광주教大 앞에 거주하던 전계량씨(5·18 유가족 회장)의 증언에 의하면, 「오전 10시께 젊은 학생이 教大 쪽으로 오자 공수부대원 3명이 그를 잡기 위해 쫓아갔다. 도망가던 학생이 멈춰 서자 그들은 다짜고짜 진압봉으로 뒤통수를 내리쳤다. 쓰러진 학생의 어깻죽지를 내리친 뒤 학생을 인근 공터로 끌고 가더니 많은 사람들이 보는 앞에서 개머리판 등으로 구타한 다음 트럭에 싣고 어디론가 떠나는 것을 보았다」고 하는데 그와 같은 사실도 알고 있는가요.

답: 그것은 전혀 몰랐던 사항입니다. 여기서 처음 듣는 얘기입니다.

문: 그 이후의 33대대 병력의 활동상황은 어땠는가요.

답: 주둔지에서 정비를 하고 부대원들은 휴식을 취하면서 14시경까지 있었습니다. 그 후 31사단장이 헬기로 대대본부로 와서 광주시내 상황을 알려주고 「16시를 기해 금남로에 출동하여 시위진압을 하라」는 명령을 받았습니다.

문: 鄭雄(정웅) 31사단장의 진술에 의하면, 16시에 「33대대장에게는 광주시내 금남로 부근 공용터미널에서 도청 방향으로, 35대대장에게는 도

청 앞 분수대로부터 터미널 쪽으로」이를테면 공격개시선을 정해 병력을 투입하도록 지시했다고 하는데, 맞는가요.

답: 제 기억으로는 저희 대대는 금남로에서 도청 쪽으로 올라가면서, 35대대는 금남로 양쪽에 있는 도로인 충장로와 또 다른 도로에서 금남로 방향으로 사이 길을 좁혀 오면서 시위진압을 하도록 했고, 도청 앞에는 경찰 병력이 있었던 것 같습니다.

문: 그와 같은 시위진압 방식은 시위군중들의 퇴로를 전면 차단하여 오히려 충돌 가능성이 많은 것으로 예상이 되는데, 31사단장이 그와 같은 강경한 시위진압을 지시했다는 말인가요.

답: 퇴로가 차단되어 충돌 가능성이 많은 것은 사실입니다. 개인적인 생각으로는 鄭雄 사단장이 강경한 시위진압을 지시했다기보다는 공수부대 운용에 있어 미숙한 점이 있었던 것이 아닌가 생각을 합니다.

시위대의 퇴로는 당연히 비웠어야…

문: 그럼, 진술인이라면 어떻게 부대 운용을 하는 것이 적절한 조치였다고 생각하는가요.

답: 당연히 퇴로는 비워 놓았어야 했다고 봅니다.

문: 5월18일, 33대대 병력이 공용터미널에 도착한 시간과 금남로에 도착한 시간은 언제인가요.

답: 16시경에 공용터미널을 경유해서 금남로에 있는 한일은행 앞에 도착했습니다.

문: 당시 그곳의 시위상황과 시위대는 얼마나 되는가요.

답: 처음에 도착했을 때는 2000여 명의 시위군중이 도청 앞 경찰과

대치하고 있다가, 공수부대가 도착하니까 우리 방향으로 돌려 그때부터 한일은행 앞에서 충돌이 시작됐습니다.

문: 어떻게 시위진압을 했고, 시위군중들은 어떻게 대항했나요.

답: 먼저 자진해산하도록 선무방송을 하고 2차 최루탄(사과탄)을 던져도, 오히려 돌을 던지고 해서 후방에 있던 1개 지역대 병력을 전방에 투입해 시위진압을 했습니다. 그런 상황에서 서로 공방전을 벌이면서 103명 정도를 체포 연행했습니다.

문: 부대원들이 시위군중을 때릴 때 어떻게 하던가요.

답: 평소 교육한 대로 되지 않았습니다. 진압봉으로 때리고 군화발로도 찼으며, 부대원들도 시위군중에게 맞고 했습니다.

문: 시위진압은 몇 시경에 종료가 되었고, 그와 같은 상황은 지휘계통에 따라 보고했나요.

답: 16시30분경에 종료가 되어 31사단 상황실에 보고했습니다.

문: 鄭雄 사단장의 진술에 의하면 33대대는 16시50분경에, 35대대는 16시30분경에 큰 무리 없이 시위가 진압되었다는 보고를 받았다고 하는데, 어떤가요.

답: 그렇지 않을 것입니다. 35대대가 저희 부대보다 늦게 상황이 종료된 것으로 알고 있습니다.

문: 진술인이 금남로에서 『거리에 나와 있는 사람 전원 체포하라』는 명령을 하달한 사실이 있는가요.

답: 그런 사실이 없습니다. 평상시 시위진압 훈련을 할 때, 전면에 나서서 시위 주동을 하는 사람을 체포하도록 되어 있기 때문에 그와 같은 명령은 불필요한 것입니다.

문: 5월18일 15시경 이후 대한극장 앞 도로와 공용터미널 부근에서 공

수부대의 상상을 초월한 검문검색과 과잉진압으로 많은 피해자가 확인되는데, 33대대 병력이 그곳을 거쳐 갈 때의 상황이 아닌가요.

답: 저희 부대가 지나갈 때는 전혀 그런 상황이 없었습니다. 특전사 전투상보에 의하면 「35대대, 공용터미널 일대까지 작전을 확대해 19시경 작전종료」라고 되어 있다는 것만 참고적으로 말씀드립니다.

문: 진술인은 16시경 이후에 본격적인 진압작전을 했다고 하지만, 목격자들은 그날 14시경부터 이미 금남로 일대에서 공수부대가 출현, 소규모 충돌이 있었던 것으로 주장하는데요.

답: 그 사람들이 기억을 잘못할 수도 있는 것입니다. 제가 명령을 받은 시간이 14시가 넘은 시간인 것은 분명합니다.

流血 진압 하지 말라

문: 진술인은 시위군중들에게 선무방송을 하고, 최루탄을 던지고 하는 등 여유 있게 이뤄진 것이 아니고, 해산종용 방송에서부터 무차별 체포에 이르기까지 소요된 시간이 1~2분 남짓밖에 안 되었다고 하는데, 맞는가요.

답: 시위군중과 정면에 맞닿았을 때는 순식간에 시위진압이 되었던 것은 맞지만, 먼저 선무방송을 하고 최루탄을 던지고 해도 안 되었기 때문에 취한 조치였습니다.

문: 5월18일 21시경 31사단 작전회의에 참석한 사실이 있는가요.

답: 참석했습니다.

문: 그날 회의의 주요내용은 무엇이었나요.

답: 사단장이, 시내 주요거점 17개 목표를 지정해 저희 대대병력을 배

치해 미리 시위를 차단하라는 지시를 했습니다.

문: 그 회의에서 5월18일 오전·오후에 있었던 활동상황에 대한 구체적인 보고를 했는가요.

답: 이미 상황보고가 되어 있었기 때문에 그때는 직접 보고하지 않았습니다.

문: 5월18일 오전·오후에 부대원들이 시위진압을 과격하게 해서 많은 학생과 시민들이 다쳤다는 구체적인 보고를 한 사실이 있는가요.

답: 그와 같은 구체적인 사항은 대대장인 저 자신도 몰랐기 때문에 보고는 하지 않았습니다.

문: 5월19일 00시01분부로 7공수 35대대가 11공수여단의 작전통제를 받게 되고, 33대대는 31사단 기동 예비대로 되었던 것이 사실인가요.

답: 예, 저는 5월20일 21시20분경까지 31사단장의 작전통제하에 있었습니다.

문: 진술인은 위력시위 도중 9명의 시민을 체포한 사실을 보고받았다고 했는데, 당시 연행 과정에서 부대원들이 소총으로 치고 군화발로 차는 등의 폭행을 가한 사실을 알고 있는가요.

답: 9명을 체포했다는 보고만 받았고, 연행과정에서 폭행이 있었다는 사실은 몰랐습니다. 그러나 피해자들이 그와 같이 맞았다면 다소 진압봉으로 때리고 한 점 등은 있었을 것으로 생각됩니다.

문: 鄭雄 사단장의 진술에 의하면, 5월19일 14시경 戰教司에서 광주 기관장들과의 면담에서 공수부대의 과잉진압에 대해 강한 항의를 받은 뒤, 사단 회의를 주재한 자리에서 『시위진압에 있어 피 흘리는 작전을 하지 말고, 피 흘리지 않는 작전을 하라』고 하면서 『이를 위반할 경우 사태가 수습된 후 문책을 하겠다』고 강한 지시를 했다는데, 그런 기억이

없는가요.

답: 정확한 내용은 모르지만, 流血(유혈)진압을 지양하라는 지시를 했던 것은 기억이 납니다.

문: 시내에 출동하기 전 31사단장의 지시사항은 무엇이었나요.

답: 31사단장은 『시내에 난리가 났다. 경찰이 대치하고 있는데, 진압 능력을 상실했으니, 우리 군인이 출동해야 한다. 군인이 진압 못 하면 큰일이니 죽음을 각오하고 진압하라』는 취지의 말을 했습니다.

문: 31사단장이 『죽음을 각오하고 진압하라』는 말을 했다는데 그 말을 어떻게 받아들였는가요.

답: 『죽음을 각오하라』는 말이었지만, 실제로는 꼭 죽어야 한다는 것은 아니고 반드시 진압해야 한다는 사단장의 지휘의지를 표현하는 뜻으로 받아들였습니다. 통상 저희들이 임무를 주면서 강조하는 뜻에서 그런 표현을 자주 사용하지 않습니까. 저도 그런 표현으로 생각했습니다.

경남 번호판의 8t 트럭 全燒, 2명 사망

나는 3공수 여단 13대대 9지역대장으로서 지휘부대는 4개 A팀 중대와 본부 B팀 중대를 포함한 11/53명(편집자注: 장교 11명, 사병 53명이란 뜻)이었다. 광주에 도착해 나의 지역대에서 독립적인 임무를 부여받았다. 광주 고속터미널 앞 광장 지역에 대한 충정임무를 부여받았다.

정확한 날짜는 기억하지 못하겠고 아침부터 지역대 숲인원이 총을 등 뒤에 X자로 메고 방석망을 쓰고 충정봉을 휴대하여, 도청을 등 뒤로 하고 광장코너에 4열 횡대로 세워 쉬어 자세로 정렬하고 있었다. 시민들이 별로 없었다. 일부 시민들이 고생한다면서 음료수를 사다 주어 감사하다면서 받아두기도 했다.

그때 무전기를 통한 첩보는 충장로에서 많은 데모 인원이 당 지역대가 있는 곳으로 온다고 했다. 그래서 도청 쪽 도로를 가로막았다. 300여명의 데모 군중이 몰려오고 있었다.

나는 지역대장으로서 메가폰으로『선량한 시민 여러분, 자제하시고 집으로 돌아가십시오』라고 방송을 되풀이했다. 그러나 데모 군중은 반응이 없었다. 人道(인도)에는 선량한 많은 시민이 구경을 하고 있었다. 대대장에게 보고했다. 명령이 떨어졌다.

『충정 대형을 갖추어 해산시키라.』

지역대가 충정봉을 들고 횡대 대형으로 일보 일보 전진하다 보니 구경하는 시민들이 웅성거렸다. 그리고 인도를 빠져나가기에 빨리 4열 횡대형으로 정렬하여 뒤로 후퇴, 도청 쪽의 도로를 봉쇄했다. 이때, 데모 군중은 시민까지 합류하여 헤아릴 수 없이 많았다. 광장 앞 많은 데모 군중은 지역대와 5m 거리를 두고 대치하면서 메가폰으로 방송을 하고, 군중은 우리에게 돌을 던지고, 일부 앞에 있는 선량한 시민은『돌을 던지지 말고 말을 하라』고 고함을 치기도 하면서 혼잡했다. 이때 돌에 맞아 쓰러진 병사가 4명이었다. 우리는 신음하는 병사들을 병원으로 후송도 못 하고 인도에 눕혀 놓아야 했다.

얼마간 시간이 흐른 뒤 광장 중앙에 8t 트럭이 한 대 서 있고 사람이 몰려 웅성거렸다. 알아보니 석축용 경치석이 실려 있었고 경남 번호판이 부착된 차량이었다. 폭도들이 운전사, 조수를 끌어내려 때리고 발로 차고 밟고 하여 두 사람이 현장에서 죽었다. 갑자기 차에 불이 붙었다. 검은 연기가 하늘을 덮었다. 타이어 터지는 소리에 시민과 폭도들은 괴성을 질렀다. 앙상한 차체만 남았다. 갑자기 시내버스, 택시들이 술래잡기를 하고 어떤 기사는 인접 택시를 발로 차고 버스를 차고 하여 싸움이 붙었다. 자기들과 같이 차량 시위에 동조하지 않는다고 그랬다.

많은 차량이 도로를 빽빽이 메우고 경적을 울리면서 도청 쪽으로 향하려고 했다.

우리 지역대는 길을 비켜주지 않았다. 그랬더니 운전기사들이 전부 내려서 손으로 차량을 미는 것이었다. 대대장에게 무전기로 보고했더니 『길을 비켜 주라』고 했다. 비켜 주었다. 순식간에 많은 차량과 사람이 사라졌다. 지역대는 광장 옆으로 다시 집결하여 앉아서 휴식을 취했다. 저녁식사를 **빵**으로 대신했다.

다음날(1980년 5월21일) 새벽 2시 정도 되었다. 시내는 온통 수라장이 되었다. 대대장으로부터 『광주시청을 탈취하라』는 명령이 떨어졌다. 지역대는 4열 종대로 정렬하여 구보로 광주시청으로 향했다. 중간중간 휴식을 취했다.

도시의 도로지만 약간 어두워 사람이 입고 있는 옷의 식별이 어려웠다. 마침 민간인 부녀자들이 뒤쪽에서 자기들끼리 주고받는 말이 나의 귓전을 놀라게 했다.

『아이구, 오늘 도청 앞에 갔더니 여고생을 잡아 옷을 벗기고 대검으로 유방을 도려 내어 새끼줄에 끼워 나무에 달아 매어 놓았더라.』

『누가 그랬는디?』

『공수부대 군인이 그랬다던데.』

정말 듣는 순간 화가 나서 참을 수 없었다. 나와 몇 사람이 일어서서 부녀자에게 가까이 가서 『우리가 공수부대 군인이오. 지금 아줌마들이 한 말이 사실입니까, 눈으로 직접 보셨습니까?』하고 물었더니 『누가 그럽디다』라고 대답했다.

『왜 그런 유언비어를 자꾸만 퍼뜨립니까!』

포위된 공수부대원들

그러고는 다시 광주시청으로 향했다. 500m 전방에 이르니 대학생 4

~5명 정도와 초등학생 500여 명이 횃불을 들고 도로 중앙에 돌을 중간중간 많이 모아 놓고 던지고 있었다. 방독면을 착용하고 가스탄(최루탄)으로 분산시킨 다음 시청에 들어갔다. 가보니 유리창 출입문은 다 깨지고 부서져 폐허와 같았다. 점령 보고를 대대장에게 했다. 그 순간 500여 명의 학생들이 돌을 던지면서 시청을 포위했다. 옥상으로 밀려 올라갔다.

옥상에서 가스탄으로 대항했지만 결국 가스탄이 다 떨어지고 말았다. 대대장에게 무전기로 『지역대가 포위되었으니 증원을 요청합니다』라고 보고해 대대가 도착했다. 그들도 역시 포위되었다. 그래서 여단의 가스 발사통의 지원을 받아 무사히 시청을 빠져나와 광주 역전에 이르렀다. 이때 3공수 솔대대가 역전에 집결해 있었다.

그 시간에 폭도들이 아세아 자동차 공장의 군용 차량들을 탈취해 운전하면서 도로를 질주하며 돌아다녔다. 감히 도로로 나올 수 없었다. 이때 폭도들이 운전하는 아세아 자동차 생산 군용 트럭이 3여단 16대대장 지프차를 고의로 충돌하여 운전병이 현장에서 즉사했다. 대대장은 무사했다.

같은 시간, 폭도들이 탈취해 운전하고 다니던 광주 고속버스가 역 앞 광장에 전복되어 있었다. 폭도들은 군용 트럭을 운전하다 엑셀러레이터에 돌을 얹어 놓고 뛰어내려, 트럭이 마음대로 방향을 전환하여 병력을 다치게 했다. 이때, 한 여고생의 가두방송 차량이 판을 치며 돌아다녔다. 이 소리를 듣고 동조하지 않은 시민이 없었다.

전부 유언비어 내용이었다. 여단 전체가 축차 지점을 점령하면서 전남대학교로 철수했다. 정비를 하면서 식사를 했다. 이때, 폭도들은 탈취한 차량으로 광주시민을 전남대학교로 전부 실어 날랐다. 3공수 전체인원은 1000명에 불과했는데 전남대학교 외부에 모인 군중은 몇십만 명이었다.

차량에 승차해 구호를 외치며 전남대학교 외부를 돌면서 시위했다.

이때 중학생 1명이 떨어져 부상 유무를 확인하는 과정에서 『왜 공부를 안 하고 이런 짓 하느냐』고 묻자 한 번 차에 타고 내리면 500원씩 받는다고 하면서 돈까지 보여 주었다. 시민이 전남대학교를 포위하고 압박해 들어왔다. 유언비어 내용이 방송되었다.

『경상도 군인이 전라도 씨를 말리러 왔다.』

이때, 인접 지역대 중대장 1명의 本家가 마침 전남대학교에서 2km 정도 떨어진 곳에 있었다. 이 장교가 갑자기 메가폰을 들고 『시민 여러분은 유언비어에 속고 있습니다. 여기 나를 비롯한 전라도 사람이 많이 있습니다. 우리 집이 「○○○」에 있고 부모형제가 살고 있습니다』라고 했다. 이 장교는 돌을 맞아 쓰러지고 나중에 확인된 바에 의하면 이 장교의 본가는 박살나고 부모형제는 병원 신세가 되었다는 것이다.

계속 폭도 및 시민들이 압박해 들어오자 이들을 분산시키기 위하여 가스탄을 무차별로 발사했다. 그런데 갑자기 바람이 역으로 충정軍에게 불어 왔다. 미처 방독면을 쓰지 못한 병사들이 많이 있었기에 졸지에 오합지졸이 되어 뒤로 물러났다. 이때, 시민들은 괴성을 지르면서 압박해 들어왔다. 그대로라면 밟혀 전멸할 뻔했다.

이때 대대장이 충정봉을 휘두르면서 지역대장을 호출하여 때리는 것이었다. 어깨에 충정봉을 몇 대 맞고 나서 나는 중대장들을 부르면서 대형을 갖출 것을 명령했다. 눈물을 흘리면서 종대 대형으로 여단에서 제일 먼저 정문을 돌파했다. 뒤이어 10, 11, 12지역대가 이동하여 결국 우리 대대인 13대대가 정문을 장악하자 인접 대대들이 정문 좌우측으로 방향을 잡고 전진하여 순식간에 시민들은 뿔뿔이 흩어졌다.

이어서 광주역전으로 계속 진격하다 중간 정도에서 기차 레일이 지나가는 선에서 더 이상 진격할 수 없었다. 많은 시민이 철길에서 횡대로 서서 돌을 던지고 있었다. 상대적으로 높은 지형이었으며 철조망이 쳐 있었다. 대대장은 9지역대장이 우회전하여 철길을 점령하라는 명령이었다. 돌이 무수히 날아오니 병사들이 주춤했다.

지역대장인 내가 앞장을 서고 많은 돌을 맞아 가면서 지역대 전체가 철길을 장악할 수 있었다. 철길 좌우측에 몇 명의 경계병을 세우고 나머지는 대대와 함께 도로를 봉쇄하고 지키고 서 있었다.

이때, 상급부대 첩보로 하달된 것이『폭도들이 이미 예비군 무기고를 탈취했고, 광주교도소를 습격한다』는 것이었다. 『3공수 특전 여단 전체가 교도소를 사수하기 위해서 철수한다』고 했다.

병사들이 이성을 잃다

이때, 폭도들은 자신들이 탄 차에 불을 질러 병력 가까이 와서는 뛰어내렸다. 차는 방향을 잃은 채 도로가에 있는 집을 들이받아 불이 났다. 집주인은 울부짖고, 군인은 불을 끄고 수라장이었다. 인접 대대에서는 폭도로부터 탈취한 군용 차량을 운전하여 전남대학교로 철수하고 있었다.

우리 대대 도로상에는 APC 한 대가 무법 질주하여 도저히 도로에 있을 수 없어 이러저리 피해 다녔다. 결국 몇 사람이 중상을 입기도 하고 죽었다. 잠시 후 이 APC가 기름이 떨어졌는지 멈추었다. 기름이 떨어진 순간에 탈취범을 사로잡으라는 대대장의 명령이었다.

잠망경 쪽으로 M16 소총을 1발 발사해 그 구멍으로 가스탄(최루탄)을 터뜨렸지만 안에 탄 폭도는 소식이 없었다. 화염 방사기 안에 든 흰 분말가스를 작은 구멍 속으로 쏘았다. 윗문을 열고 나오는 폭도를 사로잡으라는 대대장의 명령에도 불구하고 수십 명의 병사가 벌떼처럼 달려들면서 충정봉으로 폭도들을 마구 내려쳤다.

말리는 지휘관마저 맞아 뒤로 후퇴할 수밖에 없었다. 이미 병사들의 눈에는 독기가 서려 있었다. 결국 4명의 폭도는 머리, 팔다리가 터지고 부러지는 중상자가 되었다. 군의관이 달려들어 피를 닦고 링거를 꽂은 채 전남대학교로 후송시켰다. 이것이 작전 중 최초의 민간인 피해를 목격한 것이었다.

축차적으로 지역대별 뒤로 후퇴, 전남대학교로 집결했다. 나의 지역대가 전남대학교에 도착했을 때는 폭도들로부터 탈취한 군용 트럭(아세아 자동차 생산 트럭)에 물건을 다 실어 놓은 상태였다. 밥도 못 먹고 후문을 거쳐 외곽도로(아마 고속도로 같았다)를 따라 광주교도소로 향했다.

1시간여 행군 중에 갑자기 총소리와 함께 인접 대대 병사 1명이 총을 맞고 쓰러졌다. 총소리가 나는 곳으로 달려간 전우들이 카빈 소총 1정을 민가 천장에서 찾아냈지만 총을 쏜 폭도는 찾지 못했다. 계속 행군했다. 정말 불안했다. 두리번거리면서 행군을 할 수밖에 없었다. 다행히 우리 대대는 피해 없이 교도소에 도착했다.

모든 죄수들은 방에 들여보내고, 일부 특전용사들은 교도관 복장을 입고 망루에 올라 합동 근무를 섰다. 각 대대가 교도소 담벼락 밖 한 정면을 담당하고, 담벼락 끝 부분에 교통호를 파고 담벼락에 붙여 개인 텐트를 쳤다. 중대 2명씩 교통호에서 경계근무를 서고 나머지는 텐트에서 假眠(가면)을 취했다. 야간이면 聽音(청음)초병을 몇백m 전방에 내보냈다.

광주교도소에서 총격전을 벌이다

허기진 배를 죄수가 먹는 콩밥으로 채웠다. 정말 맛있었다. 말로만 듣던 콩밥을 먹어 보니 한심한 생각과 처량한 생각이 들었다. 밤이었다. 갑자기 총소리가 들리고 총알이 교도소 담벼락에 맞았다. 누가 명령을 내리지도 않았는데 숱병사는 총을 들고 텐트에서 옆으로 굴러 교통호에 들어가 전투 준비를 하고 있었다. 이때는 이미 실탄이 개인에게 지급되어 있었다.

이어서 총격전이 벌어지고 망루에 설치된 기관총 소리는 정말 요란했다. 폭도들은 APC를 앞세우고 공격해 왔다. 대대 특공조가 앞으로 전진하여 근접 전투를 해서 후퇴시켰다.

광주교도소를 중심으로 외곽 산에서는 폭도들이 소총을 휴대한 채 군데군데 모여 있었다. 드디어 광주교도소 식량이 떨어졌다. 죄수의 식량을 1000여 명의 3공수 특전여단 장병이 같이 먹었으니 일찍 떨어질 수밖에 없었다. 식량 공수작전이 개시됐다.

일제히 숱여단이 교도소를 중심으로 외곽 산 쪽으로 조별 약진하여 소수의 폭도를 향해 돌진, 감제고지를 점령했다. 잠시 후, UH-1H 몇 대가 교도소 담벼락 안쪽 연병장에 착륙하여 식량을 공수했다. 우리의 지역대는 정문 앞 감제고지에서 임무수행 중이었다.

밤이 돼 어둠이 깔리기 시작했는데 철수명령이 떨어지지 않는 것이다. 궁금해서 여단 지휘망으로 무전기 주파수를 맞추었다. 여단장님이 대대장에게 『이상휴 지역대만 남기고 철수하라』는 내용을 도청했다. 이유를 알 수 없었다. 저녁밥도 굶었다. 병력 배치선을 조정했다.

중대 간격을 좁히고 2명 1개조로 하여 개인호를 再구축했다. 지역대장을 중심으로 사주방어를 실시했다. 대대장에게 보고 후 수류탄을 지급해 줄 것을 건의했다. 승인이 났다. 차출된 특공조 10명이 광주교도소까지 구간 전진해 수류탄 50발을 갖고 왔다. 밤이 깊었다. 배가 고팠다. 지금은 그때가 몇월 며칠인지 기억이 나질 않는다.

다만, 추위와 배고픔에 못 이겨 바로 옆 딸기밭에 가서 철모에 딸기를 따서 솔잎으로 흙을 털어 내고 굶주린 배를 채운 것만 기억에 남는다. 맛은 있었지만 너무 추워서 견딜 수 없었다. 매복 개념이었기 때문에 불을 피울 수 없었다. 300m 전방에서 총소리가 가끔 들려오고 폭도가 전진해 오고 있었지만 우리 지역대와는 교전이 없었다.

아침에 철수하여 허기진 배를 콩밥으로 채우고 있을 때쯤 20사단 병력이 도착했다. 광주교도소 경계를 20사단에 인계하고 후방으로 3공수 전체가 철수하여 광주비행장 격납고로 이동 대기했다. 며칠을 대기하다가 도청 특공대 임무를 11대대 1지역대가 성공적으로 완수함으로써 끝을 맺고 C-123 비행기로 부대에 복귀했다.

과잉진압은 절대 없었다

폭도들이 총을 쏘고 공격을 해와도 空砲(공포)와 방어적인 측면에서 시민이라 생각해 보호를 했고, 실탄 사용은 철저히 통제했으며 부득이한 경우에만 사용토록 했다.

국가에 대한 충성은 직속상관에게 충성하는 길이라고 생각한다. 신문에서, 국회에서 그 당시 참모총장이 軍의 과잉진압이 잘못이라고 했는데 내가 직접 작전에 참여했고 지휘했지만 과잉진압은 절대 없었다. 정말 敵이라면 몇백 명은 쏴 죽였을 것이다. 그러나 한 명도 죽인 적은 없다.

나와 많은 부하들이 돌을 맞아 멍들었고, 생명의 위험을 느낀 적이 한 두 번이 아니었다. 왜 軍이 매도되어야 하는지 한심하고 억울하며, 왜 자꾸만 거론되어 정치적으로 이용을 당해야 하며, 시위 진압에 참가한 사람이 매장되어야 하는지 알 수 없다.

10

총을 들었던
「시민군」崔英哲의 증언

『공수부대의 짐승만도 못한 행동을 보고 참여했다』

검찰 진술조서 요약

「공수부대원들이 광주시민들을 몽땅 죽이려고 했다」

문: 진술인은 1980년 5월 당시 어떤 일을 하고 있었나요.

답: 그 당시 제 나이는 스무 살이었고, 광주 동구 금남로 4가에서 양화공으로 근무하고 있었습니다.

문: 당시 진술인이 근무하던 공장의 상호는 무엇이었나요.

답: 「제일갑피」라고 구두가죽에 미싱을 박는 공장이었는데 금남로 4가에 있는 2층 건물 옥상에 공장이 있었습니다.

문: 진술인은 광주 민주항쟁시 가담했던 사실이 있는가요.

답: 네, 그러한 사실이 있습니다.

문: 그 기간은 어떤가요.

답: 1980년 5월19일부터 5월24일까지 6일간입니다.

문: 광주 민주항쟁에 가담하게 된 동기는 무엇인가요.

답: 공수부대원들이 광주로 와서 우리 광주시민들을 몽땅 죽이려고 했기 때문에 우리를 스스로 지키기 위해 저도 자발적으로 가담하게 된 것입니다.

문: 1980년 5월17일 밤 계엄이 전국으로 확대된 것은 알았나요.

답: 예, 1980년 5월18일경 방송을 통해 알았습니다.

문: 비상계엄이 확대된 후, 광주에서의 시위 및 진압 양상이 달라졌다고 하는데, 그 내용은 어떤가요.

답: 1980년 5월18일 비상계엄이 전국으로 확대된 후 그 전에는 경찰들이 데모를 진압했는데, 5월18일부터는 얼룩무늬의 공수부대원들이 데모를 진압하는 것을 목격했습니다. 그런데 5월18일은 일요일인 관계로 공장이 쉬어, 오후에 시내에 나와 보았더니 (그 당시 저의 집은 중흥동에

있었습니다) 공용터미널, 금남로 같은 곳에 학생들이 모여 있었고, 반대 편에는 얼룩무늬의 공수부대원들이 대치하고 있는 장면을 보았던 것입 니다. 저는 5월18일에는 학생들과 공수부대원들이 서로 충돌하는 장면 은 보지 못하고 서로 대치하는 장면만 목격한 채 귀가했습니다.

그런데 그 다음날인 5월19일 출근하여 보니 데모가 점점 커지고 있어 서, 일을 하지 못한 채 건물 옥상으로 나가 데모를 구경하게 되었던 것 입니다. 그런데 데모하는 장면을 보니까 공수부대원들이 데모를 진압하 는 방법이 종전의 경찰들과는 판이하게 달랐습니다. 공수부대원들은 철 모에 방석모를 쓰고, 소총을 등 뒤로 비껴 메고 손에는 진압봉을 들고 있는데, 데모대를 향하여 돌진하여 시위 군중을 잡게 되면 진압봉으로 머리건 어깨건 가리지 않고 마구 때리고 군화로 짓밟아 아예 피범벅이 되게 만들었습니다.

학생들이 도망을 치면 끝까지 추격하여 붙잡아 마구 구타했습니다. 학생들이 가게 안으로 들어가 가게 주인이 셔터를 내려주면, 공수부대 원들은 셔터를 발로 차 망가뜨린 다음 셔터를 올리고 그 안에 숨어 있는 학생들을 끄집어 내어 진압봉과 군화발로 마구 구타하는 것이었습니다.

여학생들 옷 벗겨 연행

문: 공수부대원의 과잉진압 장면을 더 목격한 것이 있는가요.

답: 예, 저의 공장 바로 앞에는 옛날 금호그룹 회장이었던 박인천의 집이 있는데, 어떤 여학생이 그 집 안으로 도망해 버리자, 공수부대원들 은 그 집 안까지 쳐들어가 그 여학생을 끄집어 낸 후 여학생인데도 마찬 가지로 진압봉과 군화발로 마구 때려 피범벅을 만든 후 끌고 갔습니다.

그리고 어떤 아저씨가 오토바이를 타고 대의동에서 금남로 쪽으로 골목길을 가고 있었습니다. 그 아저씨는 전혀 데모도 하지 않은 사람인데, 공수부대원이 진압봉으로 그 아저씨의 앞머리를 후려쳐 버려, 그 아저씨가 뒤로 자빠지자 그 아저씨도 붙잡아 가는 장면을 목격했습니다.

문: 그날 여학생들을 끌고 가면서 공수부대원이 여학생의 옷을 벗기고 끌고 가는 장면도 본 일이 있는가요.

답: 예, 금남로 서울신탁은행 부근에서 공수부대원들이 여학생 2, 3명을 끌고 가는데 겉옷을 위아래 모두 벗긴 다음 팬티와 브래지어 차림으로 끌고 가는 것을 제 두 눈으로 직접 목격했습니다.

문: 남학생들은 어떻게 끌고 가던가요.

답: 남학생들도 모두 옷을 벗겨 팬티 차림에 손을 뒤로 묶은 채 끌고 가고 있었습니다.

문: 끌려가는 학생들이 모두 피범벅이었나요.

답: 예, 모두 피범벅이었습니다. 너무 처참했습니다. 도저히 말로 표현할 수 없을 정도였습니다.

문: 공수부대원들이 그렇게 심하게 진압을 해야 할 만한 상황이었나요.

답: 제 생각으로는 그렇게까지 과잉진압을 해야 할 만한 상황도 아니었고, 그들이 그렇게까지 한 이유도 전혀 납득이 되지 않았습니다.

문: 그래서 진술인도 광주 민주항쟁에 가담하게 된 것인가요.

답: 예, 앞서 진술한 바와 같이 공수부대원들의 짐승만도 못한 행동을 보고 도저히 그대로 있을 수 없었습니다. 그래서 5월19일 16시경 퇴근하는 길로 금남로 1가 가톨릭센터 앞으로 가서 저도 시위 군중에 합류하게 된 것입니다.

문: 그때에는 어떤 방법으로 데모를 한 것인가요.

답: 가톨릭센터 앞에 많은 군중들이 있었는데, 저도 합류하여『전두환 물러가라』『계엄령 해제하라』『계엄군 물러가라』『신현확 물러가라』『金大中 석방하라』등의 구호를 외치고, 공수부대를 향해 돌을 던지고 했습니다.

문: 그때 공수부대원들에게 붙잡히지는 않았나요.

답: 앞으로 갔다가 뒤로 피했다가 하여 그때는 붙들리지 않았습니다.

『대한민국의 군인들이 아니었습니다』

문: 5월19일에는 귀가를 했나요.

답: 예, 5월19일에는 19시경 귀가를 했습니다. 그런데 귀가를 하면서 공수부대원들의 옆을 가까이 지나치는데 보니, 공수부대원들은 술에 많이 취한 상태였습니다.

문: 공수부대원들이 술에 취했는지 여부를 어떻게 아는가요.

답: 제가 공수부대원의 바로 옆을 지나쳤는데, 그들에게서 술 냄새가 많이 났고, 또 말할 때에도 술에 취한 것을 알 수 있었기 때문입니다.

문: 5월20일의 상황은 어떠했나요.

답: 5월20일 08시30분경 직장에 출근했더니, 헬기에서『모든 직장에 있는 사람들은 이 방송을 듣는 즉시 빨리 퇴근을 하라』는 안내방송을 했습니다. 저는 그 방송을 듣고 퇴근은 하지 않은 채, 직장동료들과 함께 공장 건물 옥상에 가서 시위하는 광경과 진압하는 과정을 구경했습니다. 그런데 공수부대원들의 진압 방법이 그 전날보다 더 심해져 있었습니다. 도저히 이해할 수 없었습니다. 그건 대한민국의 군인들이 아니었습니다. 인간이라고 볼 수 없었습니다. 도저히 참을 수 없었습니다.

문: 그래서 5월 20일에도 시위에 가담하게 되었던 것인가요.

답: 예, 건물 옥상에서 공수부대원들의 만행을 보면서 도저히 참을 수 없어 그 길로 다시 금남로로 가서 전날과 마찬가지로 시위군중들 사이에 끼여 시위를 하게 되었습니다. 구호도 외치고 돌도 던졌습니다. 각목도 하나 구해 들고 있었습니다. 다른 군중들과 함께 시외버스 공용터미널을 거쳐 광주역 방면으로 가는데, 광주역 쪽에서 총소리가 나기에 겁이 나서 바로 집으로 갔습니다. 귀가 시간은 20시경쯤이었습니다. 그날 하루 종일 데모를 했던 것이지요.

문: 5월 21일의 상황은 어떠했나요.

답: 5월 21일 08시 30분경쯤에 집에서 나와 출근하지 않고 막바로 시외버스 공용터미널로 가서, 그곳에 있던 시위군중들과 함께 시외버스, 미니버스(25인승 버스를 말함)를 타고 다니면서 『전두환 물러가라』 『계엄 해제하라』 『신현확 총리 물러가라』 『계엄군 물러가라』 『김대중 석방하라』는 등의 구호를 외치면서 시위를 했습니다. 계엄군들에게 돌을 던지고 했습니다.

주민증 확인 후 총기 지급

문: 5월 21일의 특이한 상황이 있었나요.

답: 예, 5월 20일까지는 공수부대원들이 경상도 말투를 많이 썼는데, 5월 21일에는 공수부대원들이 전라도 사람들로 많이 바뀌어 있었습니다.

문: 아니, 공수부대원의 구성원이 5월 21일을 기하여 경상도 사람들로부터 전라도 사람들로 교체되었다는 것인가요.

답: 그렇게까지 정확하게는 모르겠으나, 그 전날까지는 공수부대원들

이 경상도 사람들이 많았는데, 5월21일에 금남로 같은데서 공수부대원을 붙잡아 때리려고 하면 옆에 있는 학생들이 『저 군인은 같은 학교(전남大나 조선大) 학생이니 때리지 말라』라고 하는 일이 많았기 때문입니다.

문: 5월21일 도청 앞의 총격 사건에 관하여는 알고 있는가요.

답: 5월21일 오후에는 저는 도청 앞에 있지 아니하고 다른 곳에서 무장을 하고 있었기에 그 사건 이야기는 나중에 말을 들어서 알게 되었습니다.

문: 5월21일 진술인은 무장을 했던 것인가요.

답: 예, 그렇습니다.

문: 무장을 하게 된 경위는 어떤가요.

답: 5월21일 15시경 시위군중들과 함께 광주공원으로 가서 이미 와 있던 다른 시위대와 함께 구호를 외치면서 한 시간 가량 시위를 하고, 일부 군중들은 도청으로 가고 일부 시위대는 그 자리에 남아 있었습니다. 이때 누구인지는 모르겠으나 시위를 지휘하는 사람으로 보이는 자가 핸드마이크로 『무기를 곧 지급하겠으니, 신분증을 소지하고 공원 정문 해태상 앞으로 모이라』는 안내방송을 하기에, 저는 그 말을 듣고 위 장소로 가서 주민등록증을 제시하고, M1 소총과 실탄 48발을 배급받게 되었던 것입니다.

문: 당시 총을 나누어 준 사람이 누구인지 기억하는가요.

답: 기억나지 않습니다.

문: 총과 실탄을 함께 나누어 주던가요.

답: 바로 옆에서 한쪽은 총을 주고, 다른 한쪽은 실탄을 주었습니다.

문: 위 무기는 어디서 구한 것이라고 하던가요.

답: 제가 듣기로는 화순경찰서를 습격하여 무기고를 털어 가지고 온

것이라고 했습니다.

문: 총기를 배급받으면서 주민등록증은 왜 보여 주었나요.

답: 총기를 나누어 주는 사람이 나이 어린 사람은 안 된다고 하면서 주민등록증이 있는 나이 든 사람에게만 총기를 준다고 하여 주민등록증을 확인한 것입니다.

문: 그럼 총기를 분배하면서 주민등록증을 보고 그 인적사항을 일일이 기재하던가요.

답: 그렇지는 않았습니다.

문: 총기를 분배받을 때, 광주시민에 한한다든가 하는 등의 일정한 제한이 있었나요.

답: 제한은 아무것도 없었습니다.

문: 총기를 지급받은 후 어떻게 했나요.

답: 군용트럭을 타고 지원동 다리 부근으로 가서, 예비역 중대장이었다고 하는 문장우한테 총 조작 방법과 총 사격 등에 관한 교육을 받은 다음 부대 편성을 마치게 되었습니다.

문: 진술인은 어느 부대에 소속되었나요.

답: 중대는 잘 기억나지 않고 소대만 기억나는데, 저는 3소대였습니다. 그냥 서 있는 줄에 따라서 소대를 지명한 것이었습니다.

문: 그 후 어떻게 했나요.

답: 부대 편성을 마친 후, 계엄군이 방림동 산에 있다고 하여 걸어서 시민군 40여 명이 그곳으로 가서 광주천 다리 위에서 경계근무를 했지만, 이 정보는 잘못된 정보로 계엄군은 없었습니다. 그 후 광주 고속버스를 타고 시내를 돌아다녔습니다.

문: 중흥교회에 가서 총을 쏜 일도 있는가요.

답: 그 부분은 「광주항쟁사료전집」에 잘못 기재되어 있는데, 버스를 타고 시내를 돌아다니던 중 중흥동 소재 중흥교회에 계엄군이 있다는 무전연락을 받고 그곳으로 급히 가보았습니다. 먼저 온 시민군이 중흥교회의 담벼락을 향해 총을 쏘면서 교회 안으로 들어갔고, 저는 밖에서 경계근무를 했으나, 교회 안에도 역시 계엄군은 없었습니다.

문: 위 사료전집을 보면 진술인도 교회를 향해 총을 쏜 것으로 기재되어 있는데, 어떤가요.

답: 그 부분은 잘못 기재되어 있는 것으로서, 저는 총을 쏜 일이 없고 다른 시민군들이 교회에다 총을 쏘았던 것입니다.

연세·고려大 학생들도 시민군 활동

문: 그래서 어떻게 했나요.

답: 중흥교회에서 나와 타고 왔던 버스를 이용하여 시내를 돌다가 저녁때가 되어 다시 광주공원으로 가서 저녁 내내 광주공원에서 경계근무를 섰습니다.

문: 그 다음날인 5월22일의 상황은 어떤가요.

답: 5월22일도 그 전날과 마찬가지로 고속버스나 군용트럭을 이용하여 광주시내를 돌아다니다가, 계엄군이나 간첩이 나타났다는 무전연락을 받으면 그곳으로 급히 가서 시민군으로 활동을 하다가 저녁때가 되어 무등 경기장 뒤편 공터에 모여 경계근무를 했습니다.

문: 그날 경계근무는 누구와 함께 했나요.

답: 무등 경기장에서 처음에는 저를 포함하여 3명이 근무를 섰는데, 잠시 후 연대생 1명, 고대생 1명이 와서 그들과 함께 5명이 근무를 했습

니다.

문: 위 연세·고려大 학생들은 어떻게 하여 광주까지 왔다고 하던가요.

답: 그것은 말하지 않아서 모르겠습니다.

문: 총기를 계속 소지하고 있었나요.

답: 아닙니다. 5월23일 오전에 수습대책위원회에서 『총기를 반환하라』는 가두방송을 하기에, 그 방송을 듣고 도청으로 가서 경비실에 마련된 무기 회수 장소에서 주민등록증을 제시하고, 총기를 반환했던 것입니다.

문: 총기를 반환할 때 주민등록증을 보여 준 이유는 무엇인가요.

답: 총기를 반환하는 사람들의 신원을 확인한다고 하기에 주민등록증을 보여 주니 그들이 일일이 인적사항을 기재하고 총기를 반환받았습니다.

문: 총기를 반환하면서 지금 총을 반환하면 되느냐고 따진 일이 있는가요.

답: 예, 총기를 반환하면서 계속 총을 갖고 있는 것이 좋을 것 같아 위와 같이 따지니까, 그들이 『총기 관리가 되지 않아 그러니 나중에 관리를 제대로 하면서 다시 총을 주겠다』고 하면서 총기를 반환받았습니다.

문: 진술인은 총기를 소지하고 있는 상태에서 총을 쏜 일은 없는가요.

답: 딱 한 번 있습니다. 5월22일 군용 지프차를 타고 시내를 돌던 중 헬기가 보이기에 헬기를 향해 총을 세 방 쏴본 일이 있습니다.

『창녀들도 밥 해줘』

문: 총기로 사람을 쏘거나 한 일은 없었나요.

답: 그런 일은 전혀 없었습니다.

문: 진술인은 총기를 휴대하고 경계근무를 서고 했는데, 만약 군인들이 나타나면 총을 쏠 생각이었나요.

답: 물론입니다. 공수부대원들이 나타나면 총을 쏠 생각이었습니다.

문: 다른 군인들에게는 총을 쏠 마음이 없었나요.

답: 물론입니다. 공수부대가 아니면 다른 군인들에게는 총을 쏠 마음이 없었습니다.

문: 왜 공수부대원만 총을 쏠 생각이었던 것인가요.

답: 공수부대는 全斗煥의 명령을 받고 우리 광주 사람들을 죽이러 왔기 때문입니다. 공수부대는 우리 광주 사람들을 무참히 때리고 짓밟고 죽였습니다. 따라서 저희도 저희 생명을 지키기 위하여 무장을 한 것이고, 공수부대를 보면 총을 쏠 생각이었던 것입니다.

문: 진술인은 당시 민간인 신분으로서 경찰서 등지에서 탈취한 총을 들었던 점에 대하여 정당하다고 생각하는가요.

답: 물론입니다. 저희는 정당했습니다. 공수부대는 처음부터 우리 광주시민을 죽이려고 온 것이었습니다. 따라서 저희가 총을 든 것은 저희들의 생명을, 광주 동료 시민들의 생명을 지키기 위한 정당한 조치였던 것입니다.

문: 무장을 하고 다니면서 집에도 가지 못했는데 식사 문제는 어떻게 해결했나요.

답: 광주의 모든 시민들이 저희 시민군을 도와주었습니다. 다니는 데마다 밥을 해서 저희가 밥을 달라고 하면 밥을 주었습니다. 대인동에 가면 창녀촌이 있는데, 그 창녀들도 밥을 해서 저희들에게 주었습니다.

문: 무장을 하고 있는 동안 별다른 사고는 없었나요.

답: 예, 별다른 사고가 없었습니다. 그 점이 저희 광주시민들이 자부

하는 것입니다. 경찰이 물러가고 저희가 광주를 장악한 가운데에서도 별다른 일이 없었습니다. 제가 듣기로 최철이라는 사람이 자기 계모 등을 쏴 죽였다고 하는데, 그 사람도 저희 시민군이 잡았던 것이고, 어느 장소에서 4인조 강도가 있다고 해서 시민군이 가서 잡았습니다. 간첩이 있다고 하면 그 간첩부터 잡으려고 했던 것입니다.

문: 5월23일 오전 무장을 해제한 후 어떻게 했나요.

답: 도청에 무기를 반환한 후 바로 집으로 가서 쉬었습니다.

소총과 실탄 지급 받아

문: 5월24일의 상황은 어떠했나요.

답: 5월24일 10시경에 두암동에 사는 친구 유일근을 만나러 갔으나 그가 없어 백운동에 살고 있는 사장 김종록을 만나기 위해 도청 앞으로 갔습니다. 도청 앞에서 차를 타려고 했는데 (당시 일반차량은 다니지 않고 시민군이 운전하는 군용차량이나 버스 등만 다니고 있었습니다) 마침 군용트럭 한 대가 왔는데, 그 트럭에 타고 있는 이강갑이 그전 며칠간 저와 같은 소대의 시민군으로 활동했기에 저를 알아보았고, 백운동 쪽으로 간다고 하여 그 트럭을 얻어 타게 되었습니다.

문: 위 트럭에는 누가 타고 있었나요.

답: 저와 같은 소대원이었던 이강갑이 있었고, 운전수 김태창, 그리고 최진수, 이정남, 성명불상, 아주머니 1명 그 외 남자 2명이 타고 있었고, 시체가 든 관이 있었습니다. 이 관은 아주머니의 남편 시신이 있었던 것으로 생각됩니다. 위 트럭을 탄 후 유동에 있는 수창국민학교 후문 쪽에 관과 아주머니를 내려놓고 전남방직 앞을 지나 광천동을 거쳐 백운동으

로 가게 되었습니다.

문: 그래서 백운동에서 내렸나요.

답: 아닙니다. 백운동에 이르러 제가 차를 세워 달라고 했으나, 당시 제가 트럭 짐칸에 타고 있어서 그런지 운전사가 그 말을 듣지 못하고 그대로 지나쳐 진행하다가 그 길로 송암동까지 가게 된 것입니다.

문: 송암동에 도착하여 어떻게 했나요.

답: 송암동에 있는 효덕국민학교 앞에 도착하자 운전사가 모두 내리라고 했고, 그래서 저와 이강갑, 최진수, 이정남, 그리고 성명불상 등 5명이 내렸습니다. 저를 제외한 다른 사람들은 처음부터 무장을 하고 있었고, 저는 차에서 내린 후 트럭에 있던 M1 소총 1정, 카빈 소총 1정, 철모, 그리고 카빈 실탄 15발, M1 실탄 3발을 지급받았습니다. 그런 후 트럭은 운전사 및 조수와 함께 떠났습니다.

문: 진술인은 처음부터 위 이강갑 등과 위 장소에서 무장 근무를 할 생각에 위 트럭을 탔던 것인가요.

답: 아닙니다. 처음에는 백운동에 가려고 위 트럭을 얻어 탄 것인데 가다 보니 송암동까지 가게 되어 이강갑과는 그전에도 함께 시민군으로 활동을 했기에 그들을 도와줄 생각에 효덕국민학교 앞에 내려서 무장을 했던 것입니다. 그 옆 산속에 군인들이 매복하고 있다고 하면서 그들이 그 장소에서 경계근무를 선다고 하여 저도 도와주려고 했던 것입니다.

공수부대원들, 民家 향해 총기 난사

문: 효덕국민학교 앞 도로 상황은 당시 어떠했나요.

답: 아스팔트 포장의 왕복 2차선 도로였습니다.

문: 효덕국민학교 앞에 도착한 시간은 언제인가요.

답: 정확히는 모르겠으나 5월24일 12시에서 14시 사이입니다.

문: 효덕초등학교 앞에서 별일이 없었나요.

답: 아닙니다. 트럭이 막 떠나고 조금 있는데, 국민학교 옆 골목에서 국민학생 1명이 나오면서 『군인이 온다』라고 고함을 질러, 그 소리를 듣자마자 저를 비롯한 5명의 시민군들은 피신하기에 급급했습니다. 저는 길 건너 도랑으로 몸을 숨기는데 제일 앞에 오던 장갑차에서 기관총이 발사되더군요. 제 철모에 기관총알 1발을 맞았는데 다행히도 철모 때문에 살았지요. 도랑에 있다가 들고 있던 M1 소총은 버리고 카빈 소총만 들고 그 앞 민가 화장실에 몸을 숨겼습니다. 그리고 저와 함께 갔던 사람들 역시 모두 일제히 민가 쪽으로 숨었습니다.

문: 그러자 계엄군들이 어떻게 하던가요.

답: 계엄군들은 효덕국민학교 옆 골목길에서 장갑차를 선두로 하여 트럭 10여 대가 나왔는데 제가 民家 화장실(화장실보다는 「뒷간」이라는 표현이 더 맞습니다)에 숨어 있으면서 보니, 어느 트럭에서 군인들이 내리는데 그 군인들은 얼룩무늬의 공수대원들이었고, 제가 숨어 있는 民家를 향하여 일렬로 늘어선 후 민가를 향해 일제히 무차별 연발로 난사를 했던 것입니다.

문: 당시 총격을 가한 군인들의 숫자는 어떤가요.

답: 제가 뒷간 사이 틈으로 조금만 보았기에 모두 몇 명인지는 모릅니다.

문: 그 군인들이 어디를 향해 총격을 가했나요.

답: 민가를 향해 총격을 가했습니다.

문: 군인들이 민가를 향해 총격을 가한 이유는 무엇이었을까요.

답: 제 동료 4명이 민가 쪽으로 숨었기에 민가를 향해 총을 쏜 것 같았습니다.

문: 그러나, 민가를 향해 총을 쏘면 아무 죄도 없는 양민도 죽을 수 있는 것이 아닌가요.

답: 물론입니다. 그런데도 공수부대원들은 아랑곳하지 않고 그냥 민가를 향해 총을 연발로 해서 무차별 집중 사격을 가한 것입니다. 이것은 제가 뒷간에 숨어 직접 목격한 것입니다.

문: 그 후 어떻게 되었나요.

답: 제가 뒷간에 숨어 밖을 보다가 뒷간의 안쪽으로 몸을 피하자 조금 전 제가 있었던 장소로 총알이 빗발쳤습니다. 그래서 안쪽에 몸을 숨기고 한참 있었습니다. 숨어 있는데 정말 총소리가 많이 들리더군요. 작은 폭탄 같은 소리도 들었는데, 밖을 쳐다 보니 논바닥 흙이 하늘로 올라가고 땅이 움푹 파이고 할 정도로 작은 포탄도 떨어지고 했습니다. 제 생각에는 M16 총렬 아래에 장착하여 쏘는 포탄 같은 것인 줄 알았습니다. 무차별 난사를 10여 분 정도를 하고 난 후 군인들이 民家로 들어오면서 메가폰으로 『총을 머리 위로 들고 투항하라』고 하여 화장실에 숨어 있던 저는 총을 머리 위로 들고 밖으로 나가 투항을 했던 것입니다.

문: 당시 공수부대 선두에 있던 장갑차의 기관총도 발포했나요.

답: 예, 물론입니다.

문: 당시 철수하던 공수부대와 잠복하고 있던 전교사 교도대 병력 간에 오인사격도 있었는데, 그 사실을 알고 있나요.

답: 그 이야기는 나중에 들어서 알고 있습니다.

문: 진술인 등 시민군이 총격을 당한 것이 먼저인가요, 아니면 공수부대와 교도대 간의 오인사격이 먼저인가요.

답: 제가 분명히 말씀드리지만, 저희가 효덕국민학교 앞에 도착하여 하차할 때까지 그 부근에는 군인도 없었고 전혀 총소리를 들을 수 없었습니다. 따라서 그때까지는 아무 일도 없었으니 공수부대와 교도대 간의 오인사격이 있었을 리가 없습니다. 저희가 하차한 지 얼마 안 되어 장갑차를 앞세운 공수부대가 오면서 저희를 발견하고 먼저 장갑차의 기관총이 불을 뿜었고 그 후 공수부대원들이 하차하여 民家를 향해 M16 소총으로 난사를 했던 것입니다. 저는 뒷간에 숨어 있는 중 총격이 심하고 작은 포탄이 터지고 했던 것으로 보아 그때 공수부대와 교도대 간의 오인 사격이 있었던 것이 아닌가 생각됩니다. 분명히 저희가 공수부대로부터 총격을 받기 이전에는 교도대와 공수부대 간의 오인사격은 없었습니다.

체포 후 무수히 구타당해

문: 진술인은 공수부대에 투항한 다음은 어떻게 되었는가요.

답: 계엄군한테 체포되자마자 계엄군들로부터 무수한 구타를 당하고 (한 30분 정도 구타를 당하는 것으로 기억되며, 너무 아파 기절을 하면 물까지 뿌려 깨운 후 또 구타를 했습니다) 포승줄에 묶인 채 걸어서 계엄군과 함께 헬기장으로 갔습니다.

문: 당시 몇 명이 포승줄에 묶여 헬기장으로 갔는가요.

답: 저, 최진수, 이정남, 성명불상 등 모두 4명이 그 당시 함께 체포되어 끌려가 헬기를 타고 광주국군병원으로 가서 1차 조사를 받은 다음 상무대로 갔습니다. 나중에 들은 말이지만 이강갑도 그 당시 바로 체포가 되었으나, 505 보안부대로 가서 조사를 받고 뒤늦게 상무대로 왔다고

했습니다.

문: 진술인은 공수부대에 체포되어 헬기장으로 가는 도중에 시체를 본 사실이 있는가요.

답: 네, 그런 사실이 있습니다.

문: 죽은 사람들은 누구였으며, 시체는 몇 구이던가요.

답: 죽은 사람들은 모두 군인이었고, 시체는 9구이었습니다.

문: 죽은 군인들은 공수부대원이던가요.

답: 네, 모두 얼룩무늬 군복을 입고 있는 공수부대원들이었습니다.

문: 진술인은 죽은 군인이 9명인 것을 어떻게 알게 되었는가요.

답: 포승줄에 묶여 헬기장으로 가면서 제가 죽은 사람들을 하나하나 세어 보니 9명이었고, 군인들끼리 하는 말을 들었는데 군인들도 9명이 죽었다고 했습니다.

문: 죽은 시체는 어디에 있었고, 그 상태는 어떠하던가요.

답: 죽은 사람들은 도로 우측 변에 일렬로 쭉 늘어 놓았고, 그 위에 가마니로 덮어 두었습니다.

문: 진술인은 군인이 어떻게 하여 죽었는지를 아는가요.

답: 그들이 죽게 된 경위는 모릅니다.

문: 민간인들의 시체는 보았나요.

답: 민간인들의 시체는 전혀 보지 못했습니다.

문: 당시 민간인들이 얼마나 죽었다고 하던가요.

답: 그것은 모릅니다.

문: 폭격에 부서진 차량은 보았나요.

답: 예, 앞서 진술한 바와 같이 제가 헬기장으로 끌려갈 때 군인들의 시체를 본 바로 그 장소 옆에 트럭 한 대가 불타고 있는 것을 보았습니

다. 그 앞에도 트럭이 여러 대 정차해 있고 그 앞에 장갑차도 한 대 정차해 있었는데, 지금 기억으로는 당시 불타고 있었던 것은 트럭 한 대였던 것 같습니다.

문: 당시의 현장 약도가 이와 같은가요.

(이때 검사는 진술인에게 「송암동 양민학살 요도」를 제시한다)

답: 예, 맞습니다.

『사살해 버려』

문: 통합병원으로 간 후 어떻게 되었나요.

답: 통합병원에 도착하자마자 군인들에게 무차별 구타를 당한 후 상무대로 가서 합동수사본부에 무장 경위 등에 대하여 조사를 받은 후 상무대 헌병 영창에 구속되어 있다가 1980년 9월 5일 특별사면으로 석방된 것입니다.

문: 당시 조사받은 내용 중 기억나는 것이 있는가요.

답: 예, 앞서도 검사님이 여러 번 물어보았으나, 당시 조사관이 저희에게 『당신들이 먼저 총을 쏘았고 그 후 군부대 간에 오인사격이 있었던 것이 아니냐』고 했으나, 저희는 『저희가 먼저 총을 쏜 것이 아니라 공수부대가 먼저 저희에게 총을 쏘았고 그 후 군부대 간에 오인사격이 있었던 것이다』라고 대답했습니다. 또 통합병원에 도착했을 때 군인들이 저희를 폭도라고 보고하니까 준장인지 소장인지는 모르겠으나 장군인 사람이 『사살해 버려』라고 지시했는데, 중령인 사람이 저희를 그냥 살려준 것이 기억납니다.

屍身 수습 공무원의 증언

『光州 시내 곳곳에서 40여 구 정도의 死體를 수습.
진압군인 만행에 감정이 격해졌다』

[편집자注]
이 자료는 광주시청 사회과에서 행정서기로 근무하던 조성갑씨의 死體 수습에 대한
검찰 진술조서다.

성명: 조성갑(주거 광주 동구 학1동 919-25)

M16 총에 맞아 갈기갈기 찢긴 시신

문: 1980년 5월 당시 진술인은 무엇을 하던 때인가요.

답: 그 당시 저는 광주시청 사회과 노정계에 행정서기로 근무했습니다.

문: 노정계에서 死體(사체) 수습을 담당했던가요.

답: 원래 복지계에서 그 업무를 맡아야 하는데, 그 당시 복지계뿐만 아니라 누구든지 그러한 일을 하려고 하지 않았던 터라 제가 나서게 된 것입니다.

문: 어떤 방법으로 死體 수습에 나섰는가요.

답: 처음에는 계엄사나 광주교도소 측에서 어디에 死體가 있으니 수습하라는 연락을 해주면 그 장소에 나가 수습을 하다가 나중에는 제가 스스로 나서서 광주시내 및 외곽의 死體가 묻혀 있을 만한 곳을 찾아다니며 확인작업을 했습니다.

문: 진술인이 그 당시 死體를 수습한 일시, 장소 및 그 경위들을 순차적으로 진술하세요.

답: 1980년 5월27일경 그 당시 보사국장 강형수가 계엄사인가 어디선가 전화연락을 받고 저와 노정계장 이무길 등 3명이서 시청 내에 있던 보건소 앰뷸런스를 이무길이 운전을 하여 광주교도소로 가보았더니 운동장에 군인들 판초 우의로 싸여 있던 死體 1구가 있어 그 死體를 싣

고, 다시 광주고등학교로 가서 보니 1구는 수위실에 하얀 천으로 덮인 상태로 있었는데 조금 있으니까 보호자가 와서 인수하여 갔는데 그 死體는 광주高 수위였으며, 또 1구는 광주高 체육관 동쪽 유리창 밑에 쓰러져 있었는데 머리에 총을 맞아 피를 줄줄 흘린 상태로 죽어 있어 그 死體도 검안하기 위해 차에 실어, 2구를 전남大 병원 영안실로 안치했습니다.

문: 그 당시 사체의 상태는 어떠했는가요.

답: 광주교도소에서 발견한 사체는 25세 정도의 남자였는데 M16 총에 맞았는지 온몸이 갈기갈기 찢겨져 있는 상태였으며, 그 당시 교도소 측으로부터 들은 바에 의하면 말바우시장 근처에서 작전을 하다가 총에 맞아서 죽었다고 했는데, 죽은 지 오래된 것 같지는 않아 부패되기 전이었습니다. 그리고 광주高에서 발견한 死體는 30대의 건장한 청년이었는데 그 死體를 끌고 나오는데 피는 줄줄 흐르고 몹시 무거웠습니다.

문: 나중에라도 두 사체의 신원이 밝혀졌는가요.

답: 그것은 저도 모르겠습니다.

광주교도소에 묘목이 급히 심어져 있었다

문: 그 후에 사체를 수습한 경위를 진술하세요.

답: 그러한 사체를 수습하다 보니 제가 진압 군인들의 만행에 격분하여 감정이 격해지자 보사국장이 저보고 더 이상 死體 수습에 나가지 말라고 하며 시장에게도 보고를 해버려 저는 알았다고 하고 더 이상 공무상으로는 나가지 않기로 했습니다. 그 후 행불자 가족들이 시청에 몰려

와 행불자 신고를 하며 소란을 피우는 바람에 할 수 없이 제가 다시 나가기로 했습니다.

1980년 5월28일경 시민들이 死體가 있다고 하는데도 시청직원은 아무도 가겠다는 사람이 없어 저의 외삼촌인 문병길과 함께 광주 동구 대의동 소재 YWCA에 가서 3층 통로에 총을 맞아 쓰러져 있는 25~26세 정도 되는 남자 死體 1구를 발견하고 시청 사회과로 전화하여 死體가 있으니 차를 보내라고 연락했습니다. 당시 朴기사가 운전하는 청소차인가가 와서 死體를 실어 전남大 병원 영안실에 안치하여 놓았는데 나중에 들으니 그 사람이 YWCA 총무로 고아였다고 했습니다.

광주 동구 동명동 소재 전남여고 학교 담 뒤 천변에 쓰러져 있는 35세정도 보이는 남자 死體 1구를 발견하여 차에 실어 전남大 병원 영안실로 안치했는데, 나중에 들으니 이름은 모르지만 약종상을 하던 사람이었다고 합니다.

문: 계속 진술하세요.

답: 그리고 그 다음부터는 사체를 수습하러 갈 때는 항상 朴기사와 같이 다녔는데 그 다음날인 5월29일인가는 광주 동구 대인동 소재 舊공용터미널 욕조 안에 있던 20세 정도 되어 보이고 총상을 입고 죽어 있는 군용 판초 우의로 싸여 있는 남자 死體 1구를 발견하여 전남大 병원에 안치했습니다.

같은 날에 광주교도소에서 사람이 많이 죽어 묻혀 있다는 소문을 듣고 가보았는데 소문에 듣던 장소에 가보니 묘목이 급히 심어져 있는 것처럼 엉성하게 되어 있는 곳이 있어 그곳을 삽으로 파보았더니 포플러나무 옆 도랑에 한 구덩이에 2구씩 가마니로 암매장되어 있는 死體 8구를 발굴했습니다.

또다시 교도소 정문 앞산에 묻혀 있다는 곳을 찾아가 풀이 뭉개진 부분을 파보았더니 과연 남자 死體 2구가 묻혀 있어 발굴하여 조선大 병원에 안치했습니다. 나중에 조선大 병원에서의 검시 결과에 의하면 포플러 나무 밑에서 발굴된 死體는 대부분 맞아 사망한 것으로 밝혀졌는데, 그 사람들 중 이름이 안두희라는 사람도 있었던 것으로 기억됩니다.

곳곳에서 死體 발견

문: 계속 진술하세요.

답: 그날 또다시 광주 동구 지원동 소재 1번 종점에서 화순 쪽으로 가는 도로 옆 고랑에 쓰러져 있는 여자 死體 1구가 포함된 死體 7구를 발견하여 상무관으로 안치했습니다.

그날 사회과에서, 상무대에서 死體를 수습해 가라고 온 전화를 받아 저에게 알려주어 그 당시 상무대 근처 백일지구 사격장에 가보았더니 군인들이 死體를 오는 대로 묻으려고 큰 호를 두 개 파놓은 다음 발견되는 차례대로 묻어 오고 있는 상태 같았습니다. 제가 가서 이미 묻혀 있는 남자 死體 11구를 발굴하여 상무관에 안치했습니다. 그때 보니 死體 대부분이 총상을 입고 죽은 상태였는데 발굴 당시 死體에서 소독약 냄새가 많이 났던 것으로 기억됩니다.

그 다음에는 주남마을 주민이 『군인이 두 명을 끌고 올라갔었는데 아마 죽었을 것』이라고 하여 가르쳐 준 대로 현장으로 가보았더니 진압봉이 부러진 채로 있어서 그 근처에 있을 것으로 생각하고 주변을 살펴보기 시작했는데 어느 지점에선가 썩는 냄새가 나서 냄새 나는 곳을 뒤져 보니 잘잘한 자갈밭에 뼈만 나온 손목 부분이 뾰족하게 나와 있어서 그곳을 삽으로 파보았더니 몹시 부패된 남자 死體 2구가 있어서 그 死體를 상무관에 안치했습니다.

그런 다음 인성고등학교 앞산에서 7세 정도 되어 보이는 남아 死體 1구를 발굴하여 상무관에 안치했는데, 그 死體는 어떻게 죽었는지 모르지만 시위대가 묻었다고 나중에 들었습니다.

그 후 효덕동 소재 주택 옆에 논이 있었는데 논바닥에 죽어 있는 20세 정도 되어 보이고 총상을 입은 것으로 보이는 남자 死體 1구를 발견하여 상무관에 안치했습니다.

그 후에는 31사단 근처에 死體가 있다고 하여 그곳으로 가서 그 당시 천일버스 종점 옆에 판초 우의로 싸인 채 묻혀 있는 남자 死體 1구를 31사 병력과 함께 발굴하고, 이어서 31사 병력이 안내하는 대로 일곱부락 산속에서 남자 死體 1구를 발굴했습니다. 그 당시 천일버스 종점에서 발굴된 死體는 김상택으로 밝혀졌으며 일곡부락 산에서 발굴된 死體는 옷을 몇 겹이나 껴입은 것으로 보아 정신이상자로 보였는데 모두 총상을 입고 죽었습니다.

마지막으로 광주 검찰청에서 그 당시 차장검사가 지휘를 하여 주남마을 뒷산에 死體가 매장되어 있다고 하며 헬리콥터까지 지원하여 준다고 했습니다. 그러나 死體가 있다는 곳이 산속이라 내릴 곳도 마땅하지 않아 사양했습니다.

서방다방에선가 지금 산에 死體가 있는데 가지러 갈 사람이 없으니 지원할 사람이 없느냐고 했더니 젊은 사람 2명이 나서기에 그 사람들과 같이 관을 준비하여 산으로 갔습니다. 20사단 병력이 안내해 주어 꼭대기에 묻혀 있는 死體를 발굴하게 되어 상무관에 안치했습니다. 나중에 알고 보니 그 시체가 조대부중생이었던 김주열인 것을 알게 되었습니다. 그 당시 이렇게 40여 구 정도의 死體를 수습했는데 발굴 날짜는 자세히 기억할 수 없어 다소 틀릴 수도 있습니다.

무성한 소문에 따라 死體 수습 시도

문: 위와 같은 외에 발굴하지는 못했더라도 死體 수습을 시도한 사실이 있는가요.

답: 예, 그러한 사실이 있습니다.

문: 그 일시, 장소 및 경위 등을 기억나는 대로 진술하세요.

답: 위와 같이 死體를 발굴한 후에도 그 당시 무성한 소문에 따라 여러 곳을 다녀보았는데, 소문에 광주 남구 송암동 소재 그 당시 분뇨탱크에 사람을 죽여 빠뜨렸다고 하여 그해 5월 말경 제가 그곳에 가서 긴 대막대로 일일이 분뇨를 휘저어 보았으나 死體를 발견하지 못했습니다.

그 분뇨통이 있는 곳의 뒤 야산에 그 당시 군인들이 야영하던 흔적이 있고 그 위로 공동묘지가 있어서 그곳에 암매장할 수도 있을 것 같아 샅샅이 뒤져 보았으나 死體는 발견하지 못했습니다.

문: 그 당시 분뇨통 주변의 상황은 어떠했는가요.

답: 제가 보기에는 사람이 빠져 죽은 상황은 아닌 것 같았으며, 주변에 옷가지나 신발 등이 많이 흩어져 있었습니다.

문: 그곳 분뇨통의 구조 및 크기는 얼마나 되었는가요.

답: 콘크리트 구조물로서 한쪽이 20m 정도 다른 한쪽이 30m 정도 되었는데, 그 당시 광주市의 분뇨를 처리하기 위하여 모아 두던 곳이었습니다.

문: 그러한 분뇨통을 대막대로 저어 死體가 있는지 여부를 알 수 있는 가요.

답: 예, 死體라는 것은 시간이 지나면 자연적으로 수면에 뜨기 때문에 대막대로 휘저으면 死體가 있었다면 틀림없이 뜰 것이 분명한데 뜨지 않은 것으로 보아 거기에는 死體가 없었던 것이 맞을 것입니다.

문: 그 당시 분뇨통이 있던 곳은 현재 무엇이 들어서 있는가요.

답: 지금은 모두 메워져 공원이 되어 있습니다.

소문과 달리 암매장 시체 없는 경우도 많아

문: 분뇨통이 있는 곳 뒤 야산에서는 어떻게 매장 여부를 확인했는가요.

답: 그 당시가 여름이라 야산에 풀이 파랗게 나 있었는데, 매장을 하기 위해 땅을 파헤쳤으면 그런 흔적이 있어야 하는데 전혀 발견할 수 없었습니다.

문: 그 외에도 死體를 찾기 위해 확인한 곳이 있는가요.

답: 예, 앞에 진술한 바와 같은 주남마을에서 死體를 2구 발굴한 지점에서 약 1km 정도 더 떨어진 지점에서 공수부대가 야영을 한 것이 생각나 그곳에도 死體가 매장되었을 수 있을 것 같아 그해 5월 말경 산에 올라가 보았습니다.

거기에는 커다란 분지같이 호가 크게 만들어져 있었으며 거기서 공수부대가 야영을 하며 불을 땐 흔적 등이 있었는데, 그러한 야영지 주변을 샅샅이 뒤져 보았으나 매장 흔적은 발견할 수가 없었습니다. 너무 광범위하여 저 개인적으로 확인하는 데는 한계가 있었습니다.

문: 그 외에도 확인한 곳이 있는가요.

답: 예, 그 외에도 그 당시 무성하던 소문에 따라 조대(조선大) 뒷산에서 학생이 총을 맞아 피를 낭자하게 흘렸다고 하여 가보았으나 아무것도 없었으며, 광주 북구 용전 소재 생용저수지에 19구를 수장시켜 버렸다고 하여 그곳에도 가서 저수지 주변을 살펴보았으나 아무런 흔적이 없었으며 수면에 떠오른 死體도 없었습니다.

문: 그 당시 광주교도소 근처 교도소 밖 소나무 숲에 4구의 死體가 매장되어 있다는 소문도 있었는가요.

답: 그런 소문이 있었으면 제가 확인하여 보았을 것인데 그러한 소문이 없었습니다.

문: 그렇다면 광주비행장 초소 등 황룡강 주변에 死體가 매장되어 있다거나, 광주 화정동 소재 잿등에 死體를 암매장했다는 등의 소문도 듣지 못했는가요.

답: 예, 저는 그러한 소문을 듣지 못했으며 아마 나중에 떠돌던 유언비어가 아닌가 싶습니다.

문: 그 당시 진술인말고 다른 기관 등에서 死體 수습에 적극적으로 나선 곳이 있는가요.

답: 그 당시 저희 시청 외에는 아무도 死體 수습에 나서지 않았으며, 제가 광주교도소에 死體를 수습하러 갔을 때도 교도소 직원이 아무도 나와 보지 않았습니다.

문: 진술인이 위와 같이 남들이 하기 싫어하고 힘든 일을 발 벗고 나선 이유가 무엇인가요.

답: 그 당시 저는 공무원이기는 했으나 시위대의 입장에서 진압 군인의 만행을 보아 왔기 때문에 누가 하지 않으면 저라도 나서야겠다는 생각이었습니다.

문: 진술인은 시청 공무원으로서 위와 같이 死體 수습 작업을 언제까지 했는가요.

답: 위와 같은 업무를 담당한 사회과에서 1982년경까지 근무하다가 주택계 등 다른 부서를 거쳐 나중에 5·18 피해자 배상을 위한 지원과가 창설되면서 그때 지원과로 소속되어 5·18 피해 배상 대상자 조사 업무를 보았습니다.

12

서울지방검찰청·국방부 검찰부의 5·18 수사보고서 全文

광주사태와 崔圭夏 대통령 하야 및 新軍部 집권과정에 대한 역사적 자료

이 자료는 1995년 7월18일 서울지방검찰청과 국방부 검찰부가 발표한 217쪽에 이르는 「5·18 관련사건 수사결과」 全文이다. 검찰은 사건 수사를 위해 총 269명의 관련자를 조사했고, 각종 관련자료를 검토하여 참고자료로 활용했다. 검찰측 자료는 비상계엄령 전국확대에서부터 광주에서의 시위진압 과정, 5·18 이후 정권의 향방, 全斗煥 전 대통령의 집권과정을 밝히는 등 한국 현대사의 숨가빴던 순간들을 일목요연하게 정리하고 있다. 따라서 이 자료는 全斗煥 장군을 중심으로 한 신군부의 역할과 광주 민주화 운동의 시발과 진행과정, 崔圭夏 대통령 하야와 全斗煥 장군 집권과정 등을 살필 수 있는 귀중한 史料다. 독자들의 편의를 위해서 긴 문장을 단문으로 정리 게재한 것과 중간제목을 붙인 것 외에는 검찰기록을 그대로 소개한다.

「5·18 관련 사건 수사결과」를 읽기 전에

國憲문란 목적의 폭동 내란 주장

〈편집자注〉鄭東年씨(정동년, 5·18 광주 민중항쟁연합 상임의장), 金祥根씨 (김상근, 5·18 진상규명과 광주항쟁 정신계승 국민총 공동대표)를 비롯한 5·18 관련인사들은 1994년 5월13일 全斗煥, 盧泰愚 두 전직 대통령과 당시 군 지휘관 35명을 고소·고발했다.

1980년 여름 全斗煥 장군의 집권 과정은 合憲的(합헌적) 절차가 아니라 新軍部의 무력을 통한 정권찬탈이며, 신군부는 「國憲(국헌)을 문란할 목적으로 폭동하여 내란하고, 그 과정에서 군을 정권 찬탈의 목적에 이용하여 군형법상의 반란 등을 함과 동시에 살인 및 살인미수 등의 범행을 저질렀다」는 것이다.

이러한 사법적 문제제기에 대해 검찰은 관련 인사 269명을 조사하는 등 총력 수사 끝에 217쪽에 달하는 수사결과를 발표했다.

검찰은 이 수사결과를 통해 주목할 만한 결론을 내렸다. 이 사건에서 위헌이나 위법 여부로 논란을 빚은 일련의 행위들은 외형적으로는 崔圭夏 대통령의 재가나 사후승인을 받아 시행된 것이라고 밝혔다. 즉 全斗煥 합동수사본부장의 중앙정보부장 서리 임명, 비상계엄 확대선포, 계엄군 병력의 광주 투입 및 시위 진압, 國保委 설치 등은 대통령의 國事행위 또는 그 집행행위에 해당한다는 것이다.

그러나 일련의 조치과정은 全斗煥 보안사령관이 軍을 배경으로 하여 새로운 정권과 헌법질서를 창출해 나간 정치적 변혁과정에 해당된다고 밝혔다.

검찰은 이 수사에서 광주 문제와 관련하여 소문으로만 떠돌던 여러 가지 쟁점에 대해서도 조사결과를 밝혔다. 이는 「광주민주화운동」의 진상규명에 적지 않은 도움이 될 것으로 보인다. 검찰이 밝힌 쟁점부분들은 다음과 같다.

▲발포경위

고소·고발인들은 공수부대 발포는 광주시민들의 公憤(공분) 고조를 위해 사전에 계획된 명령에 따라 행해진 의도적 발포였을 가능성이 많다고 주장했다.

검찰 수사결과 광주에서 최초의 발포는 5월19일 17시경 광주고 부근에서라고 밝혔다. 일련의 공수부대 발포는 별도의 지휘계통에 있는 특정인의 구체적인 발포명령에 따른 것이 아니며, 광주시민의 공분 고조를 위해 사전 계획에 따라 의도적으로 행해진 행위로 인정할 수 없다고 결론지었다.

▲광주 파견부대 지휘권 二元化 여부

고소·고발인들은 광주에 투입된 공수부대는 정상적인 지휘계통에 있지 않고 별도 세력의 사전 계획에 의해 지휘되었다고 주장했다.

검찰 수사결과 7공수여단의 광주 투입, 11공수·3공수의 시위진압 투입 및 공수부대의 광주 외곽 철수 등 일련의 부대 지휘는 鄭雄(정웅) 31사단장과 尹興禎(윤흥정) 전교사령관이 행했다고 한다. 광주 재진입 작전도 전교사령관이 계엄사령관 지휘를 받아 특전사령관 등의 자문과 조언을 참고하여 수행했다고 밝혔다. 따라서 지휘권 이원화는 사실이 아니라는 뜻이다.

유혈사태 의도적 촉발은 아니다

▲무기 피탈 고의 방치 여부

고소·고발인들은 사전 계획된 학살 만행 시나리오에 따라 광주 재진입 작전 여건조성을 위해 시민들의 무기고 습격이나 무장을 유도했을 가능성이 높다고 말했다. 검찰 수사결과 경찰과 군병력은 시위 대처에도 급급했기 때문에 시위대의 무기 탈취를 의도적으로 방치했음을 인정할 수 없다고 결론내렸다.

▲헬기 기총소사 여부

광주에서 무장 헬기의 공중사격으로 많은 인명피해가 야기되었고, 조철현(비오) 신부, 이광영 승려, 아놀드 피터슨 목사 등이 헬기 기총 소사를 목격했다는 주장이 있었다.

검찰 수사결과 광주에서의 시위진압 작전기간 중 헬기가 총 48시간 동안 무력시위를 했다는 사실 외에 공중 사격 실시는 인정할 수 없다고 밝혔다. 헬기 사격의 피해자로 알려진 홍란씨 심동선씨 등은 일반총격이었고, 피터슨 목사가 제시한 헬기 사격장면 사진의 빨간 불빛은 충돌방지등 불빛이었다는 것이다.

▲대검 및 화염방사기 사용 여부

검찰은 수사결과 지휘관 의사와 무관하게 공수부대원들이 시위진압 현장에서 대검을 사용한 사실이 인정되나 화염방사기 사용의 증거는 없었다고 한다.

▲비무장 민간인 사살사건

검찰 수사결과 3공수여단 5개대대가 철수과정에서 연행한 시위대를 교도소로 이송하면서 트럭에 최루탄을 터뜨리고 진압봉으로 구타하여 민간인 5~6명을 구타 질식 사망케 한 사실을 인정했다.

이밖에도 11공수여단 62대대가 주남마을에서 미니버스 탑승자에게 총격을 가해 10명을 사살했고, 중상을 입은 두 명을 사살한 사실도 밝혔다. 11공수여단 63대대가 전교사 교도대와의 오인사격 후 마을 주민 4명을 사살한 사건의 진상도 밝혔다.

▲사망자 수

검찰 수사결과 정부 관련자료에 의해 확인된 사망자는 군인 23명, 경찰 4명, 민간인 166명, 그리고 광주시위 관련 행방불명자로 인정되어 보상금이 지급된 47명이었다. 검찰은 광주시위와 진압엔 미리 짜여진 시나리오는 없었다고 결론내렸다.

「공수여단의 광주 배치는 특별한 의도 아래 시행된 것으로 보기 어렵다. 또 신군부가 광주 유혈사태 등을 의도적으로 촉발하거나 기도했다고 볼 수 없다」

당시 검찰은 12·12사건과 5·18 관련자들에 대한 형사처벌은 「성공한 쿠데타」에 대한 超法的 처벌이 되므로 不可란 입장을 밝혔다. 그해 말 金泳三(김영삼) 대통령은 소급입법인 5·15특별법으로써 「성공한 쿠데타」 관련자들을 처벌하게 된다.

5·18 관련 사건 수사결과

Ⅳ. 수사 결과

서울지방검찰청 · 국방부

Ⅰ. 수사 경위

1. 수사 착수 경위

검찰은 5·18사건과 관련하여 1994년 5월13일 정동년 5·18 광주민중항쟁연합 상임의장, 김상근 5·18 진상규명과 광주항쟁 정신계승국민위원회 공동대표 등 616명으로부터 全斗煥, 盧泰愚 두 前職 大統領을 비롯한 당시 군지휘관 35명(현역 軍人 11명 포함)에 대한 고소·고발장을 접수했다.

10월24일에는 李信範(이신범) 환경관리공단 이사 등 김대중 내란음모사건 피고인 22명으로부터 全斗煥, 盧泰愚 두 전직 대통령을 비롯한 당시 군 관계자 10명에 대한 고소장을 접수했다.

10월28일에는 張基旭(장기욱) 민주당 의원 등 민주개혁 정치모임 관계자 29명으로부터 全斗煥, 盧泰愚 두 전직 대통령을 비롯한 국가보위비상대책위원 23명에 대한 고발장을 접수하는 등 1995년 4월3일까지 사이에 피고소·고발인 58명에 대하여 총 70건의 고소·고발장을 접수했다.

검찰과 軍검찰은 이 사건이 우리나라 現代史에 있어 한 획을 그은 정치적 大事件인 만큼 이제 그 眞相을 밝히고, 이 사건을 둘러싼 갈등과 대립을 청산해야 할 시대적 당위성이 있음을 인식하고, 서울 지방검찰청 張倫碩(장윤석) 공안제1부장검사와 국방부 검찰부 金祚永(김조영) 고등검찰관을 각 주임검사와 주임검찰관으로 하는 전담수사반을 편성하여 면밀한 수사 계획에 따라 지난 1년간 광범위하고 다각적인 수사를 진행하여 왔다.

검찰과 軍검찰은 이 사건이 歷史的으로 매우 중요한 사건이고, 이번 수사가 국가기관에 의한 최종적이고 완벽한 진상규명 작업이 되어야 한다는 점에 유념하여, 일체의 先入見을 배제하고 최대한 公正하게 조사를 진행했다. 가능한 한 많은 관련자들의 진술을 듣고 관련자료를 빠짐없이 수집, 검토하는 등 사건의 眞相을 규명하기 위하여 최선의 노력을 경주했다.

2. 피의자

(1) 全斗煥(전두환·당시 국군 보안사령관 겸 합동수사본부장·중앙정보부장 서리·국가보위비상대책상임위원장)

(2) 盧泰愚(노태우·당시 수도경비사령관·육군 소장·국가보위비상대책위원)

(3) 鄭鎬溶(정호용·당시 특전사령관·육군 소장·국가보위비상대책위원)

(4) 李熺性(이희성·당시 계엄사령관·육군참모총장·국가보위비상대책위원)

(5) 陳鍾埰(진종채·당시 제2군사령관·육군 중장·국가보위비상대책위원)

(6) 蘇俊烈(소준열·당시 전투병과교육사령관·육군 소장)

(7) 朴俊炳(박준병·당시 제20사단장·육군 소장)

(8) 申佑湜(신우식·당시 제7공수여단장·육군 준장)

(9) 崔雄(최웅·당시 제11공수여단장·육군 준장)

(10) 崔世昌(최세창·당시 제3공수여단장·육군 준장)

(11) 鄭守和(정수화·당시 제20사단 제60연대장·육군 대령)

(12) 金東鎭(김동진·당시 제20사단 제61연대장·육군 대령)

(13) 李丙年(이병년·당시 제20사단 제62연대장·육군 대령)

(14) 權承萬(권승만·당시 제7공수여단 제33대대장·육군 중령)

(15) 金一玉(김일옥·당시 제7공수여단 제35대대장·육군 중령)

(16) 安富雄(안부웅·당시 제11공수여단 제61대대장·육군 중령)

(17) 李濟元(이제원·당시 제11공수여단 제62대대장·육군 중령)

(18) 曺昌九(조창구·당시 제11공수여단 제63대대장·육군 중령)

(19) 林守元(임수원·당시 제3공수여단 제11대대장·육군 중령)

(20) 金完培(김완배·당시 제3공수여단 제12대대장·육군 중령)

(21) 邊吉男(변길남·당시 제3공수여단 제13대대장·육군 중령)

(22) 朴琮圭(박종규·당시 제3공수여단 제15대대장·육군 중령)

(23) 金吉洙(김길수·당시 제3공수여단 제16대대장·육군 중령)

(24) 李炳佑(이병우·당시 제20사단 제60연대 제1대대장·육군 중령)

(25) 尹在滿(윤재만·당시 제20사단 제60연대 제2대대장·육군 중령)

(26) 吉暎喆(길영철·당시 제20사단 제60연대 제3대대장·육군 중령)

(27) 車達淑(차달숙·당시 제37사단 감찰참모·육군 중령)

(28) 丁永振(정영진·당시 제20사단 제61연대 제1대대장·육군 중령)

(29) 金亨坤(김형곤·당시 제20사단 제61연대 제2대대장·육군 중령)

(30) 朴載喆(박재철·당시 제70훈련단 작전참모·육군 소령)

(31) 姜榮旭(강영욱·당시 육군본부 정보참모부 전략정보과·육군 소령)

(32) 吳盛允(오성윤·당시 제20사단 제62연대 제1대대장·육군 중령)

(33) 李鐘圭(이종규·당시 제20사단 제62연대 제2대대장·육군 중령)

(34) 劉孝一(유효일·당시 제20사단 제62연대 제3대대장·육군 중령)

(35) 金仁煥(김인환·당시 육군대학 재학·육군 소령)

(36) 南悳祐(남덕우·당시 국무총리·국가보위비상대책위원)

(37) 申秉鉉(신병현·당시 부총리 겸 경제기획원장관·국가보위비상대책위원)

(38) 盧信永(노신영·당시 외무부장관·국가보위비상대책위원)

(39) 徐廷和(서정화·당시 내무부장관·국가보위비상대책위원)

(40) 吳鐸根(오탁근·당시 법무부장관·국가보위비상대책위원)

(41) 周永福(주영복·당시 국방부장관·국가보위비상대책위원)

(42) 李奎浩(이규호·당시 문교부장관·국가보위비상대책위원)

(43) 李光杓(이광표·당시 문공부장관·국가보위비상대책위원)

(44) 柳炳賢(유병현·당시 합참의장·육군 대장·국가보위비상대책위원)

(45) 金鍾坤(김종곤·당시 해군참모총장·해군 대장·국가보위비상대책위원)

(46) 尹子重(윤자중·당시 공군참모총장·공군 대장·국가보위비상대책위원)

(47) 白石柱(백석주·당시 한미연합사 부사령관·육군 대장·국가보위비상대책
위원)

(48) 金瓊元(김경원·당시 대통령국제정치담당특보·국가보위비상대책위원)

(49) 俞學聖(유학성·당시 제3군사령관·육군 중장·국가보위비상대책위원)

(50) 尹誠敏(윤성민·당시 제1군사령관·육군 중장·국가보위비상대책위원)

(51) 黃永時(황영시·당시 육군참모차장·육군 중장·국가보위비상대책위원)

(52) 車圭憲(차규헌·당시 육군사관학교장·육군 중장·국가보위비상대책위원)

(53) 金正浩(김정호·당시 해군 제2참모차장·해군 중장·국가보위비상대책위원)

(54) 李鶴捧(이학봉·당시 보안사령부 대공처장 겸 합동수사본부 합동수사단장·육
군 대령)

(55) 許和平(허화평·당시 보안사령관 비서실장·육군 대령)

(56) 許三守(허삼수·당시 보안사령부 인사처장·육군 대령)

(57) 全珠植(전주식·당시 제33사단장·육군 소장)

(58) 鄭珍永(정진영·당시 제33사단 제101연대장·육군 대령)

3. 수사 상황

사건 관련자 총 269명 조사

검찰과 軍검찰은 1994년 11월23일 고소인 대표 정동년 5·18 광주민중항쟁연합 상임의장을 조사한 것을 시작으로 1995년 5월17일까지 김상근 5·18 진상규명과 광주항쟁정신계승 국민위원회 공동대표, 이신범 환경관리공단 이사, 장기욱 민주당 의원 등 고소·고발인 18명을 조사했다.

1994년 12월5일부터 1995년 7월10일까지 閔寬植(민관식) 당시 국회의장 대리, 申鉉碻(신현확), 朴忠勳(박충훈) 당시 국무총리, 金鍾煥(김종환) 당시 내무부장관 등 국무위원, 崔侊洙(최광수) 당시 대통령 비서실장, 安宗勳(안종훈) 당시 군수사령관 등 전군 주요지휘관회의 참석 군지휘관, 羅東元(나동원) 당시 계엄사령부(이하 계엄사라 함) 참모장 등 계엄사 간부, 權正達(권정달) 당시 국군 보안사령부(이하 보안사라 함) 정보처장, 韓鎔源(한용원) 당시 보안사 정보처 정보1과장 등 보안사 간부, 尹興禎 당시 전투병과 교육사령관(이하 전교사령관이라 함), 鄭雄 당시 31사단장, 李基百(이기백) 당시 국가보위비상대책위원회(이하 국보위라 함) 운영분과위원장 등 참고인 193명을 조사했다.

1994년 12월13일 蘇俊烈 당시 전교사령관을 시작으로 그때부터 1995년 7월4일까지 全斗煥, 盧泰愚 두 전직 대통령을 비롯하여 周永福 당시 국방부장관, 李熺性 당시 육군참모총장 겸 계엄사령관, 鄭鎬溶 당시 특전사령관, 許和平 당시 보안사령관 비서실장, 李鶴捧 당시 보안사 대공처장 겸 합동수사단장, 許三守 당시 보안사 인사처장 등 피고소·고발인 58명을 조사하는 등 이 사건 관련자 총 269명을 조사했다.

崔圭夏 전 대통령 끝내 진술 거부

또한 검찰과 軍검찰은 육군본부(이하 육본이라 함), 2군사령부, 전투병과교육사령부(이하 전교사라 함)의 각 作戰狀況日誌(작전상황일지), 전교사, 특전사령부(이하 특전사라 함), 31사단, 20사단의 각 전투상보, 육군사 및 관련부대 부대사 등 軍 관계자료, 국무회의 회의록, 민주화합추진위원회 국민화합분과위원회 회의록, 國會 제5공화국에 있어서의 정치권력형비리조사 특별위원회와 5·18광주민주화운동진상조사특별위원회 회의록 및 청문회와 현장검증 등 조사 자료와 국방부, 총무처 제출자료, 한국현대사사료연구소 편「광주 5월민중항쟁사료선집」, 5·18 광주민중항쟁유족회 편「광주민중항쟁비망록」, 전남사회문제연구소 편「5·18 광주민중항쟁자료집」, 光州市 작성의「5·18 사태 상황 및 조치사항」, 전라남도 작성의「광주사태 수습개요」, 陸本 작성의「소요진압과 그 교훈」, 전교사 작성의「광주소요사태 분석 교훈집」, 국보위 작성의「광주사태 진상조사보고」, 김대중 등 내란음모사건 수사·재판기록, 5·18 관련 사망자 檢屍(검시)자료 및 보상금 지급결정 관련서류, 광주시내 주요 병원의 진료기록부, 이 사건과 관련된 각종 단행본 책자(돌베개 발행의「광주민중항쟁」, 동광출판사 발행의「충정작전과 광주항쟁」, 동아일보사 발행의「남산의 부장들」, 중앙일보사 발행의「청와대 비서실」, 조선일보사 발행의「한국의 대통령」, 한국일보사 발행의「지는 별 뜨는 별」, 「광주민중항쟁연구」, 풀빛 발행의「죽음을 넘어, 시대의 어둠을 넘어」등), 잡지 기고문, 신문, 年鑑(연감), VTR 자료 등을 빠짐없이 수집하여 참고자료로 활용했다.

다만 崔圭夏 前 대통령은 검찰의 수차례 방문조사 요청에도 불구하고, 전직 대통령이 재임중 국정행위에 대하여 조사를 받는 것은 憲政史에 바람직하지 못한 前例(전례)를 남기게 되고, 이러한 과거사는 역사의 평가에 맡기는 것이 보다 國益(국익)에 도움이 될 것이라는 등의 이유로 진술을 끝내 거부하여 조사를 하지 못했다.

Ⅱ. 당사자 주장의 요지

1. 고소·고발인들의 주장 요지

신군부 집권 위한 의도적 행위라고 주장

고소·고발인들은 다음과 같이 주장했다.

피의자 全斗煥 등이 1979년 12월12일 대통령의 재가없이 朴正熙 大統領 살해사건 연루 혐의를 조사한다는 명목으로 군병력을 동원, 鄭昇和(정승화) 육군참모총장을 강제 연행하여 내란방조 혐의로 구속, 군사재판에 회부했다. 수도경비사령관(이하 수경사령관이라 함), 특전사령관 등 鄭昇和 총장 계열 장성들을 강제 전역시킨 후 군내 핵심 요직을 차지하여 軍權을 장악함으로써 정권 탈취의 기반을 확보했다.

1980년 2월 피의자 등의 執權企圖(집권기도)에 저항하는 示威(시위)가 발생할 경우를 대비하여 수도권 및 후방 주요 부대에 소요 및 폭동 진압 훈련인 충정훈련을 강화 실시했다. 3월 중순 「K-공작계획」을 마련하여 집권을 위한 언론 工作(공작)을 실시하고, 4월14일 피의자 全斗煥은 국내 민간 정보와 중앙정보부의 예산을 장악하기 위해 중앙정보부장 서리직을 獨占(독점)했다.

학생들과 재야 민주인사들이 일제히 軍部와 維新 관료세력의 집권연장음모를 규탄하며 피의자 全斗煥 퇴진 등을 요구하고, 정치권에서도 계엄해제, 정치일정 단축 등을 논의하기 위한 임시국회의 소집에 합의하는 등 계엄상황을 이용한 집권계획이 난관에 부딪치자 大學街의 시위가 중단되고 北韓의 남침 동향이 없음에도 남침위기설을 조작하여 비상계엄 전국확대를 강행했다. 이를 구실로 계엄군을 동원하여 대학과 국회를 점거·봉쇄하고, 민주인사들을 체포하는 등 모든 정치활동을 금지했다.

이에 항거하는 시위가 예상되는 광주에 공수부대 병력을 투입하여 의도적으로 학생, 시민들을 잔혹하게 진압하여 流血事態(유혈사태)를 야기하는 등 비상상황을 조성했다.

이러한 상황을 이용하여 超헌법적 비상기구를 설치·운영함으로써 대통령과 內閣을 無力化(무력화)시키고 대통령을 강제로 下野시켜 정권을 탈취할 목적하에, 1980년 5월14일 오전 全軍 주요지휘관회의에서 비상계엄의 전국 확대, 비상기구의 설치 등을 결의했다. 동일 19시50분 執銃(집총)한 수도경비사령부(이하 수경사라 함) 병력들을 국무회의장 주변에 배치하여 공포 분위기를 조성한 가운데 임시국무회의를 개최하여 비상계엄 확대선포안에 대한 국무회의 의결을 강제하여 5월17일 24시부로 계엄을 全國으로 확대 선포하게 했다.

계엄확대와 동시에 戒嚴布告(계엄포고)를 발령하여 모든 정치활동을 금지하고, 전국 대학에 軍兵力을 투입, 학생시위를 사전 봉쇄했다. 한편, 계엄 해제, 정치일정 단축 등을 요구하는 與野 정치인과 金大中 국민연합 공동의장 등 재야 민주인사, 학생 대표들을 체포했다.

민주화 요구 시위 잔혹 진압

5월18일 33사단 101연대 병력을 동원, 국회를 점거하고, 5월20일 국회에 登院(등원)하는 국회의원들의 출입을 저지하여 임시국회의 開會(개회)를 무산시키는 등 국회의 기능을 정지시켰다.

5월18일 7공수여단 병력을 전남대와 조선대에 투입한 후 계엄 확대와 金大中 공동의장 체포에 항의하는 광주 시민·학생들의 민주화 요구 시위를 잔혹하게 진압하여 그들의 公憤과 抵抗(저항)을 유발, 대규모 소요 사태를 유도했다. 소요 진압을 명분으로 11공수여단, 3공수여단, 20사단 병력을 순차적으로 투입했다.

그들은 정식 지휘계통을 무시하고 보안사·특전사의 지휘에 따라 發砲(발포)하고, 치안 회복이라는 미명하에 무자비한 광주 再진입 작전을 감행하는 등 유혈 진압으로 일관하여 수많은 市民들을 살해했다.

金大中 국민연합 공동의장을 살해할 의도로 계엄 확대와 동시에 재야인사들을 영장없이 체포, 장기간 拘禁(구금)하면서 가혹행위로 허위자백을 강요하여 내란음모 등 사건을 조작했다. 그 후 군법회의, 대법원에서 金大中 공동의장에게 死刑이 선고되도록 하였으나 국내외 여론이 악화되자 징역 20년으로 減刑(감형)했다.

5월31일 대통령 자문·보좌기구라는 명목으로 실질적으로는 內閣을 조정·통제하는 國保委(국보위)를 설치하여 상임위원장 또는 상임위원으로 그 實權을 장악하고, 공무원 숙정, 삼청교육 등 사회악 일소조치, 과외금지, 부정축재자에 대한 수사와 재산 몰수 등의 조치를 주도함으로써 사실상 국무회의 내지 內閣의 기능을 대신하여 이를 無力化했다.

8월16일 崔圭夏 대통령을 강제로 下野시키고, 전군 주요지휘관회의에서 피의자 全斗煥을 國家元首로 추대하기로 결의했다. 8월27일 통일주체국민회의에서 국보위 상임위원장인 피의자 全斗煥이 제11대 대통령으로 선출되어, 9월1일 대통령에 취임함으로써 政權을 탈취했다.

10월27일 대통령令에 의하여 설치된 대통령 자문기관으로 입헌 권한이 없는 國保委를 명칭만 국가보위입법회의로 변경하여 국가보위입법회의법을 임의로 制定(제정)했다. 초헌법적 입법기구인 국가보위입법회의에서 1981년 4월10일까지 국가보안법 등 법률을 制定 또는 改正(개정)하여 국회의 기능을 대신했다.

이는 國憲을 문란할 목적으로 暴動(폭동)하여 內亂(내란)하고, 그 과정에서 軍을 정권 찬탈의 목적에 이용하여 군형법상의 叛亂(반란) 등을 함과 동시에 살인 및 살인미수 등의 범행을 저질렀다고 주장하고 있다.

2. 피의자들의 변소 요지

「崔대통령의 재가받아 처리」주장

이에 대하여 피의자들은, 1980년에 일어난 일련의 정치적 제반사건은 당시 國政을 담당하고 있던 崔圭夏 대통령이 國憲을 수호하기 위하여 취한 정당한 國家통치권 행사였다고 주장했다.

피의자들은 朴正熙 대통령 사망 이후의 권력 공백기에 사회 혼란을 수습하고 政局의 安定을 도모하는 과정에서 보안사령관, 합동수사본부장, 중앙정보부장 서리, 국보위 상임위원장, 국방부장관, 계엄사령관 등으로서 상황에 따라 최규하 대통령에게 건의하여 대통령의 裁可를 받거나 지시에 따라, 또는 맡은 직책상 필요한 조치를 취하였던 것일 뿐이고 그 과정에서 국가지도자로 부각된 全斗煥 국보위 상임위원장이 헌법 절차에 따라 집권을 하게 된 것이지, 정권 탈취를 위한 사전 계획이나 시나리오가 있었던 것이 아니라고 변소하고 있다.

즉 충정훈련은 軍에서 매년 해오던 폭동 진압 훈련으로, 다만 그 해에는 新학기를 앞두고 대학가의 시위가 예상되어 陸本 자체 판단으로 강화 실시한 것일 뿐이다.

「K-공작계획」은 보안사 정보처 언론반이 언론계 지도급 인사들에게 계엄하에서 軍의 역할을 이해시키고, 국가 안보와 사회 안정을 뒷받침할 수 있는 與論을 조성할 목적으로 立案한 언론반의 운영계획에 불과하다.

全斗煥 보안사령관의 중앙정보부장 서리 兼職(겸직)은, 崔圭夏 대통령이 10·26사건 이후 사실상 와해 상태에 있던 중앙정보부의 기능정상화를 위하여 全斗煥 보안사령관을 적임자로 판단, 人事 발령한 데 따른 것이다.

비상계엄의 확대 선포와 정치활동 금지 조치는, 북한 군사 동향과 국내치안 상황을 보고받은 崔圭夏 대통령이 國家 위기 상황이라고 판단하고 국가 기강과 사회 안정을 확보하기 위해 계엄사령관, 국방부장관, 중앙정보부장의 건의를 받아들여 통치권 차원에서 단행한 비상조치다.

계엄 확대 조치와 병행하여 시행된 與野 정치인과 재야인사의 연행·체포는 사회 혼란과 정국 불안의 원인이 일부 정치인과 재야인사, 복학생, 학생대표들로 연결된 소요 배후조종세력과 부정 축재 세력에 있다는 보안사 정보처의 정세분석 판단보고를 받은 全斗煥 합동수사본부장이 崔圭夏 대통령의 裁可(재가)를 받아 依法(의법) 처리한 것이다.

광주에서 軍兵力의 시위 진압과 發砲는 전국이 비상계엄하에 있음에도 시가지 시위가 벌어지자 경찰이 軍의 투입을 요청하여 공수부대원들이 진압을 하게 되고, 惡性 유언비어의 유포 등으로 뜻하지 않게 충돌이 확산되었다. 시위대가 차량 돌진으로 계엄군을 공격해 오자 위험을 느낀 현장 병력이 自衛(자위) 목적에서 우발적으로 발포한 것이다.

유혈사태가 빚어지고 軍과 경찰이 외곽으로 철수하여 광주시가 治安 不在(부재) 상태에 이르자 법질서를 회복하기 위하여 계엄사령관이 대통령의 승인하에 再진입작전을 단행한 것이다. 그 과정에서 다수의 희생자가 발생한 것은 사실이나 그와 같은 사태를 사전 계획하거나 의도적으로 유발한 것이 결코 아니다.

국회의원의 국회 登院 저지는, 계엄사의 작전명령에 따라 시설보호 경비 차원에서 국회에 배치된 계엄군이 국회의원, 기자 등 300여 명이 집단으로 국회에 진입하려 하므로 이들을 통제하였던 것이지, 軍兵力이 임시국회의 開院(개원)을 무산시키기 위해 출동한 것은 아니다.

國保委는 전국 비상계엄하에서 內閣과 계엄군 당국 간의 협조를 원활하게 하여 혼란 수습과 안정 회복을 위한 조치를 효율적으로 立案·시행할 수 있도록 崔圭夏 대통령의 지시에 따라 설치된 대통령 자문·보좌 기구로서, 국가 위기상황에서 나름대로 역할을 충실하게 수행했다.

위와 같은 國家 위기 상황에서 일련의 주요 조치들을 주도적으로 추진한 全斗煥 보안사령관 겸 국보위 상임위원장이 자연스럽게 국가지도자로 내외에 부각되었다.

국정 최고 책임자로서 직책수행에 한계를 느낀 崔圭夏 대통령이 스스로 下野하자, 다른 경쟁자가 없는 상태에서 全斗煥 보안사령관이 시대적 여망에 따라 통일주체국민회의의 전폭적 지지를 받아 대통령으로 선출되기에 이르렀던 것이다.

국가보위입법회의는 全斗煥 대통령이 취임한 후 설치된 過渡(과도) 입법기구로서 국회 권한을 代行(대행)하도록 규정한 제5공화국 憲法 附則(부칙)에 근거한 時限的(시한적) 기구이므로 아무런 법적 문제가 없다고 변소하고 있다.

III. 사건의 전말

1. 비상계엄 전국 확대 前 시국상황

(1) 정치 · 사회 · 學園 등 동향

12·12로 신군부 주도권 장악

1979년 10월26일 朴正熙 대통령의 逝去(서거)로 헌법 규정에 따라 대통령 권한을 대행하게 된 최규하 국무총리는 10월27일 04시를 기하여 제주도를 제외한 전국 일원에 비상계엄을 선포했다. 계엄사령관에 鄭昇和 육군 참모총장, 계엄사 합동수사본부장에 全斗煥 보안사령관, 중앙정보부장 서리에 李熺性 육군참모차장을 각 임명했다.

12월1일 국회는 만장일치로 대통령긴급조치 제9호의 해제를 政府에 건의했다. 崔圭夏 대통령 권한대행은 12월6일 통일주체국민회의에서 제10대 대통령에 당선되자 12월8일 바로 대통령긴급조치 제9호를 해제하고 文益煥(문익환) 목사, 咸世雄(함세웅) 신부 등 긴급조치위반자 68명을 석방했다. 동시에 金大中 前 대통령후보에 대한 가택연금을 해제했다. 12월10일 후임 국무총리에 申鉉碻 부총리 겸 경제기획원 장관을 지명했다.

한편 軍에서는, 소장 군부 세력의 지도자인 全斗煥 보안사령관 겸 합동수사본부장이 10·26사건 수사와 군 요직 인사 등과 관련하여 鄭昇和 육군참모총장 겸 계엄사령관과 마찰을 빚고 있었다.

12월12일 저녁, 자신에 대한 인사조치를 차단하고 소장 군부세력의

軍內 立地를 보전할 목적으로 崔圭夏 대통령의 裁可도 받지 않고 鄭昇和 총장을 10·26사건 관련 혐의를 수사한다는 명목으로 연행, 내란방조 혐의로 구속했다.

이에 동조하지 아니한 李建榮(이건영) 3군사령관, 張泰玩(장태완) 수경사령관, 鄭柄宙(정병주) 특전사령관, 河小坤(하소곤) 陸本 작전참모부장 등 육군 핵심 장성들을 체포했다. 한편, 李熺性 중앙정보부장 서리를 육군참모총장, 黃永時 1군단장을 육군참모차장, 盧泰愚 9사단장을 수경사령관, 鄭鎬溶 50사단장을 특전사령관 등 요직에 각 重用시켜 軍의 주도권을 장악했다.

朴正熙 대통령의 사망과 崔圭夏 대통령 권한대행의 유신헌법 개정을 통한 정치 발전 약속 등으로 유신체제의 폐지가 기정사실화되었다. 정치권에서는 11월26일 與野 만장일치로 국회에 헌법개정심의특별위원회(이하 개헌특위라 함)를 설치하는 등 국회주도의 헌법 개정을 추진했다.

반면 崔圭夏 대통령은 12월21일 취임사를 통해 정부도 별도로 헌법 개정에 대한 연구와 검토를 할 것임을 밝혔다. 1980년 1월18일 연두기자회견에서 헌법상 개헌안의 發議(발의) 책임이 대통령에게 있다는 이유로 정부가 개헌 작업을 주도하겠다는 뜻을 분명히 하면서 80년 3월 중순까지 대통령 직속으로 헌법개정심의위원회를 설치할 것임을 밝혔다.

불안한 「서울의 봄」

1980년 2월9일 신민·공화 양당은 대통령중심제, 대통령 直選(직선), 임기 4년, 1차 重任(중임)을 골격으로 하는 憲法 試案(시안)을 확정하고 이를 국회 개헌특위에 제출할 예정임을 발표했다. 반면, 李熺性 계엄사령관은 대한상이군경회 등 4개 단체의 현 시국에 관한 건의에 대한 회신을 통하여 정치 발전이 安保 약화를 초래해서는 안되며, 무분별한 정치 과열은 용납할 수 없음을 천명했다.

2월29일 崔圭夏 대통령은 사회안정의 바탕 위에서 착실한 정치 발전을 추진한다는 이유로 尹潽善(윤보선) 前 대통령, 金大中 前 대통령후보, 池學淳(지학순) 주교를 포함한 긴급조치위반자 등 687명에 대한 赦免(사면)·復權(복권)을 단행하였다. 이로써 항간에는 이른바 서울의 봄이 왔다고 운위되기에 이르렀다.

3월1일 全斗煥 보안사령관이 中將으로 진급하였고, 3월5일 鄭昇和 前 육군참모총장에 대한 내란방조사건 첫 공판이 開廷(개정)되었다. 3월6일 전 중앙정보부 의전과장 박흥주에 대한 사형집행이 있었고, 3월13일 鄭昇和 前 육군참모총장에게 징역10년이 선고되었다.

崔圭夏 대통령은 3월14일 중앙청회의실에서 열린 정부 헌법개정 심의위원회 개회식에서, 국가권력이 과도하게 대통령에게 집중된 정치 제도와 과열된 대통령 선거의 문제점을 지적하였다. 이는 정부가 절충식 정부형태를 구상하고 있는 것으로 받아들여짐에 따라 정치권으로부터 민주화에 역행한다는 비판이 제기되었다. 헌법 개정 등과 관련하여 언론에 二元執政府制(이원집정부제) 개헌론이 보도되어 정치권에 파문을 던졌다. 그런 와중에 親與 新黨說(신당설)이 뚜렷한 근거도 없이 유포되었다.

4월7일 新民黨 입당 여부로 관심을 모아오던 金大中 前 대통령후보는 신민당이 자신과 在野를 필요로 하지 않는 것을 느꼈다며 신민당 입당 포기를 선언했다. 이에 대하여 尹潽善 국민연합 공동의장은 金大中 씨가 국민연합에 돌아와 민주화운동을 전개하겠다는 것은 환영하나 신민당 입당 포기는 성급한 것으로 유감임을 밝혔다.

崔圭夏 대통령은 4월14일 오전 內外 情勢(정세)에 관한 특별담화를 통

하여 학원 소란 사태와 사회 일부의 국민 단합 저해 언동에 우려를 표명하고, 자제와 和合으로 국가적 시련을 극복하자고 호소했다. 동일 오후 全斗煥 보안사령관을 중앙정보부장 서리에 임명했다. 일각에서는 군 최고 실력자로 알려진 全斗煥 보안사령관의 중앙정보부장 서리 발령과 관련하여 안개 정국 운운하는 등 민주화 또는 정치 발전에 대한 비관론이 대두되기도 했다.

헌법개정 주도권 놓고 崔대통령과 국회 서로 대립

全斗煥 장군의 중앙정보부장 서리 겸임사실에 관하여, 국가안보적 견지에서 중앙정보부 기능을 정상화할 필요성이 있어 空席(공석)을 메웠다는 정부의 공식 발표와는 달리 미국, 일본의 유수한 言論에서는 뒤에서 계엄 행정을 지원해 온 全斗煥 장군이 전면에 등장한 것으로 그가 어떤 진로를 선택할지 관심이 쏠리고 있다거나, 全斗煥 중장을 중심으로 한 新軍部가 완전한 군부 내의 實權(실권)을 잡은 것이라고 논평했다.

4월16일 오전 학원사태와 노사문제를 협의하는 申鉉碻 총리 주재 정례 주요각료 간담회에 全斗煥 장군이 중앙정보부장 서리 자격으로 참석했다.

4월16일 최규하 대통령은 여야 국회 간부들과의 만찬에서 政治日程은 정부가 밝힌 대로 진행해 나갈 것이고, 정부의 개헌안 골격은 공청회 후에 제시될 것이며, 항간의 親정부 新黨說은 사실무근임을 밝혔다. 야당 의원들은 조속히 국회를 소집하고 정부는 국회 개헌안을 따를 것을 요구하는 등 헌법개정의 주도권을 두고 서로 대립하는 양상을 노정했다.

신민당 입당을 포기한 金大中 국민연합 공동의장은 4월16일 한국신학대학에서 復權 이후 첫 대중 강연에 나섰다. 그는 학생들은 어쩔 수 없는 사태가 오기 전에는 폭력 행사를 자제해야 하며, 민주주의를 원치 않는 사람들의 함정에 빠지지 말 것을 강조했다.

4월25일 관훈클럽 초청 토론회에서 민주회복이 급선무라고 하면서도 대통령 출마 의사와 新黨 가능성을 분명히 하고 이른바 二元執政府制나 中選擧區制(중선거구제)는 반민주적 발상이므로 단호히 배격한다고 했다. 4월29일에는 윤봉길 의사 추모제에 참석, 민주화촉진 국민운동을 전개 하겠다고 선언하였으나 언론에는 보도되지 않았다.

대학생들 학원민주화에서 時局聲討(시국성토)로

한편 유신체제가 붕괴된 후 그동안 억눌렸던 사회 諸(제) 분야의 다양 한 주장과 욕구가 급격히 분출했다. 학생회가 부활된 각 대학에서는 4 월에 들어서면서 學園(학원)민주화투쟁이 전개되었다.

4월 중순에 접어들면서 병영 集體(집체)훈련 거부 문제가 투쟁 이슈로 전면에 등장했다. 그 와중에서 일부 학생들이 학장실 점거, 기물 파괴, 화형식, 교수 폭행 등 과격화 조짐을 보였다.

4월24일 서울시내 14개 대학 교수 361명은 족벌 운영 私學 경영자 퇴 진, 군사 교육 개선, 교수 再임용제 철폐 등을 내용으로 하는 학원민주 화 선언을 발표했다.

5월1일 서울대 총학생회는 철야회의 끝에 全斗煥 보안사령관을 중심 으로 하는 新軍部의 정치 개입이 민주화에 가장 큰 걸림돌이라는 이유 로 입영훈련 거부투쟁을 철회했다. 대신 계엄령 즉각 해제, 유신잔당 퇴 진, 全斗煥·申鉉碻 사퇴, 정부 주도 개헌중단과 노동3권 보장 등 정치 문제를 내걸고 본격적인 정치투쟁을 전개하기로 결정했다.

5월2일 서울대학생 1만 여 명이 5월2일부터 5월13일까지를 민주화

투쟁기간으로 정하고 교내 시위와 철야 농성에 들어감을 분기점으로 하여 대학가의 시위는 정치문제에 관한 時局聲討로 확산되었다.

5월6일 崔圭夏 대통령은 국무회의에서 다시 정부의 정치 발전 일정에 아무런 변함이 없고 안개 政局 주장은 근거가 없는 오해임을 강조했다.

한편 金大中 국민연합 공동의장이 제의한 민주화촉진 전국민운동 참여 문제에 관하여 尹潽善, 咸錫憲(함석헌) 공동의장과 金大中 공동의장 간의 의견 차이로 진통을 겪은 국민연합은 5월7일 민주화촉진국민선언문을 발표하여 계엄령 해제, 정부주도 개헌 포기, 申鉉碻·全斗煥 퇴진, 정치일정 단축 등을 요구했다. 또 유신잔당의 음모를 단호히 분쇄하는 민주화 운동을 과감히 전개할 것을 선언했다.

대학가의 시위가 학내 문제에서 시국 문제로 급선회하고, 시위양상도 시위·농성에서 가두 집단 시위로 확산되어 경찰과 충돌하는 일까지 발생했다. 5월8일 金玉吉(김옥길) 문교부장관은 전국 대학 총학장에 公翰(공한)을 보내 대학생들의 자제를 당부하고 교문 밖 집회·시위는 민주 발전을 저해할 우려가 있음을 전달했다. 5월10일 85개 대학 총학장은 校外(교외) 시위에 단호히 대처하며 혼란이 계속되면 휴업, 휴교 조치할 것을 결의했다.

한편 근로자들의 요구도 봇물처럼 터지기 시작했다. 4월9일 청계피복 노동조합의 임금인상 요구 농성투쟁을 신호로 4월29일까지 전국에서 719건의 노사분규가 발생했다. 4월21일에는 강원 정선군 사북읍 동원탄좌광업소 근로자 3500여 명이 사북 경찰지서, 사북역 등 사북읍을 점거하는 舍北事態(사북사태)가 발생했다. 사북사태가 진정된 이후에도 90건의 노사분규가 발생하였고, 5월에 들어서도 노사분규가 계속 확산되었다.

崔대통령 중동 2개국 공식 방문

대학가 시위가 가열화되고, 학생들은 물론 일부 대학 교수들도 선언문을 통해 계엄 해제를 요구했다. 이 가운데 金泳三 신민당 총재는 5월 9일 기자회견에서 혼미한 時局을 타개하기 위하여 계엄령 해제, 정부의 개헌작업 중지, 임시국회 즉각 소집 등을 촉구했다.

그동안 임시국회 소집, 계엄령 해제 등에 소극적 입장을 보였던 공화당도 임시국회를 소집하고 계엄 해제 문제도 거론할 용의가 있음을 밝혔다.

5월10일 崔圭夏 대통령은 7박8일 일정으로 사우디아라비아와 쿠웨이트 등 중동 2개국 공식 방문을 위하여 출국했다. 출국인사를 통해 공공질서의 유지와 사회 안정을 위한 국민의 깊은 이해와 적극적인 노력을 다시 한번 간곡히 당부했다.

同日 김영선 중앙정보부 2차장은, 5월 중순 북괴가 남침할 가능성이 짙다는 이른바 북괴 남침설을 全斗煥 보안사령관 겸 중앙정보부장 서리에게 보고했다. 5월12일 임시국무회의가 긴급 소집되어 중앙정보부 담당국장이 출석, 북괴남침설 분석 결과를 보고하였으며, 군과 경찰에는 비상경계체제 돌입령이 시달되었다.

同日 與野 총무는 5월20일 제104회 임시국회를 소집하여 개헌특위가 마련한 헌법개정안을 접수하여 정부에 이송하고, 계엄 해제, 정치일정 단축 등 현안 문제를 다루기로 합의했다.

신민당은 정부 헌법개정심의위원회의 해체를 요구하는 한편 계엄령 해제 촉구 결의안을 국회에 제출했다. 정부는 5월12일부터 5월28일까지 전국 12개 도시에서 개최하기로 했던 개헌 공청회를 주요 도시의 치안 상태나 학원 사태로 보아 질서있게 진행되기 어렵다는 이유로 무기 연기했다.

한편 그동안 비폭력적 校內시위를 표방한 가운데 간헐적으로 교외 시위를 시도하던 대학가는 5월13일 연세대학생들이 주축이 된 서울시내 6개 대학 대학생 2500여 명이 세종로 일대에서 야간 街頭(가두)시위를 벌이고, 고려대학교 등 시내 7개 대학이 철야 농성에 돌입했다.

5월14일 서울 지역 27개 대학 대학생 7만여 명이 총학생회 대표들의 전면적 가두시위 결의에 따라 동일 정오를 기하여 일제히 화신 앞, 남대문, 서울역, 광화문 등 서울 중심가를 메우면서 22시15분경까지 가두시위를 벌였다.

金鍾煥 내무부장관은 申鉉碻 총리에게 경찰력만으로 서울시내 일원의 학생시위에 대처할 수 없다며 軍의 투입을 건의했다. 한편 이희성 계엄사령관에게도 軍이 주요 시설에 대한 경계 임무를 맡아 줄 것을 요청했다.

서울역 앞에서 시위진압 전경 1명 사망·4명 부상

5월15일 14시경 서울역 앞 광장과 도로에는 서울시내 35개 대학 대학생 10만여 명이 집결하여 3일째 市街地(시가지) 시위를 벌였다. 부산, 대구, 광주, 인천 등 地方에서도 24개 대학 대학생들이 가두시위를 감행하여 경찰과 충돌했다.

서울역 앞 시위 중 경찰 가스차 3대가 불에 탔으며, 버스 1대가 시위진압 경찰 배치선으로 돌진하는 바람에 전경 1명이 사망하고 4명이 부상을 입는 사고가 발생했다.

학생시위가 격렬해지자 동일 19시50분 申鉉碻 국무총리는 특별담화를 발표했다. 申총리는 늦어도 연말까지 개헌안을 확정하고 내년 상반기에 兩大(양대) 선거를 실시, 정권을 이양하겠다는 약속을 추호도 변동 없이 지켜가고 있으며, 政治 일정을 최대한 단축하고 계엄령도 사회가 안정되면 즉시 해제할 것이므로 학생들은 정부의 약속을 믿고 자숙·자제해 줄 것을 당부했다. 中東순방을 마치고 말레이시아에 기착중이던 崔圭夏 대통령은 5월16일 22시30분 일정을 하루 앞당겨 귀국했다.

격렬한 시위를 마친 서울대 등 서울 시내 23개 대학과 24개 지방대학 총학생회장들은 5월15일 자정 고려대학교 학생회관에서 모임을 갖고, 일단 가두 시위를 중지하고 정상 수업에 들어갈 것을 결의했다.

5월16일 서울, 부산, 대구, 전주 등 대부분의 도시에서는 정상 수업이 이루어졌으나, 전남대, 조선대 등 光州 시내 9개 대학 대학생 2만여 명은 전남도청 앞 광장에서 시국 성토대회를 가진 다음 야간에는 횃불 市街 행진을 벌였다.

5월16일 09시30분 金永三 신민당 총재와 金大中 국민연합 공동의장은 비상계엄 즉시 해제, 정부주도 개헌 작업 포기, 정치일정 年內 완결 확정 발표 등 6개항의 시국수습 대책을 공동발표했다. 국민연합은 5월 7일자 민주화 촉진 국민선언문에서 요구한 사항에 대하여 5월19일까지 정부가 답변을 하지 않으면 5월22일 전국적으로 민주화촉진 국민대회를 개최하는 등 민주화 투쟁을 전개하겠다는 내용의 제2민주화촉진 국민선언문을 발표했다.

이화여대 동창회관으로 자리를 옮긴 전국 대학 총학생회장단은 5월 19일까지 全斗煥·申鉉碻 퇴진, 비상계엄 해제 및 年內 정권이양을 약속할 것을 요구했다. 이를 이행하지 않으면 국민연합이 전국 주요도시에서 동시 개최하기로 한 민주화촉진선언 국민대회일인 5월22일부터 대규모 가두시위를 전개할 것을 결의했다.

대학생들의 잇단 대규모 가두시위로 형성된 불안한 데모 政局의 소용돌이 속에서 5월17일 閔寬植(민관식) 국회의장 대리는 여야 국회의원 186

명의 요구에 따라 제104회 임시국회를 5월20일 10시에 소집할 것을 공고했다. 국민들은 5월16일 밤 급거 귀국한 崔圭夏 대통령이 시국수습을 위하여 어떤 斷案(단안)을 내릴 것인지를 주목하고 있었다.

(2) 보안사령부 동향

崔대통령, 各界(각계)반대 불구 全斗煥 장군을 중정부장에 임명

10·26 사건으로 비상계엄이 선포되고, 朴正熙 大統領 살해사건 및 포고령위반사범 등에 대한 수사와 각종 정보·수사기관의 업무 조정·감독 기능을 수행하기 위해 계엄사에 합동수사본부를 설치했다.

全斗煥 보안사령관이 합동수사본부장에 취임하고 保安司 처장들이 합동 수사본부 각 국장에 임명됨으로써 보안사는 중앙정보부, 경찰 등 모든 수사·정보기관을 조정·통제하는 핵심 기구로 등장했다. 全斗煥 보안사령관은 12·12 사건으로 軍의 주도권을 장악함으로써 권력 공백기에 있어 최고 실력자의 한 사람으로 부상했다.

1980년 2월 全斗煥 보안사령관은 계엄 업무의 원활한 수행을 위하여 민간 정보의 수집이 필요하다는 이유로 金載圭(김재규) 중앙정보부장시절 對民査察(대민사찰) 업무를 박탈당한 채 방산처로 개편되었던 보안사 정보처를 복원했다.

2월20일경 全斗煥 보안사령관은 10·26사건 수사 브리핑을 하는 비공식 기자간담회에서, 軍이 政治에 참여하는 일은 절대 없으며 합동수사본부장 일이 벅차 하루 빨리 계엄이 해제되길 바란다는 뜻을 표명했다.

2월24일경 李鶴捧 대공처장에게 지시, 신민당 李龍熙(이용희) 의원을 통하여 金大中 국민연합 공동의장과 만나기로 약속했다. 3金氏 중 金大

中씨만 만나는 것은 정치적으로 오해를 살 우려가 있다는 의견에 따라, 대신 李鶴捧 대공처장과 權正達(권정달) 정보처장이 2월26일 9시경 광화문 소재 保安司 安家에서 동인을 만나, 사면·복권되어 정치 활동을 재개하더라도 시국안정에 협조해 줄 것을 요청했다.

2월 중순 全斗煥 보안사령관은 정보처 산하에 李相宰(이상재) 준위를 반장으로 하는 언론대책반을 구성하여 계엄사 보도검열단의 보도검열 업무를 조정·감독하기 시작했다.

3월 중순 단결된 軍部의 기반을 주축으로 지속적인 국력 신장을 위한 安定세력의 구축을 목적으로 하는 「K-공작계획」을 수립하여 오도된 민주화 여론을 언론界를 통하여 안정세로 전환한다는 취지로 언론계 중진들과의 개별 접촉을 실시했다.

3월 말경 崔圭夏 대통령은 공석중인 중앙정보부장에 全斗煥 보안사령관을 임명하는 문제와 관련하여 申鉉碻 총리로부터 민간인을 임명하여 정보기관을 兩立(양립)시키는 것이 좋겠다는 의견을 들었다. 李憙性 계엄사령관으로부터도 합동수사본부장의 업무가 과중할 것이므로 당분간 尹鎰均(윤일균) 차장으로 하여금 관리시키는 것이 좋겠다는 의견을 들었다. 그러나 4월14일 全斗煥 보안사령관의 중앙정보부장 서리 겸직발령을 단행했다.

중앙정보부장 서리에 취임한 全斗煥 보안사령관은 4월29일 첫 기자회견에서, 중앙정보부장직을 장기간 空席으로 두는 것은 중대한 국가적 손실을 초래한다고 판단한 대통령의 준엄한 下命(하명)으로 겸직을 하게 되었으며, 자신의 중앙정보부장 겸직이 政治 발전에 차질을 초래할 것이라는 일부의 억측은 杞憂(기우)에 불과함을 강조했다.

全斗煥 보안사령관은 5월 초 학내문제로 시작한 대학가 시위가 崔圭

夏 정부와 軍部를 상대로 한 정치 투쟁으로 변모하면서 가열되자, 權正達 보안사 정보처장에게 「사태수습 방안」검토를 지시했다.

5월10일경 비상계엄을 전국으로 확대하는 동시에 비상기구를 설치하고 정치활동을 규제할 필요가 있다는 내용의 정보처 정세분석반의 보고에 따라 李鶴捧 보안사 대공처장 겸 합동수사단장에게 소요 배후조종 혐의자와 권력형 부정축재 혐의자들을 검거할 준비를 하라고 지시했다.

5월16일 李鶴捧 보안사 대공처장은 전국 보안부대 대공과장회의를 소집하여 5월17일 24시부로 비상계엄이 전국으로 확대되니 학생시위의 주동자와 배후조종자들을 일제 검거하라는 지시를 하달했다.

(3) 계엄 확대 이전 軍 동향

1/4분기 이전에 충정훈련실시 완료

1979년 10월26일 朴正熙 대통령 逝去에 따른 비상계엄 선포로 수도권 계엄 업무 지원차 陸本으로 출동하였던 9공수여단은 12월8일 원주둔지인 부평으로 복귀했다. 태릉으로 출동, 대기 중이던 20사단은 1980년 2월5일 원주둔지인 양평으로 복귀했다.

1979년 12월18일 李熺性 육군참모총장 겸 계엄사령관은 政治는 軍의 영역 밖이다. 정치는 애국심과 양식있는 정치인에 의해 발전되어야 한다. 軍은 조속한 시일 내에 계엄목표를 완수하고 軍 본연의 임무로 돌아갈 것이라는 내용의 담화를 발표했다.

신학기 개학을 앞둔 1980년 2월18일 李熺性 계엄사령관은 육군참모총장 명의로 충정부대 및 후방주요부대에 1/4분기 이전에 폭동 진압 훈련인 충정훈련 실시를 완료하도록 지시했다. 이에 따라 3월6일 盧泰愚

수경사령관은 특전사령관, 1·3·5·9공수여단장, 20·26·30사단장, 수도기계화사단장, 치안본부장, 서울시경국장 등이 참석한 가운데 1980년도 제1차 충정회의를 개최하여 수도권 소요사태 대비태세를 점검했다.

회의 결과 대규모 학생 시위를 주도하는 핵심 세력을 이상주의적 맹목저항 세력으로 규제하고, 문제 학생과 교수는 사회로부터 격리하며, 軍투입을 요하는 사태가 발생하는 경우 강경한 응징 조치가 요망된다는 결론을 내렸다.

4월 중순 사북사태가 발생하자 11공수여단이 원주 소재 1군하사관학교로 이동 대기하였으나, 4월24일 분규가 해소됨으로써 軍이 투입되지는 않았다.

4월에 들어 대학생들이 병영집체 훈련을 거부하고 사북사태 이후 노사분규가 확산되자, 李熺性 계엄사령관은 4월30일 긴급 전군 주요지휘관회의를 소집, 학원 및 노동계의 폭력이나 소요사태에 대한 심각한 우려를 표명했다.

계엄사령관은 일부 학생과 정치인들이 사회 혼란과 무질서를 조장하고 있음을 경고하면서, 學園을 정치선전장化하는 행위는 규탄 받아야 하며, 불법적 행동이 계속된다면 국가안보 차원에서 단호한 조치를 취할 것임을 천명했다. 한편 계엄군은 조속히 계엄목표를 달성하고 軍 본연의 임무로 복귀하겠다는 1979년 12월18일자 담화내용을 재확인하고, 예하 부대에 소요진압 준비태세를 갖추도록 지시했다.

全軍에 소요 진압부대 투입준비

5월에 접어들어 대학 시위가 時局聲討로 변모하면서 가열되자, 陸本은 5월3일 9공수여단을 수도군단에 배속시켰다. 5월6일 국방부장관의 승인을 받아 해병 1사단 1개 연대를 소요사태 진압부대로 사용할 수 있도록 조치했다. 5월6일부터 5월9일까지 2군 및 수도권 지역 전부대를 대상으로 騷擾(소요) 진압 준비태세를 점검했다.

5월8일 01시 포천군 이동에 주둔하고 있던 13공수여단을 서울 거여동 3공수여단 주둔지로, 5월10일 1시 화천군 오음리에 주둔하고 있던 11공수여단을 김포 1공수여단 주둔지로 각 이동 배치했다.

陸本은 5월9일 해병 1사단 1개연대를 추가로 소요 진압에 투입할 수 있도록 조치하고, 5월13일 1군 경장갑차 26대를 수경사에, 3군 경장갑차 24대를 수도군단에 각 배속조치했다.

5월13일 대학생들이 가두로 진출 시위를 벌이자, 陸本은 5월14일 작전참모부장을 본부장으로 하는 소요 진압본부를 설치하고 全軍에 소요사태 진압부대 투입 준비지시를 하달했다.

수경사는 특전사 예하 1·5·11·13의 4개 공수여단을 작전통제하여 수도권 江北지역의, 수도군단은 9공수여단을 작전통제하여 수도권 江南지역의, 2군사령부는 7공수여단과 해병 1사단 2개 연대를 작전 통제하여 釜山·大邱·光州지역의 각 소요사태 진압을 준비하도록 했다.

동일 17시30분 3공수여단을 국립묘지에 배치하고, 18시25분 청와대·중앙청 등 특정경비지역 방어를 위하여 광화문 지역 경찰 저지선 뒤에 수경사 6개 중대를 배치했다. 20시29분 전국 71개 방송국 및 중계소에 경계 병력을 배치했다.

서울 시내 대학생 시위가 계속 가열되자, 5월15일 12시 양평에 주둔하고 있던 20사단 60연대는 5월17일 0시1분 태릉으로 출동하였으며, 5월16일 오후 周永福 국방부장관은 5월17일 10시 全軍 주요지휘관회의를 소집했다.

2. 全斗煥 보안사령관의 政局 장악

軍의 정치문제 간여에 지휘관들 의견 갈려

일정을 하루 앞당겨 1980년 5월16일 22시30분 김포공항에 도착한 崔 圭夏 대통령은 23시경부터 1시간 가량 청와대에서 崔侊洙 비서실장이 배석한 가운데 申鉉碻 국무총리, 金鍾煥 내무부장관, 周永福 국방부장 관, 全斗煥 보안사령관 겸 중앙정보부장 서리, 李憙性 계엄사령관 등으 로부터 그 동안 국내에서 있었던 학생 소요 등 시국상황에 대한 보고를 받았다.

金鍾煥 내무부장관은 경찰력으로 시위에 대처하는 데는 한계에 와 있어 어려운 형편이라고 보고했다. 周永福 국방부장관은 북괴 침공설 관련 첩보가 입수되었으며 군에서 내일 대비책을 강구할 예정임을 보 고했다.

5월17일 09시30분경 全斗煥 보안사령관은 權正達 보안사 정보처장 을 周永福 국방부장관에게 보내, 비상계엄 전국 확대, 국회 해산, 비상 기구 설치 등「시국수습방안」을 대통령에게 보고할 것임을 통보했다. 그 리고 계엄 확대 등을 전국 주요지휘관회의 결의 사항으로 대통령에게 건의하는 등 필요한 조치를 취하여 줄 것을 요청했다.

또 10시경 청와대에서 崔圭夏 대통령에게 대통령 부재중의 안보상황 과 국내 치안상황을 보고하면서 비상계엄 전국 확대 선포 등 시국수습 방안과 소요 배후조종 및 권력형 부정축재 혐의자 체포·조사 계획을 보 고했다.

전군 주요지휘관 회의 시작 전 周永福 국방부장관은 장관실에서 柳炳賢 합참의장에게, 外部로부터 요청이 있어 회의를 소집하였는데 案件(안건)은 비상계엄 전국 확대, 국회 해산, 비상기구 설치 문제라며 의견을 물었다.

柳炳賢 합참의장은 국회 해산 문제를 軍이 관여할 수는 없으며 군의 정치개입은 헌법 위반이라는 이유로 비상기구 설치, 국회 해산을 군지휘관 회의에서 논의하는 것은 부적절하다는 견해를 표명했다. 이어 李熺性 육군참모총장 겸 계엄사령관, 金鍾坤 해군참모총장, 尹子重 공군참모총장, 尹誠敏 1군사령관, 陳鍾埰 2군사령관, 俞學聖 3군사령관, 車圭憲 육군사관학교 교장, 黃永時 육군참모차장, 鄭鎬溶 특전사령관, 盧泰愚 수경사령관, 朴俊炳 20사단장 등 육·해·공군 주요 지휘관 43명이 참석한 가운데 전군 주요지휘관회의를 열었다.

전군 주요지휘관회의는 崔性澤 합동참모본부 정보국장의 북한 동향 및 국내외 정세 분석 보고에 이어 참석자들의 발언 순으로 진행되었다.

周永福 국방부장관은 계엄하에서 학원 소요가 진정되기는커녕 오히려 과열·폭력화되어 가고 있고 北傀(북괴)의 동향도 심상치 않으므로 지역 계엄을 전국계엄으로 확대하고자 하니 의견을 개진해 달라고 했다.

대부분의 참석자들이 계엄 확대에 異見(이견)이 없다는 발언을 한 가운데, 安宗勳 군수기지사령관이 비상계엄 전국 확대는 국민의 합의와 總和(총화)에 의해 하여야 하는데 시기상조라며 반대 의견을 표명했다. 鄭鎬溶 특전사령관은 사회 안정을 위하여 軍이 나설 것을 주장하였고, 盧泰愚 수경사령관, 朴俊炳 20사단장은 그에 동조하는 발언을 했다.

참석자들의 발언이 끝나자, 周永福 국방부장관은 전군 주요지휘관들의 의견을, 비상계엄 전국 확대를 대통령에게 건의하는 것으로 요약하여 결론을 내리고, 白紙(백지)를 돌려 참석자들로부터 連署名(연서명)을 받았다.

周永福 국방부장관은 전군 주요지휘관회의를 마친 후, 회의 참석 군 지휘관들의 連署名을 휴대하고 16시20분 李熺性 계엄사령관, 全斗煥 보안사령관과 함께 申鉉碻 국무총리를 찾아갔다. 그리고 전군 주요지휘 관회의에서 논의된 비상계엄 전국 확대 방안과 아울러 대통령을 보좌할 비상기구를 설치하고, 정계 淨化(정화)를 위하여 국회를 해산하는 내용 의「시국수습방안」을 보고했다. 申鉉碻 국무총리는 비상기구 설치와 국 회 해산은 반대하고, 비상계엄 전국 확대 여부는 대통령이 결심할 사항 이라는 이유로 崔圭夏 대통령에게 보고하기로 했다.

계엄확대방안만 수용한 崔대통령

16시50분 육본은 1·2·3군 및 관구, 사단 작전참모에게 정위치에서 육본 작전참모부장의 지시를 받을 준비를 하도록 지시했다. 17시경 전 군주요지휘관회의에 참석하고 돌아온 盧泰愚 수경사령관은 수경사 작 전참모에게 중앙청에서 국무회의가 열릴 예정이니 내외곽 경비를 강화 하라고 지시했다. 19시경 黃永時 육군참모차장의 지시에 따라 金在明(김 재명) 육본 작전참모부장은 全軍에 부대 출동명령을 하달했다.

17시10분 申鉉碻 국무총리가 배석한 가운데 보안사령관 겸 중앙정보 부장 서리, 李熺性 계엄사령관, 周永福 국방부장관으로부터 위와 같은 시국수습방안을 보고받은 崔圭夏 대통령은 申鉉碻 총리의 의견을 묻는 등 장시간 논의한 끝에 19시경 계엄확대 방안만을 수용하고 申鉉碻 총 리에게 국무회의 소집을 지시했다. 全斗煥 보안사령관 겸 합동수사본부 장은 그 직후 별도로 소요 배후조종 및 권력형 부정 축재 혐의자에 대한 체포·조사 계획을 보고했다.

19시35분 중앙청 외곽에는 수경사 30단 소속 장교 18명, 사병 324명이 배치되었다. 현관과 국무회의장에 이르는 2층 계단과 복도 등 중앙청 내부에는 집총한 수경사 헌병단 소속 장교 17명, 사병 236명이 약 1m 간격으로 배치되었다.

12시42분 李熺性 계엄사령관도 참석한 가운데 申鉉碻 국무총리 주재로 제42회 임시국무회의가 개최되었다. 이 자리서 北傀의 동태와 전국적으로 확대된 소요사태 등을 감안할 때 전국 일원이 비상사태下에 있다고 판단된다는 이유로 周永福 국방부장관이 제출한 계엄확대 선포안이 찬반토론 없이 8분 만에 의결되었다. 이 안은 崔圭夏 대통령의 裁可를 거쳐 23시40분 정부 대변인인 문공부장관이 5월17일 24시를 기하여 비상계엄 선포지역을 전국 일원으로 변경한다고 발표했다.

22시30분 李熺性 계엄사령관은 全軍에 소요 진압부대 투입 작전명령을 하달했다. 이어 5월18일 1시경 보안사에서 입안한 정치활동 규제 조치방안에 따라 모든 정치 활동과 정치적 발언을 금지하고, 정치목적의 옥내외 집회·시위를 금지하는 내용의 계엄포고 제10호를 발령했다.

陸本은 5월18일 02시30분경 전국 92개 주요 대학과 국회를 포함한 136개 주요 보안목표에 계엄군 2만 5000여 명을 배치했다. 서울지역은 수경사 작전통제 하에 1공수여단을 연세대·명지대에, 5공수여단을 고려대에, 11공수여단을 동국대에, 13공수여단을 성균관대·서울의대에, 20사단을 서강대·홍익대·단국대·산업대·한양대·건국대·경희대·국민대에 각 배치했다.

수도군단 작전통제하에 9공수여단을 서울대에, 1야포단을 중앙대·숭전대에 각 배치하는 등 1·5·9·11·13공수여단과 20사단을 18개 대학에 배치했다.

대통령의 특별성명 발표

釜山·慶南지역은 2관구사령부 작전통제하에 39사단과 해병 1개 연대를 부산대·동아대 등 12개 대학에 배치했다. 大邱·慶北 지역은 5관구사령부 작전통제하에 50·36사단·해병 1사단을 경북대·영남대 등 9개 대학에 배치했다.

忠南北지역은 3관구사령부 작전통제하에 32·37사단·7공수여단 2개 대대를 대전대·충남대 등 8개 대학에 배치했다. 全南北지역은 전교사 작전통제하에 31·35사단과 7공수여단 2개 대대를 전남대·조선대·전남의대·광주교대 등 30개 대학에 배치했다. 京畿지역은 33사단 등을 인하대 등 4개 대학에 배치했다. 江原지역은 1군수지원사령부 작전통제하에 강원대 등 11개 대학에 각 배치했다.

5월18일 08시 李熺性 계엄사령관은 육군참모총장 접견실에서 5·17 조치에 따른 후속 조치를 논의하고, 계엄사령관의 중앙관서에 대한 감독권 행사 방안을 연구 검토할 것을 지시했다. 13시 국방부장관·합참의장·중앙정보부장 서리·해군 및 공군참모총장과 육군참모차장·특전사령관·수경사령관을 초청, 오찬 회동을 가졌다.

5월18일 09시경 崔圭夏 대통령과 申鉉碻 국무총리, 崔侊洙 비서실장의 조찬 회동에서 계엄 확대 선포에 따른 대통령의 특별성명 발표 문제가 논의되어, 국방부에 필요한 자료를 보내도록 조치했다. 동일 오전 保安司에서 자료를 마련해 왔다. 崔圭夏 대통령은 16시40분경 일부 정치인·학생·근로자들의 무책임한 경거망동 등으로 국가가 중대한 위기에 직면해 있어 國家 보위와 국민의 생존권 수호를 위하여 일대 대안을 내리지 않을 수 없어 관계법 규정에 따라 지역 계엄을 전국 비상계엄으로 전환 선포하고, 國家 기강과 사회 安定에 필요한 조치를 취하였으며, 누차 천명한 政治 발전은 착실히 추진해 나갈 것이라는 내용의 5·17 조치 관련 특별성명을 발표했다.

(2) 정치인과 在野 인사의 체포 · 연금

崔대통령에게 정치인 등의 체포 · 조사계획 보고

1980년 5월 초 全斗煥 보안사령관 겸 합동수사본부장은 학원 소요 사태를 근절하기 위해서는 학생 시위를 배후에서 조종하는 정치인과 재야 인사, 복학생 및 재학생 대표들을 검거하여야 한다는 이유로 李鶴捧 보안사 대공처장 겸 합동수사본부합동수사단장에게 그들에 대한 조치 방안을 검토하도록 지시했다. 아울러 국민들 사이에 부정축재자들에 대한 여론도 좋지 않으니 그들에 대한 조치 방안도 아울러 검토할 것을 지시했다.

李鶴捧 합동수사단장은 權正達 보안사 정보처장으로부터 관련 자료를 협조받아, 5월13일 검거 대상을 학생시위 배후 조종자에 대해서는 국기문란자로, 부정·부패 행위자에 대해서는 권력형 부정축재자로 분류하기로 하고, 이를 全斗煥 보안사령관에게 보고했다.

權正達 정보처장과 함께 대상자 선정작업을 마무리하여, 이른바 국기문란자와 권력형 부정축재자의 선정기준, 명단, 혐의 내용 등을 정리한 보고서를 작성, 5월15일 全斗煥 보안사령관에게 최종 보고했다.

5월17일 오전 합동수사본부는 李熺性 계엄사령관에게 소요 배후조종 및 권력형 부정 축재 혐의로 金大中, 金東吉(김동길), 金鍾泌(김종필), 李厚洛(이후락), 朴鐘圭(박종규), 金致烈(김치열) 등 주요 인사를 체포·조사하겠다는 보고를 했다. 全斗煥 보안사령관은 동일 10시경 청와대에서 崔

圭夏 대통령에게 정치인 등의 체포·조사 계획을 보고했다.

李鶴捧 합동수사단장은 11시경 保安司로 중앙정보부, 경찰 등 합동수사단 관계자들을 소집, 조치 배경을 설명했다. 중앙정보국 수사국은 소요 배후조종자 중 국민연합 관련자들을, 保安司 대공처는 권력형 부정축재자들을, 경찰은 소요 관련 복학생과 재학생 대표들을 각각 검거, 수사하도록 조치했다.

대상자 검거 시각은 5월17일 22시로 하되 상황에 따라 융통성을 가지고 시행하도록 했다. 한편, 全國 각지역 보안부대에도 검거대상자 명단을 보내 일제 검거를 지시했다.

이에 따라 5월17일 18시경 이화여대에서 회의중이던 전국 대학총학생회장들을 검거하기 위하여 치안본부와 서울시경 수사관들이 출동하였으나 검거 소식이 사전에 노출되어 대부분이 도주하고 10여 명만을 검거했다.

金大中 국민연합 공동의장은 수경사 헌병들에 의하여 23시경 자택에서, 복학생 鄭東年은 24시경 광주지역 합동수사단 수사관들에 의하여 광주 소재 자택에서, 金鍾泌 공화당 총재는 23시경 보안사 수사관들에 의하여 자택에서, 金相賢(김상현) 의원은 5월18일 04시경 제주도 친지 집에서 각각 체포되었다.

재산헌납·공직사퇴

5월18일 12시 계엄사는 권력형 부정축재 혐의자로 金鍾泌 공화당 총재, 李厚洛·朴鐘圭·金振晚(김진만) 의원, 金鍾珞(김종락) 코리아타코마 사장, 張東雲(장동운) 전 원호처장, 李世鎬(이세호) 전 육군참모총장 등을 사회혼란 조성 및 학생·노조 소요관련 배후조종자로 金大中 국민연합 공동의장, 芮春浩(예춘호) 의원, 文益煥(문익환) 목사, 金東吉 연세대 부총장, 印明鎭(인명진) 목사, 시인 高銀泰(고은태), 李泳禧(이영희) 한양대 교수 등 모두 26명을 연행 조사 중이라고 발표했다.

비상계엄 확대와 병행하여 실시한 이른바 예비검속 과정에서 총 2699명이 검거되어, 2144명이 훈방되고 404명이 공소제기되었다. 그 중 소요 배후조종 혐의로 연행된 金大中, 文益煥, 金相賢, 芮春浩, 李海瓚(이해찬), 韓勝憲(한승헌), 韓完相(한완상), 印明鎭, 高銀泰, 李信範 등 24명은 金大中 內亂陰謀事件(내란음모사건) 관련자로 육군본부 계엄보통군법회의에 회부되었다.

5월18일 오후 金泳三 신민당 총재는 정무회의를 주재하여 연행자 석방, 계엄군 철수 등을 요구하였고, 5월20일 09시 상도동 자택에서 기자회견을 하려 하자 동일 07시20분경 상도동 자택에 수경사 헌병단 병력 31명이 출동하여 외부인의 출입을 통제했다.

金泳三 총재가 이미 집안에 들어와있던 기자들을 상대로 기자회견을 강행하자 외부인의 김영삼 총재 자택 출입과 金泳三 총재의 외부 출입을 금지하여 이른바 가택연금 조치를 취했다.

5월22일 朴忠勳 국무총리 서리는, 金鍾泌 공화당 총재와 金大中씨는 정식 영장 발부에 의한 구속이 아니라 포고령 위반으로 연행 조사중에 있으며, 조사결과에 따라 법에 의해 처리될 것이라고 밝혔다.

6월18일 합동수사본부는 권력형 부정축재자들이 재산을 국가에 헌납하고 公職에서 사퇴하므로 형사처벌을 유보한다는 내용의 수사결과를 발표했다. 부정축재 내용은 金鍾泌 공화당 총재 216억여 원, 李厚洛 의원 194억여 원 등 총 853억여 원이었다. 이들이 국가에 헌납한 금액은 국민복지기금으로 활용할 방침이며, 관련 기업인에 대해서는 수사를 하지 않을 방침이라고 밝혔다.

6월23일 金鍾泌 공화당 총재 등 6명의 공직 사퇴서가 우송되었고, 7월2일 金鍾泌 공화당 총재 등 권력형 부정축재 혐의 연행자 9명이 연행 46일 만에 석방되었다.

7월3일 閔寬植 국회의장 대리는 5월17일 이후 제출된 金鍾泌·李厚洛·金振晩·朴鐘圭·李秉禧(이병희)·芮春浩·李宅敦(이택돈)·孫周恒(손주항)·金綠永(김녹영) 의원 등 9명의 국회의원 사직서를 수리했다.

합동수사본부는 7월17일경 金龍泰(김용태)·具泰會(구태회)·吉典植(길전식)·申洞植(신형식)·張榮淳(장영순)·玄梧鳳(현오봉) 등 공화당 고위 간부 6명, 鄭海永(정해영)·高興門(고흥문)·宋元英(송원영)·金守漢(김수한)·朴永祿(박영록)·朴海充(박해충)·崔炯佑(최형우)·金東英(김동영) 등 신민당 간부 8명, 전 내무부장관 具滋春(구자춘), 金玄玉(김현옥), 전 건설부장관 高在一(고재일) 등 고위관료 출신 3명 등 17명을 정치적 비리와 부패행위로 국가 기강을 문란케 하였다는 혐의로 체포했다.

8월19일 이들에 대한 수사전모 발표를 통해 부정축재 금액을 金龍泰 형제 150억원, 鄭海永 77억원, 具泰會 21억원, 高興門 20억원, 朴永祿 19억원 등 총 288억원이라고 밝혔다. 이들로부터 재산을 헌납받는 동시에 공직사퇴서를 받았다.

(3) 國會 점거·봉쇄

계엄군이 임시국회 소집 막아

신민당의 계속된 요구에도 불구하고 시기가 아니라는 이유로 국회 소집에 소극적이던 공화당의 태도 변화에 따라 1980년 5월12일 여야 총무는 계엄 해제 등 정치 현안을 다루기 위한 임시국회 소집에 합의했다. 5월17일 閔寬植 국회의장 대리는 金龍鎬(김용호)·李海元(이해원)·黃珞周(황낙주) 의원 등 의원 186명의 요구에 따라 5월20일 10시 제104회 임시국회 소집을 公告했다.

5월17일 20시경 陸本 지시에 따라 수도군단은 예하 33사단에 101연대 1대대를 100훈련단 작전 통제하에 국가 보안목표인 국회의사당, 한국방송공사에 투입할 준비를 하라는 지시를 하달했다.

비상 계엄이 전국으로 확대됨에 따라 5월18일 0시20분 1대대 2·3중대에 한국방송공사와 국회의사당에 출동하라는 지시가 하달되어 01시 45분 33사단 101연대 1대대 3중대 소속 장교 3명, 사병 95명은 연대본부로부터 경장갑차 8대, 사단 전차중대로부터 전차 4대를 지원받아 국회의사당에 진주했다.

03시15분 계엄사로부터 모든 정치 활동을 중지하고 정치 목적의 옥내외 집회를 금지하는 내용의 계엄포고 제10호가 33사단에 접수되었다. 軍兵力의 국회 진입 소식을 듣고 나온 길기상 국회 사무차장에게 李相信(이상신) 1대대장은 누구도 출입시키지 말라는 상부의 명령이 있었다고 하였으나, 길기상 사무차장의 요청에 따라 閔寬植 국회의장 대리와 국회 직원은 출입을 허용했다.

5월20일 09시경 5·17조치를 비난하는 金泳三 신민당 총재의 상도동 기자회견에 참석하였던 黃珞周·孫周恒 의원과 의원비서관·보도진 등 300여 명이 10시15분경 국회 정문에 도착했다. 이들이 국회의사당으로 들어가려 하자, 李相信 1대대장은 100훈련단을 통해 수도군단, 陸本에 상황을 순차 보고한 다음 출입 통제지침에 따라 국회의원 등의 국회 출입을 저지했다.

閔寬植 국회의장 대리는 대대장의 요청을 받고 이들에게 해산을 종용했다. 그 무렵 국회 상황을 보고받은 수도군단은 9공수여단 병력을 국회에 추가 투입하려 하였으나 상황 종료로 취소했다. 17시경 朴魯榮(박노영) 수도군단장은 陸本으로 李熺性 계엄사령관을 방문, 국회 상황에 대하여 지휘보고를 했다.

이후 제104회 임시국회는 개회되지도 못한 채 6월18일 자동 폐회되었고, 33사단 101연대 1대대 3중대는 6월27일 24시 일부 병력과 경장갑차 4대만 남기고 1차 철수한 다음, 8월30일 완전 철수했다.

全斗煥 대통령이 취임한 후인 9월20일 제105회 정기국회가 개회되어 9월22일 南悳祐 국무총리와 李漢基(이한기) 감사원장에 대한 임명동의안을 처리하고 休會(휴회)에 들어갔다. 10월27일 公布된 제5공화국 헌법 부칙 제5조 제1항에 따라 제10대 국회의원의 임기가 종료됨으로써 제10대 국회는 해산되었다.

3. 光州 시위의 진압

(1) 계엄 확대 이전 상황

산발적인 학생시위 계속돼

5월3일 전남대생 3000여 명이 처음으로 시국성토大會를 열었고, 5월9일 조선대생 2천여 명도 시국성토대회를 개최했다. 5월13일 光州지역 7개 대학 학생대표자 회의에서 5월14일 연합 가두시위를 벌이기로 했다. 대회를 하던 전남대생 2500여명은 전날 서울 6개 대학 학생들이 가두시위했다는 소식을 전해 듣고, 14시50분경 경찰의 저지를 뚫고 시내로 진출, 18시경까지 전남도청 앞에서 첫 대규모 가두 정치집회를 열었다.

(편집자注: 이 집회에 참석했던 宋基淑 교수 증언에 의하면 학생들 외에 전남대 교수 200여 명도 참석했다고 한다. 여학생 12명이 든 대형 태극기를 앞세우고 교수와 학생이 8열종대로 늘어선 행렬이 거의 1km 정도에 달했다고 한다. 「月刊朝鮮」 1988년 3월호 「내가 겪은 80년 5월의 光州」 참조)

같은 날 10시45분 張炯泰(장형태) 전남도지사는 도지사실에서 31사단장, 경찰국장, 전남대 및 조선대 총장 등이 참석한 가운데 학원사태 대책회의를 열었다. 14시 尹興禎 전교사령관은 鄭雄(정웅) 31사단장, 申佑湜 7공수여단장을 불러 학생 가두시위대책 합동작전 회의를 각각 열고 시위 대책을 협의했다.

5월14일 李熺性 계엄사령관의 소요사태 진압부대 투입 준비 명령에 따라 陳鍾埰 2군사령관은 전북 금마소재 7공수여단에 전북대·충남대·전남대·조선대에 각 1개 대대씩 출동시킬 준비를 하라는 지시를 하달했다.

鄭雄 31사단장은 동일 19시 예하 96연대 1대대 소속 병력을 광주 소재 MBC·CBS·KBS·전일방송 등에 배치하는 한편 5월15일 7공수여단 2개 대대 宿營(숙영)시설로 전남대·조선대 校庭(교정)에 천막 24개동을 가설했다. 506 항공대대로부터 31사단에 지휘용 500MD 헬기 1대가 지원되었다.

5월15일 오전 광주시내 대학생 1만5000여 명은 校內 시위를 마친 다음 14시30분경 校外로 진출, 전남도청 앞에 모여 「결전에 임하는 우리의 결의」라는 제목의 시국선언문을 낭독하는 등 연합 가두시위를 벌였다.

학생회 지도자는 학생들에게 휴교령이 내릴 경우 다음날 오전 10시에 학교 정문 앞에 모여 시위를 벌인 다음 정오에 도청 앞 분수대로 집결하라는 투쟁방침을 전달했다.

5월16일 16시경 광주시내 9개 대학 대학생 3만여 명은 전남도청 앞에 모여 복학생 대표 鄭東年이 시국선언문을 낭독하는 등 집회를 마친 다음 대규모 시가지 가두행진을 벌였다. 다시 20시경 도청 앞에 모여 시가지 횃불 시위를 벌인 다음 5·16 화형식을 끝으로 해산했다.

(2) 계엄 확대와 계엄군 배치

5월18일 01시10분 공수부대 광주

5월17일 10시40분 2군사령부는 光州 소재 8개 전문대학에 31사단병력을 투입하도록 지시했다. 한편, 16시 7공수여단 33·35대대를 31사단에서 작전통제 하도록 지시했다.

19시40분 전교사에 5월18일 0시01분부로 충정작전이 유효하며 대학점령은 5월18일 04시 이전까지, 불순분자 체포는 5월18일 00시01분 이전까지 완료하라는 지시를 하달했다.

20시경 7공수여단에 5월17일 20시01분부로 2군사령관 작전통제 아래 전남대·조선대 등을 5월18일 02시까지 점령하고 04시01분까지 소요 주모자를 전원 체포하라는 지시를 하달했다.

광주지구 보안부대는 保安司의 지시에 따라 5월17일 23시경부터 시위 주동자에 대한 예비검속을 실시하여 재야인사와 학생회 간부 등 연행대상자 22명 중 정동년·권창수·오진수·이승룡·유재도 등 8명을 체포했다.

계엄사의 소요진압부대 투입명령에 따라 7공수여단 여단본부 소속 장교 10명·사병 76명, 33대대 소속 장교 45명·사병 321명, 35대대 소속 장교 39명·사병 283명은 5월17일 22시37분 주둔지인 전북 금마를 출발했다. 5월18일 01시10분 33대대는 전남대에, 35대대는 조선대에 각 배치되었다. 한편 7공수여단 31대대는 01시29분 전북대에, 32대대는 02시50분 충남대에 각 배치되었다.

한편 31사단 소속 장교 14명·사병 1132명도 소요 진압을 위하여 전남도내 16개 대학 및 중요시설에 배치되었다. 光州지역에는 31사단 96연대 병력이 전남대와 조선대를 제외한 8개 대학에 배치되었다.

5월18일 01시10분경 전남대에 進駐(진주)한 33대대는 1개 지역대가 學內를 수색하여 잔류 학생 69명을 체포했다. 조선대에 배치된 35대대는 11지역대 1개 중대가 건물을 수색하여 잔류 학생 43명을 체포하여 06시경 31사단 헌병대에 인계했다.

03시05분 2군사령부로부터 무기庫(고) 안전대책 강구 지시가 하달되었다. 이에 따라 戰敎司는 예하 부대에 무기고 안전대책을 강구할 것을 지시하여 5월18일 광주시내 직장예비군이 보유하고 있던 무기 4717정과 탄약 116만 발을 회수했다. 31사단의 무기고 접근자 발포 승인 건의에 대하여는 군인복무규율에 따라 지휘관이 재량 실시하도록 지시했다.

(3) 5월18일 상황

전남대 앞 상황
10시경부터 잔혹한 진압 시작돼

일요일인 5월18일 09시경 전남대 정문에는 등교하는 학생과 출입을 통제하는 7공수여단 33대대 간에 시비가 벌어졌다. 10시경 휴교령이 내릴 경우 학교 정문에 모여 시위를 하기로 한 행동지침에 따라 학생들이

200여 명으로 증가하고, 「비상계엄 해제하라」「공수부대 물러가라」는 구호를 외치며 돌을 던지는 등 시위를 했다.

33대대장은 귀가를 종용하면서 不應時(불응시)에는 강제 해산하겠다고 경고했다.

학교 출입을 제지당한 학생들은 계엄 확대와 휴교 조치에 항의하면서 돌을 던졌다. 이에 공수부대원들은 학생들을 향해 함성을 지르며 돌진하여 해산을 시도했다. 일부 공수부대원들은 학생들이 던진 돌에 다친 데 분개하여 도주하는 학생들을 쫓아가 진압봉으로 어깨, 머리 등을 가격하고 체포한 학생들을 난폭하게 연행했다. 그 과정에서 공수부대원 7명과 일부 학생들이 부상했다.

10시30분경 전남대 후문 쪽에서는 야유를 보낸다는 이유로 시내버스에서 내리거나 시내버스를 타고 있는 학생을 공수부대원이 진압봉으로 加擊(가격)하고 더러는 연행하여 꿇어앉혔다. 공수부대원들에 쫓긴 학생들은 도청 앞에 모이기로 한 투쟁지침에 따라 隊列(대열)을 이루어 광주역, 공용터미널을 거쳐 금남로로 진출했다.

광주시내 상황
경찰, 시위진압 실패하자 軍 투입 요청

5월18일 10시30분경 학교 출입을 거부당한 전남대 학생들을 주축으로 한 대학생 1000여 명이 광주 시내 금남로에 집결하여 「계엄 해제」라는 플래카드를 들고 口號(구호)를 외치면서 민주화를 요구하는 시위를 했다.

경찰은 최루탄과 페퍼포그를 사용하여 해산을 시도하고, 시위대는 돌과 화분을 던지는 등 경찰과 학생들간에 일진일퇴의 攻防(공방)이 벌어졌다. 시위대 200여 명은 경찰의 진압에 항의하여 충장로 파출소에 몰려가 돌을 던져 파출소 창문이 파손되었다.

같은 날 오후 시위대는 全斗煥 물러가라, 金大中 석방하라는 구호를 외치며 12시45분경 산수동 파출소를 습격했다. 13시20분경 시위대가 돌을 던지면서 기습했다. 학생회관 정문에서 점심식사를 하던 戰警(전경)들이 도주한 사이에 시위대는 경찰 페퍼포그차를 顚覆(전복)시키고 방화하여, 페퍼포그차 1대가 全燒(전소)되었다.

14시40분경 금남로 일대에는 1500여 명으로, 충장로 일대에는 1600여 명으로 불어난 시위대가 경찰을 향하여 보도블록과 음료수병을 던졌다. 15시50분경 시위대 300여명이 동산파출소에 投石(투석)을 하였고, 경찰은 최루탄과 페퍼포그를 사용하여 시위대를 해산시키려 하였으나 실패하고, 戰教司에 軍兵力의 투입을 요청했다.

7공수여단 시위 진압 투입 및 11공수여단 증원 상황

軍 투입 불구하고 시위 계속되자 공수부대 추가투입

5월18일 10시경 陳鍾琛 2군사령관은 광주지역에서만 전남대 앞에서 계엄군과 학생들 간 충돌이 있다는 보고를 받고 현지 확인 및 작전 지도차 光州를 방문했다.

尹興禎 전교사령관은 14시경 李熺性 계엄사령관으로부터 다른 지역에는 시위가 없는데, 광주에만 시위가 있으니 빨리 진압하라는 지시를 받고 鄭雄 31사단장은 500MD 헬기를 타고 전남대와 조선대로 갔다. 7공수여단 33·35대대장에게 경찰이 수세에 몰려 있다면서 16시에 兵力을 투입하여 시위를 진압하되, 도청 앞은 경찰이 차단하고 있으니 35대대는 금남로를 중심으로 좌우측 도로를 차단하고, 33대대는 금남로에

서 도청 방면으로 압축하여 시위대를 해산시킬 것을 명령했다.

한편 동일 09시부터 전남대 앞 충돌 상황 등 광주상황을 보고받은 李熺性 계엄사령관은 대응 병력이 2개 대대 600여 명에 불과하여 추가 兵力 投入의 필요성이 있다고 판단, 金在明 작전참모부장에게 1개 공수여단의 增援을 지시했다.

金在明 작전참모부장은 14시경 鄭鎬溶 특전사령관의 지정에 따라 11공수여단을 增援(증원)하기로 결정했다. 15시 11공수여단을 수경사 작전통제로부터 해제함과 동시에, 11공수여단에 광주로 이동하여 2군사령부 작전통제하에 소요 사태를 진압하라는 작전명령을 시달했다.

15시30분경 鄭鎬溶 특전사령관은 11공수여단이 주둔하고 있는 동국대학교로 가 崔雄 11공수여단장에게 광주에 7여단 2개 대대가 계엄군으로 나가 있으나 苦戰(고전)을 하고 있다면서, 광주에 가서 7여단을 도와 임무수행을 잘 하라고 지시했다.

崔雄 11공수여단장은 즉시 여단 작전참모와 61대대 1지역대 병력을 선발대로 하여 16시30분경 성남비행장을 출발했다. 61대대 잔류 병력과 62·63대대는 17시 청량지역에서 열차편으로 광주로 출발했다.

鄭雄 31사단장의 출동 명령에 따라 15시35분경 전남대를 출발한 7공수여단 33대대는 유동 삼거리를 거쳐 북동 180번지 앞 횡단보도 금남로 끝 부분으로 이동, 시위대와 대치하고 있던 중, 16시경 자진 귀가하라는 宣撫(선무·注: 흥분된 민심을 어루만져 가라앉힘) 방송에도 시위대가 해산하지 않자 33대대장은 시위진압 명령을 내렸다.

시위대 투석으로 공수부대원 흥분

공수부대원들은 M16 소총을 등 뒤에 메고, 손에는 진압봉을 든 상태에서 진압대형을 유지하여 도청 방향으로 진군했다. 그들은 시위대를 압축해 나가다가, 돌격 명령이 내리면 함성을 지르며 시위대를 향하여 돌진하면서 진압봉으로 시위대를 打擊(타격)하는 방법으로 시위대를 해산시켰다.

시위대의 投石으로 부상자가 발생하자 흥분한 공수부대원들은 인근 점포나 골목, 건물 안까지 추적하여 시위대를 체포했다. 그 과정에서 공수부대원들은 시위대와 시민들을 진압봉으로 가격하고, 도주를 방지한다는 이유로 체포된 시위대의 상의나 하의, 혁대를 벗기거나 머리를 땅에 처박게 하는 등 기합을 주기도 했다.

조선대를 출발한 7공수여단 35대대는 16시경 광주전화국 부근과 광주일고 부근 천교에 도착, 시위진압 작전에 들어갔다. 35대대장은 돌을 던지며 경찰과 대치하고 있던 1000여 명의 시위대에 자진 귀가하라는 宣撫방송을 하였으나 시위대가 계속 돌을 던지고 구호를 외치며 해산하지 아니하자, 대대원들에게 돌격 명령을 내렸다.

공수부대원들은 M16 소총을 대각선으로 등 뒤에 메고, 방독면을 차고, 방석망은 내린 채 시위대를 향해 돌격하면서 진압봉으로 시위대를 가격하여 해산을 시도했다. 35대대의 시위 진압은 시위대를 추적, 체포하는 과정에서 부근 공용터미널 일대에까지 확대되었다.

18시 전남북계엄분소는 광주시내 통금시간을 1시간 앞당겨 21시~04시로 발표했다.

17시50분 광주공항에 도착한 11공수여단 선발대인 61대대 1지역대는 숙영지인 조선대로 이동하면서 시내 상가지역에서 威力(위력)시위를 했다. 18시 11공수여단 3개 대대를 5월19일 0시부로 31사단장이 작전통제하라는 지시가 하달되었다.

19시 鄭雄 31사단장은 7공수여단 35대대장으로부터 시위 진압을 완료하였다는 보고를 받았으나, 그후에도 23시경까지 한일은행 뒤·노동청 앞·가톨릭센터 앞 등지에서 2000여 명의 학생들이 산발적으로 시위를 벌였다.

이날 시위대는 모두 273명이 체포되어 31사단 헌병대에 인계되었다. 시위 진압 과정에서 負傷(부상)을 입은 김경철(남·28세·제화공)은 통합병원으로 후송되었으나 후두부 찰과상 및 열상으로 5월19일 03시 사망하였고, 이종남(남·27세)등 광주 시민 수십 명이 부상을 입었다.

이날 광주지역에는, 여학생을 발가벗긴 채 칼로 유방을 도려내어 죽였다, 임산부를 帶劍(대검)으로 찔러 태아를 꺼내 길에 뿌렸다, 경상도 軍人이 전라도 사람 씨를 말리러 왔다는 등 출처를 알 수 없는 유언비어가 유포되었다.

鄭雄 31사단장은 5월18일 21시 31사단 상황실에서 작전평가회의를 열고, 7공수여단 33·35대대 병력을 전남도청을 중심으로 주요 시설 및 교차로 등 據點(거점)에 배치, 시위대가 집결을 하지 못하도록 하라고 지시했다.

22시30분~23시20분 사이에 경찰 支(지)·派出所(파출소)와 도로 교차지점을 중심으로 33대대는 17개 據點에, 35대대는 19개 據點에 각각 장교 1명·사병 10명으로 구성된 공수부대 1개 支隊(지대)와 경찰 2개 分隊(분대) 24명씩을 배치했다.

11공수여단의 추가 투입에 따라 23시40분 다시 작전회의를 열어 33·35대대 배치 據點을 11공수여단에 인계하도록 지휘했다. 5월19일 04시 11공수여단 61대대에 據點을 인계하고 33대대는 전남대로, 35대대는 조선대로 각 복귀했다.

11공수여단의 배치 및 시위 상황

공수부대 강경진압에 시민 분노

5월19일 0시50분 11공수여단 62·63대대가 광주에 도착, 31사단의 작전통제하에 02시10분 조선대로 이동했다. 06시30분 11공수여단은 7공수여단 35대대를 배속 받아 광주 동구권 지역을 담당하고, 7공수여단 33대대는 31사단 예비대로 배속 전환하는 내용의 사단작전명령이 하달되었다. 이에 따라 전남도청 및 광주 남부지역은 경찰이, 광주 서부 일부 및 북구권은 31사단 96연대가 담당하게 되었다.

08시20분 李憙性 계엄사령관은, 湖南지역은 일반적으로 金大中을 우상시하는 경향이 있으므로 계엄군은 시민을 자극하지 않도록 특별히 유념하고, 광주 소요사태는 배후 조종세력이 지역감정을 자극, 유발시키는 유언비어를 날조·유포시키고 있으니 전단 공중살포 등 대책을 강구하여 宣撫할 것을 지시했다. 09시30분 尹興禎 전교사령관은 1개 공수여단의 증원을 요청했다.

공수부대의 강경 진압에 분노한 시민·학생들은 아침 일찍부터 市內 요소 요소에 모이기 시작하였고, 商街는 대부분 철시 상태에 들어갔다. 관공서나 기업체, 초·중·고교에서도 정상 업무나 수업이 이루어지지 못하고 동요하기 시작했다. 대동고·중앙여고 등 일부 고등학교에서는 공수부대 철수와 全斗煥 퇴진을 구호로 하여 교내 시위를 벌였다.

금남로는 교통이 차단된 상태에서 전남도청 앞에 경찰이 바리케이드를 치고 있었다. 거점에 배치되었던 11공수여단 61대대는 조선대에서 아침식사를 마친 후 09시경부터 다시 전남도청과 금남로 일대의 시위

예상지역을 선제 점령하여 도로에 열을 지어 늘어서는 방법으로 시위대의 집결을 차단했다. 62·63대대는 10시부터 장갑차를 선도로 차량 30대에 부대원들을 탑승시켜 市內 일원에서 위력시위 작전을 전개했다.

(편집자注: 위력시위란 무장한 군인을 태운 트럭이 헤드라이트를 켠 채 경적을 울리면서 중앙선을 질주하는 것을 말한다. 시위 예상자들의 기를 꺾어 놓겠다는 계산에서 하는 시위예방 작전이기도 하다)

10시경 학생 등 시위대 200여 명이 기습적으로 충장로 파출소를 포위하고 경계근무중인 11공수여단 61대대 1지역대 3중대의 1개 支隊 병력에 화염병과 돌을 던졌다. 10시30분경 가톨릭센터 앞에 시위대 2000여명이, 10시40분경 충장로 일대에 시위대 2000여 명이 모여 화염병과 돌·보도블록을 던지는 등 격렬한 시위를 벌였다. 위력시위 중이던 62·63대대가 금남로에 합류, 61대대 및 경찰과 합동으로 시위 진압작전을 전개했다.

진압봉으로 가격, 옷 벗겨 연행…

금남로 사거리·광주은행 본점 및 광주관광호텔 앞·충장로 1가·충금 지하상가 등지에서 시위대는 화염병과 돌을 던지면서 격렬하게 저항했다. 공수부대원들은 시위대를 쫓아 금남로와 충장로 일대의 다방·여관·민가 등을 수색하고, 검거한 시위대를 진압봉으로 가격하거나 군화발로 차고, 도망을 막고 시민과 시위대를 구별한다는 이유로 옷을 벗겨 연행했다.

(편집자注: 당시 시위진압에 나선 공수부대는 가혹한 진압을 만류하는 경찰까지 진압봉으로 구타했던 것으로 알려졌다. 前 전남일보 편집국장 김효중氏 증언에 의하면 도경찰국 작전과장 金모 총경이 공수부대에 붙잡혀 금남로에서 옷이 벗겨진 채 꿇어

앉아 있는 학원생 몇 명을 일으켜 세워 옷을 입혔다. 그것을 목격한 대위가 곤봉으로 金총경의 무릎을 때렸다. 미국 ABC 카메라 기자가 이 장면을 찍으려 하자 다른 장교가 양팔을 들어 X자 표시를 하는 바람에 촬영이 중단됐다고 한다. 「月刊朝鮮」 1988년 3월호 「내가 겪은 80년 5월의 光州」 참조)

11시경 가톨릭센터 앞에서 시위대 3000여 명을 해산시키면서 200여 명을 체포했다. 11시10분경 관광호텔 앞에서 돌과 각목으로 軍警과 대치하던 시위대 300여 명을 해산하면서 107명을 검거하여 광주 동부경찰서 및 서부경찰서로 호송, 인계했다.

12시경 전남도청 주변에서 시위중이던 학생들이 공수부대원에 쫓겨 YWCA로 들어갔다. 공수부대원들은 직원이 내린 셔터를 올리고 안으로 들어가 진압봉으로 가격하면서 학생들과 신용협동조합 직원들까지 끌어내 도로에 무릎을 꿇리고 머리를 땅에 처박게 했다. 건너편 무등고시학원에서 이를 목격한 학원생들이 때리지 말라고 고함을 치자 공수부대원들은 학원으로 몰려가 학원생들을 진압봉과 소총 개머리판으로 가격하고 밖으로 끌고 나와 트럭에 실어 연행했다.

14시 尹興禎 전교사령관은 도지사·교육감·검사장·광주시장·중앙정보부 분실장·지방노동청장·우체국장·31사단장·11공수여단장 등이 참석한 가운데 광주지역 기관장 회의를 개최했다. 지역 기관장들은 軍의 진압 행동이 너무 과격하다, 어느 나라 군대인지 의심이 간다, 고교생들까지 동요하고 있다면서 연행자 전원 석방과 명단 공개를 요구했다.

尹興禎 전교사령관은 鄭雄 31사단장과 崔雄 11공수여단장에게 가혹한 진압 방법을 사용하지 말고 주동자가 아닌 사람은 석방하도록 지시했다. 陳鍾埰 2군사령관이 작전 지도차 광주를 방문하였다가 17시경 복귀했다.

불붙은 기름통 경찰 저지선으로 굴려 폭발

공수부대 병력이 조선대로 철수하여 점심식사를 하고 있는 동안 다시 시위대들이 모이기 시작했다. 13시30분경 시민·학생 등 시위대 4000~5000명이 가톨릭센터 앞에서 금남로를 차단하고 있던 경찰을 향해 돌과 화염병을 던졌다.

일부 시위대는 부근 제일교회 신축공사장에 있는 기름통에 불을 붙여 경찰 저지선으로 굴려 보내 폭발시켰다. 街路邊(가로변)의 화분과 공중전화 부스 등으로 바리케이드를 치고, 각목과 쇠파이프 등을 들고 돌을 던지는 등 치열한 공방전을 계속했다.

鄭雄 31사단장과 崔雄 11공수여단장은 병력을 中隊 또는 支隊 단위로 분산 운용하는 것은 문제가 있으므로 오후부터는 대대별로 결집 운용하기로 결정했다. 15시경 11공수여단 61·62·63 대대와 7공수여단 35대대를 다시 출동시켜 61대대는 공용터미널, 62대대는 한일은행 앞, 63대대는 광주고교 앞, 35대대는 광주소방서 앞을 거점으로 하여 시위를 진압하도록 조치했다.

15시경 다시 공용터미널에서 시위대가 모이자 공수부대는 投石과 화염병 투척으로 맞서는 시위대를 대량의 최루탄으로 해산시키는 등 공방전이 계속되었다. 그후 공용터미널 앞에 모인 시위대 2000~3000여 명이 공수부대와 투석전을 벌이던 중 수십 명의 시위대가 공수부대원에 쫓겨 터미널 안으로 들어갔다. 이를 쫓아간 공수부대원들이 대검·소총 개머리판·진압봉으로 시위대를 가격했다.

15시15분경 가톨릭센터 7층에 있는 기독교방송국 경찰 병력인 31시단 96연대 1대대 소속 병력 9명을 공수부대원으로 오인한 시위대가 이들을 넘겨 줄 것을 요구했다. 가톨릭센터측이 공수부대원이 아니라고 하자, 시위대는 車庫(차고)에 있던 승용차 4대를 불태우고, 분말소화기를 뿜고 각목과 쇠파이프를 휘두르며 7층까지 밀고 올라갔다. 그들은 경계병력의 M16 소총 1정을 빼앗아 건물 아래로 던지는 등 방송국을 점거했다. 공수부대 병력이 다시 市內에 투입되었다는 말을 듣고 해산하였으나 일부 시위대는 현장에서 체포되었다.

15시27분경 문화방송국 앞에 집결한 시위대 3000여 명은 광주 상황을 보도하지 않는 방송의 태도에 격분, 방송국 건물에 돌을 던지고, 취재차량 1대를 불태우고, 문화방송 사장이 直營(직영)하는 것으로 알려진 전자제품점 문화상사에도 불을 질렀다.

15시55분경 전남대에 주둔하고 있던 7공수여단 33대대 병력도 출동하여 광주역·공용터미널·광주공원 등지에 着劍(착검)한 상태에서 차량을 타고 위력시위를 했다. 그후 공용터미널 부근에서 投石하던 시위대 9명을 체포하여 18시30분 전남대로 복귀했다.

16시경 광주일고·대동고·중앙여고 학생들이 수업을 거부하고 교내 집회 후 시내 진출을 시도했다. 금남로에 있던 시위대는 軍警의 진압작전에 밀려 현대극장·전남의대·공용터미널·계림도파출소 등으로 분산되면서도 투석전으로 대항했다.

16시15분경 장동 전신전화국 앞 사거리에 1500여 명의 시위대가 집결하였다가 공수부대의 진압에 밀려 분산하였다가 공수부대의 진압에 밀려 분산되었다. 16시40분경 광주터미널 앞에서 시민·학생 1000여 명이 합세하여 가드레일과 공중전화 부스로 바리케이드를 치고 공수부대와 투석전을 벌였다. 광주소방서 쪽에서 시민들의 시위 참가를 호소하는 가두방송이 시작되었다. 북동사무소 앞에서는 공수부대원 300여 명이 가택수색을 하면서 학생들을 진압봉으로 가격했다.

최초의 발포는 5월19일

17시경 공수부대원의 死體가 있다는 허위 제보를 받고 사직공원을 수색하고 복귀하던 11공수여단 63대대 일부 병력이 광주고등학교 부근 동원예식장 길 건너편에 이르렀다. 그 때 시위대의 강력한 포위 공격과 최루탄 연기로 인해 공수부대 장갑차가 방향감각을 잃고 보도 턱을 들이받고 정지했다. 시위대 수명이 불붙은 짚단을 장갑차 뚜껑을 열고 장갑차 속으로 던져 넣으려 했다. 이에 장갑차에 타고 있던 장교가 장갑차 문을 열고 M16 소총으로 위협 사격하였는데, 그 와중에서 김영찬(19세·조대부고 3년)이 대퇴부 등에 銃傷을 입었다.

17시30분경 광주일고 앞 광주공과기술학원에서 밖을 내다보던 학원생과 사무원 등 40여 명을 공수부대원들이 연행했다. 금남로 2가 가톨릭센터 앞에 시위대 200여 명이 재집결하자 공수부대는 장갑차 2대를 앞세우고 강력한 진압을 실시했다.

공용터미널 부근과 광주역에 각 500여 명의 시위대가 계엄군과 대치했다. 금남로에 다시 2000여 명의 시위대가 모여 들었다. 17시40분경 공용터미널 앞에 다시 시위대 1000여 명이 집결하였으나 계엄군의 강력한 진압으로 해산했다.

18시경 광주공원에 수천 명의 시위대가 모여 全斗煥 타도 구호를 외치고 시위하다 해산했다. 18시30분경 공원 광장에서 공수부대원들이 대학생 8명을 팬티만을 입힌 채 기합을 주었다. 19시30분경 공용터미널에 시위대 1000여 명이 공수부대와 대치하다가 해산했다.

시위대와 공수부대 치열한 공방

19시45분경 시위대는 유동에 세워진 석탄일 봉축 대형 아치에 放火(방화)했다. 20시경 중흥동 광주고속터미널 부근 청과물시장 앞에서 시위대 100여 명이 경남 화물차 1대에 불을 붙여 공수부대 쪽으로 돌진시켰다.

20시30분경 진압에 밀려 도주하던 시위대 500여 명이 북구청에 投石했다. 누문동파출소·역전파출소·임동파출소·양동파출소 등 4개 파출소가 시위대의 공격을 받아 파괴 또는 점거되거나 방화로 全燒되었다.

21시경 7공수여단 33대대가 광주역에 다시 출동하였으며, 21시55분경 시위대 60여 명이 역전파출소를 再점거 했다. 22시경 KBS 광주방송국에 시위대 100여 명이 침입하여 기물을 파괴하자, 22시25분경 軍警 시위진압 병력이 역전파출소 점거 시위대를 해산시켰다. 북구청 주변의 빌딩·여관·다방·주택가에 대한 수색을 실시하여 파출소 방화 관련자 13명을 검거하였으며, 22시50분경 33대대는 전남대로 복귀했다.

23시경 누문동파출소에 서부경찰서 소속 경찰이 출동하여 시위대를 진압하고, 양동파출소에 경찰기동대와 31사단 96연대 1대대 병력이 출동하여 시위대를 진압했다.

7공수여단 35대대는 금남로에서 시위 진압 작전에 참가한 후 전남도청·전남여고·광주전화국·광주소방서를 거쳐 5월19일 21시20분경 공용터미널에 도착했다. 5월19일 밤은 그곳에서 11공수여단 61대대와 함께 숙영했다. 61대대는 5월20일 새벽에 전남도청 앞 금남로 2가로 이동했다.

陸本은 1개 공수여단을 광주에 추가 투입하기로 결정한 다음 鄭鎬溶 특전사령관의 건의에 따라 3공수여단을 증원하기로 했다. 18시 2군사령부에 3공수여단 5개 대대를 추가 작전통제하라는 지시를 하달하고, 23시08분 3공수여단에 광주 투입 명령을 하달했다.

23시 31사단 기밀실에서 鄭雄 31사단장은 예비군 훈련단장·崔雄 11공수여단장·경찰국장·31사단 96연대장 등이 참석한 가운데 작전지휘관회의를 개최했다. 5월20일 오전에 증원되는 3공수여단은 전남대를 基地(기지)로 하여 전남도청 동쪽을 분담하여 작전을 수행하되, 과잉진 압을 자제할 것을 지시했다.

5월19일 23시40분 2군사령부는 도시 게릴라식 소요 및 난동 형태에 대비, 大隊 단위 기동타격대 보유, 早期(조기)에 분할 타격·체포, 소요 군중의 도피 방지책 강구, 과감한 타격 등을 내용으로 하는 군 충정작 전지침 추가 지시와 계엄군의 이상적 행동 강구, 利敵(이적)행위자 단 호 조치, 선량한 학생 및 시민 보호 등을 내용으로 하는 2군사령관 훈 시문을 시달했다.

이날의 시위 진압 과정에서 김안부(남·36세)가 전두부 열상 등으로 사 망하였고, 軍警 24명과 학생·시민 수십 명이 부상을 입었다. 부상자 중 최승기(남·20세·학생), 김인윤(남·21세), 이인선(남·27세), 최미자(여·19세) 외 1명은 刺傷(자상)을 입었다.

保安司 조치 상황

보안사 崔禮燮 준장·洪性律 대령 광주파견

5월19일 保安司는 광주지구 보안부대의 상황 보고 및 조치가 미흡하 다는 全斗煥 보안사령관의 지적에 따라 보안사 기획조정처장 崔禮燮(최 예섭) 준장을 광주에 파견했다. 16시경 송정리 비행장에 도착한 崔禮燮 준장은 李在于(이재우) 광주지구 보안부대장의 건의를 받고 保安司에 연 행자 조사요원과 예산의 지원을 요청했다.

崔禮燮 준장은 전교사 부사령관 부속실과 광주지구 보안부대장실 옆 방에 머물면서 광주 상황을 保安司에 보고하고, 전교사 작전회의에 참 석하거나 金基錫(김기석) 전교사 부사령관과 함께 市民 협상 대표를 만나

는 등 임무를 수행하다가 광주 再진입 작전 직후인 5월27일 오후 보안사로 복귀했다.

李鶴捧 보안사 대공처장은 계엄 확대와 동시에 치안본부 수사업무 조정을 위해 합동수사단에 파견 나와 있던 洪性律(홍성률) 1군단 보안부대장을 광주로 내려보내 상황을 파악할 것을 지시했다.

5월20일 08시경 광주에 도착한 洪性律 대령은 09시30분경 광주 시내로 들어가 직접 상황을 파악했다. 5월21일 이후에는 市內에 은신하면서 시위대의 위치·무장 상황·이동 및 공격 상황·시민들과 수습대책위원회의 동정 등을 파악, 보고했다. 5월24일 14시경 광주지구 보안부대로 귀대하여 지원업무를 계속하다가 6월8일경 保安司로 복귀했다.

5월22일부터 保安司에서 최경조 대령이 파견되어 광주지역 합동수사단장으로서 합동수사본부에서 파견된 수사요원 30여 명과 현지수사요원 10여 명을 지휘하여 시위 관련자에 대한 수사업무를 수행했다.

(5) 5월20일 상황

오전-3공수여단 추가 투입 및 계엄군 배치 상황

시위대에 밀리자 공수부대 추가 투입

5월20일 0시부로 31사단에 3공수여단 5개 대대를 추가로 작전통제하라는 지시가 하달되었다. 01시02분 3공수여단 소속 장교 255명·사병 1137명이 서울 청량리역을 출발, 07시 광주에 도착했다. 이로써 광주지역에는 공수부대 3개 여단 10개 대대가 투입되었다.

광주역에 마중나온 鄭雄 31사단장은 역장실에서 崔世昌 3공수여단장과 대대장들에게 광주시내 상황을 설명한 다음, 전남대에서 숙영하면서 광주 서북부 지역을 담당, 시위진압 임무를 수행하도록 지시했다. 이에 따라 11공수여단은 7공수여단 33대대를 추가 배치받아 광주 동부지역을 담당하도록 변경 조치되었다.

戰敎司는 05시 500MD 헬기 3대를 지원 요청하고, 05시30분 2개 공수여단 병력의 증원을 요청했다.

09시 31사단은 재차 광주시내 예비군 무기 6508정, 실탄 42만 발을 군부대로 회수 조치했다. 미회수 총기는 공이와 노리쇠를 제거하고, 탄약은 매몰하는 등 긴급조치를 취했다.

06시경 11공수여단은 작전담당 구역인 광주 동부지역에 병력을 배치했다. 61대대는 금남로 2가 상업은행 일대에, 62대대는 충장로 광주우체국 일대에, 63대대는 금남로 3가 광주은행 일대에, 7공수여단 35대대는 금남로 4가 한일은행 일대에, 7공수여단 33대대는 광주역에 배치되었다가 오후에 계림동 일대로 이동하였다.

전남도교육위원회에서 광주 시내 중·고등학교에 대해 임시 휴교조치를 내렸다. 상가는 절반가량 철시했다. 10시경 대인시장 주변에 1000여 명의 학생·시민들이 집결하여 공수부대원들의 강경 진압을 성토하면서 금남로 방면으로 진출하였으나, 장갑차를 앞세우고 진압하는 공수부대원들에게 밀려 산개되었다.

10시 尹興禎 전교사령관이 소집한 2차 광주지역 기관장회의에서 기관장들은 공수부대를 철수하든가, 철수가 불가능하면 공수부대 복장을 일반군인 복장으로 교체하여 줄 것을 건의했다.

10시30분경 7공수여단 35대대가 배치된 한국은행 맞은편 가톨릭센터 앞에서 공수부대원들이 30여 명의 男女를 체포하여 속옷만 입힌 채 기합을 주고, 진압봉으로 가격했다.

12시30분경 전남대에서 식사를 마친 3공수여단 병력이 광주시내에 투입되었다. 작전담당 구역인 서북부지역을 중심으로 11대대는 황금동 일대에, 13대대는 공용터미널에, 15대대는 양동사거리 일대에 배치되어 시위진압 임무를 수행했다. 12대대는 광주시청에 대기하면서 기동타격대 임무를, 16대대는 전남대에 잔류하면서 여단 예비대 임무를 각 수행했다. 12대대는 광주시청에 대기하면서 기동타격대 임무를, 16대대는 전남대에 잔류하면서 여단 예비대 임무를 각 수행했다.

12시경 鄭鎬溶 특전사령관이 광주에 와 전교사 상황실에 설치한 7공수여단 지휘부에 들러 여단장 등을 격려하고, 尹興禎 전교사령관을 만난 후 오후에 歸京(귀경)했다. 특전사는 전교사 기밀실에 상황판을 설치하고 전교사 건물 옥상에 전용무전기를 설치하여 공수여단으로부터 상황보고를 받았다.

오후-차량 시위 및 공수여단 시위 진압 상황

택시부대 등장으로 시위 격화

3개 공수여단 10개 대대가 광주시내 일원에 배치된 후, 오전에 비교적 평온하던 상황과는 달리 오후에 들어 시위는 다시 격화되기 시작했다. 「죽은 인원이 수십명이다, 共産黨도 이렇게 무자비하지 않았다」「계엄군이 경상도 출신이다」라는 등의 내용이 쓰인 유인물이 곳곳에 뿌려졌다. 시위대들은 계엄 철폐, 연행 학생 석방, 공수부대 철수, 金大中 석방, 全斗煥 퇴진 등을 요구하며 시위를 벌였다.

13시20분경 상업은행 앞에 200여 명, 14시20분경 충장로에 200~300명, 전남도청 앞에 200여 명, 계림동 지역에 2000여 명이 모여 시위를 벌였다. 공수부대가 장갑차를 앞세우고 진압에 나서자 시위대는 계림동 광주고교 쪽으로 밀려 가면서 人道에 설치된 대형 화분과 가드레일 등으로 바리케이드를 치고 軍警과 격렬하게 대치했다.

15시40분경 조흥은행 앞에 200여 명, 15시50분경 금남로 2~3가에 5000여 명, 금남로 4가에 3000여 명이 운집했다. 금남로 4가에서 1가 쪽으로 이동하던 시위대를 경찰이 최루탄과 페퍼포그를 쏘면서 저지하였으나 경찰이 밀리기 시작했다. 금남로 1가 쪽에서 공수부대가 진격하자 다시 시위대가 후퇴하는 등 공방을 계속했다.

16시경에는 전남도청 인근 지역에 집결한 시위대가 2~3만 명에 이르렀다. 이들은 대열 앞에 드럼통과 화분대 등을 굴리면서 軍警의 저지선으로 접근하였고, 많은 사람들이 돌·화염병·쇠파이프·각목·칼 등을 소지하고 시위를 벌였다.

17시경 공수부대원들의 무차별 가격에 분개한 택시 기사들이 50여 대의 영업용 택시를 몰고 광주역에 집결, 계엄군을 밀어버리겠다고 시위를 했다. 18시경 무등경기장에 100여 명의 택시기사들이 택시를 몰고 다시 집결하여 軍 저지선을 돌파하고 계엄군을 몰아낼 것을 결의했다. 5~6대의 버스와 트럭을 앞세우고 전조등을 켠 채 경적을 울리며 광주역과 공용터미널을 거쳐 19시경 금남로 쪽으로 진입하여 전남도청 앞 관광호텔까지 진출했다.

금남로 1가 전남도청 앞에 저지선을 치고 있던 경찰과 11공수여단 61·62대는 도로변에 있는 장식용 대형 화분대로 바리케이드를 설치하여 시위대의 차량을 저지하려 했다. 선두 차량 10여 대가 계속 도청 쪽으로 전진하자, 최루탄과 페퍼포그를 쏘면서 차량 저지 특공조는 선두 차량에 접근, 차량 유리창을 파손하여 차량의 전진을 저지했다. 시위대의 차량이 가로수와 바리케이드를 충돌하는 사이에 차 안으로 최루탄을 던져 넣고 차 안으로 쳐들어가 운전자와 시위대를 진압봉으로 타격하고 검거했다.

버스 돌진으로 경찰 4명 사망, 5명 중상

19시30분경 다시 공용터미널 쪽에서 1만여 명의 시위대가 수십 대의 차량을 앞세우고 금남로 시위대와 합세했다. 공수부대는 최루탄을 쏘면서 저지했다. 경찰도 최루탄과 페퍼포그를 쏘면서 시위대의 도청 쪽 진출을 필사적으로 저지했다.

19시45분경 문화방송국 앞에 모인 5000여 명의 시위대는 방송사에 저녁 8시 뉴스시간에 광주 상황을 보도할 것을 요구하였으나 보도가 되지 아니하자, 20시30분경 방송국 건물에 화염병을 던졌다. 방송사 직원들은 셔터를 내리고 소화기로 鎭火(진화)하고, 31사단 96연대 1대대 소속 경계 병력도 소화탄을 던지면서 진화를 계속하였으나, 21시45분경 문화방송국 건물은 火焰(화염)에 휩싸이기 시작했다. 경계병력은 후문을 통해 전남도청으로 철수했다.

20시경 노동청 앞·MBC·KBS 앞·공용터미널 부근·전남매일신문사 앞 등에서 수만 명의 시위대가 애국가를 부르면서 공수부대와 대치했다. 그 와중에 역전파출소·학동파출소·광주시청·방송국·서부경찰서 등이 被襲(피습)되었다. 20시30분경 광주소방서가 시위대에 占據(점거)되고 소방차 4대가 탈취되었다.

20시경 시위대 약 3000명이 광주관광호텔 앞에서 시위를 하였고, 20시10분경 노동청 쪽에서는 부근 주유소를 점거한 시위대가 기름을 차량에 부어 불을 붙인 후 대치하고 있던 경찰 쪽으로 밀어붙였다. 그 와중에서 고속버스 1대가 상무관 부근 경찰저지선으로 돌진하여 경찰관 4명이 버스에 깔려 사망하고, 5명이 부상을 입었다.

(편집자注: 이 사고로 함평경찰서 소속 정춘길 경장, 강정웅 순경, 이세홍 순경, 박기웅 순경 등 네 명이 숨졌고 김대민 순경 외 4명이 중상을 입었다. 이 버스를 몰고 온 김갑진, 배용주씨 등 2명은 후에 경찰에 붙들려 복역하다가 석방됐다. 이들은 군중들이 버스를 탈취, 몰지 않으면 죽인다고 위협하여 몰고 가다가 연기 등으로 앞이 보이지 않아 차를 세웠는데 사고가 났다고 진술했다. 「月刊朝鮮」 1985년 7월호 「光州사태 관계자들의 증언」 참조)

20시20분경 시위대가 역전파출소·양동파출소·학동파출소를 점거했다. 일부 시위대는 광주소방서에서 탈취한 소방차 4대로 사이렌을 울리며 街頭로 진출했다. 20시50분경 광주시청이, 22시경 광주경찰서와 서부경찰서가 시위대에 점거되었다. 23시경 광주세무서가 불타는 등 전남도청을 제외한 광주 전지역이 사실상 시위대에 장악되었다.

21시20분경 7공수여단 33대대는 조선대를 방어하라는 11공수여단장의 명령에 따라 조선대로 복귀했다. 7공수여단 35대대는 11공수여단장의 명령에 따라 23시경 전남도청 앞으로 집결함으로써 11공수여단은 사실상 시위 진압을 포기한 채 조선대와 전남도청 앞에서 시위대와 대치를 계속했다.

24시경 시위대의 차량 돌진 공격으로 노동청 앞과 전남대 앞에서 경찰관과 공수부대원 수명이 사망한 사실이 전파되는 등 상황이 위급하다고 느낀 지역대장과 중대장들이 실탄 지급을 요청했다. 11공수여단 61대대장과 62대대장은 62대대장 지프차에 보관하고 있던 경계용 실탄(위급시 사용하기 위해 탄창에 삽입하여 보관하는 실탄)을 15발 정도가 든 탄창 1개씩 중대장들에게 분배하고, 위급시 대대장의 명령에 따라 사용할 것을 지시했다.

5월21일 0시36분경 시위대 3000여 명이 고속버스 3대를 돌진시키며 조선대 정문 돌파를 시도했다. 7공수여단 33대대는 최루탄을 쏘면서 이를 저지했다. 버스가 조선대 담과 민가를 들이받고 정지하는 등 04시40분까지 치열한 공방을 계속했다.

5월21일 03시경 전남도청 앞에서의 시위가 소강상태에 들어감에 따라 공수부대는 戰列(전열)을 재정비했다. 7공수여단 35대대는 충장로와 화순으로 통하는 전남도청 좌측 방면에, 11공수여단 61·63대대는 전남도청 우측 노동청 앞에 각 배치했다.

오후-3공수여단 시위 진압 상황

돌진 차량에 권총사격

양동사거리 일대에 배치되어 시위진압 작전을 하고 있던 3공수여단 15대대는 5월20일 18시경 여단장의 지시에 따라 광주역으로 이동, 집결지 확보를 위하여 광주역 앞 도로를 차단했다. 광주시청에서 대기하면서 기동타격대 임무를 수행하던 12대대는 광주역에 있는 15대대를 지원하고 KBS 광주방송국을 보호하라는 여단장의 지시에 따라 19시경 광주역으로 이동하여 15대대와 합류했다.

광주역 앞에서 다섯 갈래의 방사형 도로에 바리케이드를 치고 최루탄을 쏘며 수천명의 시위대와 대치, 공방을 벌이고 있던 12·15대대는 20시경 시위대가 드럼통에 휘발유를 넣어 불을 붙여 굴려 보내고, 트럭·버스 등 차량 돌진 공격을 계속하자 人道로 피하거나 가스탄 투척 등으로 시위대를 저지했다. 22시경 돌진하는 시위대의 트럭에 하사관 3명이 깔려 重傷(중상)을 입자, 일부 대대장은 권총을 차량 바퀴 등에 쏘아 돌진 차량을 정지시키고 운전자 등 시위대를 체포했다.

한편 18시30분경 3공수여단 본부요원이 2.5t 차량 2대로 시내 작전부대의 저녁식사 보급을 위해 전남대에서 500m 가량 떨어진 신안동 굴다리 부근에 이르러 시위대 2000여 명으로부터 공격을 받았다. 전남대에 잔류하고 있던 16대대 병력이 출동, 최루탄을 발사하여 시위대를 진압하였으나 20시경 고속도로 쪽에서 차량 100여 대가 경적을 울리면서 몰려와 공방전을 벌였다. 16대대의 강력한 진압으로 시위대들이 차량을 버리고 도주하여 소강상태가 유지되던 22시경 갑자기 시위대의 11t트럭 1대가 광주역 쪽에서 돌진하여 오다가 방향을 틀면서 전복되어 공수부대 하사관 1명이 트럭에 깔려 사망했다.

(편집자注: 당시 사망자는 3공수여단 16대대 소속인 육군상사 정관철이다. 광주에서의 군측 전사자 23명의 전사 일지를 보면 1980년 5월20일에 정관철 상사 1명, 21일과 22일에 공수11여단 이상수 병장 등 6명은 광주시내 철수 때 시위대 발포로 사망했다.

24일과 25일. 공수11여단 차정환 소령 등 12명은 11공수여단과 광주보병학교 교도대 간, 31사단과 광주기갑학교 하사관 생도대 간에 벌어졌던 두 차례 오인사격에 의한 피살자들이다.

27일과 28일 사망자 3명은 계엄군의 광주 탈환시 시민군과 교전에서 사살된 이들이다. 23명의 사망자는 공수부대 18명, 31사단 3명, 보병학교 1명, 20사단 1명이다. 이들은 동작동 국립묘지 제29~30묘역에 안장되어 있다. 「月刊朝鮮」 1988년 7월호 「공수부대의 광주사태」 참조)

22시경 崔世昌 3공수여단장은 대대장들로부터 엄청난 수의 시위대에 포위되어 위급한 상황에 처해 있다는 보고를 받고, 각 대대에 광주역으로 집결하여 전남대로 철수하도록 지시했다.

시위대의 공세에 밀려 금남로 신탁은행 공터에서 自體(자체) 방호에 치중하고 있던 3공수여단 11대대는 여단장의 광주역 집결 지시에 따라

22시30분경 최루탄 발사 등으로 시위대를 돌파, 그 무렵 공용터미널 일대에 배치되어 시위 진압 작전을 했다. 그 후 광주시청으로 이동한 13대대와 합류한 다음, 23시30분 11·13대대 합동작전으로 시가지를 장악하고 있는 시위대를 뚫고 광주역으로 이동, 12·15대대와 합류했다.

경계용 실탄 지급 지시

차량 돌진 등 시위대의 강력한 공격에 위협을 느낀 대대장들이 실탄 지급 등 지원을 요청했다. 崔世昌 3공수여단장은 22시30분 경 위협용으로 사용하되 위협용 이외의 사용시에는 사전에 보고하라는 지시와 함께 경계용 실탄을 대대에 갖다 주도록 지시했다. 본부대 병력 약 20명으로 지원조를 편성, 여단 정보참모가 먼저 신안동 굴다리에 있던 16대대에 경계용 실탄 100여 발을 전달했다.

이어 여단 작전참모와 함께 광주역 뒤쪽 도로와 광주시청 앞 사거리를 지나 광주역으로 진출하면서 수백 명의 시위대의 저지에 부딪쳤다. 경고 방송에도 불구하고 시위대가 해산하지 않자 차량에 거치한 M16으로 공포 사격을 하고, E-8 발사기로 최루탄을 발사, 시위대를 해산시켰다. 그 후 광주역에 도착하여 12·15대대에 경계용 실탄을 전달했다. 이어 광주역에 도착한 11대대에도 경계용 실탄을 전달했다.

3공수여단 소속 대대들이 광주역에 합류한 후에도 전남대 쪽과 KBS방송국 쪽에서 시위대가 여러 차례 차량 돌진 공격을 감행했다. 3공수여단은 장교들의 권총·M16 發砲와 E-8 발사기 발포로 돌진 차량을 저지하고 시위대를 해산시켰다. 그들은 5월21일 02시경 KBS 방송국에 배치되었던 31사단 경계병력 장교 4명·사병 35명과 함께 전남대로 철수했다.

5월20일 밤 광주역 일대에서의 시위 진압 과정에서 김재화(남·25세),

김만두(남·44세), 김재수(남·25세), 이북일(남·28세)이 총상을 입고 사망하였으며, 최영철(남·39세), 김명환(남·16세), 나순돈(남·20세), 강인곤(남·20세), 김현택(남·24세)과 성명불상자(25~30세) 1명이 銃傷(총상)을 입었다.

시위대의 억센 저항에 부딪쳐 11공수여단이 전남도청 앞으로 밀리고, 3공수여단이 광주역에 집결되어 전남대로 철수함으로써 전남도청과 조선대·전남대를 제외한 광주시 일원은 사실상 軍警의 통제를 벗어나게 되었다. 시위대는 밤새도록 시위를 벌이면서 경찰서·파출소 대부분을 공격하였다. 경계 병력이 철수한 KBS 방송국이 불타고, 광주세무서 예비군 무기고에서 카빈 17정이 시위대에 탈취되었으며, 5월21일 02시13분 광주지역의 일반 전화선이 단선 조치되었다.

5월20일 23시20분 2군사령부로부터 발포금지, 실탄 통제, 특전사 임무 20사단에 인계 고려 등에 관한 추가 작전지침이 하달되었다. 이어 23시32분 소요 확산 저지를 위하여 광주시 외곽 도로 봉쇄 지시가 하달되었다.

24시경 尹興禎 전교사령관은 李熺性 계엄사령관에게 전화를 걸어, 시간을 끌면 피차간에 유혈 충돌이 일어날 것 같다며 보병 부대를 투입하고 공수부대는 市 외곽으로 철수할 것을 건의하여 승인을 받았다. 그 무렵 陳鍾探 2군사령관도 공수부대의 시 외곽 철수를 건의했다.

(6) 5월21일 상황

광주교도소 상황
시위대, 장갑차 몰고 접근
戰敎司는 시위대의 광주교도소 습격 첩보에 따라 5월21일 01시45분

31사단에 광주교도소를 방어하라는 명령을 하달했다. 02시45분경 31사단 96연대 2대대 소속 장교 13명·사병 444명이 광주교도소에 배치 완료되었다.

08시58분경 버스 2대, 트럭 1대에 탄 시위대 400여 명이 교도소에 접근하였고, 10시22분경 150여 명의 시위대가 버스 1대, 트럭 3대를 타고 교도소 앞을 2~3회 선회한 후 광주 쪽으로 갔다. 11시02분경 시위대 50여 명이 장갑차 1대, 트럭 1대, 군용지프차 1대를 타고 교도소에 접근했다.

15시38분경 시위대가 경찰 기동순찰차 등 20여 대의 차량으로 교도소에 접근하였으나 계엄군과 직접적인 충돌은 없었다. 11시46분경 31사단 소속 교도소 경계 병력에 실탄이 空輸(공수)되었다.

20사단 증원 상황
사단장 지프차 등 지휘차량 14대 탈취당해

陸本의 20사단 증원 결정에 따라 20사단 61연대 소속 장교 82명·사병 1413명은 5월20일 22시30분경 사령부와 62연대 소속장교 114명·사병 1555명은 5월21일 02시30분경 각 용산역을 출발하였다. 61연대는 5월21일 04시경, 사단 사령부와 62연대는 08시50분경 차례로 광주 송정역에 도착, 상무대에 집결했다.

08시경 戰敎司 참모장의 명령에 따라 광주 교육대학으로 이동하던 20사단 61연대는 광주통합병원을 지나 골고개 지역에서 바리케이드를 치고 도로를 차단하고 있는 수백 명의 시위대의 저지에 부딪쳐 상무대로 복귀했다.

02시30분경 용산을 출발, 고속도로를 경유하여 08시경 광주에 도착한 20사단 지휘차량 인솔대는 광주공단 입구에서 진로를 차단한 수백 명의 시위대로부터 화염병 공격을 받고 사단장용 지프차 등 지휘용 지프차 14대를 탈취당했다. 그 과정에서 사병 1명이 실종되고(수일 후 복귀), 2명이 負傷을 입었다. 09시경 20사단 지휘차량을 타고 온 시위대 300여 명과 고속버스 5대를 타고 온 시위대 300여 명이 아세아 자동차 공장을 점거하고, 장갑차 4대와 버스 등 차량 56대를 탈취하여 광주시내로 진출했다.

계엄군 조치 상황

5월21일 자위권 발동 결정

5월21일 04시30분 陸本은 李熺性 계엄사령관 주재로 열린 계엄사 대책 회의에서, 계엄군을 광주 시내로부터 외곽으로 전환 재배치하고, 1개 연대를 추가 투입하며, 폭도 소탕 작전은 5월23일 이후에 依命(의명) 실시하고, 自衛權을 발동하기로 결정했다. 06시25분 가스 살포용 500MD 헬기 5대가 전교사에 도착하였으며, 08시 전교사 지역에 진도개(비상경계령) 하나가 발령되었다.

그 동안 광주 관련 보도를 통제하던 계엄사는 5월21일 오전 처음으로, 지난 18일 오후부터 광주 일원에서 발생한 소요 사태가 아직 수습되지 않고 있고, 20일 지역감정을 자극하는 각종 유언비어가 유포되어 이에 격분한 시민들이 가세함으로써 사태가 악화되었으며, 21일 오전 7시 현재 軍警 5명과 민간인 1명이 사망하였고, 조속한 시일 내에 평온을 회복하도록 모든 대책을 강구하겠다고 발표했다.

鄭雄 31사단장은 10시경 시위대의 주장 내용이 정치적인 것이므로 물리적인 수습방안보다는 정치적인 수습방안이 최선이라는 내용의 사태

수습 방안을 戰敎司에 건의했다. 尹興禎 전교사령관의 후임 내정 통보를 받은 蘇俊烈 육군 종합행정학교장은 李憙性 계엄사령관의 赴任(부임) 지시에 따라 15시경 헬기로 종합행정학교를 출발하여 16시30분경 전교사에 도착, 5월22일 10시 정식으로 전교사령관에 취임했다.

5월21일 15시35분 李憙性 계엄사령관은 宣撫활동으로 시민과 불순세력을 분리하고, 지휘체계의 一元化로 군 사기를 진작하며, 광주 외부도로망을 차단하고, 끝까지 교도소를 방어하라고 지시했다.

한편, 16시 진도개(비상경계령) 둘을 발령, 대공경계를 강화하였다. 같은 시각 전교사령관은 2개 공수여단에 대한 작전통제권을 31사단으로부터 전교사령관으로 전환, 직접 공수부대를 지휘하기 시작했다.

전남대 앞 시위 상황

장교들, 시위대 돌진 차량에 총격

전남대에는 5월21일 이른 시각부터 시위대가 트럭·버스·소방차·장갑차 등을 몰고 와 10시경 정문에는 4만여 명, 후문에는 1만여 명의 시위대가 3공수여단 병력과 대치하여 치열한 공방이 벌어졌다. 그 무렵 엄청난 시위대가 모인 데다가 시위대가 무기庫를 습격, 무기를 탈취하여 무장하였다는 첩보가 전파되었다. 13대대 중대장 이상 장교들에게 위급한 상황에서 지휘계통의 명령에 따라서만 사용하라는 지시와 함께 각 경계용 실탄 탄창(30발) 2개씩 지급되었다.

12시경 시위대의 전격적인 차량 돌진 공격으로 전남대 정문이 300m가량 시위대에 의해 돌파당하자, 3공수여단은 기동 예비 1개 대대로 시위대 前列을 공격했다.

2개 대대는 정문지역을 확보한 후 시위대를 밀여붙여 광주역 부근 신안동 굴다리까지 1km 정도 퇴각시키는 등 14시경 3공수여단이 광주교도소로 철수할 때까지 치열한 공방전이 전개되었다.

시위대가 장갑차·트럭 등 차량을 돌진시키자 일부공수부대 장교들이 차량을 향해 총격을 가하였다. 공수부대원들은 도망가는 시위대를 굴다리부근 民家에까지 쫓아가 최루탄을 발포하거나 전남대로 연행했다. 시위대의 장갑차·5t 구난차·경찰가스차·트럭 등 차량 13대를 노획하여 4대는 파기하고, 나머지는 광주 교도소로 가져가 도로를 차단하는 데 사용했다.

이날 전남대 앞 시위 진압 과정에서 主婦 최미애(여·23세·임신8개월)와 성명불상자 2명(운전자와 학생으로 추정)이 총상으로 사망했다.

최성환(남·18세·대동고1년·대퇴부 및 무릎관절 파편상), 양일권(남·19세·우측 대퇴부 및 하지 총상), 신사균(남·15세·좌측 대퇴부 관통상) 등이 총상으로 負傷(부상) 입원하였다.

공수부대에 연행된 안두환(남·46세), 장방환(남·57세)은 5월28일 광주교도소에서 타박상 등으로 사망한 시체로 발견되었다.

전남도청 앞 시위 및 발포 상황

시위대, 광주시장 향해 화염병 던져

전날 밤 시위대의 차량 공격이 소강상태에 들어간 뒤 도로에서 교대로 假睡眠(가수면)을 취한 공수부대는 전남도청 앞 금남로 前面에 11공수여단이 61·62대대를, 노동청 방면에 63대대를, 광주천 방면에 7공수여단 35대대를 각각 배치하여 전남도청 방어를 준비했다. 동이 트자 시위대들이 금남로로 몰려오기 시작했다. 5월21일 08시경 전남도청 앞에는 수만 명의 시위대가 死體 2구가 실린 수레를 앞세우고 공수부대의 만행을 규탄하며 계엄군의 즉각 철수를 요구하는 시위를 벌였다.

10시경 시위대 代表 4명이 7공수여단 35대대장의 안내로 전남도청에서 張炯泰(장형태) 도지사와 면담, 공수부대의 철수, 연행자의 석방, 과잉 진압의 사과, 계엄사령관과의 면담 주선을 요구했다.

張炯泰 도지사는 요구조건이 실현될 수 있도록 최선을 다하겠다고 약속한 후 도청 앞에 마이크 설치를 기다리던 중, 먼저 具龍相(구용상) 광주시장이 나가 시위대에서 진정하도록 설득하려 했다.

시위대는 도지사가 나타나지 않는다며 각목과 화염병을 던져 具龍相 시장은 연설을 하지 못했다. 11시경 張炯泰 도지사는 시위대 앞에서의 연설을 포기하고, 헬기를 타고 계엄군이 철수하도록 최선을 다하겠으니 시민들은 자제하고 生業에 복귀해 달라는 방송을 했다.

시위대는 12시까지 공수부대가 철수할 것을 요구했다.

시위대가 수만 명으로 불어나면서 카빈 총을 들고 있는 사람도 눈에 띄고, 장갑차를 비롯한 트럭·버스 등 수십 대의 차량이 시위대 前面에서 공수부대를 압박해 왔다.

위기의식을 느낀 11공수여단 61대대장은 여단 본부에 상황을 보고하고 필요한 대책강구를 건의했다. 여단 참모장은 宣撫활동으로 시위대를 해산시키고 도청을 死守(사수)하라는 지시만 반복했다.

11시경 63대대장은 대대장 지프차에 보관하고 있던 대대 경계용 실탄을 중대장들에게 1인당 10발씩 지급하고, 위급시에만 사용할 것을 지시했다.

12시경 공수부대는 장갑차 2대와 함께 도로에 포진하여 시위대의 도청 진출을 저지했다. 시위대는 장갑차·트럭·버스·택시 등 100여 대의 차량을 前面에 내세우고 공수부대의 저지선을 압박했다.

서로 10m 정도까지 접근, 긴장된 분위기가 지속되었다. 13시경 공수부대가 철수하지 않은 데 항의하며 시위대가 화염병을 투척하여 계엄군 장갑차에 불이 붙는 순간 시위대의 장갑차 1대가 갑자 기 공수부대 쪽으로 돌진했다. 공수부대 저지선이 무너지면서 공수부대원들은 장갑차를 피해 좌우로 갈라져 부근 전남도청·상무관·수협·도지부 건물 등으로 산개하였다. 미처 피하지 못한 공수부대원 2명이 장갑차에 깔려 1명이 사망했다.

(편집자注: 당시 현장에 있던 11공수여단 소속 통신병 慶箕萬(경기만)씨 증언에 의하면 시위대 장갑차 돌진으로 사망한 대원은 11공수여단 소속 권용문 상병이라고 한다. 권상병은 머리가 장갑차 바퀴에 눌려 짓이겨진 채 즉사했고 다른 사병은 가볍게 다쳐 곧 일어났다. 「月刊朝鮮」 1988년 7월호 「공수부대의 광주사태」 참조)

장갑차의 갑작스러운 돌진에 놀란 계엄군 장갑차 소대장이 장갑차에 거치된 기관총 방아쇠를 건드려 공중발포가 되었다. 도청 직원들이 宣撫활동의 일환으로 스피커를 통해 애국가를 방송하며 해산을 호소하는 가운데, 계속하여 시위대의 버스와 트럭이 도청 쪽으로 돌진해 왔다. 뒤쪽에 있던 일부 공수부대 장교들이 돌진하는 차량을 향해 발포를 하여 버스 1대는 운전자가 사망하면서 도청 건물 좌측 건물과 충돌하여 정지하고, 장갑차와 다른 차들은 도청 앞 분수대를 돌아 나갔다.

돌진하는 장갑차에 일제히 발포

시위대의 차량 기습 돌진에 놀라 산개하였던 공수부대원들이 다시 隊列을 정비하여 대형 화분 등으로 바리케이드를 치고, 일부 공수부대원들은 그 뒤에서 사격자세로 경계했다.

13시30분경 시위대 쪽으로부터 장갑차 1대가 빠른 속력으로 도청쪽으로 또 돌진하자 그 순간 경계중이던 공수부대원들이 장갑차를 향하여 일제히 발포하여 장갑차 위에서 머리에 흰 띠를 두르고 태극기를 흔들던 청년이 피격되었다.

공수부대의 발포로 후퇴하였던 시위대가 다시 가톨릭센터, 한국은행 광주지점 부근에 모이고, 그 중 5~6명이 태극기를 들고 구호를 외치고 나오자 공수부대원들은 이들을 향해 발포를 했다.

그 무렵 방송국 등의 경계임무를 수행하다가 전남도청으로 철수해 있던 31사단 96연대 1대대 소속 병력이 師團(사단)으로 철수하면서 경계용 실탄 200여 발을 7공수여단 35대대 군수장교의 요청에 따라 공수부대에게 넘겨주어, 35대대 장교들도 1인당 10발 정도의 실탄을 분배받았다.

한편 시위대는 차량을 이용하여 인근 광산·영광·함평·화순·나주·영암·해남·강진·완도·승주·고창 등지로 진출하여 무기를 확보, 무장을 했다. 13시경 광산 하남파출소에 시위대 80여 명이 차량 3대를 타고 와 카빈 9정을 탈취했다. 고속버스·트럭 등 10여 대의 차량에 탑승한 광주 시위대가 함평에 도착하여 군중 시위를 벌이고 신광지서에서 총기 100여 정, 실탄 2상자를 확보했다. 13시35분경 화순 소재 4개 파출소에서 총기 460정과 실탄 1만 발을 탈취했다. 14시경 나주 남평지서 무기고에서 카빈 20여 정과 실탄 7~8상자를 탈취했다. 광주에서 내려온 시위대와 나주 시위대가 합세하여 나주경찰서에 진입, 군용 레커차로 무기고를 파괴하고, 카빈 500여 정, M1 소총 200여 정, 실탄 4만 6000여 발을 탈취했다.

15시35분경 화순광업소에서 카빈 1108정, 실탄 1만 7760발, 화순 동면지서에서 M1 72정, 카빈 296정, AR 1정, LMG 1정, 실탄 1만4000여 발을 탈취했다.

그밖에도 이날 하루 동안 일신방직·호남전기·연초제조창·영암경찰서·화순경찰서·지원동 석산 화약고·한국화약·강진 성전파출소 등을 습격하여 카빈·M1·AR·LMG 등 총기 4900여 정, 실탄 13만 여 발, TNT 10여 상자, 수류탄 270여 발을 탈취했다.

시위대는 이들 무기를 가져와 광주공원과 학운동에서 분배한 후 총기 사용 교육을 실시했다. 15시경 광주공원에서 총기를 분배받은 시위대가 지프차를 타고 시내를 돌면서 상황을 전파했다. 17시경에는 광주공원에서 총기 사용 교육을 받은 시위대들이 組를 편성하여 정찰, 도청 감시, 외곽도로 경계 등의 임무를 부여받고 시내 요소에 배치되기 시작하는 등 이른바 市民軍이라 불리는 무장 시위대가 본격적인 활동을 시작했다.

14시50분경 시위대의 장갑차가 다시 전남도청 광장 쪽으로 돌진하다가 공수부대 장갑차에서 발포하자 후퇴했다. 15시경 남평지서에서 무기를 탈취한 시위대가 충금지하상가 사거리에 도착, 20여 정의 총기를 분배했다. 화순 경찰서 등에서 무기를 탈취한 시위대도 학동 석천다리, 지원동에서 총기를 분배하여 일부 무장 시위대는 전남도청 쪽으로 진출했다.

시위대와 공수부대 총격전 시작

14시50분경 공수부대는 전남도청 본관과 신관, 전남일보, 수협 도지부, 상무관 등 인근 건물 옥상에 일부 병력을 배치하여 도청부근으로 접근하는 시위대를 향하여 총격을 가하였다.

15시15분경 전남도청에서 500m 정도 떨어진 우체국 쪽에서 시위대 2000여 명이 모여 일부 시위대는 카빈과 실탄을 휴대하고 전남도청 쪽으로 진출하면서 총격전이 벌어졌다. 15시50분경 카빈을 휴대한 시위대가 전남의대 오거리에서 전남 道警(도경) 쪽으로 사격을 하면서 이동했다.

16시경 광주은행 본점 부근에 트럭이 도착하여 시위대에게 30여 정의 카빈을 분배했다. 일부 시위대는 전남의대 부속병원 12층 屋上에서 LMG 2정을 설치하고 전남도청과 軍헬기를 향해 사격을 했다.

14시45분경 20사단 61연대장이 11공수여단과 병력을 교대하기 위하여 61항공단 203대대장이 조종하는 UH-1H 헬기를 타고 전남도청 上空에서 공중 정찰을 하던 중 시위대의 대공사격으로 6발이 헬기에 맞았다. 15시50분경 광주통합병원 상공에서 宣撫방송을 하던 같은 기종의 61항공단 방송용 헬기도 6발의 총격을 받았다. 戰敎司로 복귀한 61연대장은 戰敎司에 병력 교체가 불가능한 상황임을 보고했다.

11공수여단 철수 상황

20시경 전남도청 시민군이 접수

5월21일 16시경 尹興禎 전교사령관은 李熺性 계엄사령관으로부터 공수부대의 市 외곽 철수와 自衛權(자위권) 발동을 승인받아 전남도청에 있는 7·11공수여단의 철수를 지시했다. 한편, 16시55분 예하 부대에 예비군 무기 및 탄약 확보, 도로 봉쇄를 지시하고, 이어 17시50분 광주도시권 외곽도로의 완전 봉쇄를 지시했다.

17시경 11공수여단 3개 대대와 7공수여단 35대대는 장갑차를 선도로 전남도청을 출발, 시위대의 공격에 대비하여 空砲(공포) 사격을 하면서 조선대로 철수했다. 7공수여단 33대대를 포함한 공수여단 5개 대대 병력을 도보제대와 차량제대로 편성하여 市 외곽 철수를 시작했다.

19시30분경 차량제대가 먼저 장갑차를 선두로 조선대-전남도청-15

번 도로를 따라 제2수원지로 철수했다.

道步제대는 조선대 뒷산-학동-지원동을 경유하여 산악능선을 따라 주남마을로 철수했다. 19시40분경 차량제대가 전남대 병원, 남광주시장, 숭의실고 부근을 지나면서 시위대의 사격과 차량 돌진 공격을 받아 軍 차량 3대가 전복되었다. 그 과정에서 장교 1명과 사병 1명이 사망하고 6명이 重傷을 입었다.

16시30분경 전남도청 상황실이 폐쇄되었다. 17시15분경 全南道警(전남도경) 상황실이 패쇄되고 道警 지휘부가 광주공항으로 이동함에 따라 경찰병력도 철수를 시작했다. 戰警들은 운동복으로 바꾸어 입고 철수했다. 20시경 전남도청은 市民軍에 의하여 접수되었다.

이날 전남도청 등 광주 시내 일원에서의 시위 진압 과정에서 15세 가량의 성명불상 남자(두부총상·의식 불명 상태로 13시10분 전남대 병원 도착·총기불상), 진정태(남·27세·5월21일 13시50분 사망 상태로 전남대 병원 도착·총기불상), 최승희(남·19세·5월21일 13시15분 전남대 병원 도착·카빈총상), 윤성호(남·27세·회사원·카빈총상), 박민환(남·26세), 조사천(남·33세·목공·5월21일 14시 광주기독병원 도착·카빈총상), 나홍수(남·34세·5월21일 17시15분 전남대 병원 도착·카빈총상), 안병태(남·26세·목공), 조남신(남·52세), 심동선(남·30세·다방 주방장·건물 屋上에서 피격), 김광석(남·전남대 2년·5월21일 13시55분 영남신경외과 도착·카빈총상), 민청진(남·20세·5월21일 13시55분 영남신경외과 도착·카빈총상), 황호정(남·63세·자택에서 피격), 김함옥(남·18세), 김용표(남·23세), 박세근(남·35세), 이경호(남·20세·카빈총상), 박인천(남·26세·카빈총상), 장하일(남·38세), 박금희(여·17세·춘태여상 3년), 김상구(남·22세·5월21일 14시10분 전남대 병원 도착), 채이병(남·25세), 박인배(남·17세), 윤형근(남·21세·5월21일 15시30분 전남대 병원 도착·카빈총상), 임균수(남·20세), 김복만(남·28세), 정찬용(남·29세), 정영진(남·17세), 조대훈(남·33세), 김완봉(남·13세·무등중 3년), 김형관(남·22세), 나안주(남·27세), 김영철(남·23세), 박창권(남·14세·숭의중 2년), 이성자(여·14세·카빈총상)와 성명불상자 수 명이 총상으로 사망했다.

(편집자注: 시위기간에 무기가 많이 나돌면서 오발사고도 빈번했다고 한다. 당시 전남대 4년 李모씨 증언에 의하면 방위병 한 명이 트럭 위에서 카빈을 들고 졸다가 오른쪽 턱 밑을 뚫고 총알이 머리에 박혔다. 22일 오후 7시쯤에는 충장로 동화백화점 앞의 어떤 집에서 국교 4학년짜리 꼬마가 M1을 들고 다니다가 지나가는 20대 여자의 왼쪽 종아리를 관통하는 상처를 입혔다고 한다. 「月刊朝鮮」 1988년 3월호 「내가 겪은 80년 5월의 光州」 참조)

3공수여단 철수 상황

연행 시민을 심하게 구타하여 수명 사망

5월21일 14시 3공수여단에 전남대에서 철수하여 광주市 외곽을 차단하고, 31사단 병력과 교대하여 광주교도소를 방어하라는 명령이 하달되었다. 16시30분경 3공수여단은 15대대를 선두로 전남대를 출발하여 17시20분경 광주교도소에 방어 임무를 분담했다.

광주교도소에 도착한 15대대가 교도소 앞 주유소에서 31사단 병력과 임무 교대 중, 고속버스 2대에 카빈을 장착한 시위대의 기습 사격으로 공수부대원 1명이 負傷을 입었다.

3공수여단은 광주교도소로 이동하면서 수십 명의 연행 시위대를 천막을 씌운 트럭으로 수송했다. 광주역, 전남대 등 격렬했던 시위대와의 충돌과정에서 흥분한 일부 공수부대원들이 호송트럭 안으로 최루탄과 가스를 집어넣고, 연행자들을 진압봉으로 가격하고, 군화발로 구타했다. 그 과정에서 연행자 수명이 사망했다.

광주–담양간 國道와 순천행 고속도로 사이에 위치한 광주교도소에서 외곽 봉쇄 작전을 수행하고 있던 3공수여단 병력과 교도소에 접근한 시위대 간에 간헐적으로 총격전이 발생했다. 그 와중에서 19시30분경 픽업 차량을 타고 교도소를 지나가던 담양거주 주민 4명이 카빈 총상을 받아 임은택(남·35세)과 고규석(남·37세) 등 2명이 좌대퇴부 또는 흉부관통 총상으로 사망했다.

3공수여단은 5월21일 밤 무장 시위대로부터 고속버스 2대 등 차량 6대를 노획하고, M1·카빈 등 총기 4정과 실탄 138발을 회수했다.

20사단 외곽 배치 및 추가 增援 상황

자위권 보유 알리는 경고방송

전남도청에 있는 공수부대와의 임무 교대가 불가능함에 따라 대기중이던 20사단은 5월21일 18시50분경 전교사령관의 광주시 외곽 도로 차단봉쇄 및 상무대 경계 명령에 따라 61연대를 광주–목포 및 광주–전주간 도로 차단을 위해 송암동과 광주 톨게이트에, 62연대를 통합병원 입구와 송정리 비행장 및 戰教司에 각 배치했다.

14시 李熺性 계엄사령관·각군 참모총장·柳炳賢 합참의장·白石柱 연합사 부사령관·陳鍾探 2군사령관·鄭棹永 보안사 보안처장이 참석한 가운데 열린 국방부장관 주재 회의에서 계엄군 외곽 철수와 自衛權 발동이 최종 결정되었다. 19시30분 李熺性 계엄사령관은 방송을 통한 自衛權 보유를 천명하는 경고문을 발표했다.

이어 20시30분 전교사령관은 예하 부대에 自衛權 행사를 지시하였으며, 20사단에는 21시 自衛權 발동 지시가 하달되었다.

19시20분 506항공대대 소속 500MD 헬기 4대가 戰敎司에 도착했다. 21시 陸本의 1개 연대 추가투입 지시에 따라 20사단 60연대 2대대·3대대와 91포병대대 소속 장교 88명·사병 1514명이 성남 비행장을 출발하여 5월22일 07시경 송정리 비행장에 도착, 격납고에서 대기했다.

5월21일 22시10분경 효천역 부근에 배치되어 광주—목포간 도로를 차단하고 있던 61연대 2대대 5·6중대와 지프차의 선도하에 트럭·버스 등 차량 6~7대에 탑승하고 목포쪽에서 오던 시위대 간에 交戰(교전)이 발생하여 시위대 버스 2대가 전복되었다. 시위대와 交戰을 보고받은 61연대장의 지시에 따라 5월22일 0시15분경 1대대 1중대와 연대 수색중대 병력이 증원되었다. 이어 01시경 광주쪽에서 버스 5~6대에 탑승하고 온 시위대와 다시 交戰이 벌어져, 두 차례의 交戰 과정에서 시위대 10여 명이 死亡하거나 부상했다. 그 과정에서 공수부대원 2명이 총상을 입었고, 시위대로부터 총기 16정과 실탄 500여 발이 회수되었다.

(7) 5월22일 상황

광주시 외곽 상황
곳곳에서 총격·오인사격으로 피해 속출

5월22일 0시40분경 시위대가 고속버스 2대·픽업 1대·1/4t 트럭 3대 등 차량 6대에 分乘(분승)하여 광주교도소에 접근, 3공수여단 병력과 交戰이 벌어졌다. 09시경 시위대 6명이 2.5t 트럭에 탑승하여 기관총 사격을 하면서 광주교도소에 접근, 경계근무 중이던 3공수여단 11대대 11지역대 병력과 총격전이 벌어졌다. 그 과정에서 시위대 3명이 공수부대의 총격으로 사망하고 〈서종남(남·17세), 이명진(남·36세), 이용충(남·35

세)으로 추정〉, 수 명이 부상을 입고 도주했다. 3공수여단은 고속버스 2대·트럭 1대·픽업 1대를 노획하고 LMG 1정·M1 소총 5정·카빈 4정과 실탄 약 400발을 회수했다.

05시경 광주에서 목포로 승용차를 타고 귀가하던 황남열 일행이 송암동 연탄공장 앞 바리케이드에서 20사단 61연대 2대대 병력의 검문을 받은 후 통과를 허가받아 진행했다. 그때 부근에 매복 중이던 61연대 수색중대 병력으로부터 시위대로 오인되어 사격을 받아 승용차 운전자가 사망하였고, 황남열 일가 3명은 총상을 입고 헬기로 후송되었다.

06시경 주남마을 일대로 철수한 7·11공수여단은 광주-화순간 國道 주변에 광주 쪽으로부터 11공수여단 61·62·63대대를 배치하고, 7공수여단 35대대 11지역대를 광주-화순간 國道에 있는 너릿재 터널에 배치하여 도로를 차단했다.

07시경 광주-목포간 도로상의 남평 간이 활주로에서 20사단 61연대 1대대 1중대와 광주 방향으로 진행하던 무장시위대가 탄 고속버스 3대가 대치했다. 계엄군의 저지와 설득으로 시위대가 목포방향으로 돌아가 충돌은 없었다.

09시경 효천역 부근에서 바리케이드를 치고 이동중이던 20사단 61연대 2대대 병력이, 그곳을 시위대 지역으로 오인하여 M1 소총을 흔들며 광주를 빠져 나가려던 승용차에 총격을 가하였다. 탑승자 중 왕태경(남·26세)이 부상을 입고 후송되었으나 사망하였고, 탑승자 2명은 총상을 입었다.

10시경 광주교도소 옆 고속도로 진입로 입구에서 3공수여단 12대대 8지역대 병력의 총격으로 트럭을 타고 그곳을 통과하던 김성수(남·51세)와 그의 딸 김내향(여·5세)이 부상을 입었다. 그의 처 김춘아(여·43세)는 총상을 입고 그 후유증으로 사망했다.

13시35분경 20사단 62연대 3대대가 봉쇄하고 있던 송정리 지역에서 시위대가 무기반납 조건으로 광주시 진입을 요구하여 15시경 M1 등 소총 57정과 실탄 100여 발을 반납하고 160여 명이 봉쇄지역을 통과했다.

18시30분경 너릿재 터널에서 7공수여단 35대대 11지역대는 화순 방면에서 오던 2.5t 트럭 1대에 총격을 가하여 정지시킨 후 그 트럭으로 터널 입구를 봉쇄하였고, 운전자는 행방불명되었다.

시위대 상황

시민수습위 출범

5월22일 06시30분경 날이 밝으면서 광주공원에는 무장시위대들이 모여들기 시작했다. 차량에 일련 번호를 부여하고, 차량별로 의료, 연락, 보급, 수송, 지휘·통제, 순찰, 전투 등의 임무를 부여했다. 금남로, 화정동, 산수동, 학동, 백운동, 서방 삼거리, 신역 등에는 각각 무장시위대와 차량을 배치하여 경계를 했다.

금남로와 전남도청 주변에는 많은 시민들이 모인 가운데 도청을 점령한 무장시위대는 도청을 본부로, 서무과 사무실을 상황실로 하여 활동을 시작했다. 09시경 지역 유지와 학생들이 주축이 된 시민수습대책위원회가 구성되었다. 丁時采(정시채) 부지사 등 전남도청 간부들도 출근하여 사태의 추이와 수습 방안을 논의했다.

12시경 전남도청 부지사실에서 이종기(변호사), 최한영(독립투사), 박윤종(전 광주시장), 조비오(신부), 윤영규(YMCA 이사), 김상형(전남대 강사), 이석연(전남대 교수), 장휴동, 신영순 등 各界 人士 15명이 모여 5·18 시민수습대책위원회(위원장 이종기)를 열었다.

이들은 사태 수습 전 軍 투입 금지, 軍의 과잉 진압 인정, 연행자 전원 석방, 사후 보복 금지, 책임 不問, 사망자에 대한 補償(보상), 이상의 요구 관철시 무장 해제 등 7개항의 요구사항을 마련하여 13시30분경 전남북 계엄分所를 방문, 金基錫 전교사 부사령관을 만났다. 계엄分所 측은 무기를 반납하면 선별 석방하겠다는 내용과 사후 보복 금지에만 동의하고 나머지는 상부에 건의하겠다고 약속하고, 동일 연행자 848 명을 석방했다.

도청 시민수습위와는 별도로 홍남순(변호사), 조아라(장로), 이애신(YWCA 장로), 김성용, 조비오(각 신부), 명노근, 송기숙(각 교수), 이기홍(변호사), 윤영규 등 15~16명은 남동성당에 모여 시민수습위의 7개 요구사항이 타당성이 있다고 판단, 수습위의 조치를 일단 觀望(관망)하기로 했다.

강경파와 온건파의 갈등

15시경 도청 분수대 앞에서 시민궐기대회가 열렸고, 15시18분경 관 위에 태극기를 덮은 18구의 死體가 분수대에 안치되었다. 17시경 계엄 分所로부터 요구사항을 적극 수용하겠다는 답변을 듣고 온 수습위 대표들이 시민궐기대회에 나가 협상 결과를 보고하면서 총기는 무조건 반납할 수밖에 없다고 연설하자, 협상결과가 미온적이고 굴욕적이라는 이유로 시민들의 반발과 야유를 받았다.

18시경 전남대 명노근·송기숙 교수가 도청 주변 학생 200여 명을 모아 수습 방안을 논의한 결과 별도로 학생수습위원회를 결성하기로 하고 도청으로 들어갔다. 도청 안에 있던 일부 청년들이 학생수습위원회의 구성에 반대하여 다시 논의한 끝에 20시경 임시학생수습위원회(위원장 김창길, 부위원장 김종배)가 결성되었다. 시민수습대책위는 주로 계엄 당국과의 협상을, 학생수습위는 대민업무를 맡았다. 그러나 수습위원들 간에 戰敎司와의 협상, 무기반납 문제를 둘러싼 의견 대립으로 진통이 계속되었다.

한편 광주 외곽 지역은 이날도 여러 경찰관서가 피습되었다. 0시05분 완도경찰서가, 06시04분 강진경찰서가, 12시12분 함평경찰서가, 14시58분 목포 연동지서가, 15시20분 목포경찰서가, 17시35분 해남경찰서가, 18시40분 화순 예비군 중대가 각각 검거되고 다량의 총기와 실탄이 시위대에 탈취되었다. 22시30분경 숭의실고, 수정아파트 옥상, 삼익맨션 옥상, 신우아파트, 서부경찰서 옥상에 LMG가 설치되었다.

계엄군 상황

헬기 위협사격 지시, 항공단 관계자들 반대

5월22일 09시경 광주 일원에 계엄사령관의 경고문이 공중 살포되었고, 10시 蘇俊烈 전교사령관이 정식 취임했다. 崔圭夏 대통령은 신임 朴忠勳 국무총리 서리와 국무위원들에게 임명장을 수여한 직후 朴忠勳 국무총리 서리에게 광주로 내려가서 상황을 직접 파악할 것을 지시했다.

10시20분 朴忠勳 국무총리 서리는 급거 戰敎司를 방문, 대화의 길을 모색하고 공수부대의 성격 및 훈련 상태 등을 광주 시민에게 이해시키며, 宣撫활동을 강화하라는 지시를 하고, 특별담화문을 녹화한 후 上京하여 광주 현지상황을 崔圭夏 대통령에게 보고했다.

10시30분 2군사령부로부터 自衛權 발동 지시가 정식 하달되었다. 10시45분경 31항공단 103항공대로부터 AH-1J(코브라) 헬기 2대와 500MD 헬기 5대가 도착하여 전교사의 작전 통제에 들어갔다.

黃永時 육군참모차장·金在明 육본 작전참모부장·李相薰(이상훈) 육본

작전처장은 金舜鉉(김순현) 전교사 전투발전부장에게 AH−1J 헬기로 조선대학 뒷산에 위협 사격을 하여 겁을 주어 시위대를 해산시키라고 지시했다. 그러나 항공단 관계자들의 반대 의견으로 실시하지 않았다.

10시55분 2군사령부는 戰敎司에 송정리 비행장 및 송정리의 확보를, 11시 무장시위대의 광주시 외곽 탈출방지를, 11시03분 고속도로 봉쇄와 확보를 각 지시했다. 11시22분경 무장 헬기가 장흥 교도소를 정찰하였으며, 11시30분경 전교사는 500MD 헬기 3대의 무장화를 건의했다. 12시 계엄사령관은 自衛權 발동 대상, 시기, 방법, 결과보고 등에 관한 계엄훈령 제11호를 하달했다.

14시경 鄭鎬溶 특전사령관은 崔雄 11공수여단장 등을 격려한 다음 상경했다. 14시30분경 具龍相 광주시장이 헬기에서 호소전단을 살포했다. 15시 2군사령부는 陸本에 5월23일 02시를 기한 충정작전 계획을 건의하였으나, 陸本은 무력 평정은 지역감정 해소 곤란, 민간인 人質시 대처 곤란 등을 이유로 5월24일까지 대기할 것을 지시했다. 16시30분경 20사단 60연대 2·3대대가 송정리 일대에 진입, 도로망을 봉쇄한 후 송정리역 부근에서 위력 행진을 했다.

16시경 20사단 62연대 2대대는 같은 날 17시까지 광주통합병원을 확보하라는 지시에 따라 장갑차 3대를 선두로 하여 통합병원 쪽으로 이동하던 중 저지하는 무장시위대와 民家지역에서 交戰이 벌어졌다. 그 와중에서 인근 화정동, 쌍촌동, 내방동 등에 거주하는 이매실(여·68세), 김영선(남·20세·카빈총상), 양회남(남·30세·카빈총상), 임정식(남·18세·카빈총상), 조규영(남·38세·총기불상), 함광수(남·17세), 김재평(남·29세), 손광식(남·20세·방위병·경비대 출근)과 계엄군 1명이 총상으로 사망했다. 17시50분경 계엄군이 광주통합병원을 장악했다.

19시20분 방송을 통하여, 현재 광주시내는 병력도 경찰도 없는 治安 부재 상태이며 일부 불순분자들이 관공서를 습격, 放火하고 무기를 탈취해서 군인들에게 발포했다는 내용의 朴忠勳 국무총리 서리의 특별담화문이 발표되었다.

22시30분 戰敎司는 UH-1H 헬기 10대, 고성능 스피커 2대, 가스살포용 500MD 헬기 1대 등 충정장비 추가 지원을 건의했다.

(8) 5월23일 상황

외곽지역 상황

5월23일 03시36분경 송정리 삼양타이어 공장에 무장 시위대 30여 명이 기습을 시도하여 예비군 중대가 위협 사격을 했다. 06시경 녹동마을에 있는 7공수여단 33대대 숙영지에 무장 시위대가 접근하여 사격을 하였으나 특별한 충돌은 없었다.

해남에 주둔하고 있던 31사단 93연대 2대대는 5월21일부터 5월22일 사이에 수차에 걸쳐 무장시위대가 부대에 접근, 무기와 탄약을 요구하였으나 대대장이 거부했다. 이에 시위대가 야간에 부대를 습격하겠다고 하고 돌아가자 2대대장은 부근 우슬재와 복평리에 병력을 매복시키고 시위대의 습격을 대비했다. 5월23일 05시30분경과 10시경 두 차례에 걸쳐 시위대와 계엄군 간에 총격전이 벌어져, 그 과정에서 박영철(남·27세), 김귀환(남·나이 불상)이 총상으로 사망했다.

10시경 광주시내 변전소 확보 지시에 의하여 광주변전소에 31사단 병력이, 계림변전소에 3공수여단 병력이 각각 투입되었다.

10시경 11공수여단 62대대 4지역대가 매복하고 있는 주남마을 부엉

산 아래 광주-화순간 國道를 광주방면에서 화순방향으로 진행하던 미니버스가 정지 신호를 무시하고 질주했다.

부근을 순찰중이던 5지역대 5중대원들이 집중 사격을 하여, 버스에 타고 있던 박현숙(여·18세·신의여상 3년), 고영자(여·22세·일신방직 공원), 황호걸(남·20세·방송통신고 3년), 백대환(남·19세·송원전문대 1년), 김윤수(남·27세·운전사), 김춘례(여·18세·일신방직 공원) 등 10여 명이 사망했다. 여단본부로 후송된 부상자 3명 중 홍금숙(여·17세·춘태여고 1년)은 헬기로 후송되었으나, 성명불상 남자 중상자 2명은 공수부대원의 총격을 받고 사망했다.

광주교도소 부근서 총격전

08시25분경 광주교도소 부근에서 3공수여단 병력의 총격을 받아 안병섭(남·22세)이 좌대퇴부 관통총상을 입고 사망했다. 10시20분경 소방차에 탑승한 무장 시위대 수명이 광주교도소 부근에서 3공수여단 11대대와 交戰 끝에 시위대 4명이 체포되고 소방차가 회수되었다. 19시경 2.5t 트럭 1대에 탑승한 무장시위대 40여명이 광주교도소 부근에서 3공수여단 13대대와 交戰을 벌여 시위대 1명이 사망하고, 계엄군 1명이 부상을 입었다.

10시50분경 해남 황산만에서 무장 시위대 40여 명이 도로를 차단한 계엄군과 交戰하여 시위대 1명이 사망하고 2명이 부상했다. 11시10분경 영산포-나주간 도로에서 시위대 15명이 바리케이드를 치던 계엄군의 정지 명령에 不應(불응)하자 차량 바퀴에 사격을 가하여 그들을 체포했다.

계엄사 및 전교사 상황

광주 진압작전 논의

李熺性 계엄사령관은 5월23일 08시50분 陳鍾探 2군사령관과 관계

참모를 참석시킨 가운데 전교사 충정계획을 중심으로 소요 진압작전 계획을 논의했다. 광주지역 시위자 중에는 가발 사용자와 복면한 자 등이 다수 포함되어 있고, 특히 서울에서 온 대학생이라고 자처하는 자 20여 명이 있는 등 北傀의 침투를 의심케 하는 실태였다.

장기화될수록 선량한 시민의 對정부 怨聲(원성)이 심화될 것이므로 작전이 早期에 착수되어야 한다는 전교사 충정계획에 대하여, 최소한의 희생으로 소기 성과를 달성하도록 용의 주도한 계획과 준비가 필요했다. 시민의 무기 자진 반납 기대, 良民(양민)과 暴徒(폭도)의 분리, 현지 지휘관의 可用時間(가용시간) 등을 고려, 작전은 5월25일 02시 이후에 依命 개시하되, 기본계획의 승인과 작전 개시 시기 결정권을 현지 지휘관인 전교사령관에게 부여하도록 결정했다.

11시 33사단 101연대 2대대 소속 장교 25명, 사병 447명이 陸本의 광주지역 소요진압을 위한 부대투입 명령에 따라 성남비행장에서 대기하다가, 동일 16시 계획 취소로 주둔지인 안양으로 복귀했다.

16시경 20사단 60연대는 송정리에서 상무대로 이동하고, 20사단 61연대는 7·11공수여단 임무를 인수하여 주남마을에서 광주-화순간 도로를 봉쇄했다. 20사단 62연대는 3공수여단의 교도소 방어 및 광주-화순간 도로 봉쇄 임무를 인수했다. 戰敎司 예하 학교 병력은 금당산, 톨게이트, 상무대, 통합병원, 극락교 일대를 점령했다. 3·7·11공수여단은 광주 비행장에 집결 보유하라는 계엄군 배치조정 명령이 하달되었다.

광주시내 상황
도청 앞에 死體 58구 전시
5월23일 06시경부터 광주시내 일원에서 남녀 고교생들을 중심으로 시민들이 동참하여 청소를 실시했다. 07시경 시내 여러 병원에 분산, 안치되어 있던 死體를 모아 전남도청 앞에 死體 58구가 전시되었다. 09시35분경 전남도청에 학생수습위원회 본부가 설치되어 무기 회수 활동을 전개했다.

10시경 시민수습위원 15명 중 5명이 사퇴하고, 전남대생·조선대생 각 10명을 추가하여 30명으로 5·18사태 수습대책위원회를 확대 개편했다. 수습대책위원장에 윤공희 대주교가 추대되었다.

한편 김성용·홍남순·이기홍·조철현·조아라·이애신·위인백·이영생·조봉환·장기언·김천배 등은 남동 천주교회에 모여 도청 내 수습대책위원회의 無力함을 지적하고, 구속학생의 석방·공수단의 책임자 처단·계엄군의 사과 등 8개 항을 결의한 후, 전원 도청으로 들어가 시민수습대책위원회에 참석했다.

그러나 무기를 회수하여 계엄당국에 반납하자는 수습대책위의 입장과 異見을 보여 수습대책위에 합류하지 못했다. 내무국장실 옆방에서 회의를 가진 학생수습대책위에서도 무기 반납 문제로 의견이 대립되었다.

13시경 회수된 총기 3000여 정 중 200정을 수습대책위원 장휴동과 학생수습위원장 김창길이 계엄분소를 방문하여 반납하고 연행자 34명의 신병을 인수했다. 계엄분소 지휘관들과 협상을 벌였으나 수습위측의 요구사항 중 예비검속자 및 연행자 전원석방 문제에 대해 결론을 짓지 못하고 翌日 다시 의논하기로 했다. 15시경 전남도청 앞 광장에서는 5만여 명의 시민이 모여 제1차 민주수호 범시민궐기대회를 개최했다.

16시경 丁時采 부지사의 요청으로 학생수습위는 국장급 이상 전남도청 간부들의 출입을 허용하여 具龍相 광주시장 주재로 전남도청·광주시청 국장 연석회의가 열려 장례·식량지원 문제를 논의했다. 18시경 학생수습위 회의가 열려 김창길 위원장으로부터 계엄분소와의 협상 결과를 보고받고, 총기 반납 문제에 관하여 격론을 벌였으나 결론을 내리지 못했다.

(9) 5월24일 상황

계엄군 교대 및 오인사격 상황

계엄군간 총격으로 9명 사망 33명 부상, 격분한 공수부대원 양민학살

5월24일 01시30분 그동안 주남마을에 주둔하면서 외곽봉쇄 임무를 수행하던 7·11공수여단에, 현 주둔지에서 광주 송정리 비행장으로 이동하여 전교사 예비대로서 依命 기동타격대 임무를 수행하라는 전교사의 지시가 하달되었다. 09시경 7공수여단 2개 대대는 헬기로 이동하였고, 11공수여단은 13시30분경 20사단 61연대와 임무를 교대하고 陸路(육로)로 이동을 시작했다.

09시55분경 호남고속도로 광주 인터체인지 부근에서 부대로 복귀하던 31사단 96연대 3대대 병력 장교 2명·사병 29명이 무장시위대의 사격에 응사하면서 고속도로를 진행했다. 이때 戰敎司 예하 기갑학교 병력이 이를 시위대로 오인, 총격을 가하여 96연대 소속 사병 3명이 사망하고 민간인 2명과 군인 10명이 부상을 입었다.

09시50분경 20사단 62연대는 전교사 숙영지를 출발, 12시30분경 광주교도소에 도착하여 3공수여단과 임무를 교대했다. 10시50분경 20사단 61연대는 전교사 보병학교 및 기갑학교 병력에 지역을 인계하고 주남마을로 이동, 7·11공수여단과 임무를 교대했다. 14시경 송정리 비행장에서 대기하고 있던 20사단 60연대는 상무대로 이동했다.

13시30분경 주남마을을 출발한 11공수여단 선두가 광주–목포간 도로에 접한 효덕초등학교 삼거리 부근에 이르렀을 무렵 트럭을 타고 그곳에 와있던 무장 시위대 10여 명을 발견하고 총격전을 벌였다. 뒤따르던 11공수여단 병력이 주변을 향해 총격을 가하는 와중에서 효덕초등학교 뒤 놀이터에서 놀던 전재수(남·10세·초등학교 4년), 원제마을 저수지에서 놀던 방광범(남·13세·중학생)이 총상을 입고 사망했다.

13시55분경 선두 63대대가 효천역 앞에 이르렀을 무렵 전일 20사단 61연대와 임무를 교대하여 송암동 효천역 부근에 매복하고 있던 전교사 보병학교 교도대 병력이 11공수여단 63대대 병력을 무장시위대로 오인, 선두 장갑차와 후속 트럭에 90mm 무반동총 4발을 명중시키는 등 집중 사격을 가했다.

이에 63대대도 대응 사격을 하여 계엄군 간에 총격전이 벌어졌다. 그 와중에서 63대대 병력 9명이 사망하고, 63대대장 등 軍人 33명과 마을 주민 노득규(남·33세), 김영묵(남·45세·농업), 최철진(남·37세·벽돌공) 등이 총상을 입었다.

이에 11공수여단 63대대 병력은 부근 일대를 수색하여 무장시위대를 체포했다. 성명불상 무장시위대 1명과 시위대로 오인돼, 체포된 마을 청년 권근립(남·33세), 김승후(남·18세), 임병철(남·25세) 및 하수구에 숨어 있던 박연옥(여·50세)이 격분한 공수부대원의 총격을 받아 사망했다.

(편집자注: 이 사건 당시 현장에 있던 權根南씨(권근립씨의 동생) 증언에 의하면 권근립씨와 김승후씨의 총살된 시체는 권씨의 집에서 가까운 철도변 하수구에 처박혀 있었다고 한다. 권근립씨는 가슴에 총을 맞았고 양 팔에는 대검으로 찔린 흔적이 있었으며, 임병철씨 시체는 맞은편 산기슭에서 발견되었다고 한다. 「月刊朝鮮」 1988년 3월호 「내가 겪은 80년 5월의 光州」 참조)

교도소 방어 임무를 20사단 62연대에 인계한 3공수여단은 16시30분경 송정리 비행장에 도착했다. 5월23일 17시경 다시 광주에 온 鄭鎬溶 특전사령관은 5월24일 오전 광주교도소를 방문하여 공수부대원들을 격려했다. 오후에는 효천역 오인사격 현장을 살펴본 다음, 광주통합병원을 방문, 부상자들을 위문했다.

광주시내 상황

총기반납 여부로 시민들 격론 벌여

5월24일 03시경 조비오 신부 등 수습대책위원 4명은 무기 회수를 위해 광주 외곽지역을 방문했다. 09시20분경 수습대책위원회 및 학생수습대책위원회 합동 명의로 질서유지 촉구, 총기 및 폭약 회수, 금남로 청소 실시 등을 내용으로 하는 전단을 살포했다.

10시50분경 학생 대표들이 시민 대표들에게 회수한 총기 3000여 정을 인계하고, 시민 대표들이 이를 군에 전달하기로 1차 합의하였으나 학생대표들 간의 異見으로 인계하지 못했다. 11시에 개최하기로 한 시민궐기대회도 異見으로 열지 못하였으나, 일부 시민수습대책위원과 학생수습대책위원들은 무기 회수 활동을 계속했다.

10시경 수습대책위원들이 계엄분소를 다시 방문하여 수습 대책을 논의했다. 15시경 계엄분소를 다녀온 시민수습대책위원들은 계엄분소측으로부터 약속받은 계엄군 시가 진입 금지, 과잉 진압 시인, 연행자 석방, 사태 후 처벌 금지 등 8개항을 인쇄한 계엄분소 방문협의 결과보고라는 전단을 배포하고 무기의 반납을 호소했다. 그러나 시민수습대책위의 만류에도 불구하고 학생·청년들에 의해 제2차 민주수호 범시민궐기대회 「자유성토대회」가 열려 수습대책위를 성토했다.

3만 5000여 명의 학생·시민들은 묵념, 애국가 제창, 경과 보고, 民主 詩 낭독, 각계 대표 성명서 낭독의 순으로 궐기대회를 진행한 후 全斗煥 火刑式(화형식)을 갖고, 가두 행진을 한 다음 17시30분경 해산했다.

궐기대회 주도자들은 YWCA에 모여 시민들의 호응도가 높았다고 분석하고, 유리한 협상을 위해서도 궐기대회를 계속 추진할 필요가 있다고 판단, 기획부, 궐기대회조, 가두방송조, 대자보·유인물조 등으로 임무를 분담해다.

19시30분경 호남동 소재 보성기업사무실에서 정상용·이양현·정시윤·윤기현 등은 궐기대회의 계속 개최, 투항주의적 투쟁지도부 교체, 도청 수습위 장악, 정부 고위층의 관련자 불처벌 각서 작성 후 무기 반납 등 향후 투쟁방향을 결정했다.

5월24일 서울 市警(시경)은, 간첩 李昌龍(이창용)이 광주에 들어가 학생·시민들의 시위를 무장 폭동으로 유도하는 등의 선동 임무를 띠고 5월20일 02시 남해안에 침투, 광주 잠입을 시도하다가 계엄군의 검문 검색으로 포기하고 5월23일 05시 특급열차로 서울역에 도착하여 배회하다가 검거되었다고 발표했다.

(10) 5월25일~27일 상황

5월25일 광주시내 상황
무기반납 거부, 무장투쟁 결의

5월25일 07시30분 그동안 전남도청 내에서 정보 수사기관원들을 색출한다는 명목으로 정보부를 조직, 정보부장 또는 특공대장으로 행세하여 오던 장계범(23세·주점업)과 정향규(31세·운전기사)가 오히려 간첩으로 의심받게 되었다. 그들은 도청을 빠져 나가려는 의도로 장계범이 毒針(독침)에 맞았다고 거짓말을 하면서 왼쪽 어깨를 잡고 쓰러져 전남대병원 응급실로 후송된 후 도주한, 소위 도청 내 毒針사건이 발생했다.

장계범과 정향규는 그 후 소요 유언비어 날조 혐의로 구속되어 회의에서 징역 2년을 선고받았다.

10시50분경 광주경찰서 및 서부경찰서에 경찰관 142명이 출근하여 대기했다. 11시경 학생·청년 수습대책위원들은 YWCA 2층에서 홍남순·이기홍 변호사, 송기숙·명노근 교수 등을 참석시켜 논의한 끝에 김대중 석방, 계엄령 해제, 정치일정 단축 등 3개 항의 요구사항을 확인했다. 14시경 남동성당에서 다시 김성용 신부 주관하에 홍남순·명노근·송기숙·조아라 등이 모여 위 3개 항을 재확인했다. 그들은 도청 내 시민수습위원회를 대신하여 청년·학생들과 요구사항 관철시까지 무력대항 하기로 결의했다.

15시경 무기 반납식을 갖기로 했던 것이 백지화되고, 5만여 명의 시민이 도청 광장에 모여 제3차 민주수호 범시민궐기대회를 개최했다. 이 자리서 최후까지 죽음으로 투쟁하며, 과도 정부 즉각 퇴진하라는 등을 내용으로 하는 「우리의 결의」라는 선언문을 낭독했다. 17시20분경 시민들은 검정 리본을 달고 계엄 철폐 등의 플래카드를 들고 구호를 외치며 가두행진을 했다.

17시경 홍남순·김성용 등은 도청내 수습위원회에 합류하여 이 위원회를 장악했다. 정상용·김종배 등은 계속 투쟁을 강력히 주장, 무기반납으로 사태를 수습할 것을 주장하던 학생수습위 김창길이 위원장직을 사퇴한 후, 22시경 민주시민투쟁위원회를 새로이 구성했다. 위원장에 김종배, 내무담당 부위원장에 허규정, 외무담당 부위원장에 정상용 등을 선임하고, 무기 再분배 계엄군 再진입에 대비한 외곽 경비 강화 등 무장 투쟁을 준비했다.

5월25일 전남도청 진입작전 준비 상황

崔대통령 광주 방문

5월25일 04시경 李熺性 계엄사령관은 金在明 작전참모부장에게 광주 재진입 작전 계획을 수립하라는 지시를 했다. 이에 따라 陸本 작전지침인 상무충정작전이 작성되었다.

12시15분 周永福 국방부장관, 李熺性 계엄사령관, 黃永時 육군참모차장, 全斗煥 보안사령관, 盧泰愚 수경사령관 등이 참석한 가운데 상무충정작전을 5월27일 0시01분 이후 전교사령관의 책임하에 실시하도록 최종 결정했다.

같은 날 오후 黃永時 육군참모차장과 金在明 작전참모부장이 광주에 가 蘇俊烈 전교사령관에게 이를 직접 전달했다. 14시30분 周永福 국방부장관과 李熺性 계엄사령관은 崔圭夏 대통령을 방문하여 상무충정작전 계획을 보고하고, 대통령의 현지 직접 宣撫활동을 건의했다.

14시30분경 계엄사 탄약검사반이 은밀히 전남도청에 투입되어 수류탄 279발, 최루탄 170발을 분해했다.

17시30분경 崔圭夏 대통령이 周永福 국방부장관, 金鍾煥 내무부장관, 李熺性 계엄사령관을 대동하고 광주를 방문했다. 蘇俊烈 전교사령관은 평화적인 해결을 위하여 계속 노력하고 있으나 강경파에 의하여 도청이 장악되어 있어 대화가 진전되지 않고 있으며 200~300명의 강경 市民軍에 의하여 80만 광주 시민이 괴로움을 당하고 있으므로 진압작전이 불가피하다고 보고했다. 張炯泰 도지사는 治安을 회복해 주되

신중을 기해줄 것을 요청했다.

崔圭夏 대통령은 진압 작전을 하는 경우 상당한 희생이 예상된다는 보고를 듣고 직접 전남도청에 가겠다고 주장하였으나 국무위원들과 軍 지휘관들이 만류하자 광주 시민에게 보내는 호소문을 녹음한 후 上京(상경)했다. 21시 다 같은 국민 사이에 대화로 해결하지 못할 문제가 없으며, 최대한 관용을 베풀고 불문에 부칠 것이니 냉정과 이성을 되찾아 사태를 수습하자는 내용의 崔圭夏 대통령 담화문이 방송을 통해 발표되었다.

5월26일 진입작전 준비상황

가발과 민간인 복장 공수

蘇俊烈 전교사령관은 5월26일 10시30분 전교사령관실에서 20·31사단장, 3·7·11공수여단장, 戰敎司 예하 보병학교, 포병학교, 기갑학교, 화학학교 교장 등이 참석한 가운데 진압작전 지휘관 회의를 개최했다. 3공수여단은 전남도청을, 11공수여단은 각 특공조를 편성, 점령한 후 20사단에 인계하기로 하고, 보안상 작전 날짜와 시각은 추후 하달하기로 결정했다.

16시경 蘇俊烈 전교사령관은 광주비행장을 방문하여 3·7·11공수여단장에게 5월27일 0시01분 부로 작전을 개시할 것을 지시했다.

21시경 戰敎司 文官(문관) 4명이 전남도청에 잠입하여 TNT, 수류탄 496발의 뇌관을 제거했다. 같은 시각 鄭鎬溶 특전사령관은 가발과 민간인 복장을 공수하여 광주비행장에 도착, 예하 부대원을 격려했다.

22시40분경 蘇俊烈 전교사령관은 李熺性 계엄사령관에게 5월27일 새벽 진입작전을 개시할 예정임을 보고했다.

5월26일 광주시내 상황

강경파, 무기반납 주장자를 총으로 위협

5월26일 04시~06시 광주시 외곽을 봉쇄하고 있던 일부 계엄군 병력이 양동작전의 일환으로 봉쇄지역에서 광주시내 쪽으로 전진 이동했다.

계엄군의 진압작전이 개시된 것으로 오인한 시민 수습대책위원들은 금남로에서부터 戰車(전차)가 진입해 오던 농성동으로 걸어가 계엄군의 진입을 저지하면서 사태 수습을 수습위원들에게 일임해 줄 것을 요구했다. 이에 金基錫 전교사 부사령관의 지시로 戰車들이 복귀했다.

(편집자注: 당시에 수습위원 40~50명이 상무대로 갔는데 시위대, 계엄군 측에서 제공한 차량을 거부하고 4열 종대로 20리 길을 걸어서 갔다. 외신기자들은 당시 상황을 「죽음의 행진」이라고 표현했다)

07시20분경 시위대는 차량을 동원하여 계엄군의 시내 진입사실과 09시 시민궐기대회 개최예정 사실을 알렸다. 10시~14시30분 수습위 대표들이 계엄분소를 방문, 협상을 벌였으나 金基錫 전교사 부사령관으로부터 24시까지 무기를 회수하여 軍에 반납하라는 통고를 받았다.

11시30분경 계엄군 진입 소식을 들은 3만여 명의 학생·시민이 모여 제4차 민주수호 범시민궐기대회가 개최되었다. 계엄군측의 협상 위반·市民 離間(이간) 책동을 성토하고, 「전국 언론인에게 드리는 글」, 「대한민국 국군에게 보내는 글」, 「대통령 각하께 드리는 글」 등이 채택되었고, 궐기대회 후 시가 행진을 했다.

12시경 전남도청 정문 앞에서 5~6명을 1개 조로 하여 모두 7개 조의 기동타격대가 조직되어 組別(조별)로 군용지프차 1대, 무전기 1대, 개인별로 카빈 소총과 실탄 1클립이 분배되었으며, 시내 순찰·계엄군 동태 파악과 진입 저지·치안 유지 등의 임무가 부여되었다.

12시10분경 민주시민투쟁위는 광주시민들이 총을 버리려면 정치적 해결이 선행되어야 한다며 과도 정부 퇴진, 계엄령 즉각 해제, 살인마 全斗煥(전두환) 처단, 救國(구국) 과도정부 수립 등 정부에 요구하는 7개항의 「80萬 광주시민의 결의」를 채택했다.

14시경 전남도청 내무국장실에서 丁時采(정시채) 부지사에게 白米(백미)·副食(부식)·연료 등 8개항의 지원을 요구했다. 16시경 張炯泰(장형태) 도지사가 登廳(등청)하자 투쟁위원들은 사망자들에 대한 道民葬(도민장)을 요구했다. 협의한 결과 5월29일 道民葬으로 장례식을 치르기로 하고, 葬地(장지)는 망월동 묘지로 정했다.

15시경 전남도청 앞에서 다시 제5차 민주수호 범시민궐기대회가 열려, 市民 행동강령을 채택하여 발표했다. 시민들의 체험담과 목격담에 대한 토로가 있었으며, 민주시민투쟁위는 궐기대회 종료 무렵, 오늘 밤 계엄군이 공격해 올 가능성이 크다고 발표했다.

5000~6000명의 군중들은 금남로-유동삼거리-양동 복개상가-공단 입구-화정동까지 행진한 후 도청으로 돌아오면서 대부분 해산했다. 도청을 사수하기로 한 200여 명 만이 남아 박남선 상황실장의 지휘하에 YWCA에 대기하였다가 전남도청으로 들어가 무장한 다음 전일빌딩·YWCA·계림국교 등에 배치되었다.

18시경 전남도청 내에서 수습위원들간에 마지막 회의가 개최되었다. 진압작전시 대항하는 것은 엄청난 피해만을 야기할 뿐이므로 무기를 반납하고 의연히 처벌받자는 의견이 다수로 채택되었다.

그러나 윤상원·박남선 등 최후 항쟁을 주장하는 사람들이 회의실로 들어와 총으로 위협하여 이들을 내쫓아, 무기 반납을 주장한 인사들은 21시경 모두 전남도청을 빠져 나갔다.

23시경 전남도청에서는 상황실장의 지휘로 市民軍 배치 현황을 점검했다. 24시에는 시내 전화가 두절되었다. 5월27일 02시경 계엄군의 공격을 제보받은 민주시민투쟁위 홍보부 박영순·이경희가 광주시내를 돌면서 마지막 가두방송을 했다. 04시경 전남도청 내의 모든 전등이 꺼졌다.

5월27일 전남도청 진입작전 상황

전광석화같이 기습하여 요소 점령 후 20사단에 인수인계

5월26일 23시경 3공수여단 특공조 11대대 1지역대 장교 13명·사병조 66명은 광주비행장을 출발하여 주답에 도착한 후 다시 조선대 뒷산으로 이동했다. 조선대 종합운동장, 조대부중, 조대여고, 전남기계공고, 조대 앞, 노동청을 거쳐 5월27일 04시경 전남도청 후문에 도착했다.

도청 후문을 넘어 3중대·2중대·1중대·특공중대·4중대·11중대 순으로 진입하여 05시21분 전남도청 점령을 완료하고, 07시30분 20사단 61연대에 전남도청을 인계한 후 08시경 부대로 복귀했다.

7공수여단 특공조인 33대대 8·9지역대 6개 중대 장교 20명·사병 181명은 5월27일 01시경 광주비행장을 출발, 광주통합병원을 경유하여 05시06분 광주공원을 점령했다.

광주공원에는 시위대가 이미 전남도청으로 이동하여 충돌이 없었으나 7공수여단이 광주공원에 접근하는 도중 시위대와 두 차례 총격전이 벌어졌다. 7공수여단 병력은 05시42분 20사단 61연대 1대대와 연결, 임무를 인계하고 07시25분 최초 집결지로 복귀했다.

11공수여단 특공조 61대대 4중대 장교 4명·사병 33명은 광주비행장에서 주답으로 空輸되어 5월27일 01시50분 조선대 뒷산에 도착했다. 그

다음, 전남도청 뒤로 침투하여 04시46분 제 1목표인 전일빌딩과 관광호텔을 저항없이 점령했다. 이어 06시20분 YWCA 건물을 점령한 후 06시40분 20사단 61연대에 인계하고, 07시05분 광주비행장으로 복귀했다.

20사단은 02시20분 장교 252명, 사병 4305명이 31사단 책임지역인 西區를 제외한 전 지역을 대상으로 충정작전에 참여하여, 07시25분 계획대로 작전을 완료했다.

31사단은 04시 장교 56명·사병 693명이 충정작전에 참여하여, 07시15분 계획대로 광주 西區 지역 일신방직 일대를 점령하여 작전을 완료했다.

이날 계엄군의 광주 재진입 작전수행 과정에서 양동선(남·27세·광주고 직원), 오세현(남·25세·회사원), 박용준(남·24세·신협 직원), 유영선(남·27세·회사원), 김동수(남·22세·회사원), 김종연(남·19세·재수생), 이강수(남·19세·금호고 2년), 박성용(남·17세·조대부고 3년), 유동운(남·19세·한신대 2년), 안종필(남·16세·광주상고 1년), 문재학(남·16세·광주상고 1년), 민병대(남·20세·부화장 종업원), 김명숙(여·14세·서광여중 3년), 이금재(남·28세·상업·카빈총상), 문용동(남·26세·호신대 4년), 이정연(남·20세·전남대 1년), 김성근(남·23세·목공) 등이 총상으로 사망하고, 시위대 295명이 체포되었으며 계엄군 3명이 사망했다.

(11) 후속 처리 상황

「軍과 시위군중간의 충돌이 유언비어 등으로 확대」

5월27일 05시15분경 전교사령관은 계엄사령관에게 작전을 성공리에 마쳤음을 보고했다. 진압작전이 종료된 후 周永福 국방부장관은 黃永時

육군참모차장, 崔性澤 합참 정보국장을 대동하고 전교사를 방문하여 작전상황을 보고받았다. 전남도청에서 丁時采 부지사로부터 광주 분위기, 피해상황을 보고받은 후 작전 참가자들을 격려하고 歸京했다.

保安司에서는 南雄鍾(남웅종) 참모장과 李鶴捧 합동수사단장이 광주에 내려와 상황을 보고받고 事後 수습책을 의논한 후 최경조 대령에게 사후 수습지침을 시달했다. 6월8일 保安司로 귀대한 洪性律 1군단 보안부대장은 광주 상황을 정리·분석하여 全斗煥 보안사령관에게 보고했다.

3공수여단은 5월29일 07시05분 거여동 주둔지로 복귀하였고, 11공수여단은 5월29일 06시30분 서울로 복귀하여 경희대 등에 배치되었다. 7공수여단은 6월6일 0시40분 복귀하였고, 20사단은 6월27일 20시 복귀했다.

5월29일 광주 지방검찰청과 全南北 계엄분소 합동으로 희생자에 대한 檢屍를 실시했다. 5월31일 李熺性 계엄사령관은 「광주사태의 경위 및 眞相과 사후처리 방침」 발표를 통하여 「이번 사태는 포고령을 위반한 학생시위를 저지하기 위해 투입된 軍과 시위군중 간의 충돌이 유언비어 등으로 확대되었다. 끝내 무장폭도의 난동으로 광주시 일원이 무법천지화된 것이다. 軍은 최소한의 自衛權 발동도 자제하고 총 한 방 쏘지 않고 악화 방지에 주력하고, 시 외곽으로 철수하여 자체 수습노력을 기다렸다. 그러나 市民軍을 자처한 시위대가 장기 게릴라전 태세를 갖추고 폭약 등으로 자폭태세를 갖추어 부득이 선량한 市民과 폭도가 분리되어 있음을 확인한 후 기습진압 작전을 실시했다」며 무력 진압의 불가피성을 강조했다.

6월9일 계엄사는 사망자 수 등에 관한 악의적인 유언비어가 民心을 현혹하고 있다면서 「광주사태」 관련 민간인 사망자 총수 148명 중 신원 판명자 126명의 명단을 발표했다.

7월3일 계엄사는 「광주사태 관련자 처리방침」을 통해 모두 2200명을 연행하였으나 대부분 훈방했고, 시위 주동 및 배후조종, 총기 탈취, 교도소 습격, 살상, 방화, 약탈, 악성 유언비어 날조 유포 등 罪質(죄질)이 무거운 鄭東年·洪南淳(홍남순)·전춘심 등 375명은 계속 조사중이라고 발표했다.

9월5일 전남북 계엄분소는 「광주사태」와 관련, 175명을 軍法회의에 공소제기하고, 174명은 기소유예 훈방하였다고 발표했다.

(편집자注: 尹誠敏 국방부장관은 1985년 6월7일 제125회 임시국회 국방위에서 광주 피해상황에 대해 다음과 같이 발언했다.

「이 사태로 인한 사망자 191명중 민간인은 164명, 군인 23명, 경찰 4명, 부상자는 중상 122명, 경상 730명, 재산피해는 건물 250동, 차량 882대, 시설물 884, 유류 3000여 드럼, 기타장비 1925점이 파괴 소실되어 262억여 원의 피해가 발생했다.

시위대에 피탈된 무기는 군용이 5008정, 민수용 엽총 395정이고, 탄약은 소화기탄 28만 8680발을 비롯, 수류탄 562발, 폭약 3000여 상자였으며 군용피탈무기의 약 98%에 해당하는 4926정이 회수되었다.

광주사태와 관련하여 검거된 자는 총 2522명이었으며, 이중 1906명은 훈방, 616명은 군법회의 검찰부에 회부되어 그중 212명은 불기소되고 404명은 기소되어 사안에 따라 형이 선고되었으나 그 후 특별사면 등으로 전원 석방되었다」「月刊朝鮮」1985년 7월호 「의정단상의 광주사태 발언록」 참조)

※광주 시위 진압과 관련하여 고소·고발된 李炳佑, 朴載喆, 車達淑, 姜榮旭, 金仁煥 등 5명은 당시 다른 업무관계로 출동하지 못하였거나, 다른 부대에 근무하고 있어서 광주에 출동하지 않았다.

4. 崔圭夏 대통령의 下野와 全斗煥 보안사령관의 執權

(1) 국가보위비상대책위원회(國保委) 설치 · 운영

國保委 설치령 완성

崔圭夏 대통령과 申鉉碻 국무총리의 반대로 국회 해산과 비상기구 설치는 보류한 채 비상계엄 전국 확대를 관철한 軍으로부터 계속 대통령 긴급조치에 의한 비상기구 설치 문제가 제기됐다. 崔圭夏 대통령은 긴급조치의 발동은 고려 대상이 될 수 없으며 필요하다면 현행법규의 테두리 안에서 연구해 볼 것을 지시하였다.

權正達 보안사 정보처장은 1980년 5월21일 국가보위비상대책위원회 설치 要綱(요강)을 마련하여 李元洪(이원홍) 청와대 민원수석비서관에게 제시했다. 李元洪 수석비서관은 비서관들로 하여금 條文化(조문화) 작업을 하게 하여 5월25일경 국보위 설치령을 완성했다.

계엄법과 정부조직법에 근거한 한시적 기구로 국가보위비상대책위원회를 설치하는 대통령令이 성안되자, 權正達 보안사 정보처장은 5월26일 중앙청 국무총리실에서 周永福 국방부장관과 朴東鎭(박동진) 외무부장관이 배석한 가운데 朴忠勳 국무총리 서리에게 국보위 설치안을 보고했다. 朴東鎭 외무부장관이 반대 의견을 보이자 盧泰愚 수경사령관은 朴東鎭 장관을 초청하여 국보위 설치의 필요성을 역설했다.

5월27일 16시 朴忠勳 국무총리 서리 주재로 열린 제 46회 정례 국무회의에서 총무처 議案(의안) 제386호 대외비 안건으로 제출된 국가보위비상대책위원회 설치령이 의결되었다. 5월31일 대통령령 제9897호로 公告(공고)됨으로써 國保委가 발족되었다.

5월31일 10시 청와대에서 국보위 의장인 崔圭夏 대통령 주재로 첫 국보위 전체회의가 열렸다. 당연직 국가보위비상대책위원은 朴忠勳 국무총리 서리, 金元基 부총리 겸 경제기획원장관, 朴東鎭 외무부장관, 金鍾煥 내무부장관, 吳鐸根 법무부장관, 周永福 국방부장관, 李奎浩 문교부장관, 李光杓 문공부장관, 全斗煥 국군보안사령관 겸 중앙정보부장 서리, 崔侊洙 대통령비서실장, 李熺性 계엄사령관 겸 육군참모총장, 柳炳賢 합참의장, 金鍾坤 해군참모총장, 尹子重 공군참모총장 등 15명이었다.

임명직 위원은 白石柱 육군 대장, 金瓊元 대통령 국제정치담당특보, 陳鍾埰·俞學聖·尹誠敏·黃永時·車圭憲 육군 중장, 金正浩 해군 중장, 盧泰愚·鄭鎬溶 육군 소장 등 10명으로 각료가 8명, 軍 장성이 14명, 청와대 관계자가 2명이었다.

국보위 상임종 출범

同日 국가보위비상대책 상임위원회(이하 상임위원회라 함) 상임위원장에는 全斗煥 보안사령관이 임명되었다. 당연직 상임위원은 국보위 사무처장 鄭寬溶(정관용) 중앙공무원교육원 부원장과 운영위원장 李基百(이기백) 육군 소장, 법사위원장 文相翼(문상익) 대검 검사, 외무위원장 盧載源(노재원) 외무부 기획관리실장, 내무위원장 李光魯(이광로) 육군 소장, 경제과학위원장 金在益(김재익) 경제기획원 기획국장, 재무위원장 沈裕善(심유선) 육군 소장, 문공위원장 吳滋福(오자복) 육군 소장, 농수산위원장 金周浩(김주호) 농수산부 식산차관보, 보사위원장 趙永吉(조영길) 육군 준장, 교체위원장 李祐在(이우재) 육군 준장, 건설위원장 李圭孝(이규효) 건설부 기획관리실장, 상공위원장 琴震鎬(금진호) 상공부 기획관리실장, 정화위원장 金滿基(김만기) 중앙정보부 감찰실장 등 13개 분과위원장이었다.

임명직 상임위원은 車圭憲·申鉉鉄(신현수)·姜榮植(강영식)·朴魯榮·金潤鎬(김윤호)·權寧珏(권영각) 육군 중장, 鄭元民(정원민) 해군 중장, 金相台(김상태) 공군 중장, 盧泰愚·鄭鎬溶·金洪漢(김홍한) 육군 소장, 金仁基(김인기) 공군 소장, 安致淳(안치순)·閔海榮(민해영)·崔在謨(최재모)·申鉉守(신현수) 대통령 비서관 등으로, 軍 장성이 18명, 공무원이 12명이었다.

첫 국보위 전체회의에서는 국가보위 비상대책위원들과 상임위원들에게 임명장이 수여된 다음 崔圭夏 대통령의 訓示(훈시)가 있었다. 동일 14시 삼청동 중앙공무원교육원에서 제1차 상임위원회 회의가 개최되어 상견례를 가졌다.

6월5일 삼청동 중앙공무원교육원 건물에서 全斗煥 국보위 상임위원장, 朴忠勳 국무총리 서리, 周永福 국방부장관, 李熺性 계엄사령관이 참석한 가운데 국보위 현판식을 한 후, 全斗煥 상임위원장은 제2차 상임위원회 회의를 개최하고 분과위원장들에게 임명장을 수여했다.

국보위가 추진하는 주요 정책은 全斗煥 상임위원장이나 상임위원장을 대리한 李基百 운영분과위원장과 각 분과위원장들이 참석하는 分科(분과)위원장회의 형식의 상임위원회에서 논의하여 결정했다. 각 분과위원회의 정책입안 사항은 全斗煥 상임위원장이 결재를 했다.

6월13일 국보위 운영분과위원회는 국보위 운영의 4대 기본목표를 國家安保 태세의 강화, 합리적 경제시책의 뒷받침, 정치 발전을 위한 내실 도모, 국가기강 확립으로 확정했다. 9개 추진지침으로 계급의식의 선동이나 정부 전복기도 근본적 제거, 불법시위나 소요행위 근절, 사회적 非理 척결, 정치풍토 쇄신, 국가이익을 우선하는 언론풍토 조성, 종교를 빙자한 정치활동 통제, 건전한 노사관 확립, 각종 사회惡 근절, 과열과외 등 비뚤어진 교육풍토 쇄신 등을 정했다.

6월18일 계엄사는 계엄 확대와 동시에 체포한 이른바 권력형 부정축재 혐의자들에 대한 수사결과를 발표했다. 이들이 당국의 정화의지에 순응, 853억 원의 부정축재 재산을 자진 헌납하기로 다짐하고 모든 공직에서 스스로 사퇴할 뜻을 밝혀 형사처벌을 유보하며, 차제에 非윤리적 방법과 작태로 기업을 운영해 온 부패 기업인의 대오 각성을 촉구한다고 밝혔다.

이어 국보위 정화분과위원회는 6월19일 기업윤리 淨化 작업의 일환으로 동명목재 회장과 부인, 아들에 대하여 재산양도 각서 이행 및 재산은닉 여부를 합동수사본부로 하여금 조사에 착수하도록 하였다고 발표했다. 7월26일 동명목재상사 시설을 제3자에 인수시키고 회장 一家 개인소유 재산 중 미담보 재산 138억 원을 미지급 임금과 퇴직금 등에 충당하는 내용의 동명목재 정리 대책을 발표했다.

고위 공무원 대대적 숙정

7월 초 全斗煥 국보위 상임위원장과 金滿基 정화분과위원장은 崔圭夏 대통령에게 관계부처의 長과 충분한 협의를 거쳐 2급이상 공무원의 숙정결과를 마련했다고 보고했다. 崔圭夏 대통령은 적법하고 합리적인 기준에 의하여 공정하게 처리할 것을 당부했다.

국보위 상임위원회는 7월9일 공직사회의 누적된 부정부패와 부조리를 척결하여 깨끗하고 맑은 사회를 이룩해야 한다는 시대적 요청에 따라 장관 1명, 차관 6명, 지사 3명을 포함하여 2급 이상 공무원 232명을 숙정했다고 발표했다. 그 후 7월31일까지 입법부 11명, 사법부 61명, 행정부 5418명 등 공직자 5490명과 국영기업체, 금융기관 및 정부산하단체 등 127개 기관 임직원 3111명 등 총 8601명이 공직 또는 관련직을 사임했다.

國保委는 7월30일 과외 금지, 대입 본고사 폐지, 대학 卒業定員制(졸

업정원제) 등을 골자로 하는「교육정상화 및 과열 과외 해소 방안」을 전격 발표했다. 특히 과외 금지는 발표 다음날인 8월1일부터 시행에 들어가 이에 위반하는 사회지도층은 공직에서 사퇴시키는 등 사회정화 차원에서 강력한 조치를 취할 것임을 경고했다.

국보위 상임위원회는 8월4일 조직·상습폭력, 치기배 기타 퇴폐적인 각종 사회적 독소를 뿌리뽑기 위한 사회惡 一掃(일소) 특별조치를 발표했다.「불량배 소탕」에 관한 삼청계획 제 5호에 따라, 11월27일 제 4차 단속까지 모두 5만7561명을 검거하여 그 중 3052명을 재판에 회부하고, 3만 8259명을 軍부대 순화교육, 이른바 삼청계획에 회부하였으며, 1만 6250명을 훈방 조치했다.

그밖에도 國保委는 부정·불량식품 및 약품 단속을 실시하고, 변칙 해외 체류자 특별 구제 조치와 영세 중소기업에 대한 立地대책, 전과기록 말소 등 身元기록 정비작업을 단행했다. 대학생 해외여행 제한 해제, 해외 인력 송출절차 개선방안, 수출입 절차 간소화 추진계획을 시행하였으며, 연좌제를 폐지했다.

국보위는 9월1일 全斗煥 상임위원장이 대통령에 취임하면서 외장직을 승계하고, 상임위원장은 李基百 운영분과위원장이 직무를 대행했다. 10월27일 제 5공화국 헌법과 함께 국가보위입법회의 설치령(국가보위비상 대책회의설치령 개정령)이 시행됨에 따라 국가보위입법회의로 변경되었다.

(2) 金大中 등 내란음모사건 기소·재판

金大中을 광주사태 조종자로 지목

5월17일 19시경 金瑾洙(김근수) 중앙정보부 안전조사국장은 안전조사국과 대공수사국 수사관들을 소집, 합동수사본부의 지침에 따라 사회·혼란 및 학생 소요 배후조종자들을 검거·수사하게 되었음을 설명하고, 검거 대상자별로 수사팀을 편성, 수사에 착수했다.

중앙정보부 金瑾洙 국장은 수시 수사내용을 李鶴捧 합동수사단장과 全斗煥 합동수사본부장 겸 중앙정보부장 서리에게 보고했다. 합동수사단의 요청에 따라 5월20일 중간수사 결과 발표문안을 작성, 李鶴捧 보안사 합동수사단장, 全斗煥 합동수사본부장에게 잇달아 보고했다.

계엄사는 5월22일 「金大中이 학생 소요를 背後에서 조종·선동하여 온 확증을 잡고 연행 조사중인데 金大中은 정상적 정당활동 등을 통해서는 政權 획득이 여의치 못할 것으로 판단, 변칙적 혁명 사태를 일으켜 일거에 政權을 장악할 계기를 조성하기로 하고, 복직교수와 복학생을 통하여 5월 중순 대학 교내·외에서 벌어진 학생 시위를 배후에서 조종하고 芮春浩·文益煥·趙誠宇(조성우)·張琪杓(장기표) 등과 회동, 5월22일 정오를 기해 민주화 촉진 국민대회를 개최하여 일제 봉기를 획책하는 등 대중선동과 민중봉기로 정부 顚覆을 기도했다」는 내용의 중간수사 결과를 발표했다.

계엄사는 위 발표에서 金大中의 「대학별 배후조종 지원 선동사례」로 1980년 3월 서울대생 沈在哲(심재철)에게 100만원을 제공하고, 沈在哲이 학생회장에 당선, 시위를 주동한 사실, 복학생 朴啓東(박계동)의 소개로 만난 고대생 朴一男(박일남)에게 45만원을 제공하고, 朴一男이 고대 총학생회장 申溪輪(신계륜)을 조종, 시위를 벌인 사실과 그밖에 1980년 5월경 부산대 복학생 趙泰源(조태원)에게 34만원을 제공한 사실을 들었다. 한편 思想 배경으로 金大中이 反국가단체인 한국민주회복통일촉진국민회의(약칭 韓民統)를 결성, 일본 본부 議長으로 취임한 사실을 적시하여 容共(용공)행위를 해왔다고 밝혔다.

5월 하순 李鶴捧 합동수사단장은 金大中 국민연합 공동의장의 在日韓民統 관련 부분을 국가보안법 위반으로 입건, 수사할 것을 金瑾洙 국장에게 지시했다.

5월31일 계엄사는 「광주사태의 경위 및 眞相과 사후처리방침」을 발표했다. 사태의 발단은 계엄군과 전남대생들의 충돌에서 일어났으나 사태를 최악의 상황으로 몰아넣은 데는, 北傀의 간첩과 이에 협력하는 불순 위해분자들의 책동 외에도 학생 소요를 배후조종해 온 金大中이 전남대와 조선대의 추종 학생, 주로 복학생들을 조종 선동하여 온 것이 소요 사태의 발단이 되었다고 발표했다.

사태 악화 과정에서 광주 시내 골수 추종분자들이 이를 격화시킨 사실이 수사과정에서 판명되고 있다며, 金大中을 면담하고 그로부터 이른바 민주화 시위를 일으키도록 조종받은 복학생 鄭東年과 조선대생 김인원이 5월18일 학생시위를 배후조종한 사실과 金大中 측근으로 10월26일 이후 金大中과 6회 접촉한 洪南淳 변호사가 조선대 교내시위를 조종하고, 5월23일·5월26일 사이에 전남도청을 출입하면서 폭도들에게 100만원을 주며 조종·격려한 사실을 「광주사태 주요 배후 주동분자와 활동 사례」로 적시했다.

金大中 사형 선고, 감형

계엄사는 7월3일 발표한 「광주사태 관련자 처리방침」에서 이미 연행자 1146명을 훈방하였고, 곧 사안이 경미한 679명을 추가 훈방할 예정이며, 金大中으로부터 데모자금 500만원을 받아 사태의 발단이 된 학생 시위를 일으킨 鄭東年과 역시 金大中으로부터 자금을 받아 현지 사태를 일으키도록 하고, 사태 주동자들에게 100만원을 주어 투쟁을 계속하도록 선동한 洪南淳 등 사태 주동 및 배후조종자 53명을 포함, 죄질이 무거운 375명은 계속 조사를 진행할 방침이라고 밝혔다.

계엄사는 또 金大中이 내란음모 이외에도 反국가단체인 在日 韓民統을 발기·조직·구성하여 北傀의 노선을 지지·동조하고, 外貨(외화) 불법소지·사용 혐의도 드러났다고 밝혔다. 金大中 一黨의 검거로 가장 중요한 정치 일정 저해 요인이 해소된 만큼 정부가 공약한 1981년 6월 말까지 정권이양의 정치일정은 계획대로 추진될 것임을 강조했다.

수사결과 발표를 앞둔 6월 하순 李鶴捧 합동수사단장은 3회에 걸쳐 金大中 국민연합 공동의장을 만나 광주 상황을 알려주면서 대통령이 될 것을 단념하고 협력해 줄 것을 요구하였으나, 金大中 의장은 거절했다.

계엄사 합동수사본부 합동수사단은 연행 53일 만인 7월9일 李熺性 계엄사령관으로부터 구속영장을 발부받았다. 7월12일 金大中 등 24명은 육본 계엄보통군법회의로, 나머지 계엄법위반사범 13명은 수경사 계엄보통군법회의로 송치하였고, 군검찰부는 8월14일 全員을 구속기소했다.

육본 계엄보통군법회의는 기소 당일인 8월14일 제1회 공판을 시작으로 9월17일까지 모두 17회 공판을 열었다. 8월14일 10시에 개정된 제1회 공판은 모두 13만여 자로 된 피고인 24명에 대한 공소장 낭독으로 끝났다. 9월11일 결심 공판에서 군검찰관은 金大中 피고인에게 死刑을, 文益煥 등 관련 피고인에게는 최고 징역 20년에서 최하 징역 7년을 구형함에 따라 金大中 등 내란 음모사건은 5월17일 金大中 피고인이 연행된 지 117일 만에 결심되었다.

9월17일 1심 선고 공판에서 재판부는 金大中 피고인에게 내란음모·국가보안법·반공법·계엄법·외국환 관리법 위반죄를 적용, 구형대로 사형을 선고했다. 나머지 피고인에게는 최고 징역 20년에서 최하 징역 2년을 선고했다.

10월24일 金大中 등 내란음모사건 관련 피고인 24명에 대한 육본 계엄 고등군법회의 항소심 제1회 공판이 시작되었다. 10월29일 제6회 공판에서 군검찰관은 피고인 전원에게 原審(원심) 구형량대로 구형했다. 11월3일 항소심 재판부는 金大中 피고인 등 17명에 대하여는 항소를 기각하고, 文益煥 피고인 등 7명은 원심을 파기 감형하거나 집행유예를 선고했다.

11월7일 피고인 24명 중 金大中 피고인 등 12명이 대법원에 上告(상고)했고, 1981년 1월23일 대법원의 상고기각으로 金大中 피고인은 사형이 확정되었다. 같은 날 全斗煥 대통령은 국민화합을 위해 관용한다는 이유로 무기징역으로 감형하는 등 관련 피고인 12명 전원을 감형했다.

(3) 崔圭夏 대통령 下野

國保委에서 개헌안 연구

崔圭夏 대통령은 1980년 5월18일 오후 5·17 조치관련 특별성명에서 정치발전 일정에 아무런 변함이 없음을 밝혔다. 5월21일 申鉉碻 국무총리의 사표를 수리하고 후임에 朴忠勳 무역협회 회장을 임명하는 등 대폭 改閣을 단행했다.

5월20일 朴正熙 대통령 시해사건 피고인 金載圭 등 5명에 대한 사형 판결이 확정되었고, 5월24일 이들에 대한 교수형이 집행되었다.

6월12일 10시 崔圭夏 대통령은 청와대 영빈관에서 朴忠勳 국무총리 서리, 申斗泳(신두영) 감사원장, 국무위원 전원, 全斗煥 국보위 상임위원장, 李熺性 계엄사령관이 배석한 가운데 「국가기강 확립에 관한 특별담화」를 발표했다. 이때 10월 말까지 개헌안을 국민투표에 회부, 확정한 다음 1981년 상반기 중에 선거를 실시, 6월 말까지 政權을 이양할 계획임을 밝혔다.

한편 국보위 상임위원장에 임명된 全斗煥 보안사령관은 6월2일 중앙정보부장 서리직의 사표를 제출했다. 같은 날 계엄 확대 조치 등으로 일시 중단되었던 정부 개헌작업이 재개되어 정부 헌법개정심의위원회 개헌요강작성 소위원회가 열렸다. 소위 위원들의 예방을 받은 朴忠勳 국무총리 서리는 崔圭夏 대통령이 밝힌 年內개헌, 내년 봄 선거, 정권이양 일정에 아무런 변함이 없을 것임을 밝혔다.

全斗煥 국보위 상임위원장은 6월 말경 權正達 정보처장에게 국보위 법사분과위원들을 동원하여 개헌안을 연구하도록 지시했다. 그에 따라 법사분과위원들은 7월 중순 개헌안 試案을 만들어 그 장단점을 검토했다.

7월 중순경 全斗煥 보안사령관은 보안사령관실에서 鄭棹永(정도영) 보안처장, 權正達 정보처장, 許三守 인사처장, 李鶴捧 대공처장, 許和平 비서실장, 李鍾贊(이종찬) 중앙정보부 총무국장, 許文道(허문도) 중앙정보부장 비서실장, 盧泰愚 수경사령관과 함께 國保委에서 연구한 개헌안 골격을 보고받고, 대통령 선출방법·대통령 임기·국회의원 선거구제 등을 논의하여 間選制(간선제) 대통령 선출 방법 등을 결정했다.

8월10일경 대통령 간선제, 임기 6년, 單任制(단임제) 등을 골자로 하는 헌법요강이 작성되었다. 權正達 정보처장, 禹炳奎(우병규)·朴哲彦(박철언) 국보위 법사분과위원은 수시 李龍薰(이용훈) 법제처장을 만나 정부 개헌 작업을 주관하던 법제처 개헌요강작성 소위원회에 國保委의 작업 내용이 반영되도록 조치했다.

8월 중순 全斗煥 보안사령관은 禹炳奎·朴哲彦 국보위 법사분과위원을 보안사령관실로 불러 헌법 개정안과 관련하여 대통령 간선제와 대통령 임기 7년을 관철하도록 지시했다. 禹炳奎 위원은 8월20일경 李龍薰 법제처장에게 이를 전달하여 헌법 개정안에 반영되도록 했다.

한편 崔圭夏 대통령은 7월18일 全斗煥 중앙정보부장 서리 후임에 俞學聖 3군사령관을 大將 예편과 동시에 임명했다. 3군사령관에는 黃永時 육군참모차장을 大將으로 승진시켜 임명하고, 육군참모차장에는 車圭憲 육사 교장을 발령했다.

7월25일 李熺性 계엄사령관은 외신기자회견을 갖고, 계엄군은 광주에서 작전명령에 따라 작전한 것이고, 金大中씨는 구속 이래 아무도 면담하지 않았으며 가혹행위는 없었고 재판정에 걸어 들어올 것이며, 정치인들은 정치 목적으로 학생들을 이용해서는 안 될 것이라고 발표했다.

7월30일경 全斗煥 보안사령관은 權正達 정보처장이 배석한 가운데 李鶴捧 대공처장에게 金泳三 신민당 총재의 정계은퇴 선언을 종용하라고 지시했다. 8월13일 金泳三 신민당 총재는 대변인을 통해 新民黨 총재직을 사퇴함과 아울러 政界에서 은퇴한다고 발표했다.

8월16일 崔대통령 하야성명 발표

崔圭夏 대통령은 7월31일 설악산으로 하계 휴가를 떠나 8월3일까지 3박4일 동안 강원도에 머문 뒤 서울로 돌아와 8월10일 徐基源(서기원) 대변인에게 下野성명을 작성할 것을 지시했다.

그 무렵 盧泰愚 수경사령관은 全斗煥 국보위 상임위원장으로부터, 청와대에서 崔圭夏 대통령이 대통령을 그만두겠다고 하면서 자기에게 대통령을 맡아 달라고 하여 시간을 달라고 하고 나왔다는 말을 듣고, 그에게 軍部의 의견을 들어볼 것을 권유했다.

8월5일 大將으로 진급한 全斗煥 국보위 상임위원장은 8월6일 롯데 호텔에서 한경직·강신명·조향록·김지길 목사 등 기독교계 지도자 24명이 주관한 조찬기도회에 참석, 지난 봄 일부 정치인들의 과열된 정치 활동, 일부 학생들의 몰지각한 난동으로 큰 혼란에 빠졌으나, 슬기롭게 難局(난국)을 극복하고 이제 새 時代·새 社會 건설을 위한 대열에 힘차게 매진하고 있다면서, 막중한 國運(국운)개척의 사명을 완수하자고 기원했다.

8월10일경 俞學聖 중앙정보부장은 金鍾煥 내무부장관에게 全斗煥 장군의 執權이 기정사실화되었으니 통일주체국민회의를 소집하는 데 협조하여 줄 것을 요청했다.

8월11일 全斗煥 국보위 상임위원장은 〈뉴욕타임즈〉紙와의 會見을 통하여, 한국은 軍部의 지도력과 통제를 요구하고 있고, 새 세대의 지도자를 필요로 하고 있으며, 이는 野望(야망) 아닌 天命(천명)에 맡겨야 한다고 밝혔다. MBC 텔레비전과의 특집 회견에서 새 시대의 국가지표는 민주복지국가의 건설임을 천명하는 등 國政 전반에 걸쳐 소신을 밝혔다.

8월16일 10시 崔圭夏 대통령은 청와대 영빈관에서 전국에 중계된 텔레비전·라디오 방송을 통해, 진지한 토론을 통해 개헌안의 골격이 잘 잡혀 가고 있는 단계이며, 정치 발전 계획도 순조롭게 진행될 것으로 전망된다고 하면서, 학생 집단 시위와 광주사태 등에 대해 國政의 최고 책임자로서 정치 도의상의 책임을 통감해 왔고, 불행했던 우리 憲政史에 평화적 정권 교체의 先例(선례)를 남기며, 시대적 요청에 따른 안정과 도의와 번영의 밝고 새로운 사회를 건설하는 역사적 전환기를 마련하기 위해 대국적 견지에서 대통령직을 물러난다는 내용의 下野성명을 직접 발표했다.

(4) 全斗煥 보안사령관 執權

통일주체국민회의서 99.9%로 全斗煥 후보 대통령 당선

8월18일 서울과 제주를 필두로 잇달아 열린 통일주체국민회의 대의원 안보보고회의에서 새 대통령 후보로 全斗煥 장군이 추대되었다. 8월21일 전군주요지휘관회의에서 周永福 국방부장관은 구국 일념으로 탁월한 영도력을 발휘하여 국가의 危難(위난)을 수습하고 새 시대 새 역사의 지도자로 국내외에 뚜렷이 부각된 全斗煥 장군을 차기 國家元首로 추대할 것을 제의하여 全斗煥 국보위 상임위원장을 국가원수로 추대키로 결의했다.

같은 날 崔圭夏 전 대통령도 특별시국성명을 발표했다. 새 지도자는 私心(사심)이 없고 확고한 신념과 지도력을 겸비해야 할 것이며, 특히 우리나라와 같은 특수한 안보상황하에서는 국민의 전폭적 지지는 물론 國家保衛의 주체인 軍의 폭넓은 지지를 받을 수 있는 사람이어야겠다고 밝혔다.

8월22일 全斗煥 보안사령관이 豫編(예편)되고, 후임 보안사령관에는 盧泰愚 수경사령관이 임명되었다.

8월27일 장충체육관에서 열린 제7차 통일주체국민회의에서 재적 대의원 2540명 중 2525명이 투표하여 2524표를 얻은 全斗煥 후보가 제11대 대통령에 당선되었으며, 9월1일 全斗煥 대통령이 취임했다.

全斗煥 대통령은 취임사에서, 정치 활동은 새 헌법이 확정된 후 빠른 시일 내에 재개토록 하되 참다운 민주주의를 뿌리내리기 위해 정치풍토를 改善(개선)할 것을 밝혔다. 이를 위해 선동·비리·派爭(파쟁)·권모·詐術(사술)·不正·부패 등의 정치 작태에 책임이 있는 舊정치인들을 이미 상당수 정리하였지만, 앞으로도 舊習(구습)에 물든 정치인에게 정치를 맡기지 않겠다고 하여 정계 개편 방침을 분명히 했다.

9월29일 제5공화국 헌법 개정안이 공고되었고, 10월22일 실시된 국민투표에서 투표율 95.5%, 찬성 91.6%로 개정안이 확정되어, 10월27일 공포되었다.

1981년 2월25일 개정 헌법에 따라 선거인단에 의한 대통령 선거가 실시되어 전체 유효투표의 90.2%인 4755표를 획득한 全斗煥 후보가 제12대 대통령에 당선되어, 3월3일 全斗煥 대통령이 취임했다.

5. 국가보위입법회의 설치·운영

166일간 국회 권한 대행

全斗煥 대통령은 1980년 9월25일경 派黨的(파당적) 이해에 집착해온 政黨과 명예와 권세와 財富(재부)를 탐욕하는 정치꾼 등 구정치질서를 청산하여 새 시대의 완벽한 결실을 담보한다는 이유로, 현존 政黨의 전면 해체, 제10대 국회의 해산, 새 국회 구성시까지 國保委의 국회 권한 대행, 구정치인의 정치활동을 규제할 수 있는 특별법의 제정 등을 골자로 하는 새 헌법안 附則을 확정하고 9월26일 국무회의 의결을 거쳐 國保委를 국가보위대책회의로 명칭을 변경하는 국가보위대책회의설치령을 마련했다.

그러나 입법기능을 행사하게 될 국가보위대책회의의 구성상의 문제점이 제기되었다. 각계 각층 인사들을 망라하여 민간 요소를 가미한 입법기구를 설치하여 입법 권한을 행사하도록 하는 것이 바람직하다는 의견에 따라 美軍政 시절의 남조선과도입법회의를 모델로 한 국가보위입법회의 설치방안이 채택되어, 국가보위대책회의를 국가보위입법회의로 변경했다.

한편, 헌법개정안 부칙에 국가보위입법회의는 각계의 대표자로 구성한다는 조항을 추가했다. 9월29일 08시30분 국무회의에서 헌법개정안이 의결됨과 동시에 위 국가보위대책회의설치령은 국가보위입법회의설 치령으로 수정 의결되었다.

10월27일 제5공화국 헌법인 개정 헌법이 공포·시행됨에 따라 5월17 일 이후 사실상 기능을 발휘하지 못하고 형식만 유지해 오던 제10대 國 會가 해산되었다. 동시에 國保委를 개정한 국가보위입법회의가 국회의 권한을 대행하게 되었다.

같은 날 국가보위입법회의는 南悳祐 국무총리 주재로 첫 회의를 소집, 국가보위입법회의법을 의결했다. 정부로 이송된 국가보위입법회의법이 10월28일 국무회의의 의결과 대통령의 裁可를 얻어 공포됨에 따라 같은 날 全斗煥 대통령은 국가보위입법회의 의원 81명을 새로 임명, 발표했다.

국가보위입법회의는 10월29일 09시 여의도 국회의사당 참의원 회의 실에서 입법의원 72인의 출석으로 제2차 본회의를 열고, 의장에 이호 의원, 부의장에 丁來赫(정래혁)·蔡汶植(채문식) 의원을 선출했다. 이어 각 상임위원장으로 운영위원장에 李基百, 법사위원장에 鄭喜澤(정희택), 외 교국방위원장에 李源京(이원경), 내무위원장에 張承台(장승태), 경제제1위 원장에 朴泰俊(박태준), 경제제2위원장에 高在淸(고재청), 문공위원장에 宋志英(송지영) 등을 선출, 입법회의 구성을 마쳤다.

국가보위입법회의는 會議 구성을 마치자 바로 그날 정치풍토쇄신에 관한 특별조치법안을 議員제안으로 접수, 본격적인 입법 활동에 들어갔 다. 11월3일 동법을 의결하는 등 1980년 10월29일부터 1981년 4월10일 까지 166일간 국회의 권한을 대행했다. 25차의 본회의와 197차의 상임 위 회의를 갖고 정당법·정치자금법·사회보호법·언론기본법·국가보안 법 등 법률안 189건을 비롯한 총 215건의 案件을 처리하고 제11대 國會 가 구성됨과 동시에 해산했다.

IV. 수사 결과

1. 사건의 성격

정권찬탈 목적으로 광주시민 잔혹진압 주장

고소·고발인들은 12·12사건으로 軍權을 장악한 피의자 全斗煥 등이 일련의 政權 탈취 계획에 따라 全軍에 강력한 충정 훈련을 실시하고 중앙정보부장 서리직을 강점한 다음, 아무런 명분이나 이유가 없음에도 全軍 주요지휘관회의 결의와 국무회의장 주변에 배치한 무장 병력을 배경으로 국무회의 의결을 강제하여 비상계엄을 전국으로 확대했다. 또 계엄군을 동원, 국회를 점거하여 임시국회 소집을 무산시키는 등 그 기능을 마비시켰다고 주장한다.

또 계엄 해제와 정치일정 단축 등을 요구하는 정치인과 재야 민주 인사들을 체포하여 내란음모 혐의 등을 조작, 사법조치함과 아울러, 정치목적의 옥내외 집회 등 일체의 정치활동을 금지하는 등 기존 정치인들을 사실상 제거했다고 주장한다.

공수부대를 투입하여 계엄 확대, 金大中 체포 등에 항의하는 광주 시민과 학생들을 잔혹하게 진압, 그들의 공분과 저항을 유발하여 소요사태를 유도한 다음 法질서를 회복한다는 명목으로 무자비한 光州 진압작전을 감행하는 등 의도적으로 대규모의 流血사태를 야기하여 비상 상황을 조성했다고 말한다.

이를 빌미로 초헌법적 비상 권력기구인 國保委를 설치하여 국가 주요 정책을 주도적으로 결정함으로써 대통령과 內閣을 사실상 무력화시켰으며 그후, 崔圭夏 대통령을 강제로 下野시키고 피의자 全斗煥이 대통령에 취임함으로써 政權을 탈취했다고 주장한다.

대통령슈에 의해 설치된 대통령 자문기관에 불과한 國保委를 국가보위 입법회의로 명칭만 고쳐 국가보위입법회의법을 제정하고, 국가보위입법회의에서 마음대로 법률을 제정 또는 개정하는 등 위헌적 입법기구를 설치, 운영했다.

國憲을 문란할 목적으로 폭동하여 내란하고, 그 과정에서 軍을 政權 찬탈의 목적에 이용하여 軍형법상의 叛亂 등을 함과 동시에 살인 및 살인미수 등의 범행을 저질렀다고 주장했다.

이에 대하여 피의자들은 앞에서 본 바와 같이 고소·고발인들이 문제 삼고 있는 제반 조치들은 崔圭夏 대통령이 國政을 수행하는 과정에서 취한 정당한 국가통치권의 행사였다고 주장한다.

피의자들은 사회 혼란을 수습하고 政局의 안정을 도모하기 위하여 각자의 위치에서 상황에 따라 대통령에게 건의하여 대통령의 裁可를 받거나 지시에 따라 또는 맡은 직책상 상급자의 지시·명령을 받거나 자신의 판단하에 필요한 조치를 취하였던 것일 뿐이라고 주장했다.

崔圭夏 대통령이 스스로 下野하자 全斗煥 국보위 상임위원이 당시의 헌법 절차에 따라 대통령으로 선출되어 執權을 하게 된 것이지, 政權 탈취를 위한 사전 계획이 있었거나 그에 따라 조치나 행동을 한 것이 아니라고 변소하고 있다.

외형적으로는 崔대통령 재가 혹은 대통령 이름 아래 행해져

이 사건에 있어서 위헌 또는 위법 여부가 문제되고 있는 일련의 행위들을 外形的(외형적)으로 보면, 그 중 기본적인 행위나 조치들이 崔圭夏 대통령에게 보고하여 재가를 받거나 崔圭夏 대통령의 이름 아래 행하여진 것은 사실이다.

즉 崔圭夏 대통령은 계엄령하에서 이미 軍이 보안·정보·수사 등 업무를 조정하고 있기 때문에 중앙정보부의 기능 정상화 등을 효율적으로 수행할 수 있다는 이유로 全斗煥 보안사령관 겸 합동수사본부장을 중앙정보부장 서리에 임명했다.

北傀의 동태와 전국적으로 확대된 소요 사태 등을 감안할 때 전국 일원이 비상사태하에 있다는 이유로 국무회의의 심의·의결을 거친 비상계엄 확대선포안을 裁可했다. 이에 따라 계엄사령관은 2만 5000여 명의 계엄군을 서울대·연세대·고려대·전남대·조선대 등 전국 92개 대학과 중앙청사·국회·신문사·방송국 등 전국 136개 국가 보안목표에 투입했다. 한편 정치 목적의 옥내외 집회·시위를 금지하고 모든 정치 활동과 정치적 발언을 금지했다.

또 崔圭夏 대통령은 全斗煥 합수본부장으로부터 각종 소요사태에 대한 배후조종 혐의자와 사회적 지탄 대상인 권력형 부정 축재자에 대한 조사계획을 보고받고, 수사기관의 범죄혐의자 수사에 부당히 간여할 일은 아니므로 법에 따라 신중하게 처리하도록 당부했다. 이에 합동수사본부는 주요 정치인과 재야인사, 학생 대표들을 소요 배후조종 또는 부정 혐의로 체포했다.

崔圭夏 대통령은 광주의 상황이 악화되자 직접 광주를 방문하여 國政 최고 책임자로서 책임을 통감하고 있다면서, 잘못된 일이 있더라도 정부는 최대한 관용을 베풀고 불문에 부칠 것이므로 냉정과 이성을 되찾아서 슬기롭게 사태를 수습해 나가자고 호소했다. 이어 계엄당국은 치

안부재 상태를 해소한다는 이유로 광주 재진입 작전을 단행했다.

또 崔圭夏 대통령은 계엄 업무를 지휘·감독함에 있어 대통령을 보좌하고 內閣과 계엄군 당국 간의 협조를 긴밀히 하여 효율적으로 국책사항을 심의하기 위하여 대통령 소속하에 國保委를 설치하는 것을 裁可하고, 全斗煥 보안사령관을 국보위 상임위원장으로 임명했다.

崔圭夏 대통령은 집단 시위나 난동과 소요로 정부를 타도하려는 행위를 엄단하고, 공직자 사회 부조리 척결을 계속 추진한다. 또 각종 사회 惡과 퇴폐 풍조를 일소해 나가되 이른바 권력형 부정축재의 조사는 그 범위와 기간을 가급적 국한시킨다. 중상과 모략, 왜곡과 선동, 권모술수와 극한투쟁으로 고질화된 정치풍토를 개선해 나가겠다고 다짐했다.

공공질서의 확립과 사회 안정이 이룩된다면 學院의 정상화나 정치활동의 재개를 포함하여 경제, 사회 발전에 상응하는 정치발전을 계속 추진할 결의임을 천명했다. 이를 위하여 개헌안을 마련, 늦어도 1980년 10월 말까지는 국민투표에 회부, 확정짓고, 1981년 상반기 중에 선거를 실시하고 6월 말까지 새 정부를 수립, 政權을 이양할 계획임을 밝혔다.

그 후 國政의 최고 책임자가 국익 우선의 국가적 견지에서 임기 前에라도 스스로의 판단과 결심으로 合憲的인 절차에 따라 정부를 승계권자에게 移讓(이양)하는 것은 정치 발전의 하나라며 대통령직에서 辭任(사임)했던 것이다.

따라서 앞에서 본 全斗煥 보안사령관의 중앙정보부장 서리 겸직, 비상계엄의 전국 확대, 소요 배후 조종 혐의자 등의 체포·연행, 계엄군 병력의 광주 시위 진압, 國保委의 설치·운영, 全斗煥 보안사령관의 국보위 상임위원장 겸직 및 崔圭夏 대통령의 下野 등은 모두 國政 최고책임자이던 崔圭夏 대통령의 공무원 임명권 및 국군통수권의 행사이거나 계엄선포권 등 國家긴급권의 발동 또는 법령에 근거한 정치적 또는 행정적 지시·명령과 그에 따른 하부기관의 집행행위들이다.

외형적으로는 피의자들의 주장과 같이 崔圭夏 대통령의 國事행위 또는 그 집행행위에 해당된다고 할 수 있다.

보안사 「시국수습방안」의 추진경위

그러나 다른 한편 비상계엄의 확대, 정치인의 체포·연금, 정치 활동의 금지, 國保委의 설치·운영 등 문제가 되고 있는 일련의 조치들은 당시 軍의 주도권을 장악한 군부 최고 실력자로서 합동수사본부장과 중앙정보부장 서리를 겸직하고 있던 全斗煥 보안사령관이 崔圭夏 대통령의 사전지시가 없는 상태에서, 그의 주도하에 기획·입안하여 추진한 조치들이다.

全斗煥 보안사령관이 執權에 성공하여 새 공화국을 출범시키는 과정에 있어 직·간접적으로 기여한 이른바 정권 창출의 준비 또는 기초행위로서의 實質(실질)도 가지고 있다.

먼저, 全斗煥 보안사령관의 중앙정보부장 서리 겸직을 살펴본다.

비록 崔圭夏 대통령의 인사 발령에 의한 것이기는 하나, 軍 정보·수사기관 책임자인 全斗煥 보안사령관이 중앙정보부장 서리에 취임함으로써 국내외 정보와 중앙정보부의 예산을 장악했다. 뿐만 아니라, 이후 공식적으로 각료회의에도 참석할 수 있게 되어 그 영향력이 軍部에 국한하지 않고 內閣 등 민간 부문에도 확대되는 계기가 되었다.

이로써 全斗煥 보안사령관은 사실상 정보를 독점한 실력자로 부상하여 후일 政局을 주도하고 執權의 기반을 구축하는 데 커다란 기여를 하게 되었다고 할 것이다.

다음 비상계엄 전국 확대, 국회 해산, 비상기구 설치 등 이른바 보안사의 「시국수습방안」 추진 경위를 본다.

비상계엄이 전국으로 확대되는 경우에는 사법·행정사무를 관장하는 계엄사령관이 직접 대통령의 지휘·감독을 받게 됨으로써 國政 운영에서 內閣이 배제되어 필경 軍의 전면 등장과 정치 개입을 초래하게 된다.

內閣을 조정·통제하는 비상기구의 설치나 국회의 해산, 정치활동의 규제 문제는 성격상 憲政 질서에 직접 영향을 미치는 고도의 정치적 사안이므로 당연히 최고 통치권자인 대통령의 정치적 결단에 따라 立案되고 추진되어야 할 사항이라 할 것이다.

대통령은 물론 국무총리를 비롯한 각료 누구도 그와 같은 문제를 제기하거나 거론하지 않았음에도 全斗煥 보안사령관이 직무상 직접 관련이 없는 보안사 참모들에게 지시하여 立案하게 한 다음, 이를 全軍 주요 지휘관회의 會議에서 군지휘관들이 결의하는 형식으로 추진했다.

특히 대통령이 해외 순방에서 귀국한 직후에 계엄사령관, 국방부장관과 함께 전군 주요지휘관회의의 결의가 있었음을 내세워 국무총리와 대통령에게 건의하는 형식을 취했다. 심지어 계엄 확대안건 심의시에는 국무회의장 주변에 執銃(집총)한 軍兵力까지 대거 배치하여 위압적인 분위기를 조성한 가운데 이를 전격적으로 추진하려 한 것이다.

비상계엄 전국확대는 특단조치 추진이 목적

비록 이로 인해 대통령이나 국무위원들이 意思(의사)를 강요당했다고 할 수는 없다 하더라도, 全斗煥 보안사령관이 그 주도권을 장악하고 있는 軍을 배경으로 기존 관료세력을 제압하고 이를 관철, 政局을 주도하고자 하였음을 인정할 수 있을 것이다.

또 지역 계엄을 전국 계엄으로 확대한 배경을 살펴본다.

계엄 확대가 사회 혼란을 수습하기 위한 계엄 강화의 한 방안이라 할 수 없는 것은 아니다. 그러나 소요 진압이 유일한 목적이었다면 당시도 이미 계엄하였으므로 굳이 계엄을 확대하지 않더라도 필요에 따라 계엄군을 소요 진압에 투입할 수 있었다.

실제로도 사북사태나 학생 시위에 대비해 3·11공수여단이나 20사단 병력이 출동하여 소요 진압 투입을 대기한 일도 있었다.

이전에도 계엄사령관이 특별담화 또는 전군 주요지휘관회의를 통해 수차 소요에 대한 단호한 대처방침을 천명했던 사실에 비추어 비상계엄 전국 확대조치가 단순한 계엄 강화 방안이었다는 주장은 설득력이 없다.

오히려 全斗煥 보안사령관이 당초에 추진하려 했던 시국수습방안의 내용과 실제 계엄 확대와 동시에 단행된 여러 가지 조치들을 보면, 계엄 확대의 명분 아래 비상기구의 설치, 기성 정치인과 재야인사의 연행·체포, 임시국회의 소집 무산, 정치활동의 금지와 같은 특단의 조치를 추진하는 데에 뜻이 있었다고 판명된다.

이러한 조치들은 앞에서 본 바와 같이 政局 장악 또는 주도 의사 없이는 계획도, 추진도 할 수 없는 대단히 민감한 정치적 사안임에도 이를 전격 추진했다.

결국 이를 바탕으로 執權에 이른 사실에 비추어 全斗煥 보안사령관은 비상계엄 전국 확대조치를 주도함으로써 향후 政局을 주도하고 장악할 의도가 있었음을 인정할 수 있다.

다음은 與野 정치인과 재야 인사의 체포·연행·연금 조치를 살펴본다.

비록 실정법 위반 혐의를 내세우기는 했지만 체포·연행·연금 대상

인물의 사회적 지위나 정치적 비중 등을 감안하면 합동수사본부장이 대통령의 사전 지시 없이 체포·조사계획을 立案하여 추진한 것은 단순한 범법자 수사라고만 보기 어렵다.

더구나 가택 연금은 아무런 법적근거도 없을 뿐 아니라, 연행자들에 대한 수사과정에서도 불법구속·가혹행위 시비가 야기되고, 그 후 상당수는 재산헌납, 공직사퇴라는 편법적 처리를 할 수밖에 없었다.

정치인과 재야 인사에 대한 체포등의 조치는 계엄 확대를 통한 政局 주도에 뜻을 둔 全斗煥 보안사령관이 향후 정국 운영에 방해가 될 수 있는 유력 인사를 포고령위반 혐의 등을 내세워 사실상 政治權에서 제거한 것이다. 이는 결국 全斗煥 보안사령관이 후일 경쟁자 없이 權座(권좌)에 오르게 된 결정적 기반이 되었다고 할 것이다.

정치활동 금지는 대통령 재가 없이 계엄사령관이 발표

특히 계엄 확대와 동시에 취한 정치활동 금지 조치를 보면, 이는 보안사 權正達 정보처장이 시국수습방안의 일환으로 계엄사령관이 대통령의 裁可도 받지 않고 계엄포고로 발령한 것이다.

1972년 10월 朴正熙 대통령이 維新 특별선언으로 국회를 해산하고 정치활동을 중지시킨 전례가 있기는 하다. 그러나 계엄포고는 물론 어떤 조치로도 모든 정치활동을 금지할 수는 없는 法理(법리)임에도 대통령의 裁可도 받지 않고 그와 같은 내용의 계엄포고 발령을 감행한 것은, 계엄 확대를 계기로 기성 정치인과 기존 정치권을 일거에 배제하고 향후 政局을 주도하겠다는 意思가 강력하였음을 시사하는 것이다.

임시국회의 소집 무산에 관하여는, 피의자들은 國會에 배치된 계엄군의 잘못된 출입통제 조치를 우발적 결과인 것처럼 변명하고 있다.

그러나 현장에 투입된 하급 지휘관이 감히 독자적 판단으로 국회의원의 등원을 저지했다고 볼 수 없음은 물론, 그러한 출입통제만으로 임시국회 개회가 무산되었다고는 할 수 없을것이다.

즉 계엄 확대와 동시에 전격 단행된 軍병력의 전면적 배치와 여야 주요 정치인들의 대거 체포·연금 및 일체의 정치활동을 금지하는 계엄포고의 발령 등으로 사실상 國會나 政黨이 정상적인 활동을 할 수 없는 상황이 되었다고 일반적으로 인식되고 있었다.

국회의장직을 대리하던 閔寬植 국회부의장을 비롯한 그 누구도 제104회 임시국회의 개회를 시도하지 않은 사실에 비추어 개별적인 계엄군의 登院 저지와 무관하게 이른바 5·17조치로 임시국회의 開院(개원)은 현실적으로 불가능했던 것으로 판단된다.

국회 등원 저지 상황 등이 즉시 계엄사령관에게까지 보고된 사실이 육본 상황일지 등에 의하여 확인되는 점을 감안하면, 軍 고위층인 피의자들은 당시 그 사실을 모두 인지하고 있었음은 물론, 사실상 그러한 결과를 의도하고 있었다고 할 수 있을 것이다.

또한 계엄 해제 등을 논의하기로 예정된 임시국회의 무산은, 계엄 상황을 이용하여 政局을 주도하고자 한 全斗煥 보안사령관으로서는 국회가 계엄 해제를 결의함으로써 政局의 주도권을 상실하는 것을 방지하기 위해서도 절실한 것이었다고 하지 않을 수 없다.

끝으로 국가보위비상대책위원회를 본다.

國保委는 당초 대통령긴급조치에 의한 비상기구로 설치를 시도하였으나 崔圭夏 대통령의 반대로 대통령자문·보좌기구의 형식을 취한 것이다.

우선 그 설치 경위가 대통령 스스로는 물론 계엄 업무의 주관기관인 국방부장관이나 계엄사령관, 또는 국보위 설치령의 제안기관인 총무처장관이 그 필요성을 느껴 추진한 것이 아니라, 정보·수사기관인 保安司의 일부 참모들이 계획하여 全斗煥 보안사령관이 주도하여 추진한 것이다.

국보위는 5共 탄생의 산실

실제의 구성에 있어서도 15명의 당연직 위원 중 국무총리와 7명의 各部 장관 외에 6명이 현역 장성이다. 임명직 위원 10명 중에는 9명이 현역 장성이다.

상임위원회의 경우, 상임위원 30명중 당연직 상임위원인 분과위원장 14명 중 6명과 임명직 상임위원 16명중 12명이 현역 장성이다. 이미 대통령에 대한 보좌나 행정 업무를 담당하고 있는 장·차관과 행정부의 실무자 외에는 모두 현역 장성들이 임명되었을 뿐이다.

특히 운영에 있어서 國保委 전체회의는 임명식을 포함, 단 2회 형식적으로 개최되었을 뿐이다. 사실상 상임위원회, 상임위원장 중심으로 운영되었다.

전국 비상계엄의 경우 계엄사령관이 행정사무를 관장하게 되어 있음에도 국보위 상임위원회가 대부분의 주요 행정 정책을 수립하여 행정 各部에 시달, 집행했다. 심지어는 역으로 國保委가 결정한 정책을 계엄사가 집행하는 등 국보위 상임위원장이 대통령을 보좌한다는 명목으로 행정에 관하여 사실상 內閣을 조정·통제하는 계엄사령관의 권한을 행사하였다고 할 수 있다.

이는 상임위원회 아래에 행정 各部에 대응하여 內閣의 조직과 흡사한 14개의 분과위원회를 두어 실질적으로 주요 정책을 결정했다. 또 실제

國保委의 공적으로 내세우고 있는 공직자 숙정, 삼청교육, 사회惡 一掃, 과외 금지 등 교육개혁, 기업체질 강화, 농수산 지원, 중공업 투자 조정 등 대부분의 조치들이 비상사태하에서 국가 안보 및 사회질서 회복이라고 하는 狹義(협의)의 계엄 업무와는 직접 관계가 없는 행정업무인 사실에서도 명백하다 할 것이다.

또 全斗煥 보안사령관은 국보위 상임위원장에 취임하자 곧 국보위 법사분과위원들을 동원하여 행정개정안 要綱(요강)을 작성, 이를 정부 개헌 작업에 반영하도록 하는 등 政權을 장악할 경우의 권력구조 등 헌정질서를 검토했다.

대통령에 취임하여 제5공화국 헌법안을 마련하는 과정에서도 최종 순간까지 國保委를 국회의 권한을 代行할 과도 입법기구로 삼을 생각을 할 정도로 國保委를 제5공화국 탄생의 産室(산실)로 평가했다.

그 후 실제로 國保委를 母胎(모태)로 하여 발족한 국가보위입법회의가 국보위의 개혁 조치들을 뒷받침하고 법제화하는 법률을 제·개정했다.

결국 국보위는 崔圭夏 대통령에 대한 자문·보좌기구로서보다는 대통령 긴급조치에 의한 비상기구와 같이 행정 각부를 조정·통제하는 권력기구로 운영되었다. 따라서 國保委를 주도한 全斗煥 상임위원장이 國政의 실질적 주도자임을 內外에 과시하는 데 이용되었다고 할 수 있다.

軍을 배경으로 새 정권 창출한 정치적 변혁

더구나 앞에서 본 바와 같은 일련의 조치 중에서, 金泳三 신민당 총재에 대한 가택연금, 모든 정치 활동을 금지하는 내용의 계엄포고 제 10호 발령, 국회의원의 국회 출입통제, 金鍾泌 공화당 총재 등 권력형 부정 축재자에 대한 재산 헌납과 공직 사퇴 처리, 전 건설부장관 金玄玉 등 부패 공직자에 대한 연행 및 재산 헌납과 공직 사퇴 처리, 사회惡 一掃 특별 조치, 보안사 주관의 헌법개정안 검토 작업 등은 전적으로 全斗煥 보안사령관 등에 의하여 추진되고 조치가 이루어졌다.

이러한 조치들은 그것이 가지고 있는 중대한 정치적 의미와 사회적 영향을 고려할 때, 정국 주도 意思를 배제하고는 설명되기 어려운 성격의 행위라고 할 것이다.

全斗煥 국보위 상임위원장은 그 후 위와 같은 조치 등을 기반으로 하여 崔圭夏 대통령이 下野하자 전군 주요 지휘관회의의 추대결의 등 軍部를 배경으로 통일주체국민회의에서 대통령에 단독 출마, 당선됨으로써 政權을 장악했다.

政權획득에 성공하자 바로 憲法을 改正하여 5·17 조치로 사실상 기능을 상실한 國會와 政黨을 해산했다. 체포·연금 등으로 사실상 정치활동을 금지시켰던 구정치인들에 대하여 정치풍토를 刷新(쇄신)한다는 명분으로 향후에도 정치활동을 규제할 수 있는 근거규정을 설치하는 등 그가 주도하여 단행한 일련의 정치적 변혁조치들을 새 정권, 즉 제5공화국의 憲法질서 속으로 수용했다.

앞에서 본 일련의 조치들이 외형적으로는 비록 崔圭夏 대통령의 행위 또는 그 집행행위의 外觀(외관)을 갖고 있다. 그럼에도 불구하고 實質에 있어서는 朴正熙 대통령의 예기치 않은 사망으로 초래된 권력의 공백기에 12·12사건으로 軍의 주도권을 장악한 全斗煥 보안사령관이 제5공화국이라는 새 政權을 創出(창출)해 나가는 과정에서 전국 비상계엄이라는 특수상황을 이용하여 국군보안사령관, 계엄사 합동수사본부장, 중앙정보부장 서리, 국보위 상임위원장의 地位(지위)를 최대한 활용하여 입안,

추진한 정치적 성격의 행위들이다.

이 사건에서 문제가 되고 있는 일련의 조치 과정은 全斗煥 보안사령관이 그가 장악하고 있던 軍을 배경으로 創出해 나간 정치적 변혁 과정에 해당된다고 할 것이다.

시위대 투석으로 흥분한 공수대원 무자비하게 시위진압

다만 일련의 조치나 사건 중에서 光州 민주화 요구 시위와 그 진압에 대하여 살펴본다.

사태의 발단이 된 전남대와 전남도청 앞에서의 학생과 공수부대의 충돌은 다른 지역에서는 소요가 발생하지 않은 점에 비추어 이례적이기는 하다. 이미 학생회 지도부에 의하여 휴교 시의 행동지침이 내려져 있어 이에 따라 전남대 앞에 상당수의 학생들이 모이게 됨으로써 시위를 시작할 수 있는 구심점을 갖게 되었다.

게다가 학생들이 계엄군의 기습적 대학 점령, 잔류 학생들에 대한 구타, 무조건적인 해산 조치에 분격하고 계엄확대를 통한 軍의 전면 등장과 金大中 등 정치 지도자와 학생 지도부의 체포에 반발하여 軍병력의 출동에도 불구하고 시위를 감행하였다. 이에 강한 기질을 가진 공수부대가 폭동 진압式의 강경 진압을 하는 과정에서 충돌이 발생한 것으로 판단된다.

이후 사태가 악화된 원인은 계엄군의 입장에서는 軍의 등장과 그 위력만으로도 시위가 발생하지 않을 것이라는 예상과는 달리, 공수부대의 출동에도 불구하고 시위가 발생하였다.

뿐만 아니라 방패나 방호복 등 방호 장비 없이 軍服(군복)만을 입은 채 시위를 진압하고 주모자 등을 체포해야 하는 상황에서 동료 부대원들이 시위대의 投石으로 부상을 입자, 강력한 공격적 진압과 체포를 위주로 작전을 하면서, 남녀노소나 시위가담 여부를 가리지 않고 무차별적으로 가격하거나 체포하여 부상자가 발생했다.

심지어는 연행자들을 半裸(반라)의 상태로 만들어 기합을 주기까지 하여 극도의 분노감과 적개심을 야기했다. 게다가 보도 통제로 인하여 정확한 實相(실상)이 알려지지 않음으로써 악성 유언비어가 발생하고, 그것이 다시 광주 시민들로 하여금 고립감과 아울러 격렬한 저항감을 야기함으로써 마침내 공수부대를 몰아내자는 결의를 하게 했다.

이에 차량 시위대가 형성되어 공수부대에 차량 돌진 공격을 감행했다. 공수부대는 돌진 차량을 저지한다는 이유로 발포를 하여 다수의 사상자가 발생했다. 광주의 시민들도 무장저항을 하게 되는 극한 상황에 이른 것이다.

결과적으로는 계엄 상황을 이용하여 政局을 주도하고자 한 軍수뇌부가 학생·시민들의 계엄 해제 등 민주화 요구를 수용할 수 없었다. 때문에 단호한 진압만이 사태를 해결할 수 있는 유일한 방안으로 판단하고, 위와 같은 강경 진압과 군병력의 계속적 증원으로만 사태를 수습하려 한 것이다.

이로써 결국 현장 지휘관들의 엄격한 제어가 없는 상황에서 시민과 계엄군 간에 적대감으로 인한 실상행위로까지 발전하여 엄청난 피해를 야기한 비극적 사태가 초래되었던 것으로 판단된다.

7공수여단의 광주투입 특별한 의도 아니다

그러나 陸本에서 5월3일부터 소요진압 부대의 배속을 변경시키고, 5월8일부터는 13공수여단 등의 이동을 시작했다. 5월14일에는 소요진압본부를 설치하고 3공수여단을 국립묘지에, 수경사 병력을 광화문 지역에 배치했다.

이는 保安司에서 준비하고 있던 비상계엄의 전국 확대 조치와는 별도로 학생 시위가 대규모화·격렬화되고, 점차 경찰력만으로 대처하기 어려운 상황이 됨에 따라 취해진 조치였음이 인정된다.

전남대 등 3개 대학에 7공수여단 2개 대대 병력을 배치한 것은 비상계엄 확대 선포에 따라 전국 92개 대학과 136개 중요시설에 계엄군을 배치하면서 그 일환으로 인근 지역에 주둔하고 있던 부대를 배치한 것이다.

7공수여단의 경우, 원주둔지가 전북 금마로서 33대대장을 포함하여 부대원 40%가 전남북 출신이다. 1979년 10월 釜馬事態(부마사태) 당시에도 3공수여단이 출동하여 시위 진압 작전을 수행한 일이 있는 점 등에 비추어 7공수여단 2개 대대의 광주 배치가 특별한 의도 아래 시행된 것이라고 보기 어렵다.

달리 피의자들의 保安司를 중심으로 계엄 확대, 비상기구 설치 등 일련의 조치를 검토, 시행함에 있어 광주 流血사태와 같은 사태를 의도적으로 촉발하거나 企圖하였다고 볼 자료를 발견하지 못하였다. 광주에서의 민주화 요구 시위 발생이나 그 진압이 사전 계획에 따라 추진되거나 발생한 事件으로 보기는 어렵다 할 것이다.

또한, 이 사건 고소·고발 내용 중 金大中 내란음모사건 조작 주장 부분은, 피의자들이 政權 찬탈을 목적으로 金大中 국민연합 공동의장 등을 불법 연행한 후, 내란음모 등 혐의를 조작하여 기소를 하고 사형을 선고하게 함으로써 내란을 목적으로 사법살인을 기도하였으나 국내외의 반발로 未遂(미수)에 그쳤다는 것이다.

1980년 5월17일 金大中 국민연합 공동의장 등을 연행함에 있어, 당시 계엄포고 제1호에는 포고령 위반사범의 경우 영장없이 체포·구금·수색할 수 있도록 되어 있으므로 계엄법 위반이 적용된 동 사건에서 구속영장 없이 체포했다고 하여 위법이라고 할 수는 없다.

다만 사법경찰관의 법정 구속기간 10일을 훨씬 경과하여 사건을 군검찰에 送致(송치)하고, 계엄선포 중에 현행범이 아닌 芮春浩·金祿永·李宅敦·孫周恒 의원 등을 체포·구금한 사실, 5월22일 중간 수사결과 발표시 金大中 공동의장이 서울대 沈在哲에게 100만원, 고려대 朴一男에게 45만원, 부산대 趙泰源에게 34만원 등을 지급하여 학생시위를 배후 조종하였다고 하였으나 그 후 그 부분이 기소되지 아니했다.

金大中씨는 광주 시위와 무관

체포한 후 가족들에게 구속 통지를 하지 아니했고, 수사중 변호인 선임이나 가족의 접견이 이루어지지 못한 채 공판 개시일 직전에야 변호인 등의 접견이 이루어졌다.

수사기록상 金大中 공동의장이 광주시위를 배후 조종하는 등 광주시위와 직접 관련된 것으로 조사된 자료가 없다. 그러한 사실을 송치하거나 기소한 것이 아님에도, 수사결과 발표에 있어서는 광주시위를 배후 조종한 것으로 오해할 수 있는 표현을 사용한 사실 등이 확인되었다.

재판 과정에 있어서 공개재판주의 위배 여부, 분리 審理의 부당성 여부, 피고인 진술의 부당 제한여부, 법관 아닌 자의 재판 관여 여부 등은 이미 당시의 재판에서도 주장되어 대법원이 위법사유가 없다는 판단을 한 바 있다.

판결문상의 각 범죄행위의 사실 여부 내지 허위 자백 여부는 당시 사건이 대법원까지 3심을 거치면서 재판부의 독자적인 증거 판단에 따라 판결이 선고되어 확정되었으므로, 이제 고소·고발인들의 주장 만으로 재판기관의 사실인정을 수사기관이 새로이 논단하기는 어렵다 할 것이다.

앞에서 살펴본 바와 같이 합동수사본부를 장악한 피의자들이 金大中 국민연합 공동의장 등을 체포·연행함에 있어 상당한 정치적 판단과 고려 하에 이를 단행한 것으로 볼 수 있을지언정, 이른바 사법살인은 수사기관은 물론 소추기관인 검찰과 재판기관인 법원이 共謀(공모)하여 추진하지 않고는 이루어질 수 없는 것이다.

군검찰관이 공소제기하여 계엄보통군법회의와 계엄고등군법회의를 거쳐 대법원 전원합의체의 전원일치 판결로 확정된 이 사건에 있어서, 공소제기로부터 대법원 판결에 이르기까지의 일련의 형사재판 과정을 피의자들이 지배·조종하였다고 볼 아무런 자료가 없다.

형사소송법규에 따른 이 사건 재판절차를 피의자들이 사전 계획한 데 따라 추진되거나 진행된 조치로는 볼 수 없다 할 것이다.

그리고 이 사건 고소·고발 내용중 국가보위입법회의의 설치·운영에 관한 부분은, 1980년 10월27일 입법권한이 없는 국가보위비상대책위원회 전체회의에서 임의로 국가보위입법회의법을 제정하여 같은 해 10월 29일부터 1981년 4월10일까지 위헌적 입법기구인 국가보위입법회의가 國會의 권한을 행사하여 내란하였다는 것이다.

국가보위입법회의의 설치 경위나 구성에 있어 비민주적 요소가 지적되고 있기는 하다.

그러나 국가보위입법회의의 설치·운영은, 1980년 8월16일 崔圭夏 대통령이 하야하고 8월27일 통일주체국민회의에서 全斗煥 국보위 상임위원장이 제11대 대통령으로 선출되어 9월1일 취임한 후 새 헌법에 따라 발생한 상황이다.

이미 政權을 장악한 全斗煥 대통령이 정권을 創出하기에 이른 정치적 변혁 과정을 제도적으로 마무리하기 위해 제5공화국 憲法부칙으로 국가보위입법회의에 立法權을 부여한 데 근거한 것이며, 새삼 政局을 장악하거나 주도하기 위하여 취한 조치로 보기는 어렵다 할 것이다.

2. 법적 판단

舊질서를 지키기 위한 내란죄로 새 체제의 主體 처벌 불가

앞에서 본 바와 같은, 정치적 변혁과정에 있어 새로운 政權과 憲法질서를 創出하기에 이른 일련의 행위들이 司法심사의 대상이 되는지 여부에 대해서는 아직 사법부에서 판단된 사례가 없다.

정치적 변혁의 주도세력이 새로운 政權창출에 성공하여 국민의 정치적 심판을 받아 새로운 政權이 출범한 현실을 인정하고, 그 정권 형성의 기초가 된 사실행위에 대하여 사실의 규범력을 인정하여 事後에 있어 法的 인증을 하여야 한다거나(G.Jellinek, Allgemeine Staatslehre, 337쪽 이하, 360쪽 이하 참조: 沈憲燮, 「法哲學 I」, 법문사, 1983년, 101쪽 이하에서는 새로운 承認의 規律이 탄생하여 새로운 법에 正當性을 부여한다고 설명하고 있다. 森末伸行 「法哲學槪說」, 中央大學出版部, 1994년, 182쪽 이하에서는 새로운 시스템에 適合한 行爲의 反復을 통한 承認이 새로운 法의 效力 근거라고 설명하고 있다) 정치적 변혁이 성공하여 새 질서가 실효적으로 되면 새 질서가 법률질서로 되며, 이는 근본규범의 변동으로 새로운 정부가 법정립의 권위로 인정되는 데 따른 것이다.

만약 정치적 변혁이 실패하여 새 질서가 實效的이 되지 못한 때에는 憲法 定立이 되지 못하고 일련의 행위는 犯法行爲를 구성한다거나 (H.Kelsen, Reine, Rechtslehre, 1934년, 제5장: 「純粹法學」, 켈젠 著, 黃山德 譯, 조문사, 1953년, 110쪽 이하 참조) 재래의 실정법 질서가 무너지고 새로운 법질서가 수립된 경우에는 法的 안정성의 요구에서 이러한 사태가 법의 기초가 되어 法的 효력을 인정받게 된다(G. Radbruch, Einfhrung in die Rechtswissenschaft, 1969년, 제1장: 「法學原論」, G. 라드브루흐 著, 鄭熙喆 譯, 양영각, 1982년, 55쪽: 「法哲學入門」, 구스타브 라드브루흐 著, 嚴敏永 외 1 共譯, 육법사, 1982년, 67쪽 참조)는 등의 이유로 무너진 舊헌정질서에 근거하여 새로운 정권과 헌법질서의 창출을 위한 행위들의 법적효력을 다투거나 법적 책임을 물을 수 없으며, 결국 사법심사가 불가능하다는 견해가 유력하다.

이러한 견지에서 형법학자들은 內亂罪(내란죄)에 대하여 이는 현존하는 국가의 헌법상의 통치 기구 또는 정치적 기본 제도에 대항하여 이를 변혁할 것을 목적으로 하는 집단적 행위로부터 헌법적 질서를 보호하기 위한 것이라고 설명한다.

만약 국가의 정치적 기본 조직인 통치 조직이 변경되고 지배권력이 교체되는 등 그 변혁에 성공하였을 경우에는 행위시에 현존하던 法질서는 새로운 법질서에 의하여 보호받지 못하는 舊질서에 불과한 것이다

구질서를 지키기 위한 內亂罪로 새로운 체제의 주체를 처벌할 수 없다는 것이 通說(통설)을 이루고 있다.

우리나라 형법학자들은 內亂罪는 法과 사실간의 한계적인 관계를 형성하고 있기 때문에 사실상 內亂이 그 未遂 단계를 떠나 완전히 그 목적을 달성한 때에는 이미 새로운 法질서가 확립되어 기존의 질서는 이론상 새로운 법질서에 의하여 보호받을 수 없다거나(劉基天, 全訂新版 「刑法學

各論講義 下」, 일조각, 1986년, 225~226쪽), 국가의 존립은 형법 규범의 기능이 아니라 정치권력의 기능에 불과하여 內亂이 성공했을 때에는 형법에 의하여 처벌받을 수 없다는 이유로(李在祥, 全訂版「刑法各論」, 박영사, 1994년, 621쪽, Welzel과 Willms의 저작 인용: 陳癸鎬,「全訂版 新稿 刑法各論」, 대왕사, 1991년, 1082쪽), 또는 내란이 성공하여 기존의 法질서를 파괴해 버리면 내란죄에 관한 형법규정의 적용 문제는 생겨나지 않는다. 내란죄의 규정은 폭동이 실패로 돌아가 관련자가 체포되었을 경우에만 적용된다는 이유로(黃山德,「刑法各論」, 방문사, 1998년, 15쪽, Welzel의 저작 인용) 刑法에 의하여 처벌할 수 없다는 입장이다.

일본과 독일의 형법학자들도 대체로 같은 견해를 표명하고 있다 (Welzel,「Das Deutsche Strafrecht」11판, 480쪽: 大塚仁,「現代法律學全集」27,「刑法各論 下卷」, 靑林書院, 1981년, 553쪽: 團藤重光,「增補 刑法綱要各論」, 創文社, 昭和 57년, 9쪽: 江家義男,「刑法各論」, 靑林書院, 1956년, 5쪽: 熊倉 武「日本刑法各論 下卷」, 敬文堂, 昭和 45년, 54쪽 : 川端 博,「通說 刑法各論」, 三省堂, 1993년, 310쪽: 飯田忠雄「內亂と刑事責任」, 神戶學院法學 第2卷 第2號, 1971년, 17쪽 등 참조).

이는 결국 처벌법규가 변경되거나 폐지되어 형벌권이 소멸한 경우에 해당되어 앞에서 본, 사법심사가 배제된다는 이론과 그 결론을 같이 한다고 할 것이다.

정권창출 과정의 조치나 행위 사법심사 배제

이 사건의 경우, 崔圭夏 대통령이 1980년 8월16일 下野한 후, 全斗煥 국보위 상임위원장이 8월27일 통일주체국민회의에서 제11대 대통령에 당선되어 9월1일 대통령에 취임했다.

동년 9월29일 全斗煥 대통령이 舊시대의 철저한 청산과 舊정치와의 완전한 결별을 위하여 국회와 정당을 해산하고 國保委로 하여금 국회 기능을 대행하도록 하는 내용의 제5공화국 헌법안을 공고하여 10월22일 실시된 국민투표에 의하여 헌법을 개정했다.

그 다음 1981년 2월25일 개정헌법에 따른 선거인단 선거를 거쳐 동년 3월3일 제12대 대통령에 취임했다. 全斗煥 대통령은 이 사건에 있어 사법판단 여부가 문제된 일련의 행위를 바탕으로, 비록 간접선거에 의한 것이기는 하나 국민적 심판을 거쳐 새 政權을 創出하고 새 憲法질서를 형성하는 데 성공했다.

즉 위에서 본 비상계엄의 전국 확대 선포, 金大中 등 與野 정치인과 재야 인사 등의 체포, 연행·연금, 정치활동의 금지와 임시국회의 소집 무산, 國保委의 설치·운영 등 이 사건에서 문제가 되고 있는 일련의 조치나 행위는 정치적 변혁 과정에서 기존 통치질서를 대체하고 새로운 憲法질서를 형성하는 기초가 되었다. 그 후 새 헌법에 의하여 憲法질서 속으로 수용된 것이라 할 수 있다.

이와 같은 憲政질서의 연속성과 관련된 일련의 정치적 사건에 대하여 사법기관이 사법심사의 일환으로 그 위법여부를 판단할 경우, 자칫 새 政權 출범 이후 새 헌법이나 법률에 의하여 실효성을 부여받아 유지되어온 憲政질서나 法질서의 단절을 초래하여 정치적, 사회적, 법률적으로 중대한 혼란을 야기할 수 있다.

뿐만 아니라 새 정권 출범 이후 국민투표 또는 대통령선거 등 여러 차례의 국민적 심판과정을 통하여 형성된 주권자인 국민의 정치적 판단과 결정을 사후에 사법적으로 번복하는 부당한 결과를 야기할 수가 있다.

새 政權이 출범하여 새로운 헌법질서가 실효화된 이 사건의 경우, 피의자들이 政權 창출 과정에서 취한 일련의 조치나 행위는 앞에서 본 바와 같은 이유로 사법심사가 배제된다고 보는 것이 상당하다.

전원 공소권 없음

그리고 이 사건 고소·고발 내용중 국가보위입법회의 설치·운영 관련 부분은 1980년 9월29일 국무회의 심의·의결을 거친 제5공화국 憲法부칙과 국가보위입법회의설치령에 의하면, 개정헌법 시행과 동시에 국가보위비상대책위원회를 국가보위입법회의로 변경했다. 국가보위비상대책위원회 委員을 국가보위입법회의 議員으로 변경하는 한편, 개정헌법 시행일로부터 새로이 구성되는 국회의 최초 집회일 전일까지 국가보위입법회의가 國會의 권한을 대행하도록 규정하고 있었다.

헌법개정안이 국민투표로 확정, 공포된 1980년 10월27일 위 국가보위입법회의설치령에 규정된 국가보위입법회의 의원들이 憲法부칙에 규정된 立法權을 행사하여 국가보위입법회의법을 제정했다. 이 법에 의거, 다시 국가보위입법회의를 구성하여 憲法부칙에 따라 國會의 권한을 행사한 것이다.

이 사건에서 문제가 되고 있는 국가보위입법회의의 입법 활동은 헌법에 의하여 국회의 권한을 대행하는 과도 입법기구의 입법행위다. 권력분립적 견지에서 사법적 판단이 오히려 합리적이지 못한 전형적인 통치행위 영역에 속하는 것이라 할 것이므로 역시 사법심사가 배제된다고할 것이다.

따라서 이 사건 관련자들에 대하여는 그들의 행위나 조치가 구체적으로 內亂罪 등에 해당하는지 여부를 판단하지 않고 형식판단 우선 법리에 따라 전원 공소권 없음 결정을 했다.

3. 의문점에 대한 수사결과

(1) 發砲(발포) 경위

사전계획에 따른 의도적 발포는 아니었다.

고소·고발인들은 공수부대의 발포는 5월20일 23시경 광주역 앞에서 시위군중에 발포하면서 계속되었는데, 5월21일 13시경 도청 앞에서의 집단 발포의 형태를 보면, 이는 시위대의 차량 돌진을 저지하기 위한 自衛 목적의 우발적 사격이 아니라, 광주시민들의 公憤을 고조시키기 위하여 별도로 사전에 계획된 명령에 따라 행하여진 의도적인 발포였을 가능성이 많다고 주장했다.

수사결과 광주에서의 최초의 발포는 5월19일 17시경 광주고등학교 부근에서 있었던 것으로 확인되었다.

5월19일 17시경 사직공원을 수색하고 복귀하던 11공수여단 63대대 배속 장갑차가 광주고등학교 부근에 이르렀을 때 시위대가 장갑차를 포위 공격하면서 불붙은 짚단을 던져 장갑차에 불을 붙이려 했다. 장갑차에 타고 있던 한 장교가 장갑차 문을 열고 空砲를 쏘고 다시 위협 사격하는 과정에서 주위에 있던 고등학생 1명이 총격을 받아 부상한 것이었다.

또 5월20일 23시경 3공수여단이 광주역 일대에서 시위대와 공방을 벌이던 중 트럭·버스 등 시위대의 차량 돌진 공격으로 사상자가 발생하는 등 수세에 몰렸다.

3공수여단장은 경계용 실탄을 예하 대대에 전달하고, 대대장은 이를 장교 위주로 분배하여 이들이 돌진하는 차량을 향하여 發砲했다. 광주역으로 실탄을 전달하러 가던 특공지원조가 시위대와 마주쳐 진로가 막히자 위협 사격을 했다.

5월21일 다시 전남대 앞에서 장갑차, 경찰 가스차 등 시위대의 차량 돌진 공격에 대응하여 돌진하는 차량에 發砲했고, 그 와중에서 사상자가 발생한 것이다. 이와 같은 발포 경위에 비추어 위 발포가 광주시민들의 公憤을 고조시킬 목적으로 사전에 계획된, 의도적인 발포였다고 할 수는 없을 것이다.

5월21일 전남도청 앞에서의 발포는 그동안 國會 청문회 등에서는 그 경위에 관하여, 시위대의 1차 장갑차 공격 후 도청에서 철수하던 31사단 병력으로부터 공수부대가 小量(소량)의 실탄을 인수하여 장교들에게 분배한 상태에서 다시 시위대가 차량 공격을 해오자 장교들이 自衛的 차원에서 발포한 것이라고 주장되어 왔다.

수사 결과 11공수여단 61·62대대는 도청 앞·금남로에서 시위대로부터 차량 공격을 받은 후 시위가 소강상태에 들어간 5월20일 24시경 대대장 지프차 등에 통합 보관하고 있던 경계용 실탄을 대대장의 명령에 따라 위급시에만 사용하라는 지시와 함께 중대장 이상 장교들에게 1탄창(15발)씩 분배했다.

63대대는 5월21일 10시30분경 실탄을 분배함으로써, 같은 날 13시경 시위대의 차량 공격이 있기 이전에 이미 장교들 위주로 실탄이 분배되어 있었던 사실이 확인되었다.

13시경부터 시위대가 장갑차 등으로 공수부대에 돌진 공격해 오고 병사 1명이 장갑차에 깔려 사망하자 이에 대응하여 첫 發砲가 있었다. 다시 시위대가 장갑차와 버스 등 차량 돌진을 계속하자 공수부대 장교들이 집단적으로 발포하였다.

그 무렵 7공수여단 35대대도 철수하던 31사단 병력으로부터 실탄을 인계받아 이를 장교들에게 분배하였다. 돌진하는 차량을 피해 人道와 인근 건물에 산개하였던 공수부대원들 중 일부가 도청 및 주변 건물 옥상에 올라가 경계를 하고 있다가 접근하는 시위대를 향하여 발포한 사실이 확인되었다.

당시, 사격통제에 상당한 문제점 노출 확인

다만, 고소·고발인들의 주장과 같이 위와 같은 발포가 대대장이나 여단장 이상의 상급 지휘관이나 별도의 지휘계통에 있는 특정인의 구체적인 발포 명령에 따라 행하여진 것이거나 또는 광주시민들의 公憤을 고조시키기 위하여 사전 계획에 따라 의도적으로 행해진 것으로 인정할 수 있는 자료는 없다.

결국 전남도청 앞에서의 發砲는 현장 지휘관인 공수부대 대대장들이 차량 돌진 등 위협적인 공격을 해오는 시위대에 대응하여 경계용 실탄을 분배함으로써, 이를 분배받은 공수부대 장교들이 대대장이나 지역대장의 통제없이 장갑차 등의 돌진에 대응하여 自衛 목적에서 발포한 것으로 판단된다.

그러나 그 이후 계속된 발포 중에는 비록 시위대가 무장을 하였다고 하더라도, 도로에 나와 단순히 口號를 외치거나 차량으로 도로를 진행하거나 총상자들을 救護(구호) 또는 호송하려 하거나, 심지어는 총기 발사나 차량 돌진 등 軍에 대하여 직접적 위협을 가하고 있지 아니한 상태에까지 발포가 이루어진 사실을 인정할 수 있어 당시 무장 및 사격 통제에 상당한 문제점이 있었음이 확인되었다.

공수여단 시위진압 투입은 적법절차 거친 것

고소·고발인들은 광주에 투입된 공수부대는 상급 지휘관인 계엄사령관·2군사령관·전교사령관·31사단장의 정상적인 지휘계통하에 있지 않고, 별도 세력의 사전계획에 의해 지휘되고 있었다고 주장했다.

즉 7공수여단과 11공수여단이 투입될 당시의 광주 상황이 공수부대의 투입이 필요할 정도가 아니었고 현지의 31사단장이나 전교사령관이 요청한 사실이 없음에도 공수부대와 학생들의 최초 충돌 이전 시간에 특전사령관이 벌써 11공수여단의 추가 투입을 지시했다.

계엄사령관이 自衛權 보유를 최초로 천명한 것은 5월21일 19시30분이고 2군사령부가 自衛權 행사를 지시한 것이 5월22일 10시30분임에도 하급부대인 7공수여단은 5월21일 18시에, 戰敎司는 같은 날 20시30분에 미리 自衛權 발동 명령을 내렸다. 심지어는 5월20일 23시경 이미 3공수여단이 광주역에서 發砲를 했다.

5월24일 호남고속도로 광주인터체인지 부근과 효천역 부근에서 두 차례나 군부대 간에 오인 사격이 발생한 사실 등에 비추어 별도의 지휘체계가 있었다고 볼 수밖에 없다는 것이다.

그러나 7공수여단 2개 대대를 전남대 등 3개 대학에 배치한 것은 소요 예방과 진압을 이유로 陸本이 전국 92개 대학에 계엄군을 배치하는 조치의 일환으로 취해진 것이다. 이때 이미 軍병력의 시위 진압 투입은 전제되어 있었다고 할 수 있다.

5월18일 오후 7공수여단 2개 대대가 광주시내 시위 진압에 나선 것은 계엄 확대 선포 후 전국에서 유일하게 광주시내에서 시위가 벌어졌고,

경찰이 軍의 투입을 요청하고 있는 상황에서 계엄사령관-2군사령관-전교사령관-31사단장의 계통에서 軍병력 투입을 결정한 사실이 인정된다.

11공수여단의 추가 투입이 광주시내에서 공수부대원들과 학생들이 충돌하기 전인 5월18일 14시경 결정된 것은 사실이다. 이는 광주 시위 상황을 보고받은 육본에서 군 병력의 증원이 필요하다고 판단하고 다만 공수여단 중 적절한 파견부대의 결정을 위하여 특전사령관의 의견을 들어 11공수여단을 증원하기로 결정하였던 것이다.

지휘권 二元化 증거 없다

초기에 7공수여단을 시위 진압에 투입한 후 5월18일 야간에 공수부대를 광주시내에 거점 배치하고, 5월19일 11공수여단의 추가 작전통제에 따라 책임지역을 구분하여 시위 진압에 투입하고, 5월20일 3공수여단의 추가 투입에 따라 다시 책임지역을 구분하여 시위 진압에 투입하고, 5월21일 공수부대를 시 외곽으로 철수시키는 등의 일련의 부대 운용에 관한 지휘를 실제 31사단장과 전교사령관이 행한 사실이 인정된다.

계엄사령관의 自衛權 보유 천명 시간과 각 부대의 自衛權 발동 지시 시간이 軍자료상 先後가 맞지 않는 듯한 것은 사실이다. 이는 自衛權 발동이 결정된 마당에 계엄사령관의 방송을 통한 발표 이전에 自衛權 발동 사실이 하급 부대에 통보될 수 있는 것이다.

실제로도 尹興禎 전교사령관은 5월21일 16시경 李熺性 계엄사령관으로부터 계엄군 외곽 철수와 함께 自衛權 발동 승인을 받은 사실 등에 비추어 그와 같은 지시들이 발령, 전파되는 과정에서 先後가 다르다고 하여 지휘관이 二元化되었다고 단정할 수 없다.

5월21일 16시경 31사단장의 2개 공수여단에 대한 작전지휘권이 전교사령관에게 전환된 후에는 각 공수여단이 책임지역에서 외곽 봉쇄 임무만을 수행하다가 광주 재진입 작전에 투입된 것이다. 광주 再진입 작전은 전교사령관이 계엄사령관의 지휘를 받아 특전사령관 등의 자문과 助言을 참고하여 그의 책임하에 수행한 것이 인정된다.

또 군부대 간의 오인 사격은 戰敎司 예하 각 부대 간에 상호 상황 전파 및 통제 미숙, 단위 부대 지휘관들의 상황 판단 미숙과 침착성 부족 등에 기인하여 발생한 것이다. 이를 두고 지휘권 二元化의 결과라고 할 수는 없다.

물론 광주에 파견된 3개 공수여단이 전교사령관이나 31사단장의 작전 통제하에 있었음에도 31사단 등과는 무전 交信(교신) 체계가 상이한 상태에서 특전사 일부 장교들이 전교사에서 전용 무선 발수신 장치를 설치하여 각 공수여단과 별도로 交信하면서 상황을 파악했다. 특전사령관이 11공수여단과 3공수여단의 증원결정 의견을 제시하고, 수시 광주를 방문하면서 공수여단 지휘관들을 격려하고, 광주 재진입 작전인 상무충정작전을 수행함에 있어 특공부대를 선정하는 데 관여한 사실 등이 인정된다. 이를 가지고 당시 공수여단에 대한 지휘권이 二元化되었다고 할 수는 없는 것이다.

(3) 무기 피탈 고의 방치 여부

5월20일 23시경 광주세무서에서 카빈 17정 탈취

고소·고발인들은 事前에 계획된 학살 만행의 시나리오에 따라 광주시민들로 하여금 무기고를 습격, 무장을 하도록 상황을 유도했을 가능성이 높다고 주장했다. 그 근거로 광주시민들이 광주 외곽 지역에서 무기庫를 습격하고 무기를 탈취하여 광주까지 돌아오는 동안 아무런 제지를 받지 않았고 무기가 광주에 반입된 후에 외곽 도로가 봉쇄된 점 등을 들었다.

광주에서는 시위대에 의한 무기 탈취는 5월19일 15시15분경 시위대가 기독교 방송국을 점거하는 과정에서 31사단 경계병력으로부터 M16 소총 1정을 탈취한 것이 처음으로, 이 소총은 곧 회수되었다.

그 후 5월20일 23시경 광주세무서 放火·점거시 지하실 소총庫에서 카빈 17정을 탈취했고, 5월21일 13시경 광산 하남파출소에서 카빈 9정이 탈취되었다. 시위대가 본격적으로 소총 탈취에 나선 것은 5월21일 13시경 전남도청 앞에서 공수부대의 發砲가 있은 후다. 시위대는 광주 인근 지역으로 진출하여 화순, 나주 등 지방의 支·派出所와 화순광업소, 한국화약 등 방위산업체 등에서 대량으로 총기와 실탄을 탈취했던 것이다.

당시 軍이나 경찰이 광주 외곽 지역의 일선 支·派出所와 방위산업체 등에 산재해 있는 무기·실탄·탄약류를 조기에 회수하여 통합 보관하는 등 실효성 있게 통제하지 못하고 경찰관이나 향토사단인 31사단 방위병 1~3명이 경계병력으로 배치되어 있다가 무기를 탈취당한 것은 사실이다.

광주지역의 시위가 확산되자 두 차례에 걸쳐 광주 시내 예비군 무기고에 있는 소총과 탄약을 회수하여 군부대에 보관시킨 것 또한 사실이다.

다만 軍의 조기진압 의지와는 달리 시위가 급격히 확산됨으로써 경찰과 軍병력이 광주시내 시위에 대처하는 데만도 급급해한 상태였다. 지방 경찰 병력도 대부분 광주시내로 차출되어 인근 지방으로까지 진출하여 무기를 탈취하는 시위대를 사전에 막기는 어려웠던 상황이었다.

특히 5월21일에는 전남대에서 3공수여단이, 전남도청 앞에서는 7공수여단과 11공수여단이 시위대와 치열한 공방전 끝에 결국은 전남도청 등을 포기하고 시 외곽으로 철수하는 형편이었다. 軍이나 경찰이 병력 운용에 여유가 있는 상태에서 의도적으로 무기고 습격을 방치했다고는 보기 어렵다. 달리 軍이 시위대의 무기 탈취를 의도적으로 방치했음을 인정할 아무런 자료를 발견할 수 없다.

(4) 헬기 機銃 掃射(기총 소사) 여부

헬기사격 피해자 홍란·정낙평씨는 일반 총상으로 밝혀져

광주에서 무장 헬기의 공중 사격으로 많은 인명 피해가 야기되었다는 주장이 일부에서 제기되었고, 조비오 신부·이광영 승려·아놀드 피터슨 목사 등이 헬기 기총 소사를 목격하였다고 주장했다.

이에 대하여 당시 육군항공단 근무 관계자들은 헬기 기총 사격은 엄청난 人的·物的 피해를 야기하는 것으로 그러한 사격을 실시한 사실이 전혀 없다고 주장했다. 군 관계자료상으로는 5월21일 2군사령부가 戰敎司에 수송용 헬기인 UH-1H 10대, 무장헬기 AH-1J(코브라) 4대를 지원하고, 사태 기간중 헬기가 총 48시간 동안 무력시위를 했다는 기재 외에, 실제 공중 사격 실시 여부에 대하여는 아무런 기재를 발견할 수 없었다.

먼저 목격자들의 진술을 살펴보면, 위 이광영은 5월21일 14시경 헬기 사격으로 15~16세의 女學生이 어깨 부위를 피격당하는 것을 목격하고 그를 적십자병원으로 후송했다고 진술했다. 적십자병원의 당시 진료기록부와 응급실 관계자의 진술에 의하더라도 그 당시 헬기 사격 피해자가 來院(내원)했음을 확인할 수 없었다.

조비오 신부가 5월27일 헬기 사격의 피해자라고 지목한 홍란은 검찰 조사에서 건물 屋上에 있던 계엄군의 소총 사격에 의해 다쳤다고 진술했다.

정낙평은 5월21일 14시경 광주경찰서 상공에서 기종 미상의 헬기가 기관총 사격하는 것을 목격했으며, 부근 진주다방의 종업원이 屋上에서 헬기가 쏜 기관총을 맞고 죽었다는 말을 들었다고 진술했다. 진주다방 종업원인 심동선(남·30세)에 대한 檢屍調書(검시조서)에 의하면 死因(사인)이 M16 소총에 의한 관통총상(射入口 1×1cm)이고, 당시 빌딩 屋上에 있던 공수부대원의 사격에 의한 피격이라는 취지의 증언(《광주오월항쟁사료전집》714쪽)도 있다.

아놀드 피터슨 목사는 헬기가 旋回(선회)하고 上空(상공)에서 총소리가 들려 헬기에서 기총 사격을 한 것으로 믿고 있으나 헬기 사격 자체를 목격하지는 않았다는 것이다. 그가 사격 장면을 촬영한 것으로 검찰에 제출한 사진상의 헬기 하단 불빛은 기관총 사격시 발생되는 섬광이 아니라 헬기에 부착된 충돌방지등 불빛임이 확인되었다.

그밖의 목격자들도 막연하게 헬기에서 사격하는 것을 보았다는 것일 뿐, 달리 구체적으로 피해사실을 진술하지 못하고 있다.

광주시내 적십자병원·기독병원·전남대학병원의 각 당시 진료기록부와 응급실 관계자들의 진술을 검토해 보아도 그 당시 각 병원에서 헬기 총격에 의한 피해자가 來院했거나 입원·치료를 받은 사실을 확인할 수 없었다.

광주시위 관련 사망자 165명에 대한 광주지방검찰청 死體檢屍記錄(사체검시기록)에서도 특별히 헬기 기총 사격에 의한 死亡이라고 인정할 수 있는 근거를 발견할 수 없었다.

또한 AH-1J 헬기의 장착 무기인 토우 미사일, 2.75인치 로켓, 20밀리 발칸포(분당 750발 발사)나 500MD 헬기의 장착 무기인 2.75인치 로켓, 7.62밀리 6열 기관총(분당 2000~4000발 발사)에 의한 목표 사격의 경우 나타나는 대규모의 인명 피해와 뚜렷한 피탄 흔적, 파편 등이 확인되지 않았다.

전교사 교훈집의 「유류 및 탄약의 높은 소모율」이라는 기재는 교훈집 작성시 헬기 사용의 일반적 敎理(교리)상의 문제를 육군 항공운용교범에서 그대로 인용하여 적시해 놓은 것이다. 실제 다른 사례에 비해 광주지역에서 유류나 탄약을 많이 소모했다는 것이 아닌 점 등에 비추어 헬기 장착 무기에 의한 사격으로 인명피해를 야기한 사실은 인정할 수 없었다.

(5) 대검 및 화염방사기 사용 여부

공수부대 대검 살상 사실 확인

▲대검 사용여부

軍 관계자들은 대부분 시위대를 진압하면서 대검을 사용한 일이 없다고 주장한다. 그러나 着劍 상태에서 트럭을 타고 무력시위를 하던 중 시위대로부터 投石공격을 당하자 일부 부대원이 착검 상태에서 下車(하차)하여 시위대를 추격, 체포하였던 사실이 인정된다. 그 과정에서 대검 부분으로 피해가 발생하였을 가능성이 있다.

실제로 하헌남·최승기·김인윤·이인선·최미자 등이 당시 刺傷을 입었고, 사망자 손옥례·권근립·윤개원·김평용·박종길·민병렬·허봉·김경환 등의 死體에서 刺傷이 발견된 점을 종합하면, 지휘관의 의사와 무관하게 공수부대원들에 의하여 시위 진압현장에서 대검이 사용된 사실을 인정할 수 있다 〈편집자注: 鄭海直 교사(보성 노동국교 광곡분교) 증언에 의하면 5월19일 16시30분경 광주소방서 바리케이드 앞에서 공수부대원이 체포한 젊은이 세 명을 대검으로 찔렀다고 한다. 또 金容完씨(당시 고3)는 20일 밤 광주 신역 부근에서 공수부대원에게 뒤통수를 곤봉으로 얻어맞고 대검으로 정강이 아래를 찔리는 부상을 당했다. 이 밖에도 대검에 찔린 증언은 상당수에 달한다. 「月刊朝鮮」 1988년 3월호 「내가 겪은 80년 5월의 光州」 참조〉

▲화염방사기 사용여부

군 관계자들은 화염방사기는 토치카 또는 장갑차 공격용으로서 人體에 火焰을 방사했다면 전신 중화상으로 대부분 사망하고 말았을 것이라고 한다. 그러나 광주에서 화염방사기로 火焰을 방사한 적이 없고, 당시 火焰用(화염용) 약품 자체가 지원된 일이 없다. 다만 소요진압용 작용제(CS분말)나 소요 군중 식별용 유색수를 넣어 이를 살포하는 데 화염방사기를 사용했을 것이라고 주장한다. 달리 화염방사기로 火焰을 방사하거나 화염방사에 의한 火傷(화상) 사망 사실을 인정할 자료를 발견하지 못했다.

다만, 최강식(남·35세)이 5월21일 광주시청 앞에서 시위대 장갑차를 몰고 가다가 화염방사기 공격을 받고 火傷을 입었고 (1987년 7월15일 악성 섬유성 조직구암으로 사망), 崔炳玉(남·21세)이 5월21일 전남대 앞에서 시위 중 화염방사로 顔面(안면)에 火傷을 입었으며, 최충용(남·29세)이 5월19일 광주소방서 앞에서 계엄군이 화염방사기를 위협용으로 수직으로 쏘는 것을 목격했다고 각 주장(《광주민중항쟁사료전집》 1007~1013쪽)했다.

최강식에 관한 보상금 지급결정 관련 서류에 의하면 이 사람은 5월21일 장갑차를 몰다가 체포된 것이 아니다. 그는 중흥동 건축 현장에서 계엄군에 체포되어, 전남대·광주교도소·상무대를 거치면서 全身을 구타당하고 火傷을 입었으나 그것이 화염방사기에 의한 火焰인지는 보지 못했다고 진술했다. 이 사람에 관한 보상금 지급결정 관련 서류에 의하면, 동인은 5월20일 16시경 전남대 앞 굴다리에서 계엄군에 체포되어 교도소로 호송될 때 공수부대원이 차량 안에 최루탄을 집어넣어 火傷을 입었다고 진술서를 작성했다. 같은 내용의 강길성의 목격 진술서도 첨부되어 있으며, 달리 위 주장이 사실임을 확인할 수 없었다.

(6) 광주 외곽지역 피해 관련 眞相

오인사격으로 다수 시민 사망

5월21일 공수부대가 전남대와 전남도청 앞에서 광주시 외곽으로 철수하여 5월27일 재진입 작전을 할 때까지 시 외곽 봉쇄 및 도로 차단 등과 관련하여 여러 건의 민간인 피해 사례가 주장되어 왔다.

그 중 앞에서 본 수사결과에 상세히 적시한 바와 같이 3공수여단 5개 대대가 5월21일 광주교도소로 철수하는 과정에서 그 동안 연행한 시위대 수십 명을 천막 등으로 덮은 트럭에 실어 호송하면서 더운 날씨에 차량 안으로 과다한 인원을 탑승시키고 최루탄을 터뜨려 火傷환자를 발생시켰다. 교도소 도착 후에도 진압봉 등으로 구타했으며, 교도소 도착 당시 차량에는 질식사 등으로 사망한 5~6구의 死體가 있었음이 확인되었다.

3공수여단은 5월24일까지의 광주교도소 방호 기간중 수차례 무장시위대와 交戰한 외에, 5월22일 10시경 교도소 부근을 통과하던 김성수 일가를 시위대로 오인 총격을 가하여 일가 3명이 총상을 입고 그중 처 김춘아가 후유증으로 사망한 사실이 있다.

위와 같이 철수 과정에서 발생한 사체 및 교전 과정 또는 부상자 치료 과정에서 사망한 사체 등 모두 12구의 사체를 교도소 부근에 假埋葬(가매장)한 사실이 확인되었다.

광주-목포간 도로를 차단하기 위해 효천역 부근에 배치된 20사단 61연대 병력에 의해서도 5월22일 05시40분경 및 09시경 2회에 걸쳐 시위대 차량으로 오인한 총격으로 왕태경 등 민간인 2명이 사망하고 5명이 부상한 것이 확인되었다.

5월22일 17시경 20사단 62연대 2대대에 의한 광주통합병원 확보 작전 시 무장시위대와 民家를 두고 벌인 交戰 과정에서 인근 화정동·쌍촌동·내방동 등에 거주하는 이매실·함광수 등 주민들이 총상을 입고 사망하거나 부상을 입었음이 확인되었다.

해남에 주둔하고 있던 31사단 93연대 2대대도 5월23일 2회에 걸쳐 시위대와 交戰했고 그 과정에서 박영철 등 2명이 사망했음이 확인되었다.

5월23일 10시경 11공수여단 62대대가 매복하고 있는 주남마을 앞 광주-화순간 國道에서 미니버스가 정지신호를 무시하고 질주하다가 총격을 받아 박현숙 등 10여 명이 사망했다. 남자 중상자 2명이 後送(후송)도중 다시 총격을 받아 사망했음이 확인되었다.

5월24일 13시30분경 11공수여단이 주남마을에서 송정리비행장으로 이동하면서 송암동 부근에서 시위대 10여명과 총격전이 벌어지자 주변을 향해 亂射(난사)하여 전재수 등 어린이 2명이 사망했다.

전교사 보병학교 교도대 병력으로부터 오인 사격을 받아 63대대 병력 9명이 사망하자 이에 격분하여 부근 일대를 수색, 시위대를 체포하는 과정에서 무장시위대원 1명과 권근립 등 마을청년 3명, 마을주민 1명이 총격을 받고 사망한 사실 등이 확인되었다.

(7) 사망자 수

193+47명 이외의 사망자 수 확정은 불가능

현재까지 정부의 관련 자료에 의하여 확인된 광주시위 관련 사망자는 군인 23명·경찰 4명·민간인 166명 등 모두 193명이고 광주 시위 관련 행방불명자로 인정되어 보상금이 지급된 사람은 47명이다.

이 사망자 수는 당시 死體로 확인된 숫자이나, 死體중에는 신원이나 사망 경위가 일체 불상인 경우가 많다. 한편 목격자의 진술 등에 의하여 사망자가 있음은 확인되면서도 당시 死體가 발견·확인되었는지 여부나 신원불상인 死體와의 동일성 여부 등에 대한 판단이 현재로서는 곤란하여 당시의 실제 사망자 수를 지금 다시 확정하는 것은 불가능했다.

(편집자注: 계엄사가 80년 6월에 발표한 사망자 명단과 死因을 보면 시민측 사망자 164명 중 27명이 타박상·두부 손상·자상으로 숨진 것으로 돼 있다. 또 34명이 19세 이하이고, 14세 이하 사망자도 5명이나 된다. 두부손상 사망자 중엔 65세 노인도 있다. 광주부상회 회원 131명 중 12.2%인 16명이 구타에 의한 부상이고 약 80%가 허리 위에 총격을 받아 다쳤다. 광주에서 얼마나 죽었느냐도 문제지만 어떻게 죽었느냐의 문제도 중요하다. 「月刊朝鮮」 1985년 7월호 「191명이냐 2000명이냐」 참조)

13

광주사태 북한군 특수부대원으로
지목된 탈북자 11명의
지만원氏에 대한 고소장(全文)

고 소 장

사건   정보통신망이용촉진 및 정보보호 등에 관한 법률위반(명예훼손), 명예훼손

고소인   이민복 외 10명

피고소인   지만원

적용법조   정보통신망 이용촉진 및 정보보호 등에 관한 법률 제70조 제2항,

           제70조 제1항, 형법 제307조 제2항, 제307조 제1항

고소인들의 대리인

여민합동법률사무소 변호사 류제화

서울중앙지방검찰청 귀중

고 소 취 지

고소인들은 피고소인을 아래와 같이 정보통신망이용촉진및정보보호등에 관한법률위반(명예훼손), 명예훼손 혐의로 고소하오니 철저히 조사하여 엄벌해 주시기 바랍니다.

범 죄 사 실

1. 고소인들과 피고소인의 지위

고소인들은 탈북하여 현재 대한민국에 거주하고 있는 탈북민들이고, 피고소인은 5·18민주화운동 당시 광주에 북한특수군(이하 '광수'라고 합니다)이 개입했다고 주장하는 자로서 5·18민주화운동 진상규명 조사위원으로 거론된 바 있습니다.

2. 피고소인의 글 게시행위

피고소인은 자신이 운영하는 시스템클럽(www.systemclub.co.kr) 인터넷 사이트(이하 '이 사건 홈페이지'라고 합니다) 게시판에 2015. 6. 10.부터 지금까지 지속적으로 5·18민주화운동 당시 촬영된 광주 시민들의 사진 영상을 첨단 기술(이하 '얼굴 인식 프로그램'이라고 합니다)을 이용해서 분석한 결과 일부 시민들의 사진 영상이 현재 북한 고위 권력층 및 탈북민인 고소인들의 얼굴과 일치하는데 이들은 당시 광주에 침투한 북한군 특수부대원인 광수라는 내용으로 '광수들의 신분 정리'라는 제목의 글을 게시했습니다. (증 제1호증 시스템클럽 게시판 참조, 이하 '이 사건 게시행위'라고 합니다). 위 게시물은 이 사건 홈페이지 회원들 및 일반인들이 열람하여 27만여 건의 조회수를 기록하고 있습니다.

번호	제목	글쓴이	날짜	조회	추천
공지	광수들의 신분 정리	지만원	2015-06-10	272360	1133
공지	평창올림픽과 함께 발굴한 83명의 광수	지만원	2018-02-15	17590	656
공지	광수찾기 영상기법	지만원	2018-02-16	12647	504

(증 제1호증 시스템클럽 게시판)

3. 피고소인의 범죄행위

가. 정보통신망 이용촉진 및 정보보호 등에 관한 법률 위반(명예훼손)

1) 관련 법률

정보통신망 이용촉진 및 정보보호 등에 관한 법률 제70조(벌칙)

① 사람을 비방할 목적으로 정보통신망을 통하여 공공연하게 사실을 드러내어 다른 사람의 명예를 훼손한 자는 3년 이하의 징역 또는 3천만원 이하의 벌금에 처한다.

② 사람을 비방할 목적으로 정보통신망을 통하여 공공연하게 거짓의 사실을 드러내어 다른 사람의 명예를 훼손한 자는 7년 이하의 징역, 10년 이하의 자격정지 또는 5천만원 이하의 벌금에 처한다.

정보통신망 이용촉진 및 정보보호 등에 관한 법률(이하 '정보통신망법'이라고 합니다) 제70조 제2항에 따라 사람을 비방할 목적으로 정보통신망을 통해 공공연하게 거짓의 사실을 드러내어 다른 사람의 명예를 훼손한 자와 동법 제70조 제1항에 따라 사람을 비방할 목적으로 정보통신망을 통해 공공연하게 사실을 드러내어 다른 사람의 명예를 훼손한 자는 그에 대한 법적 책임을 져야 합니다.

2) 피고소인의 정보통신망법 제70조 제2항 명예훼손행위

가) '사람을 비방할 목적'의 존재
대법원은 "정보통신망 이용촉진 및 정보보호 등에 관한 법률 제61조 제2항이나 형법 제309조 제2항 소정의 '사람을 비방할 목적'이란 가해의 의사 내지 목적을 요하는 것으로서, 사람을 비방할 목적이 있는지 여부는 당해 적시 사실의 내용과 성질, 당해 사실의 공표가 이루어진 상대방의 범위, 그 표현의 방법 등 그 표현 자체에 관한 제반 사정을 감안함과 동시에 그 표현에 의하여 훼손되거나 훼손될 수 있는 명예의 침해 정도 등을 비교, 고려하여 결정하여야 한다."고 판시한 바 있습니다.
5·18민주화운동은 전두환 등을 위시한 군부세력이 '12. 12. 사태'를 통해 군의 지휘권과 국가의 정보기관을 실질적으로 장악한 후 정권을 확보하기 위해 1980. 5. 초순경부터 비상계엄의 전국 확대, 비상대책기구설치 등을 주요 내용으로 하는 이른바 '시국수습방안' 등을 마련하는 한편, 1980. 5. 17. 24:00를 기해

비상계엄을 전국으로 확대하는 등 헌법기관인 대통령과 국무위원들에 대한 강압을 가하자, 광주에서 이에 항의하기 위해 시민들이 일련의 시위를 하고, 이에 대해 위 군부세력이 1980. 5. 18.부터 1980. 5. 27.까지 공수부대를 비롯한 군부대를 광주에 투입함으로써 위 시위들을 난폭하게 진압하는 과정에서 이에 항거하기 위해 광주시민들이 행한 저항운동입니다 (대법원 1997. 4. 17. 선고 96도3376 전원합의체 판결 참조).

이와 관련해서 이미 5·18민주화운동 등에 관한 특별법, 5·18민주유공자예우에 관한 법률(이하 '5·18유공자법'이라고 합니다), 5·18민주화운동 관련자 보상 등에 관한 법률의 제정 과정에서 법적·역사적 평가가 이루어졌습니다. 특히 5·18유공자법에서는 5·18민주화운동이 민주주의의 숭고한 가치와 정의를 실현하기 위한 시민운동으로서 대한민국의 민주주의와 인권의 발전에 이바지했다고 평가하고, 우리와 우리 자손들에게 숭고한 애국·애족정신의 귀감(編鑑)으로서 항구적으로 존중될 수 있도록 그 이념을 계승·발전해야 한다고 선언했으며, 5·18민주화운동에 공헌하고 희생한 5·18민주유공자와 그 유족 등이 영예로운 생활을 유지할 수 있도록 지원하고 있습니다 (5·18유공자법 제1조 내지 제3조 참조).

대법원도 전두환 등 군부세력에 대한 위 전원합의체 판결에서 5·18민주화운동은 국헌을 문란하게 하는 내란행위가 아니라 헌정질서를 수호하기 위한 정당한 행위이고 오히려 당시 대통령과 국무위원들을 위협할 목적으로 민주화를 열망하는 시민들의 시위를 난폭하게 진압한 위 군부세력의 행위가 국헌문란에 해당하여 내란죄가 성립한다고 판단함으로써 5·18민주화운동에 관한 사법적 평가를 마쳤습니다(광주지방법원 2017. 8. 11. 선고 2016 가합51950 판결 참조).

한편, 고소인들은 북한 체제에 대한 반발과 자유에 대한 갈망으로 목숨을 걸고 탈북을 감행한 자들로서 탈북민들에 대한 사회 일각의 부정적인 시선에도 불구하고 투철한 국가관과 애국심으로 살아가고 있습니다.

이처럼 5·18민주화운동에 관해 입법적·역사적·사법적 평가가 마쳐진 상태이고 고소인들은 투철한 국가관과 애국심으로 자유대한민국에서 살아가고 있음에도 불구하고, 피고소인은 이 사건 게시행위를 통해 5·18민주화운동은 북한 당국이 조직적으로 북한특수군을 광주 현장에 파견해서 이들로 하여금 당시 상황에 주도적으로 개입하도록 함으로써 고소인들을 포함한 광수들이 광주시민을 선동하고 대한민국 군인을 공격하고 주요시설을 습격하는 등 여적행위를 자행한 침략행위라는 취지로 주장하는 바, 이는 5·18민주화운동의 실체와 역사적 의의, 대한민국 및 국민 일반의 평가를 전면 부인하고 그 가치를 폄하하는 일이자 자유를 찾아 탈북한 고소인들에게 도리어 간첩이라는 혐의를 뒤집어씌움으로써 씻을 수 없는 치욕을 안기는 일입니다.

따라서 피고소인이 행한 이 사건 게시행위의 위와 같은 내용과 성질, 피고소인이 고소인들과 같은 탈북민뿐만 아니라 당시 5·18민주화운동에 참여했던 일반 시민들을 상대로도 광수라고 지목한 점, 신빙성이 없는 얼굴 인식프로그램을 근거로 사진 속 인물들을 고소인들과 연결시키고 다시 고소인들을 광수라고 지칭함으로써 명예훼손의 정도가 심하고 구체성이 높다는 점에 비추어 보면, 피고소인에게는 '사람을 비방할 목적'이 존재합니다.

나) '거짓의 사실'에 의한 명예훼손

① 고소인 이민복은 1990.경 북한을 탈출하여 중국, 러시아를 거쳐 1995. 2. 18. 대한민국으로 탈북한 자로서 현재 대한민국에서 북한동포직접돕기운동 대북풍선단 단장으로 활동하고 있습니다. 고소인 이민복은 1980. 5. 18.경 평안남도 남포특별시 남포대학 연구소에서 연구원으로 일하고 있었습니다. 당시 쓴 일기장과 한국농촌경제연구원에서 일했던 김운근 박사가 남한농업대표단의 일원으로 북한을 방문했을 때 고소인 이민복을 만났다고 진술한 점에 비

제276광수 : 리민복(서울)

추어 보면, 고소인 이민복이 광주에 온 사실이 없다는 점이 증명됩니다. 피고소인의 이 사건 게시행위로 인해 사회단체장이며 선교사인 고소인 이민복은 사람들로부터 위장탈북자라는 의심을 사게 되어 후원이나 교제가 끊기는 물질적·정신적인 피해를 입었습니다. 그럼에도 불구하고 피고소인은 2015. 6. 10. 경 고소인 이민복이 '제276 광수'라는 허위 내용을 기재한 글을 게시하는 이 사건 게시행위를 했습니다(증 제2호증 광수들의 신분 정리 참조).*

* 피고소인은 이 사건 홈페이지에 '리민복에 대한 정밀영상분석'이라는 제목의 글도 게시했습니다. (http://www.systemclub.co.kr/bbs/board.php?bo_table=44&wr_id=1342)

② 고소인 정광일은 2003. 4. 12. 중국, 베트남, 캄보디아를 경유하여 2004. 4. 22. 대한민국으로 탈북한 자로서 현재 대한민국에서 북한 인권 관련 단체 노체인 대표로 활동하고 있습니다. 고소인 정광일은 1980. 5. 18. 경 18세

제489광수 : 정광일(자칭 요덕 탈북자)

의 나이로 북한군 5군단 74려단 8대대 2중대 포병으로 복무하고 있었습니다. 당시 군에 입대한 지 1년밖에 되지 않은 신입 병사였고 광주에 온 사실이 결코 없습니다. 피고소인의 이 사건 게시행위로 인해 고소인 정광일은 사회적 지위가 훼손되었고 정신적으로도 심한 곤경과 고통에 빠져 있습니다. 그럼에도 불구하고 피고소인은 2015. 6. 10. 경 고소인 정광일이 '제489광수'라는 허위 내용을 기재한 글을 게시하는 이 사건 게시행위를 했습니다(증 제2호증 광수들의 신분 정리 참조).*

* 피고소인은 이 사건 홈페이지에 '제489광수 자칭 요덕 탈북자 정광일'이라는 제목의 글도 게시했습니다. (http://www.systemclub.co.kr/bbs/board.php?bo_table=12&wr_id=15913&sfl=wr_subject&stx=%EC%A0%95%EA%B4%91%EC%9D%BC&sop=and&keyword=%EC%A0%95%EA%B4%91%EC%9D%BC)

③ 고소인 안명철은 1994. 9. 17. 근무하던 22호 회령 정치범수용소를 탈출하여 1994. 10. 3. 대한민국으로 탈북한 자로서 현재 대한민국에서 사단법인 엔케이워치 대표로 일하고 있습니다. 고소인 안명철은 1969년 생으

제491광수 : 안명철(자칭 요덕 탈북자)

로 1980. 5. 18. 경 당시 11살이었으며, 홍원인민학교 4학년에 재학중인 학생이 었습니다.피고소인의 이 사건 게시행위로 인해 지인들로부터 5·18민주화운동 때 광주에 북괴군으로 내려왔느냐는 질문을 받는 등 고소인 안명철은 사회적 명 예를 훼손당하여 심각한 정신적 피해를 입었습니다. 그럼에도 불구하고 피고소인 은 2015. 6. 10. 경 고소인 안명철 이 '제491 광수'라는 허위 내용을 기재한 글을 게시하는 이 사건 게시행위를 했습니다(증 제2호중 광수들의 신분정리 참조).*

---

* 피고소인은 이 사건 홈페이지에 '제491광수 자칭 요덕 탈북자 안명철'이라는 제목의 글도 게시했 습니다. (http://www.systemclub.co.kr/bbs/board.php?bo_table=12&wr_id=15915&sfl=wr_su bject&stx=%EC%95%88%EB%AA%85%EC%B2%A0&sop=and&keyword=%EC%95%88% EB%AA%85%EC%B2%A0)

④ 고소인 김영순은 요덕 수용소에서 9년 간 수감된 후 신변에 위협을 느껴 2001. 1. 25. 북한을 탈출하여 2003. 11. 25. 대한민국으로 탈북 한 자로서 현재 대한민국에 서 북한 정치범 생존자모임 대표로 북한인권운동을 하고

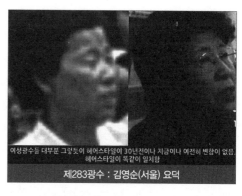

여성광수들 대부분 그렇듯이 헤어스타일이 30년전이나 지금이나 여전히 변함이 없음. 헤어스타일이 똑같이 일치함

제283광수 : 김영순(서울) 요덕

있습니다. 고소인 김영순은 1970년부터 1979년까지의 요덕수용소 생활 후 함경

남도 장진군 장진금광에 배치되어 3년 간 노동을 했습니다. 1980. 5. 18. 경 당시에는 장진금광에 있었던 것입니다. 피고소인의 이 사건 게시행위로 인해 고소인 김영순은 극심한 정신적 스트레스로 달팽이관에 문제가 생겨 병원치료까지 받고 있습니다. 그럼에도 불구하고 피고소인은 2015. 6. 10.경 고소인 김영순이 '제283광수'라는 허위 내용을 기재한 글을 게시하는 이 사건 게시행위를 했습니다(증 제2호증 광수들의 신분 정리 참조).*

* 피고소인은 이 사건 홈페이지에 '요덕 9년의 무용가 김영순의 정밀분석'이라는 제목의 글도 게시했습니다. (http://www.systemclub.co.la/bbs/board.php?bo_table=12&wr_id=11986&sfl=wr_subject&stx=%EA%B9%80%EC%98%81%EC%88%9C&sop=and&keyword=%EA%B9%80%EC%98%81%EC%88%9C)

⑤ 고소인 이순실은 중국, 몽골을 거쳐 2006. 12.경 대한민국으로 탈북한 자로서 현재 대한민국에서 방송인으로 활동하고 있습니다. 고소인 이순실은 1967년생으로 1980. 5. 18.경 당시 14살이었으며, 고등학교 학생이었습니

제240광수 : 이순실(서울)

다. 피고소인의 이 사건 게시행위로 인해 고소인 이순실은 고향의 가족들에게 피해가 갈까봐 숨긴 본명(이춘옥)까지 밝혀져 심각한 정신적 피해를 입었습니다. 그럼에도 불구하고 피고소인은 2015. 6. 10. 경 고소인 이순실이 '제240광수'라는 허위 내용을 기재한 글을 게시하는 이 사건 게시행위를 했습니다(증 제2호증 광수들의 신분 정리 참조).*

* 피고소인은 이 사건 홈페이지에 '이순실 얼굴 정밀분석'이라는 제목의 글도 게시했습니다. (http://www.systemclub.co.kr/bbs/board.php?bo_table=44&wr_id=1289)

⑥ 고소인 김용화는 1988. 7. 25. 함흥 철도안전부 소속 군수열차 사고로 중

국을 거쳐 베트남, 라오스를 경유해 대한민국으로 탈북한 자로서 현재 대한민국에서 탈북난민인권연합(2005년 설립)의 대표로 일하고 있습니다. 고소인 김용화는 1980. 5. 18.경 당시 인민군 4군단 57교도대 소속 57연대(평안남

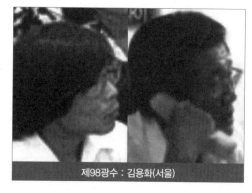

제98광수 : 김용화(서울)

도 강동군 흑령구) 차기수로 복무하고 있었으며, 광주에 온 사실이 결코 없습니다. 피고소인의 이 사건 게시행위로 인해 고소인 김용화는 현재 운영하고 있는 탈북난민인권연합에 대한 후원이 끊어져 매우 큰 물질적·정신적 피해를 받고 있습니다. 그럼에도 불구하고 피고소인은 2015. 6. 10.경 고소인 김용화가 '제98광수'라는 허위 내용을 기재한 글을 게시하는 이 사건 게시행위를 했습니다(증제2호증 광수들의 신분 정리 참조).*

* 피고소인은 이 사건 홈페이지에 '김용화(탈북자 대부) 정밀분석'이라는 제목의 글도 게시했습니다. (http://www.systemclub.co.kr/bbs/board.php?bo_table=44&wr_id=1345&sfl=wr_subject&stx=%EA%B9%80%EC%9A%A9%ED%99%94≪&sop=and&keyword=%EA%B9%80%EC%9A%A9%ED%99%94)

⑦ 고소인 김성민은 1996. 9. 북한을 탈출하여 중국에서 머물다가 1999. 경 대한민국으로 탈북한 자로서 현재 대한민국에서 자유북한방송 대표로 활동하고 있습니다. 고소인 김성민은 1980. 5. 18. 경 당시 북한군 4군단 28

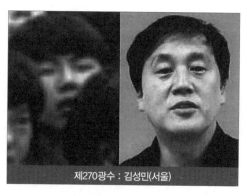

제270광수 : 김성민(서울)

사단 133련대 2대대 포(82mm)중대 지휘분대 상등병으로 복무하고 있었으며,

광주에 온 사실이 결코 없습니다. 피고소인의 이 사건 게시행위로 인해 고소인 김성민은 보수 인사들로부터 '위장탈북자'라는 소리를 듣고 있어 극심한 정신적인 피해를 입고 있습니다. 그럼에도 불구하고 피고소인은 2015. 6. 10.경 고소인 김성민이 '제270광수'라는 허위 내용을 기재한 글을 게시하는 이 사건 게시행위를 했습니다(증 제2호증 광수들의 신분 정리 참조).*

---

* 피고소인은 이 사건 홈페이지에 '탈북자 김성민, 김동수 부부, 정밀 영상 분석'이라는 제목의 글도 게시했습니다. (http: //www.systemclub.co.kr/bbs/board.php?bo_table=44&wrJd=12 97)

⑧ 고소인 장인숙은 1997. 경 중국에서 10일 머물다가 대한민국으로 탈북한 자로서 현재 대한민국에서 북한 인권운동단체와 관련된 일을 하고 있습니다. 고소인 장인숙은 1980. 5. 18. 경 당시 39살로 평양도시계획설계사업소에서 설계 일로 직장생활을 하고 있었습니다. 도시계획설계사업소에

제275광수 : 장인숙(서울)

는 1964년부터 1990년까지 근무했습니다. 고소인 장인숙은 주체사상탑 설계의 공로로 김정일 표창을 받은 바 있는데, 주체사상탑은 1980. 3. 경 공사에 들어갔습니다. 주체사상탑 설계에 중요한 역할을 맡았던 고소인 장인숙이 그 시기에 광주에 올 수는 없었습니다. 피고소인의 이 사건 게시행위로 인해 고소인 장인숙은 심각한 정신적인 피해를 입었습니다. 그럼에도 불구하고 피고소인은 2015. 6. 10. 경 고소인 장인숙이 '제275광수'라는 허위 내용을 기재한 글을 게시하는 이 사건 게시행위를 했습니다(증 제2호증 광수들의 신분 정리 참조.)*

---

* 피고소인은 이 사건 홈페이지에 '장인숙 영상 정밀분석'이라는 제목의 글도 게시했습니다. (http: //www.systemclub.co.kr/bbs/board.php?bo_table=44&wr_id=1301)

⑨ 고소인 최주활은 1995. 5.경 북한을 탈출하여 중국을 거쳐 1995. 7.경 대

한민국으로 탈북한 자로서 현재 대한민국에서 탈북자 동지회 회장으로 활동하고 있습니다. 고소인 최주활은 1980. 5. 18. 경 당시 체코슬로바키아 주재 북한대사관 부부관(인민무력부)으로 일하고 있었습니다. 일한 기간은

제212광수 : 최주활(서울)

1979. 4.부터 1982. 5.까지입니다. 따라서 고소인 최주활은 그 시기에 광주에 온 사실이 결코 없습니다. 위와 같은 사실은 국정원과 외교부에 의해 확인될 수 있습니다. 피고소인의 이 사건 게시행위로 인해 고소인 최주활은 심각한 정신적인 피해를 입었습니다. 그럼에도 불구하고 피고소인은 2015. 6. 10.경 고소인 최주활이 '제212광수'라는 허위 내용을 기재한 글을 게시하는 이 사건 게시행위를 했습니다(증 제2호증 광수들의 신분 정리 참조).*

---

* 피고소인은 이 사건 홈페이지에 '탈북상좌 최주활 정밀분석'이라는 제목의 글도 게시했습니다. (http://www.systemclub.co.kr/bbs/board.php?bo_table=44&wrJd=1344)

⑩ 고소인 강철환은 중국을 거쳐 1992. 경 대한민국으로 탈북한 자로서 현재 대한민국에서 북한인권운동을 하고 있습니다. 고소인 강철환은 1980. 5. 18.경 당시 12살이었으며, 1977년부터 1997년까지 요덕수용소에 수감된

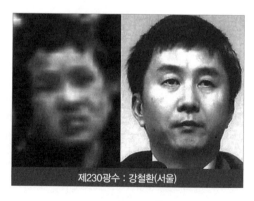

제230광수 : 강철환(서울)

상태였습니다. 피고소인의 이 사건 게시행위로 인해 고소인 강철환은 심각한 정신적인 피해를 입었습니다. 그럼에도 불구하고 피고소인은 2015. 6. 10.경 고소

인 강철환이 '제230광수'라는 허위 내용을 기재한 글을 게시하는 이 사건 게시행위를 했습니다(증 제2호증 광수들의 신분 정리 참조).*

---

* 피고소인은 이 사건 홈페이지에 '요덕의 주인공 강철환 영상 분석'이라는 제목의 글도 게시했습니다. (http://www.systemclub.co.kr/bbs/board.php?bo_table=44&wr_id=1295)

⑪ 고소인 박세현은 중국을 거쳐 1998. 11. 24. 대한민국으로 탈북한 자로서 현재 대한민국에서 한의사로 일하고 있습니다. 고소인 박세현은 76년생으로 1980. 5. 18. 경 당시 4살이었으며, 너무 어려 광주에 올 수조차 없었습니다. 피

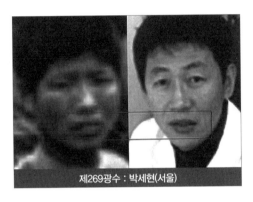

제269광수 : 박세현(서울)

고소인의 이 사건 게시행위로 인해 고소인 박세현은 환자들이 간첩 아니냐고 묻는 등 심각한 물질적·정신적인 피해를 입었습니다. 그럼에도 불구하고 피고소인은 2015. 6. 10. 경 고소인 박세현이 '제269광수'라는 허위 내용을 기재한 글을 게시하는 이 사건 게시행위를 했습니다(증 제2호증 광수들의 신분 정리 참조).*

---

* 피고소인은 이 사건 홈페이지에 '한의사 박세현 3형제 정밀분석'이라는 제목의 글도 게시했습니다. (http://www.systemclub.co.la*/bbs/board.php?bo_table=44&wr_id=1292)

다) '명예훼손' 행위의 존재

대법원은 "명예훼손죄가 성립하기 위하여는 특정인의 사회적 가치 내지 평가가 침해될 가능성이 있는 구체적인 사실을 적시하여야 하는 바, 어떤 표현이 명예훼손적인지 여부는 그 표현에 대한 사회 통념에 따른 객관적 평가에 의하여 판단하여야 한다. 따라서 가치중립적인 표현을 사용하였다 하더라도 사회 통념상 그로 인하여 특정인의 사회적 평가가 저하되었다고 판단된다면 명예훼손죄가 성립할 수 있다."고 판시한 바 있습니다(대법원 2007. 10. 25. 선고 2007도

5077 판결 참조).

피고소인은 고소인들을 가리켜 광수라고 지목함으로써 북한 체제에 대한 반발과 자유에 대한 갈망으로 목숨을 걸고 탈북했으나 북한에서 왔다는 이유만으로 사회로부터의 일부 부정적인 시선을 감내하며 살아가고 있는 고소인들의 사회적 가치 내지 평가를 심대하게 침해했습니다. 따라서 피고소인의 이 사건 게시행위는 고소인들의 명예를 훼손한 행위에 해당합니다.

라) 피고소인의 허위성에 대한 인식

고소인 이민복은 1995년 한국에 도착한 후 약 1년이 지난 어느 날 피고소인을 만났고, 이때 피고소인은 고소인 이민복에게 자신이 쓴 책을 선물했고 고소인 이민복과 전화 통화를 나누기도 했습니다. 그때만 해도 피고소인은 고소인 이민복을 탈북민으로 대했고 아무런 의심도 하지 않았습니다. 그런데 그로부터 약 10년이 지나 5·18민주화운동과 관련하여 독자적인 주장을 펼치면서 돌연 고소인 이민복을 광수로 지목했습니다.

고소인 김영순은 2018년 초 허광일, 박광욱 목사와 함께 서울 동작구 사당동에 있는 피고소인의 사무실에 방문하여 피고소인이 이 사건 게시행위를 통해 허위사실로 명예를 훼손했다는 점에 관해 거세게 항의했습니다. 그러나 피고소인은 경찰을 불러 항의를 제지하기만 했고, 고소인 김영순을 광수 명단에서 삭제하지 않았습니다.

고소인 이순실은 2018년 여름 서울시청 앞 태극기집회에서 피고소인을 만나 피고소인이 이 사건 게시행위를 통해 허위사실로 명예를 훼손했다는 점에 관해 항의했으나, 피고소인은 억울하면 고소하라는 말로 대응했습니다.

고소인 박세현은 2015년 피고소인과 통화하면서 피고소인이 이 사건 게시 행위를 통해 허위사실로 명예를 훼손했다는 점에 관해 항의했으나, 피고소인은 자신을 고소하라고 말했습니다.

이러한 점에 비추어 보면, 피고소인은 이 사건 게시행위의 허위성을 인식하고 확정적 고의로 이 사건 게시행위에 나아갔거나 적어도 미필적 고의를 가지고 이 사건 게시행위에 나아간 것입니다.

3) 피고소인의 정보통신망법 제70조 제1항 명예훼손행위

대법원은 "형법 제307조 제1항, 제2항, 제310조의 체계와 문언 및 내용에 의하면, 제307조 제1항의 '사실'은 제2항의 '허위의 사실'과 반대되는 '진실한 사실'을 말하는 것이 아니라 가치판단이나 평가를 내용으로 하는 '의견'에 대치되는 개념이다. 따라서 제307조 제1항의 명예훼손죄는 적시된 사실이 진실한 사실인 경우이든 허위의 사실인 경우이든 모두 성립될 수 있고, 특히 적시된 사실이 허위의 사실이라고 하더라도 행위자에게 허위성에 대한 인식이 없는 경우에는 제307조 제2항의 명예훼손죄가 아니라 제307조 제1항의 명예훼손죄가 성립될 수 있다. 제 307조 제1항의 법정형이 2년 이하의 징역 등으로 되어 있는 반면 제307조 제2항의 법정형은 5년 이하의 징역 등으로 되어 있는 것은 적시된 사실이 객관적으로 허위일 뿐 아니라 행위자가 그 사실의 허위성에 대한 주관적 인식을 하면서 명예훼손 행위를 하였다는 점에서 가벌성이 높다고 본 것이다."라고 판시한 바 있습니다(대법원 2017. 4. 26. 선고 2016도18024 판결 참조). 설령 피고소인에게 이 사건 게시 행위의 허위성에 대한 인식이 없었다고 하더라도 적어도 고소인들이 광수라는 사실을 적시한 글을 게시했다는 점에 대한 인식은 있었을 것입니다.

나아가 위 2) 가) 항에서 언급한 바와 같이, 5·18민주화운동에 관해 입법적·역사적·사법적 평가가 마쳐진 상태이고 고소인들은 투철한 국가관과 애국심으로 자유대한민국에서 살아가고 있음에도 불구하고, 피고소인은 이 사건 게시행위를 통해 5·18민주화운동은 북한 당국이 조직적으로 북한특수군을 광주 현장에 파견해서 이들로 하여금 당시 상황에 주도적으로 개입하도록 함으로써 고소인들을 포함한 광수들이 광주 시민을 선동하고 대한민국 군인을 공격하고 주요시설을 습격하는 등 여적행위를 자행한 침략행위라는 취지로 주장하는 바, 이는 5·18민주화운동의 실체와 역사적 의의, 대한민국 및 국민 일반의 평가를 전면 부인하고 그 가치를 폄하하는 일이자 자유를 찾아 탈북한 고소인들에게 도리어 간첩이라는 혐의를 뒤집어씌움으로써 씻을 수 없는 치욕을 안기는 일입니다.

따라서 피고소인이 행한 이 사건 게시행위의 위와 같은 내용과 성질, 피고소인이 고소인들과 같은 탈북민뿐만 아니라 당시 5·18민주화운동에 참여했던 일반 시민들을 상대로도 광수라고 지목한 점, 신빙성이 없는 얼굴 인식프로그램을 근거로 사진 속 인물들을 고소인들과 연결시키고 다시 고소인들을 광수라고 지칭함으로써 명예훼손의 정도가 심하고 구체성이 높다는 점에 비추어 보면, 이 사건 게시행위에는 '사람을 비방할 목적'이 존재합니다.

4) 소결

이로써 피고소인은 고소인들을 비방할 목적으로 정보통신망인 이 사건 홈페이지를 통해 이 사건 게시행위를 함으로써 공공연하게 거짓의 사실을 드러내어 고소인들의 명예를 훼손했습니다. 설령 피고소인에게 이 사건 게시행위의 허위성에 대한 인식이 없었다고 하더라도 피고소인은 고소인들을 비방할 목적으로 정보통신망인 이 사건 홈페이지를 통해 이 사건 게시행위를 함으로써 공공연하게 사실을 드러내어 고소인들의 명예를 훼손했습니다.

나. 명예훼손

1) 관련 법률

형법 제307조(명예훼손)

① 공연히 사실을 적시하여 사람의 명예를 훼손한 자는 2년 이하의 징역이나 금고 또는 500만원 이하의 벌금에 처한다.

② 공연히 허위의 사실을 적시하여 사람의 명예를 훼손한 자는 5년 이하의 징역, 10년 이하의 자격정지 또는 1천만원 이하의 벌금에 처한다.

형법 제307조 제1항에 따라 공연히 사실을 적시하여 사람의 명예를 훼손한 자와 동법 제2항에 따라 공연히 허위의 사실을 적시하여 사람의 명예를 훼손한 자는 명예훼손죄의 죄책을 져야 합니다.

2) 피고소인의 명예훼손행위

설령 피고소인에게 '사람을 비방할 목적'이 인정되지 않는다고 하더라도 위 가항에 기재한 바에 따라 피고소인은 이 사건 게시행위를 함으로써 공연히 사실 또는 허위의 사실을 적시하여 고소인들의 명예를 훼손했습니다. 다만 피고소인에게 이 사건 게시행위의 허위성에 대한 인식이 없었다고 판단될 경우 피고소인에게는 형법 제307조 제1항 명예훼손죄가 적용될 수 있고, 이때 피고소인은 형법 제310조에 따라 위법성 조각을 주장할 수 있으므로 아래에서는 항을 나누어 그에 관해 살펴보도록 하겠습니다.

형법 제310조(위법성의 조각)

제307조 제1항의 행위가 진실한 사실로서 오로지 공공의 이익에 관한 때에는 처벌하지 아니한다.

가) 진실성에 관하여

대법원은 "공연히 사실을 적시하여 사람의 명예를 훼손한 행위가 처벌되지 않기 위하여는 적시된 사실이 객관적으로 볼 때 공공의 이익에 관한 것이고, 행위자도 공공의 이익을 위하여 행위하였어야 할 뿐 아니라, 그 적시된 사실이 진실한 것이거나 적어도 행위자가 그 사실을 진실한 것으로 믿었고, 또 그렇게 믿을 만한 상당한 이유가 있어야 한다."고 판시한 바 있습니다(대법원 2017. 4. 26. 선고 2016도18024 판결 참조). 피고소인의 이 사건 게시행위가 허위의 사실을 담고 있다는 점에 관해서는 이미 위 가. 2) 나) 항에 기재했습니다. 다만 피고소인은 자신이 그 사실을 진실한 것으로 믿었고, 또 그렇게 믿을 만한 상당한 이유가 있다고 주장할 여지가 있습니다.

피고소인은 관련 사건에서 이 사건 게시행위 내용은 여러 분석가들로 구성된 전문 분석팀들이 15개월에 걸쳐 영상분석용 특수컴퓨터 및 기하학적 분석기법 등을 동원한 얼굴 인식 프로그램을 활용하여 분석한 결과이고, 그 결과 5·18민주화운동 당시 광주 현장에서 찍힌 인물들의 사진과 현재 북한 고위 권력층 및 고소인들의 사진이 상당 부분 일치한다는 점을 확인할 수 있었다고 주장했습니다. 그러나 피고소인은 관련 사건에서 위와 같은 작업방식, 작업 기간, 구성원 등과 관련한 주장을 뒷받침할 자료를 제출하지 않았고, 또한 5·18민주화운동 당시 촬영된 사진과 고소인들 사진의 촬영 시점, 촬영 장소, 사진 속 인물들의 시선, 얼굴의 형상과 인물들의 자세, 착용한 의복, 두발형태 등을 종합해 볼 때 피고소인의 주장은 신빙할 수 없습니다. 법원 역시 관련 사건에서 얼굴 인식 프로그램에 기초한 분석 내용에 신빙성을 인정하기 어려우므로 피고소인이 5·18민주화운동에 관한 허위사실을 진실이라고 믿을 만한 상당한 이유가 있었다고 인정할 수도 없다고 판단했습니다(광주지방법원 2017. 8. 11. 선고 2016가합51950 판결 참조).

따라서 이 사건 게시행위에 적시된 사실이 진실한 것이거나 적어도 자신이 그 사실을 진실한 것으로 믿었고, 또 그렇게 믿을 만한 상당한 이유가 있다는 피고소인의 주장은 타당하지 않습니다.

나) 공공성에 관하여

대법원은 "형법 제310조에서 '오로지 공공의 이익에 관한 때'라 함은 적시된 사실이 객관적으로 볼 때, 공공의 이익에 관한 것으로서 행위자도 주관적으로 공공의 이익을 위하여 그 사실을 적시한 것이어야 하는 것인데, 여기의 공공의 이익에 관한 것에는 널리 국가·사회 기타 일반 다수인의 이익에 관한 것뿐만 아니라 특정한 사회집단이나 그 구성원 전체의 관심과 이익에 관한 것도 포함하는 것이고, 적시된 사실이 공공의 이익에 관한 것인지 여부는 당해 적시사실의 내용과 성질, 당해 사실의 공표가 이루어진 상대방의 범위, 그 표현의 방법 등 그 표현 자체에 관한 제반 사정을 감안함과 동시에 그 표현에 의하여 훼손되거나 훼손될 수 있는 명예의 침해 정도 등을 비교·고려하여 결정하여야 한다."고 판시한 바 있습니다(대법원 2004. 10.15. 선고 2004도3912 판결 참조).

위 가. 2) 가)항에서 기재한 바와 같이, 5·18민주화운동에 관해 입법적·역사적·사법적 평가가 마쳐진 상태이고 고소인들은 투철한 국가관과 애국심으로 자유대한민국에서 살아가고 있음에도 불구하고, 피고소인은 이 사건 게시행위를 통해 5·18민주화운동은 북한 당국이 조직적으로 북한특수군을 광주 현장에 파견해서 이들로 하여금 당시 상황에 주도적으로 개입하도록 함으로써 고소인들을 포함한 광수들이 광주 시민을 선동하고 대한민국 군인을 공격하고 주요시설을 습격하는 등 여적행위를 자행한 침략행위라는 취지로 주장하는 바, 이는 5·18민주화운동의 실체와 역사적 의의, 대한민국 및 국민 일반의 평가를 전면 부인하고 그 가치를 폄하하는 일이자 자유를 찾아 탈북한 고소인들에게 도리어 간첩이라는 혐의를 뒤집어씌움으로써 씻을 수 없는 치욕을 안기는 일입니다. 법원 역시 관련 사건에서 피고소인이 5·18민주화운동에 관한 허위사실을 적시한 목적이 '오로지 공공의 이익을 위한 것'이라고 볼 여지는 없다고 판단했습니다(광주지방법원 2017. 8. 11. 선고 2016 가합51950 판결 참조).

따라서 피고소인이 행한 이 사건 게시행위의 위와 같은 내용과 성질, 피고소인이 고소인들과 같은 탈북민뿐만 아니라 당시 5·18민주화운동에 참여했던 일반 시민들을 상대로도 광수라고 지목한 점, 신빙성이 없는 얼굴 인식 프로그램을 근거로 사진 속 인물들을 고소인들과 연결시키고 다시 고소인들을 광수라고 지칭함으로써 명예훼손의 정도가 심하고 구체성이 높다는 점에 비추어 보면, 피고소인이 오로지 공공의 이익을 위해 이 사건 게시행위를 했다고 볼 수 없습니다.

3) 소결

이로써 피고소인은 이 사건 게시행위를 함으로써 공연히 허위사실을 적시하여 고소인들의 명예를 훼손했습니다. 설령 피고소인에게 이 사건 게시행위의 허위성에 대한 인식이 없었다고 하더라도 피고소인은 이 사건 게시행위를 함으로써 공연히 사실을 적시하여 고소인들의 명예를 훼손했습니다. 나아가 이와 같은 피고소인의 이 사건 게시행위는 진실한 사실로서 오로지 공공의 이익에 관한 경우에 해당하지도 않아 형법 제310조에 따라 위법성이 조각될 여지가 없습니다.

4. 결론

위에서 살펴본 바와 같이, 피고소인에게는 정보통신망이용촉진 및 정보보호등에관한법률위반(명예훼손), 명예훼손죄가 성립하므로 고소인들의 정신적·물질적 피해가 조금이라도 회복될 수 있도록 피고소인을 엄벌해 주시기 바랍니다.

趙甲濟의 광주사태

40년 동안 다섯 가지 루머와 싸워 이긴 이야기

펴낸이 | 趙甲濟
펴낸곳 | 조갑제닷컴
초판 1쇄 발행 | 2019년 2월15일

주소 | 서울 종로구 내수동 75 용비어천가 1423호
전화 | 02-722-9411~3
팩스 | 02-722-9414
이메일 | webmaster@chogabje.com
홈페이지 | chogabje.com

등록번호 | 2005년 12월2일(제300-2005-202호)
ISBN 979-11-85701-64-6 03300
값 20,000원

*파손된 책은 교환해 드립니다.